ACCESO GRATIS *a la Lectura en la Nube*

Para visualizar el libro electrónico en la nube de lectura envíe junto a su nombre y apellidos una fotografía del código de barras situado en la contraportada del libro y otra del ticket de compra a la dirección:

ebooktirant@tirant.com

En un máximo de 72 horas laborables le enviaremos el código de acceso con sus instrucciones.

LA IA
Asedio a la privacidad

Procedimiento de selección de originales, ver página web:
www.tirant.net/index.php/editorial/procedimiento-de-seleccion-de-originales

LA IA
Asedio a la privacidad

FERMÍN MORALES PRATS
FRANCISCO MARCO FERNÁNDEZ
LUIS DE LAS HERAS VIVES

tirant lo blanch
Valencia, 2025

En caso de erratas y actualizaciones, la Editorial Tirant lo Blanch publicará la pertinente corrección en la página web www.tirant.com.

Dentro del control de los originales de libros de la colección Teoría de la Editorial Tirant lo Blanch, hemos establecido, además de los protocolos editoriales habituales, el sometimiento de estos a revisión ex ante por parte de dos pares académicos expertos. Este procedimiento redunda en la idoneidad de las obras que finalmente serán publicadas.

EDITA: TIRANT LO BLANCH
C/ Artes Gráficas, 14 - 46010 - Valencia
TELFS.: 96/361 00 48 - 50
FAX: 96/369 41 51
Email: tlb@tirant.com
www.tirant.com
Librería virtual: www.tirant.es
DEPÓSITO LEGAL: V-4454-2025
ISBN: 979-13-7021-370-1

Si tiene alguna queja o sugerencia, envíenos un mail a: *atencioncliente@tirant.com*. En caso de no ser atendida su sugerencia, por favor, lea en *www.tirant.net/index.php/empresa/politicas-de-empresa* nuestro procedimiento de quejas.

Responsabilidad Social Corporativa: http://www.tirant.net/Docs/RSCTirant.pdf

Índice

CAPÍTULO 2
LA PRIVACIDAD EN PERSPECTIVA: DEL REFUGIO MORAL A LA PROTECCIÓN LEGAL

CAPÍTULO 3
DE LA PLAIN VIEW DOCTRINE A LA TEORÍA DEL MOSAICO: REDEFINICIÓN DEL RIGHT TO PRIVACY Y SITUACIÓN PREVIA A LA IA

Parte II
El ecosistema de datos y el capitalismo de vigilancia

CAPÍTULO 4
EL CAPITALISMO DE VIGILANCIA: CÓMO LAS EMPRESAS EXPLOTAN TUS DATOS

CAPÍTULO 5
¿QUÉ NECESITA LA INTELIGENCIA ARTIFICIAL PARA FUNCIONAR?

CAPÍTULO 6
CONSENTIMIENTO EN LA ERA DE LA INTELIGENCIA ARTIFICIAL: DEL HOTEL AL ALGORITMO

Parte III
Impactos de la IA en los derechos fundamentales

CAPÍTULO 7
IA Y DERECHOS HUMANOS: UNA RELACIÓN EN TENSIÓN

CAPÍTULO 8
MÁS ALLÁ DE LA PRIVACIDAD: OTROS DERECHOS FUNDAMENTALES BAJO AMENAZA

CAPÍTULO 9
PRIVACIDAD Y TECNOLOGÍA EN NUESTRA PRAXIS JUDICIAL

Parte IV
Propuestas para un marco normativo global

CAPÍTULO 10
HACIA UNA REGULACIÓN ÉTICA Y GLOBAL DE LA IA

CAPÍTULO 11

DATA NEXUS JURIS: UN MARCO JURÍDICO PARA LA PRIVACIDAD EN LA ERA DE LA IA

CAPÍTULO 12
LA IA Y LA EVOLUCIÓN DE LOS DELITOS EN LA ERA DIGITAL

PRÓLOGO

Cualquier día, en cualquier lugar del mundo, una escena como esta podría estar sucediendo. Usted sufre un robo: desaparece su teléfono o su ordenador. Pero no desaparecen completamente. Desde ese momento, las señales electrónicas de los dispositivos empiezan a emitir su rastro, y el sistema comienza a hablar. En un mapa digital, los puntos se mueven. Cruzan ciudades, saltan fronteras, atraviesan océanos. Los objetos robados parecen cobrar vida mientras viajan hacia lugares remotos, hacia países en vías de desarrollo, donde finalmente serán vendidos en el mercado negro. El sistema lo sabe, lo rastrea todo. Y aunque esta capacidad pueda asombrarnos, también nos expone a una inquietante realidad: no solo los objetos son rastreados, sino también nosotros.

Y entonces entra en escena la Inteligencia Artificial. Todo lo anterior —el rastro de datos, las transacciones, los movimientos— deja de ser un simple registro. Cuando escuchamos "inteligencia artificial" (IA), muchos imaginan máquinas futuristas o robots humanizados. Sin embargo, la realidad va mucho más allá de la ciencia ficción. Hoy en día, la IA convive con nosotros de forma casi inadvertida: desde los algoritmos que nos recomiendan series hasta las herramientas que detectan enfermedades a partir de radiografías, todo funciona con IA. Y también rastrea cada clic que hacemos, cada búsqueda que realizamos, cada término que aceptamos sin pensar. Todo lo que hacemos queda registrado en algún lugar, bajo la constante promesa de seguridad, comodidad o eficiencia. Con la IA, todo se analiza, se interpreta, se predice. Los datos no solo viajan; se integran, se cruzan, se minan. Los patrones que antes pasaban desapercibidos ahora son descubiertos y amplificados. La IA no solo observa lo que hacemos, sino que empieza a anticiparse, a generar información nueva a partir de la ya existente.

Si aquel robo se hubiese realizado en un restaurante y hubiese sido de dos bolsos distintos, los sistemas de IA podrían determinar quién o quiénes estaban cenando juntos. Aplicado a un hotel, la IA podría establecer quién dormía con quién, quién estaba reunido y, por ejemplo, prever una OPA en una empresa multinacional si en uno de sus salones privados estaba reunido el equipo de abogados. La IA ha dado lugar a una Cuarta Revolución Industrial que redefine el trabajo, las comunicaciones y, sobre todo, los derechos esenciales como la privacidad y la libertad. Porque no todo son luces. Junto a los avances surgen nuevas sombras, nuevos delitos que hace apenas unos años nos habrían parecido irreales. El espionaje industrial, el acoso masivo mediante bots, el chantaje con *deepfakes* y la manipulación de opiniones a gran escala son ejemplos de cómo la IA puede emplearse para perpetuar conductas ilegales con una eficacia antes impensable.

El surgimiento de nuevos delitos también ha transformado el lenguaje. Verbos como *stalkear*, *doxear*, *groomear*, *deepfakear* y *phishingear* se han integrado en el vocabulario para describir acciones que antes no existían o que carecían de terminología específica. Por ejemplo, *stalkear* se refiere a la vigilancia persistente y no autorizada de una persona a través de plataformas digitales; *doxear*, a la recopilación y publicación de información personal sin consentimiento; *groomear*, a la manipulación psicológica de menores para fines de abuso; *deepfakear*, a la creación de contenidos audiovisuales falsificados mediante IA; y *phishingear*, a engañar a alguien para obtener datos confidenciales. Estas nuevas palabras reflejan la urgencia de adaptar el lenguaje jurídico y cotidiano a la era digital, facilitando la identificación, regulación y persecución de estas conductas delictivas.

¿Qué sucede cuando esos mismos ladrones que robaron esos dispositivos tecnológicos deciden ir más lejos? Con la IA como aliada, comienzan a crear *deepfakes*, manipulan nuestra identidad digital, hackean sistemas biométricos que considerábamos inviolables y diseñan perfiles de sus víctimas a partir de datos recolectados. Un software sofisticado entra en teléfonos móviles y extrae nuestra vida privada sin que nos demos cuenta. Y mientras todo esto sucede, los datos no dejan de fluir: se cruzan, se minan, se integran en modelos predictivos que no solo observan, sino que también controlan. De repente, no somos los únicos vigilantes de la tecnología; ella nos vigila a nosotros. Sabe dónde viajaremos y con quién. La próxima exclusiva de un periodista o el plan estratégico de la defensa en un procedimiento judicial podrían ser expuestos.

Este libro nació como un esfuerzo por comprender y afrontar estas nuevas realidades. Fue Fermín Morales quien, en 1984, dio los primeros pasos al publicar su tesis *La tutela penal de la intimidad: privacy e informática*. Más tarde, Francisco Marco continuó esta línea con su tesis *La investigación privada y el derecho a la privacy* en 2002, y posteriormente, Luis de las Heras aportó una visión crítica y renovadora en 2018 con la *Protección penal de la intimidad: una revisión crítica a propósito del nuevo artículo 197.7 del Código Penal Español*. Juntos, hemos trabajado para analizar esta evolución y definir un nuevo derecho, al que llamamos *Data Nexus Juris*. Este concepto no solo abraza la dimensión jurídica de los datos, sino también el enorme impacto humano y social que tiene su manipulación.

Si la IA es el motor que impulsa esta revolución, la privacidad es el escudo que nos protege. Pero ese escudo, cada vez más frágil, necesita ser reforzado. En un mundo donde los datos se cruzan sin descanso y la IA analiza cada movimiento, la privacidad se convierte en nuestra última línea de defensa frente a una exposición total. Sin privacidad, no solo perdemos nuestra identidad, sino también el control sobre quiénes somos.

Sin embargo, a pesar de lo dicho, este libro no es un alegato contra la tecnología; es un grito al equilibrio, a un modelo en el que los avances de la IA iluminen en lugar de cegarnos. Un modelo que respete la dignidad humana, garantice la seguridad y preserve nuestra capacidad de decidir qué queremos compartir y qué preferimos mantener en la esfera de lo privado. Porque el verdadero peligro no es solo la tecnología, sino un futuro en el que cinco corporaciones y un puñado de sistemas acaben controlando todo lo que somos. Un futuro donde los Estados desnuden nuestros secretos e invadan nuestra vida.

En definitiva, enfrentamos la oportunidad —y la responsabilidad— de crear un marco legal que proteja a las personas sin socavar la innovación. Para que, en este mundo hiperconectado, los ciudadanos puedan seguir siendo dueños de sus datos, de su privacidad y, en última instancia, de sus vidas mientras evolucionan y mejoran junto a la IA. Por eso, este libro es divulgativo y no solo jurídico, porque creemos que cuanta más gente lo lea, más podremos influir en el debate, generar conciencia y contribuir a una regulación más justa y equilibrada. Cada lector forma parte de la construcción de un futuro donde la tecnología y los derechos fundamentales avancen de la mano.

Los autores

INTRODUCCIÓN

FRANCISCO MARCO FERNÁNDEZ Y FERMÍN MORALES PRATS

¿Cuánto vale nuestra vida? Esa es la pregunta que deberíamos plantearnos cada vez que nos conectamos a Internet y le pedimos a la inteligencia artificial que resuelva un problema por nosotros. Con cada clic en "acepto", sacrificamos un fragmento de nuestra libertad.

Cada búsqueda en Google, cada "me gusta" en las redes sociales, cada episodio que seleccionas en Netflix, o cada vez que usas Google Maps para moverte, añade otra pieza al rompecabezas de tu huella digital. Esa huella no solo define tu presencia en línea, sino que también crea un perfil detallado de tu personalidad digital, una imagen que otros están formando sobre ti.

Cuando interactúas con un chatbot de inteligencia artificial, como ChatGPT o Gemini, le revelas, poco a poco, tus gustos, tus planes, tus deseos. Paso a paso, esa IA llega a conocer quién eres, qué necesitas y qué anhelas. Pero ¿te has detenido a reflexionar sobre quién tiene acceso a ese perfil? ¿Qué están haciendo con toda esa información sobre ti?

Vivimos en una época en la que la IA sabe más de nosotros que nosotros mismos. Puede conocer tus preferencias sexuales, adivinar tus decisiones, manipular tus deseos e incluso influir en quién votas o qué piensas. La IA no solo procesa datos: redefine lo que significa ser humano, te redefine como persona y moldea tu personalidad digital. La inteligencia artificial ha cambiado el contrato social con el que hasta ahora nos regíamos los seres humanos y ha dicotomizado nuestra personalidad jurídica: tenemos nuestra personalidad analógica y la digital, que cada vez está más presente[1]. Mientras avanzamos a toda velocidad hacia este futuro hiperconectado, hemos olvidado una pregunta crucial: ¿a qué precio? Seguimos aceptando el clic sin pensar que al hacerlo estamos poniendo en marcha una máquina imparable de procesamiento que, quizás, algún día dominará la humanidad.

Como ha advertido Sam Altman, las conversaciones con ChatGPT no están protegidas por secreto profesional: no rigen los privilegios médico-paciente, abogado-cliente ni terapeuta-paciente, de modo que lo compartido podría ser solicitado por un tribunal y utilizado como prueba. Mientras no exista un marco jurídico que garantice una confidencialidad equivalente en sistemas de IA, conviene extremar la prudencia y evitar volcar datos sensibles o identificables. La normalización de consultas delicadas —jurídicas, médicas o psicológicas— en estos modelos hace urgente cerrar ese vacío de protección y recordar que privacidad y seguridad no pueden presumirse por defecto en entornos conversacionales.

LA TRANSFORMACIÓN DE LA PRIVACIDAD

La IA ha transformado no solo las industrias, sino también las relaciones entre personas, empresas y Estados. Como la "nueva electricidad"[2] de esta cuarta revolución industrial, su capacidad para recopilar, analizar y deducir información ha reconfigurado con-

---

1 Sobre la disociación de nuestra personalidad y sobre la necesidad de un nuevo contrato social, véase Marco Fernández, F., Disociados (Desdoblados) el futuro social de la humanidad, recuperado en https://raed.academy/wp-content/uploads/2022/06/libro-ingreso-RAED-Dr-Francisco-Marco-Fernandez-cmpr.pdf

2 En una charla durante el Foro Económico Mundial en Davos, Andrew Ng mencionó que la IA es la nueva electricidad, destacando su capacidad para transformar industrias enteras y mejorar la productividad en diversas áreas. Señaló: "La inteligencia artificial es la nueva electricidad. Al igual que la electricidad transformó industrias enteras, la IA tiene el poder de revolucionar la forma en que trabajamos, vivimos y nos relacionamos".

ceptos fundamentales como la intimidad, la autonomía de la persona y la transparencia de las relaciones. Sin embargo, esta revolución avanza mucho más rápido que las normativas destinadas a regularla[3] y, o hacemos algo, o nos convertiremos en parias digitales.

En este nuevo contexto, los datos personales han dejado de ser simples registros para convertirse en el mayor activo estratégico del siglo XXI. Las grandes corporaciones norteamericanas como Alphabet (Google), Amazon, Apple, Meta (Facebook) y Microsoft, junto a Tiktok, han construido un modelo económico basado en la explotación masiva de datos, mientras los Estados recurren a la vigilancia intensiva de los ciudadanos. Sí, lo sabemos: no quieres renunciar a comunicarte ni a buscar información gratis. Pero este progreso tiene un coste: los individuos pierden el control sobre sus propios datos y, con ello, parte de su libertad. Por eso te lo advertimos desde este mismo momento: es hora de protegerte, de protegernos.

Esta advertencia no es nuestra ni es nueva. En 2015, Elon Musk (Tesla, SpaceX, X) ya alertaba de los peligros de una IA fuera de control, declarando que "el futuro de la humanidad está en manos de Larry Page [Google]". Ese mismo año fundó OpenAI con el objetivo de contrarrestar lo que veía como un monopolio potencialmente devastador para los derechos fundamentales. Pero el debate ya había comenzado antes. En 2010, Steve Jobs criticó públicamente la recolección masiva de datos por parte de Google y Facebook, defendiendo la privacidad como un derecho fundamental.

En el otro extremo, Larry Page y su visión transhumanista abogaba por un flujo ilimitado de datos que alimentara el desarrollo de la inteligencia artificial general (AGI). Esta dicotomía entre la protección de los derechos humanos y la primacía de la eficiencia tecnológica sigue definiendo el debate actual.

---

3 Frosini, V.: *L'uomo artificiale: Etica e diritto nell'era planetaria*, Giuffrè, Milano, 1986.

EL AUGE DEL DATAÍSMO Y LOS RIESGOS DE LA IA EN LA PRIVACIDAD

La filosofía del *dataísmo*, descrita por Yuval Noah Harari[4], ha cimentado una ideología en la que el flujo de datos es la esencia del universo y del futuro[5]. Según esta visión, el valor de cualquier entidad, sea humana o artificial, depende de su capacidad para procesar información, y no sólo de almacenar datos. Este paradigma plantea un futuro en el que abdicar del control humano en favor de la tecnología no solo es posible, sino inevitable. Pero ¿estamos dispuestos a aceptar ese futuro?

Casos emblemáticos como Cambridge Analytica o Clearview AI (empresa de análisis biométrico de imágenes) han mostrado cómo la inteligencia artificial puede manipular nuestras decisiones de consumo, influir en elecciones políticas o implementar sistemas de vigilancia masiva. Estos no son simples fallos del sistema: son ejemplos de cómo el progreso tecnológico sin control puede convertirse en una herramienta que arrase con los derechos fundamentales y nos reduzca a meras piezas al servicio de la tecnología.

La privacidad, tradicionalmente entendida como el "derecho a estar solo" o el "derecho a no ser molestado", se ha transformado en un concepto colectivo, indispensable para proteger no solo a las personas, sino también a comunidades y democracias enteras. Hoy más que nunca, necesitamos un replanteamiento profundo de la privacidad como derecho fundamental. Cada vez más personas usan ChatGPT como sustituto de un psicólogo por su accesibilidad, coste reducido y respuestas empáticas. Sin embargo, los expertos advierten que este uso conlleva riesgos serios: puede reforzar el

---

4 Harari, Y. N.: *Sapiens. A Brief History of Humankind*, Harper, New York, 2015. Id.: *Homo Deus. A Brief History of Tomorrow*, Harvill Secker, London, 2017. Id.: *21 Lessons for the 21st Century*, Spiegel & Grau, New York, 2018.

5 El dataísmo se caracteriza por una Primacía de los Datos donde estos son vistos como el recurso más valioso, más allá de los seres humanos o las experiencias individuales. Harari, Y. N.: *Homo Deus. Breve historia del mañana*, Debate, Madrid, 2017, *passim*.

egocentrismo porque rara vez confronta al usuario, alimentar ideas paranoides al actuar como un interlocutor que siempre valida, y generar dependencia emocional en quienes lo utilizan como compañía. También se subraya la falta de garantías sobre la privacidad de los datos compartidos, al no estar protegidos por marcos legales o sanitarios.

A pesar de que la IA puede ser una herramienta de apoyo útil en situaciones de soledad o estrés, los psicólogos coinciden en que no puede reemplazar la empatía y la mirada crítica de un profesional humano. La ausencia de contacto real y de capacidad para identificar problemas complejos puede incluso retrasar la búsqueda de ayuda terapéutica adecuada. En este sentido, los especialistas reclaman regulación y recuerdan que ChatGPT debería emplearse solo como complemento, nunca como sustituto de la atención psicológica.

EL PAPEL DEL DERECHO EN UN MUNDO DIGITAL

Frente a estos desafíos, el derecho se encuentra en una encrucijada. Los marcos legales diseñados para un mundo analógico son insuficientes para regular un ecosistema digital donde las fronteras entre lo público y lo privado se desdibujan. Aunque legislaciones como el GDPR europeo[6] o el CCPA californiano[7] han representado

---

6 GDPR (Reglamento General de Protección de Datos): Es una normativa de la Unión Europea que establece estándares estrictos para la protección de datos personales, otorgando a los ciudadanos mayor control sobre su información y regulando cómo las empresas la recopilan, procesan y almacenan. European Parliament and Council. Regulation (EU) 2016/679 of the European Parliament and of the Council of 27 April 2016 on the Protection of Natural Persons with Regard to the Processing of Personal Data and on the Free Movement of Such Data (General Data Protection Regulation, GDPR). Official Journal of the European Union, 2016.

7 CCPA (Ley de Privacidad del Consumidor de California): Es una ley estatal de Estados Unidos que protege la privacidad de los residentes de California, permitiéndoles conocer qué datos personales recopilan las empresas sobre ellos,

avances importantes, son apenas el comienzo. Incluso iniciativas como la IA Act europea[8] o el Reglamento de Inteligencia Artificial[9] no han logrado abordar los desafíos de forma integral.

Además, el Derecho Penal enfrenta preguntas inéditas e inquietantes, que no puede esperar a resolver solo cuando ya haya algún impacto mediático. ¿Cómo abordar delitos cometidos por sistemas de IA autónomos? ¿Qué significa el consentimiento en un entorno donde los usuarios no entienden completamente cómo se procesan sus datos? ¿Qué responsabilidades deben asumir las empresas tecnológicas y los desarrolladores de algoritmos? ¿Qué hacer ante un vídeo *deepfake*? ¿Y con los sistemas de IA que se alimentan de datos de carácter personal o que hackeen un sistema informático?

Este libro se propone explorar estos desafíos desde una perspectiva jurídica, ética y práctica. A lo largo de sus páginas, se analiza la evolución histórica de la privacidad y su transformación en la era digital, así como los riesgos específicos que plantea la inteligencia artificial para los derechos fundamentales. También se examinan casos emblemáticos y avances legislativos en distintas regiones del mundo, y se presentan propuestas para un marco normativo que

---

cómo se usan y con quién se comparten, además de otorgarles derechos para solicitar su eliminación o evitar su venta. State of California. California Consumer Privacy Act (CCPA), Assembly Bill No. 375. California State Legislature, 2018

8 IAact (Ley de Inteligencia Artificial de la UE): Es una propuesta legislativa europea destinada a regular el uso de la inteligencia artificial, clasificándola por niveles de riesgo y estableciendo obligaciones para garantizar la seguridad, la transparencia y el respeto por los derechos fundamentales. European Commission. Proposal for a Regulation Laying Down Harmonised Rules on Artificial Intelligence (Artificial Intelligence Act) and Amending Certain Union Legislative Acts. COM(2021) 206 final, 2021.

9 El Reglamento de Inteligencia Artificial de la Unión Europea, oficialmente conocido como Reglamento (UE) 2024/1689, es la primera normativa a nivel mundial que establece un marco jurídico integral para la inteligencia artificial (IA). Adoptado el 13 de junio de 2024, su objetivo principal es garantizar que los sistemas de IA sean seguros, éticos y fiables, protegiendo la salud, la seguridad y los derechos fundamentales de los ciudadanos de la UE

equilibre el progreso tecnológico con la protección de los derechos humanos.

Además, patrocinamos la creación del concepto de *Data Nexus Juris*, un modelo jurídico evolutivo diseñado para regular la recopilación, procesamiento y uso de datos en la era de la IA. Este enfoque no solo protege la privacidad como un derecho individual, sino también como un bien colectivo, reconociendo su impacto en comunidades y sociedades democráticas.

Este libro no solo pretende un análisis académico; es una llamada a la acción. En un momento en que la inteligencia artificial redefine nuestras vidas, es esencial que el derecho actúe como contrapeso, asegurando que el progreso no ocurra a costa de nuestra humanidad. Como Yuval Noah Harari advierte: los datos son ahora el recurso más valioso del mundo, más importante que el petróleo o el oro. Controlar los datos significa tener un poder inmenso en la economía, la política y la vida personal[10].

---

10 Harari, Y. N.: *Homo Deus. Breve historia del mañana*, Debate, Madrid, 2017, *passim*.

Parte I

La IA y la privacidad: Orígenes y evolución

Capítulo 1
DE LAS HUELLAS DIGITALES A LA INTELIGENCIA ARTIFICIAL: EL VIAJE DE LOS DATOS Y LA PRIVACIDAD

FRANCISCO MARCO FERNÁNDEZ Y
FERMÍN MORALES PRATS

1. INTRODUCCIÓN: EL CEREBRO DETRÁS DE LA REVOLUCIÓN TECNOLÓGICA

Imagina un mundo donde las máquinas no solo procesen datos, sino que aprendan de ellos, se anticipen a tus necesidades e incluso tomen decisiones en tu nombre. Ese mundo ya no es ciencia ficción: es nuestra realidad y tiene un nombre: inteligencia artificial (IA).

El primer artículo de *The New York Times* sobre la aparición de ChatGPT se publicó el 5 de diciembre de 2022, titulado «The Brilliance and Weirdness of ChatGPT»[11]. Sin embargo, no fue hasta 2024 cuando la IA dejó de ser solo una promesa tecnológica para convertirse en el centro de todas las conversaciones. OpenAI irrumpió en los titulares de todos los medios de comunicación con el lanzamiento de su nueva versión de ChatGPT, una herramienta que ha transformado la manera en que los humanos interactuamos con la tecnología. ChatGPT permite mantener conversaciones fluidas y naturales con una interfaz que parece entendernos de manera casi humana. Desde consultas académicas hasta la creación de contenido creativo, esta IA demostró que podía adaptarse a innu-

11 "The Brilliance and Weirdness of ChatGPT", *The NewYork Times*, 5 de diciembre de 2022.

merables contextos, generando admiración en muchos usuarios y preocupación entre los académicos[12].

¿Era el comienzo de una era de colaboración entre humanos y máquinas o el preludio de una dependencia excesiva de la tecnología? ¿Terminaríamos los humanos subordinados a las máquinas? ¿Nos acabarán gobernando? ¿Cambiará el contrato social con el que nos regimos? ¿Conseguirán los robots acabar con la clase media? ¿La inteligencia artificial acabará con la humanidad? ¿Nos convertirán los Estados en esclavos digitales sin privacidad?[13].

El impacto de ChatGPT (y de Gemini, la versión de la IA desarrollada por Google) fue inmediato. Gobiernos, universidades, empresas y usuarios individuales adoptaron esta herramienta como algo habitual en sus rutinas. Sin embargo, con su popularidad surgieron preguntas difíciles: ¿de dónde provenían los datos con los que se entrenaba?[14]. OpenAI y sus modelos no solo democratizaron el acceso a la inteligencia artificial, sino que también aceleraron un debate global sobre los límites éticos y legales de la IA. Tanto es así que este libro está en tus manos porque tanto Google como OpenAI pronto enfrentaron sus primeras demandas.

En diciembre de 2023, *The New York Times* presentó una demanda contra OpenAI y Microsoft, alegando que ambas compañías habían utilizado millones de sus artículos sin autorización para entrenar modelos de inteligencia artificial como ChatGPT, lo que constituía una infracción de derechos de autor. Durante el proceso legal, en noviembre de 2024, OpenAI informó que, debido a un error técnico, se eliminaron datos que podrían haber servido como evidencia

---

12 Hattab, M.: "The Potential and Concerns of Using Artificial Intelligence in Scientific Research: The Case of ChatGPT", *ResearchGate*, 2024; y O'Neil, C.: *Weapons of Math Destruction: How Big Data Increases Inequality and Threatens Democracy*, Crown, Nueva York, 2016.

13 Sobre las respuestas a estas preguntas, *vid.* Marco Fernández, F.: *Disociados (Desdoblados), el futuro social de la humanidad*, RAED, 2022.

14 Dignum, V.: "Ethics of Using Large-Scale Data for AI Training", *AI Ethics*, vol. 1, núm. 1, 2020, pp. 15-27.

en el caso. Aunque intentaron recuperar la información, los datos resultaron incompletos y poco fiables para ser utilizados en el litigio. Ese mismo mes, Suchir Balaji[15], un exinvestigador de OpenAI que había expresado preocupaciones sobre el uso de contenido protegido por derechos de autor en el entrenamiento de modelos de IA, fue encontrado muerto en su apartamento en San Francisco. La Oficina del Forense determinó que la causa de su muerte fue suicidio[16].

Esta revolución de 2024 reflejó el poder y el alcance de la inteligencia artificial. Para entender cómo hemos llegado hasta aquí, primero debemos explorar qué es realmente la IA, cómo funciona y por qué su impacto va mucho más allá de la tecnología, moldeando sociedades enteras.

Y la primera pregunta es inevitable: ¿qué es exactamente la IA? La Comisión Europea la define como sistemas de *software* y *hardware* diseñados por humanos que perciben su entorno, razonan sobre la información que recopilan y toman decisiones para alcanzar objetivos específicos. En términos más simples, es un cerebro capaz de procesar enormes cantidades de datos para aprender y mejorar continuamente.

---

15 "Muere Exingeniero de OpenAI que Expresó Preocupaciones Sobre la Tecnología que Ayudó a Desarrollar", *Los Angeles Times*, 21 de diciembre de 2024.

16 La sentencia sobre el caso de *The New York Times* todavía no se ha dictado. Sin embargo, en otros similares, OpenAI ha ganado los procesos. Una jueza federal de Nueva York, Colleen McMahon, dictó una resolución indicando que los medios de noticias no se han visto perjudicados lo suficiente para apoyar su demanda. No obstante, les dio la oportunidad de apelar, pero dejó claro que era «escéptica» con respecto a las posibilidades de que dichos medios pudieran «alegar un perjuicio demostrable».

2. ORÍGENES DE LA INTELIGENCIA ARTIFICIAL: DE TURING A LOS ALGORITMOS MODERNOS

La historia de la IA comenzó mucho antes de que su impacto fuera conocido por el gran público. En 1950, Alan Turing, considerado el padre de la computación, planteó una pregunta fundamental: «¿Pueden las máquinas pensar?». Su trabajo sentó las bases para lo que en 1956 John McCarthy organizase la mítica conferencia de Dartmouth donde, en su discurso, acuñó por primera vez el término inteligencia artificial, definido como la ciencia e ingeniería de hacer máquinas inteligentes.

Como indica Marco Fernández[17], la inteligencia artificial (IA) ha seguido un camino de altibajos. Según relata *MIT Technology Review*, en los años 50 comenzó a gestarse la idea de utilizar la informática para imitar la lógica y la razón humanas. Algunos investigadores, además, imaginaron dotar a estos sistemas de una presencia física, capaz de interactuar con el mundo real. Un ejemplo pionero de esta visión fue el neurocientífico William Grey Walter, en Bristol, Reino Unido[18]. En 1948 y 1949, Walter desarrolló dos pequeñas máquinas autónomas llamadas Elsie y Elmer. Estos dispositivos, con un diseño similar al de una tortuga, integraban circuitos simples inspirados en principios neurológicos, lo que les permitía seguir una fuente de luz de manera autónoma. Grey Walter los construyó para demostrar que incluso un número limitado de conexiones neuronales podía dar lugar a un comportamiento sorprendentemente complejo. A pesar de este avance inicial, el desarrollo de la IA entró en un estancamiento prolongado durante varias décadas.

La llegada del aprendizaje profundo (o *deep learning*) transformó por completo el panorama de la inteligencia artificial, y gran parte

---

17 Marco Fernández, F.: *Disociados (Desdoblados), el futuro social de la humanidad*, *op. cit.*

18 Walter, W. G.: *The Living Brain*, University of Bristol Press, 1949.

de este cambio se lo debemos a Geoffrey Hinton[19], considerado uno de los padres de esta tecnología. Hoy en día, gracias a herramientas como el aprendizaje automático y las redes neuronales profundas, la IA ha alcanzado un nivel de desarrollo que, hace apenas unos años, habría parecido sacado de una película de ciencia ficción.

Pensemos en algo cotidiano: un robot con una simple cámara y un programa de aprendizaje automático instalado en su ordenador. En lugar de seguir instrucciones preprogramadas, este robot puede aprender mientras trabaja. Por ejemplo, imagina un robot en una fábrica. Al principio, podría tener problemas para colocar una caja en el lugar correcto. Sin embargo, con cada intento, el *software* de IA analiza lo que salió mal, ajusta su enfoque y mejora hasta hacerlo con precisión. Todo esto, en tiempo real y sin necesidad de intervención humana.

Como explica Pieter Abbeel[20], profesor de la Universidad de California en Berkeley, cuando se coloca un *software* de inteligencia artificial dentro de un cuerpo físico, como un robot, la máquina no solo aprende a realizar tareas específicas, sino que también puede identificar objetos, comunicarse y moverse en el mundo real. Un ejemplo de esto podría ser un robot de entrega autónomo o un vehículo Tesla. Al recorrer las calles de una ciudad, aprende a reconocer señales de tráfico, evita peatones y busca rutas más eficientes. Y lo más impresionante es que cada experiencia le permite entender mejor cómo funciona el entorno, como si el robot estuviera constantemente «haciendo sus deberes» y mejorando día a día.

Este aprendizaje continuo ha permitido avances que habrían sido imposibles sin la capacidad de procesar grandes cantidades de datos. Por ejemplo, sistemas de diagnóstico médico que analizan mi-

---

19 Hinton, G.; Krizhevsky, A. y LeCun, Y.: "Imagenet Classification with Deep Convolutional Neural Networks", en *Advances in Neural Information Processing Systems*, Curran Associates, Inc., 2012, pp. 1097-1105.

20 Abbeel, P.; Coates, A. y Ng, A.: "Deep Learning of Representations for Unsupervised and Transfer Learning", en *Proceedings of the 27th International Conference on Machine Learning (ICML-10)*, 2010, pp. 768-775.

les de radiografías para identificar enfermedades raras, o asistentes virtuales que entienden nuestras preguntas y responden de manera cada vez más precisa.

Detrás de estos avances se encuentran algunos de los mayores actores de la tecnología, como OpenAI, Google, Microsoft, Meta, Anthropic y xAI, la empresa fundada por Elon Musk. Estas compañías no solo cuentan con miles de millones de dólares en financiación, sino también con el respaldo estratégico del gobierno de Estados Unidos, que considera la inteligencia artificial como un activo clave para mantenerse a la vanguardia mundial. Tanto es así que se han implementado restricciones para evitar que ciertas tecnologías, como el *hardware* avanzado necesario para entrenar modelos de IA, puedan ser exportadas a otros países.

Sin embargo, la historia no termina ahí. En medio de este panorama, una *startup* china[21], con recursos económicos mucho más limitados logra irrumpir en el mercado y cambiar las reglas del juego. ¿Cómo lo hizo? Apostando por la creatividad y la optimización, demostrando que no siempre se necesitan enormes inversiones para innovar. Este movimiento aceleró aún más la carrera tecnológica, y para este inicio de 2025, cuando escribimos estas líneas, estamos siendo testigos de un desarrollo vertiginoso en el que cada día se rompen barreras que antes parecían infranqueables.

La inteligencia artificial no solo está transformando industrias, sino que también está redefiniendo cómo interactuamos con el mundo. Lo que alguna vez fue ciencia ficción, ahora es una realidad que se despliega ante nuestros ojos, cambiando para siempre nuestra manera de vivir, trabajar y soñar.

---

21 "La Paradoja de Jevons", *OECD AI Policy Observatory*, 2024. Se refiere a la observación de que, a medida que la eficiencia en el uso de un recurso aumenta, el consumo total de ese recurso también puede incrementarse debido a la reducción de costos y el aumento de la demanda.

3. EL FASCINANTE MUNDO DE LA INTELIGENCIA ARTIFICIAL: DESCIFRANDO SUS SECRETOS

Embarquémonos en un viaje al corazón de la Inteligencia Artificial, donde las máquinas cobran vida y desafían los límites de lo que hasta ahora hemos conocido. Imagina un mundo donde las máquinas no se limitan a obedecer órdenes, sino que aprenden, se adaptan y toman decisiones por sí mismas. Como hemos dicho suena a ciencia ficción, ¿verdad? Pues bien, esa es la esencia de la IA: la creación de sistemas que emulan la inteligencia humana para realizar tareas que antes solo estaban al alcance de nuestra mente.

La Inteligencia Artificial: Pensar sin ser humano

Piensa que tienes una máquina que aprende sola, que analiza información y toma decisiones sin que alguien le diga qué hacer en cada paso. Eso es, en esencia, la inteligencia artificial. Es un sistema que imita la inteligencia humana para realizar tareas como reconocer imágenes, entender texto o hacer predicciones. Pero, ¿cómo se define esto jurídicamente? Aquí es donde entra el marco legal. La OCDE[22] y la Unión Europea, en su Reglamento de Inteligencia

---

[22] La Organización para la Cooperación y el Desarrollo Económico (OCDE) presentó un documento, titulado "Memorandum explicativo de la definición actualizada de los sistemas de IA" (*Explanatory Memorandum on the updated OECD definition of an AI system*), para ayudar a interpretar esta definición en la práctica. Esa definición, incluida en sus "Principios de la OCDE sobre la IA", se basaba principalmente en el trabajo y el enfoque desarrollado por los expertos Stuart Russell y Peter Norvig en su obra de referencia sobre la materia *Artificial Intelligence: A Modern Approach*. Posteriormente, en noviembre de 2023, la OCDE revisó esa definición, estableciéndola de la siguiente manera: "Un sistema de IA es un sistema basado en máquinas que, para unos objetivos explícitos o implícitos, infiere, a partir de la entrada que recibe, cómo generar salidas tales como predicciones, contenidos, recomendaciones o decisiones que pueden influir en entornos físicos o virtuales. Los distintos sistemas de IA varían en sus niveles de autonomía y adaptabilidad tras su despliegue".

Artificial (IA Act[23], propuesta de la Comisión Europea en 2021), definen la IA como: «Un sistema basado en una máquina que está diseñado para funcionar con distintos niveles de autonomía y que puede mostrar capacidad de adaptación tras el despliegue, y que, para objetivos explícitos o implícitos, infiere de la información de entrada que recibe la manera de generar resultados de salida, como predicciones, contenidos, recomendaciones o decisiones, que pueden influir en entornos físicos o virtuales».

Esta definición es clave porque reconoce que la IA no solo sigue órdenes, sino que puede aprender y ajustarse según los datos que recibe. En términos legales, esto plantea, como se explicará más adelante, preguntas sobre responsabilidad, derechos y privacidad, ya que una IA puede tomar decisiones sin intervención humana directa.

Los Algoritmos: La receta secreta de la IA

Si la IA fuera una Thermomix, los algoritmos serían sus recetas. Un algoritmo es un conjunto de reglas que le dicen a una máquina qué hacer y en qué orden[24]. Por ejemplo, cuando buscas algo en Google, un algoritmo decide qué resultados mostrarte primero.

Desde el punto de vista legal, un algoritmo no es solo una herramienta matemática, sino que puede afectar derechos fundamentales. Según el Reglamento General de Protección de Datos (RGPD) de la Unión Europea, los algoritmos usados en IA deben ser transparentes y explicables cuando afectan decisiones sobre personas. En su artículo 22, el RGPD prohíbe que una persona sea sometida

---

23 Reglamento (UE) 2024/1689 del Parlamento Europeo y del Consejo, de 13 de junio de 2024, por el que se establecen normas armonizadas en materia de inteligencia artificial.

24 Según la definición de la RAE, es el «Conjunto ordenado y finito de operaciones que permite hallar la solución de un problema».

a decisiones automatizadas sin posibilidad de intervención humana, salvo excepciones.

Esto es importante porque, en el mundo real, los algoritmos pueden influir en quién obtiene un crédito, qué contenido se muestra en redes sociales o cómo se toman decisiones judiciales. Si un algoritmo tiene sesgos o falla, puede generar discriminación o errores graves.

Los Datos: El combustible de la IA

Para que la IA y los algoritmos funcionen, necesitan algo fundamental: datos. Son la materia prima con la que una IA aprende y mejora. Sin datos, la inteligencia artificial es como un coche sin gasolina.

Legalmente, los datos tienen muchas regulaciones, especialmente cuando contienen información personal. Según el RGPD, los datos personales son «cualquier información que identifique o haga identificable a una persona[25]». Esto incluye nombres, direcciones IP, huellas dactilares, voz e incluso patrones de conducta en internet. Para Morales Prats[26], todos los datos pueden considerarse sensibles, ya que cualquier información, dependiendo del contexto, puede revelar aspectos protegidos de una persona. Esto va más allá de la clasificación tradicional de «datos sensibles» que establece el RGPD (como los datos de salud, origen étnico o creencias religiosas). En su interpretación, incluso los datos aparentemente inocuos

---

25 Según el artículo 4 del RGPD, la definición es: «"datos personales": toda información sobre una persona física identificada o identificable ("el interesado"); se considerará persona física identificable toda persona cuya identidad pueda determinarse, directa o indirectamente, en particular mediante un identificador, como por ejemplo un nombre, un número de identificación, datos de localización, un identificador en línea o uno o varios elementos propios de la identidad física, fisiológica, genética, psíquica, económica, cultural o social de dicha persona».

26 Morales Prats, F.: *La tutela penal de la intimidad: privacy e informática*, Bosch, Barcelona, 1984, pp. 60 y ss.

pueden volverse críticos si se combinan con otros, generando perfiles detallados de individuos sin su conocimiento o consentimiento.

Los datos deben recolectarse y usarse de forma legal, justa y transparente, sin violar la privacidad de las personas. En este sentido, la IA enfrenta desafíos como el derecho al olvido (artículo 17 del RGPD), que permite a las personas exigir que se borren sus datos si ya no son necesarios.

En conclusión, la inteligencia artificial no es solo un avance tecnológico, sino un fenómeno que requiere definiciones claras y regulación adecuada. IA, algoritmos y datos son tres pilares que deben manejarse con responsabilidad para garantizar que los beneficios de esta tecnología no se conviertan en riesgos para la sociedad. Comprender su funcionamiento y su impacto en el derecho, especialmente a la luz del Reglamento de IA de la Unión Europea, es esencial para aprovechar al máximo su potencial y garantizar que se utilice en beneficio de la sociedad.

4. TIPOS DE INTELIGENCIA ARTIFICIAL: DESDE ASISTENTES HASTA MÁQUINAS SUPERINTELIGENTES

La IA no es una tecnología única, sino un conjunto de sistemas diseñados para diferentes propósitos. Según el enfoque de Stuart Russell y Peter Norvig[27], los sistemas de IA se dividen en cuatro categorías:

A. Categorías de los sistemas:

1. **Sistemas que Piensan como Humanos:** Estos sistemas intentan emular el razonamiento y los procesos cognitivos humanos. Por ejemplo, los Sistemas de Diagnóstico Médico. Programas como IBM Watson Health analizan

---

27 Russell, S. y Norvig, P.: *Artificial Intelligence: A Modern Approach*, 4ª ed., Pearson, 2020.

grandes volúmenes de datos médicos para ayudar a diagnosticar enfermedades, emulando el razonamiento de un médico experto.

2. **Sistemas que Actúan como Humanos:** Buscan replicar comportamientos y acciones humanas. Por ejemplo, los Robots Sociales. Pepper, desarrollado por SoftBank Robotics, es un robot diseñado para interactuar con personas de manera natural, reconociendo emociones y respondiendo de forma acorde.
3. **Sistemas que Piensan Racionalmente:** Estos sistemas resuelven problemas de manera lógica y coherente, siguiendo principios de la lógica y el razonamiento formal. Por ejemplo, los Sistemas de Planificación y Optimización. Programas como los utilizados en logística y gestión de cadenas de suministro (por ejemplo, SAP Integrated Business Planning) utilizan algoritmos racionales para optimizar rutas de transporte y gestionar inventarios de manera eficiente.
4. **Sistemas que Actúan Racionalmente:** Toman decisiones óptimas basadas en la información disponible y en sus objetivos predefinidos. Por ejemplo, los Asistentes Virtuales Inteligentes. Google Assistant o Amazon Alexa analizan datos de usuario y contexto para ofrecer respuestas y realizar acciones que optimizan la experiencia del usuario, como gestionar agendas, controlar dispositivos del hogar, etc.

B. Clasificación según su capacidad

1. **IA Débil (Narrow AI):** Diseñada para realizar tareas específicas y limitadas. No posee conciencia ni entendimiento general. Por ejemplo, el Reconocimiento Facial. Tecnologías como las utilizadas por Facebook para etiquetar automáticamente a personas en fotos; o los Asistentes de Voz: Siri de Apple o Alexa de Amazon, que realizan ta-

reas específicas como reproducir música, responder preguntas básicas o controlar dispositivos inteligentes.

2. **IA Fuerte (Artificial General Intelligence, AGI):** Capaz de entender, aprender y aplicar conocimientos en múltiples dominios de manera autónoma, similar a la inteligencia humana. Actualmente, la IA fuerte es más una meta que una realidad alcanzada. Instituciones como OpenAI y DeepMind están trabajando en desarrollar sistemas que se acerquen a la AGI, pero aún no se ha logrado una IA que iguale o supere la versatilidad y adaptabilidad de la inteligencia humana.
3. **IA Superinteligente:** Se trata de una hipótesis futura, de un concepto teórico donde la IA no solo iguala, sino que supera ampliamente la inteligencia humana en todos los aspectos, incluyendo creatividad, toma de decisiones y habilidades sociales.

En suma, la IA es un campo multifacético que abarca desde sistemas especializados y limitados hasta conceptos futuristas de inteligencia que superan la capacidad humana. Comprender estas categorías y sus aplicaciones reales ayuda a apreciar el impacto y el potencial de la IA en diferentes sectores de la sociedad.

5. ¿CÓMO FUNCIONA LA INTELIGENCIA ARTIFICIAL? LOS ALGORITMOS Y LOS RIESGOS ASOCIADOS…

Como hemos dicho ya y repetiremos por su importancia, cada clic que haces, cada búsqueda en Google y cada «me gusta» en redes sociales alimentan un sistema invisible que moldea tu realidad. Ese sistema tiene un nombre: algoritmos.

En el núcleo de la inteligencia artificial están los algoritmos, conjuntos de instrucciones que las máquinas siguen para resolver problemas o completar tareas[28]. Pero los algoritmos modernos, especialmente los utilizados en aprendizaje automático (*machine learning*), han superado con creces su propósito original: ya no solo ejecutan órdenes, sino que también aprenden y evolucionan en función de los datos que procesan.

Los algoritmos de IA funcionan como chefs altamente capacitados que, con los ingredientes correctos —los datos—, crean recetas capaces de resolver problemas complejos. Su poder reside en identificar patrones ocultos y predecir comportamientos futuros con asombrosa precisión. Por ejemplo, los algoritmos que utilizan las plataformas de *streaming* como Netflix no solo recomiendan películas basadas en tus gustos anteriores, sino que anticipan lo que te gustará, incluso antes de que lo sepas tú mismo.

Pero no todos los algoritmos son iguales. En el campo de la IA, se utilizan varios tipos, cada uno diseñado para tareas específicas[29]:

- Algoritmos supervisados: Estos algoritmos son entrenados con datos etiquetados, lo que significa que conocen las respuestas correctas durante el proceso de aprendizaje. Por ejemplo, un sistema de reconocimiento facial aprende a identificar rostros analizando imágenes donde cada rostro está claramente etiquetado por datos biométricos. En este sentido, los sistemas de diagnóstico médico, como los desarrollados por DeepMind Health, utilizan algoritmos supervisados para identificar enfermedades a partir de radiografías y resonancias magnéticas.
- Algoritmos no supervisados: Estos algoritmos trabajan con datos sin etiquetas ni categorías predeterminadas. Esto significa que no se les proporciona una «respuesta correcta» para

---

28 Louridas, P.: *Algoritmos*, Melusina, Tenerife, 2023, pp. 12-17.

29 Con información de Russell, S. y Norvig, P.: *Artificial Intelligence: A Modern Approach*, *op. cit.*; Goodfellow, I.; Bengio, Y. y Courville, A.: *Deep Learning*, MIT Press, 2016; y Sutton, R. S. y Barto, A. G.: *Reinforcement Learning: An Introduction*, 2ª ed., MIT Press, 2018.

aprender, como ocurre con los algoritmos supervisados. En su lugar, buscan patrones, similitudes o relaciones en los datos por sí mismos. El objetivo es organizar la información de una manera que permita identificar estructuras ocultas. En ciberseguridad, estos algoritmos son particularmente útiles para identificar actividades sospechosas. Al analizar grandes volúmenes de tráfico de red, los algoritmos no supervisados pueden detectar anomalías, como un volumen inusual de solicitudes desde una ubicación específica o patrones de acceso que no coinciden con el comportamiento habitual. Estas anomalías pueden ser señales de un intento de ataque o actividad maliciosa, incluso si no existe un ejemplo previo de lo que constituye una amenaza.

- Algoritmos de aprendizaje por refuerzo: Este tipo de algoritmo aprende interactuando con su entorno y mejorando su desempeño a través de prueba y error. Imagina un robot que aprende a caminar: al principio comete errores, pero con cada intento mejora sus movimientos hasta lograr un desempeño óptimo. En juegos como el ajedrez y el Go, algoritmos como AlphaGo han superado a los mejores jugadores humanos, aprendiendo estrategias a través del refuerzo constante.
- Algoritmos generativos: Estos sistemas crean contenido nuevo basándose en los datos de entrenamiento. Son responsables de textos, imágenes y música generados por IA. Los modelos de lenguaje como ChatGPT, desarrollados por OpenAI, utilizan algoritmos generativos para producir respuestas coherentes y creativas en conversaciones humanas.

Le hemos pedido a ChatGPT que nos diga si la explicación que hemos dado es correcta, y su respuesta ha sido: «Sí, tu definición es acertada. ChatGPT y otros modelos generativos utilizan datos de entrenamiento para aprender patrones y estructuras del lenguaje, permitiéndoles generar contenido original en una variedad de contextos. Su objetivo principal es proporcionar respuestas útiles y coherentes basadas en las solicitudes de los usuarios».

Pues bien, estos algoritmos son omnipresentes, y su influencia no se limita al ámbito tecnológico. Han transformado industrias como la salud, el transporte, la educación y las finanzas. Sin embargo, su uso también plantea retos éticos significativos. ¿Y si os dijésemos que ha habido casos en que los sistemas de detección de imágenes identifican más a negros que a blancos? ¿Y que los sistemas de contratación de Amazon estaban entrenados con patrones históricos donde las mujeres acababan discriminadas por la predominancia masculina en el patrón?

El contexto en el que se emplea la IA es determinante, dado que, como señala Gutiérrez García[30], no es lo mismo que sea para una recomendación musical o para que se otorgue, o no, un crédito. Por ello el desarrollo y la implementación de un sistema de IA es fundamental para evitar riesgos asociados. Palma Ortigosa[31], profesor de Derecho Administrativo en la Universidad de Valencia, ha investigado el ciclo de vida de los sistemas de inteligencia artificial (IA), centrándose en dos fases principales:

- Fase de diseño: En esta etapa, se planifica y desarrolla el sistema de IA, incluyendo la recopilación y preprocesamiento de datos, el desarrollo y entrenamiento del modelo, y su evaluación y validación.
- Fase de despliegue: Esta fase implica la implementación del sistema en un entorno real, donde se integra, se introducen datos para generar resultados y se adoptan decisiones basadas en las salidas del modelo.

Palma Ortigosa destaca la importancia de considerar las implicaciones legales y éticas en cada una de estas fases, especialmente en relación con la protección de datos personales y la responsabilidad proactiva. Su obra *Decisiones automatizadas y protección de datos:*

---

30 Gutiérrez García, E.: *Inteligencia artificial y derechos fundamentales*, Reus, Madrid, 2024, *passim*.

31 Palma Ortigosa, A.: *Decisiones automatizadas y protección de datos: especial atención a los sistemas de inteligencia artificial*, Reus, Madrid, 2022, p. 2.

especial atención a los sistemas de inteligencia artificial[32] profundiza en cómo la normativa europea y nacional se aplica a estos sistemas, proponiendo soluciones que equilibran la protección de los derechos individuales con el desarrollo tecnológico.

Como hemos indicado la IA conlleva riesgos inherentes al propio sistema.

- Sesgos algorítmicos: Un algoritmo es tan bueno como los datos con los que se entrena. Si esos datos contienen prejuicios o desequilibrios, el algoritmo perpetuará esas desigualdades. En 2020, el ciudadano afroamericano Robert Julian-Borchak Williams fue arrestado en Detroit debido a un error en un sistema de reconocimiento facial[33]. El sistema que le identificó erróneamente estaba entrenado con bases de datos sesgadas, compuestas mayoritariamente por imágenes de personas blancas. En este caso, el sistema comparó imágenes borrosas y de baja resolución de un ladrón captadas por cámaras de seguridad con estas bases de datos desequilibradas. Debido a la falta de precisión en el reconocimiento facial para pieles más oscuras, el algoritmo identificó erróneamente a Williams como una coincidencia probable. La policía, en lugar de verificar la información con pruebas adicionales, actuó directamente provocando un escándalo mediático.
- Falta de transparencia: Muchos algoritmos funcionan como «cajas negras», lo que significa que ni siquiera sus propios creadores pueden explicar cómo llegan a ciertas decisiones. Esto plantea problemas de responsabilidad, especialmente en aplicaciones críticas como la justicia penal o la medicina. ZestFinance, una empresa crediticia norteamericana, utiliza modelos de aprendizaje automático para evaluar la solvencia de los solicitantes de crédito basándose en grandes volúme-

32 *Ibid*.

33 "Un Afroamericano Es Detenido Injustamente Por un Error en el Sistema de Reconocimiento Facial", *El País*, 26 de junio de 2020.

nes de datos. Estos datos incluyen no solo variables tradicionales como ingresos y historial de pagos, sino también datos no convencionales como patrones de gasto o incluso el uso del teclado en formularios de solicitud. Nadie, ni siquiera sus creadores, saben por qué ha rechazado un crédito[34].

La recopilación masiva de datos, necesaria para entrenar algoritmos, plantea serias preocupaciones sobre el uso y la protección de la información personal. Como señalan diversos autores, los algoritmos están diseñados para maximizar la eficiencia, pero a menudo lo hacen a expensas de los derechos individuales[35]. Y mientras que los algoritmos son el sistema o la herramienta, los datos son la materia prima de las que se alimentan.

6. LA ECONOMÍA DEL BIG DATA: DATOS COMO MONEDA DE CAMBIO

Sin datos, los algoritmos serían estructuras vacías, incapaces de aprender o tomar decisiones. La inteligencia artificial no existiría sin los datos que los alimentan. Cada búsqueda que realizamos, cada clic que damos y cada «me gusta» que otorgamos genera una huella digital que contribuye a entrenar estos sistemas, ayudándolos a detectar patrones, predecir comportamientos y personalizar experiencias. Como se ha señalado, «los datos no son solo el nuevo petróleo» (*Data is the new oil*)[36]; constituyen un recurso infinito, replicable y omnipresente.

Uno de los experimentos más impactantes sobre el poder de los datos fue liderado por Michal Kosinski en la Universidad de

34 "Las Máquinas Espiarán Su Historial en Internet Para Decidir Si Le Dan un Préstamo", *MIT Technology Review*.

35 Huergo Lora, A.: "El Uso de Algoritmos y Su Impacto en los Datos Personales", *Revista de Derecho Administrativo*, núm. 20, 2021, pp. 166-193.

36 Metáfora popularizada por Clive Humby, citado en Anidjar, L.; Geslevich Packin, N. y Panezi, A.: "Matrix of Privacy", *Harvard Law & Policy Review*, vol. 18, núm. 1, 2024, pp. 10-25.

Cambridge (2013). Su estudio demostró cómo algo aparentemente trivial, como los «me gusta» en Facebook, podía revelar características personales sensibles, como orientación sexual, creencias políticas y estabilidad emocional, con una precisión superior al 80%[37]. Este descubrimiento dejó claro que nuestras interacciones digitales, aunque pequeñas y aisladas, pueden combinarse para formar un perfil sorprendentemente detallado sobre quiénes somos.

Este poder plantea preguntas inquietantes: ¿hasta qué punto controlamos la información que compartimos? ¿Quién tiene acceso a nuestros datos y cómo los utiliza? Cada clic que hacemos no solo alimenta sistemas de inteligencia artificial, sino que también amplifica la preocupación sobre la privacidad y la ética.

El caso del estudio de Kosinski es un recordatorio de que los datos no solo reflejan nuestras elecciones conscientes, sino también aspectos que preferiríamos mantener privados. Esto ha llevado a preguntas más amplias sobre el consentimiento: ¿es suficiente aceptar una política de privacidad con un solo clic? ¿Entendemos realmente cómo se procesan y utilizan nuestros datos?

La recopilación masiva de información puede generar beneficios extraordinarios, como avances en la medicina, el transporte o la educación, pero también puede convertirse en un arma de manipulación y vigilancia. Y como individuos debemos ser conscientes de nuestras huellas digitales y exigir transparencia y responsabilidad de quienes manejan nuestros datos. En palabras de Kosinski, "las huellas digitales pueden utilizarse para predecir atributos personales sensibles con un alto grado de precisión"[38]. En este contexto, la ética y la regulación son esenciales para equilibrar el potencial de los datos con los derechos fundamentales, garantizando que la

---

37 Kosinski, M.; Stillwell, D. y Graepel, T.: "Private Traits and Attributes Are Predictable from Digital Records of Human Behavior", *Proceedings of the National Academy of Sciences*, vol. 110, núm. 15, 2013, pp. 5802-5805.

38 *Ibid.*

inteligencia artificial no avance a costa de nuestra privacidad y autonomía.

6.1. Los distintos rostros de los datos y su relevancia en el marco del Reglamento de IA

En el apartado anterior, descubrimos que los datos son el combustible que impulsa la revolución de la IA. Pero, al igual que un motor necesita diferentes tipos de combustible para funcionar de manera óptima, la IA se nutre de una variedad de datos con características y funciones únicas. El Reglamento de IA de la Unión Europea reconoce esta diversidad y establece requisitos específicos para el uso de datos en sistemas de IA, con el objetivo de garantizar la seguridad, la transparencia y el respeto de los derechos fundamentales.

Datos Estructurados: El orden en el caos

Imagina una biblioteca perfectamente organizada, donde cada libro ocupa su lugar y puede ser encontrado fácilmente. Así son los datos estructurados: información ordenada y etiquetada que reside en bases de datos y hojas de cálculo.

- Ejemplos:
  - o Datos de clientes: nombre, dirección, historial de compras, preferencias.
  - o Información financiera: transacciones bancarias, cotizaciones de bolsa, informes contables.
- El marco legal: El orden y la precisión de los datos estructurados facilitan su gestión y análisis, pero también los convierten en un blanco sensible para las regulaciones de protección de datos, especialmente cuando contienen información personal. El RGPD de la Unión Europea establece principios clave para el tratamiento de datos personales, como la licitud, lealtad, transparencia, limitación de la finalidad, minimización

de datos, exactitud, limitación del plazo de conservación, integridad y confidencialidad (Artículo 5 del RGPD). El Reglamento de IA complementa estas protecciones, exigiendo que los sistemas de IA que utilizan datos estructurados sean diseñados y desarrollados de forma que se minimicen los riesgos para la privacidad y la seguridad de las personas.

Datos No Estructurados: El desafío de la interpretación

A diferencia de la biblioteca ordenada, imagina un océano de información donde las palabras, las imágenes, los sonidos y los videos se mezclan sin un orden aparente. Ese es el reino de los datos no estructurados, que representan la mayor parte de la información digital que generamos en la actualidad.

- Ejemplos:
  - o Comunicaciones: correos electrónicos, mensajes de texto, publicaciones en redes sociales.
  - o Multimedia: imágenes, videos, audio.
  - o Documentos: contratos, informes, artículos de investigación.
- El reto legal: El análisis de datos no estructurados plantea desafíos para la protección de datos personales, ya que puede revelar información sensible sin el conocimiento o consentimiento de las personas. Las tecnologías de reconocimiento facial o análisis de sentimientos, por ejemplo, pueden extraer información personal de imágenes o texto sin que las personas sean conscientes de ello. El Reglamento de IA busca abordar estos desafíos mediante la imposición de requisitos de transparencia y explicabilidad para los sistemas de IA que utilizan datos no estructurados, especialmente cuando se aplican en ámbitos sensibles como la justicia penal o la gestión de recursos humanos.

Datos Semiestructurados: El puente entre dos mundos

Entre la biblioteca ordenada y el océano de información, se encuentran los datos semiestructurados, que combinan elementos de ambos mundos. Poseen cierta organización, pero no tan rígida como la de los datos estructurados.

- Ejemplos:
  - o Archivos en formato JSON o XML: utilizados para intercambiar información entre sistemas.
  - o Correos electrónicos con metadatos: remitente, destinatario, fecha, asunto.
  - o Páginas web con HTML: donde las etiquetas definen la estructura del contenido.
- La perspectiva legal: La regulación de los datos semiestructurados depende del contexto y la información que contengan. Si incluyen datos personales, se aplican las normativas de protección de datos como el RGPD. El Reglamento de IA también puede ser aplicable a los sistemas de IA que utilizan datos semiestructurados, especialmente si estos sistemas se utilizan para la toma de decisiones automatizadas o la elaboración de perfiles.

Datos Personales: La esencia de la identidad

En el núcleo de la revolución de los datos se encuentran los datos personales, que definen nuestra identidad digital y nos conectan con el mundo online. El Reglamento de IA reconoce la importancia de la protección de datos personales[39] y establece requisitos específicos para los sistemas de IA que los utilizan.

---

[39] El considerando décimo del Reglamento de IA establece: "El derecho fundamental a la protección de los datos personales está garantizado, en particular, por los Reglamentos (UE) 2016/679 y (UE) 2018/1725 del Parlamento Europeo y del Consejo y la Directiva (UE) 2016/680 del Parlamento Europeo y del Consejo. [...]".

- Ejemplos:
  - Identificación: nombre, DNI, pasaporte, dirección.
  - Características personales: fecha de nacimiento, género, estado civil.
  - Información de contacto: teléfono, correo electrónico.
  - Datos financieros: cuentas bancarias, tarjetas de crédito.
  - Historial médico: enfermedades, tratamientos, alergias.
- El escudo protector del derecho: La protección de los datos personales es un derecho fundamental reconocido en numerosas legislaciones. El RGPD establece un marco legal exhaustivo para garantizar que los datos personales se traten de forma lícita, leal y transparente, y que se utilicen solo para los fines para los que fueron recopilados. El Reglamento de IA complementa estas protecciones, exigiendo que los sistemas de IA que utilizan datos personales sean diseñados y desarrollados de forma que se minimicen los riesgos para la privacidad y la seguridad de las personas.

Datos Especialmente Sensibles[40]: Un tesoro que requiere un cuidado especial

Dentro de los datos personales, existe una categoría especial denominada «datos sensibles» que merece una protección aún mayor debido a su potencial para generar discriminación o vulneración de derechos. El Reglamento de IA presta especial atención a la protección de datos sensibles[41] y establece salvaguardas adicionales para los sistemas de IA que los utilizan.

---

40 Utilizamos este concepto cuando, como ya hemos dicho, todos los datos son personales. En esta categoría añadimos los especialmente sensibles por afectar al núcleo duro de la privacidad.

41 El considerando quincuagésimo cuarto del Reglamento de IA indica: "Dado que los datos biométricos constituyen una categoría de datos personales sensibles, procede clasificar como de alto riesgo varios casos de uso críticos de sis-

- Ejemplos:
  - o Origen racial o étnico.
  - o Opiniones políticas.
  - o Creencias religiosas o filosóficas.
  - o Afiliación sindical.
  - o Datos genéticos.
  - o Datos biométricos para la identificación.
  - o Datos relativos a la salud.
  - o Datos relativos a la vida sexual u orientación sexual.
- La fortaleza legal: El Artículo 9 del RGPD establece prohibiciones y excepciones para el tratamiento de datos sensibles, que solo se permite en casos específicos, como el consentimiento explícito del interesado o el cumplimiento de obligaciones legales en el ámbito laboral o de la seguridad social. El Reglamento de IA refuerza estas protecciones, exigiendo que los sistemas de IA que utilizan datos sensibles cumplan con requisitos de seguridad y transparencia más estrictos, y que sean sometidos a una evaluación de conformidad antes de su puesta en el mercado.

Datos Sintéticos: La privacidad por diseño

En un mundo donde la privacidad es cada vez más valiosa, los datos sintéticos emergen como una alternativa para entrenar sistemas de IA sin comprometer la información personal. Estos datos son creados artificialmente, pero imitan las características de los datos reales sin contener información que permita identificar a personas. El Reglamento de IA reconoce el potencial de los datos sintéticos

---

temas biométricos, en la medida que su utilización esté permitida con arreglo al Derecho de la Unión y nacional pertinente. [...]".

para promover la privacidad y fomenta su uso en el desarrollo de sistemas de IA.

- Ejemplos:
  - Imágenes generadas por IA: para entrenar sistemas de reconocimiento facial sin utilizar rostros reales.
  - Datos de pacientes sintéticos: para investigar enfermedades y desarrollar nuevos tratamientos sin comprometer la privacidad de los pacientes.
- El impacto legal: El uso de datos sintéticos puede contribuir al cumplimiento del principio de minimización de datos (Artículo 5 del RGPD) y facilitar el ejercicio del derecho al olvido (Artículo 17 del RGPD). El Reglamento de IA también puede incentivar el uso de datos sintéticos al reducir las obligaciones de conformidad para los sistemas de IA que los utilizan.

Conclusión

Los datos son el alma de la IA, pero su diversidad y complejidad requieren un enfoque cuidadoso y responsable. El Reglamento de IA de la Unión Europea proporciona un marco legal sólido para garantizar que los datos se utilicen de forma ética y transparente en el desarrollo y la aplicación de sistemas de IA. Comprender los distintos tipos de datos y sus implicaciones legales es esencial para aprovechar al máximo el potencial de la IA y construir un futuro donde esta tecnología se utilice en beneficio de todos.

6.2. La paradoja de Pulgarcito: Migajas digitales fuera de control

Marco Fernández utiliza la metáfora de Pulgarcito para ilustrar cómo nuestras acciones en línea, aunque pequeñas e inconscientes, dejan un rastro de «migajas digitales»[42]. Estas migajas incluyen clics, búsquedas, ubicaciones y preferencias que, cuando se recopilan y analizan, forman un mapa sorprendentemente detallado de nuestras vidas. Lo que al principio parece inofensivo se convierte en una poderosa herramienta que empresas y gobiernos utilizan para influir en nuestras decisiones, desde el consumo hasta el voto.

Un ejemplo paradigmático de este fenómeno es el caso de Cambridge Analytica, el escándalo que sacudió al mundo en 2018. Esta consultora política obtuvo acceso a los datos de más de 87 millones de usuarios de Facebook mediante una aplicación de apariencia inocua: una prueba de personalidad. Aunque solo una fracción de los usuarios completó el cuestionario, los datos de sus contactos también fueron recopilados, sin su conocimiento ni consentimiento. Esto permitió a Cambridge Analytica construir perfiles psicográficos extremadamente detallados de los usuarios, clasificándolos según rasgos de personalidad, miedos y aspiraciones.

Estos perfiles fueron utilizados para diseñar campañas de *microtargeting* político, que enviaban mensajes personalizados a diferentes segmentos de la población con el objetivo de influir en su comportamiento electoral. La consultora jugó un papel clave en eventos como el referéndum del Brexit y las elecciones presidenciales de Estados Unidos en 2016, mostrando cómo las «migajas digitales» pueden ser utilizadas para manipular decisiones fundamentales en democracias modernas.

El caso Cambridge Analytica expone la cara oscura de la recopilación masiva de datos: la erosión de la privacidad, el consentimiento implícito que pasa desapercibido y la falta de transparencia en cómo se utiliza nuestra información. También pone de relieve la asimetría de poder entre los usuarios, que a menudo ignoran el alcance de las tecnologías que emplean, y las grandes corporaciones

---

42 Marco Fernández, F.: *Disociados (Desdoblados)*, *op. cit.* La metáfora de las «migajas digitales» ha sido utilizada por publicaciones como *Wired*, *MIT Technology Review* y *Harvard Law & Policy Review*.

tecnológicas, que controlan el flujo de datos y lo convierten en un recurso estratégico.

Este caso subraya la urgencia de establecer regulaciones globales que limiten la recopilación de datos y garanticen un uso ético y transparente de la información personal. Leyes como el Reglamento General de Protección de Datos (RGPD) en Europa han marcado un camino hacia la protección de la privacidad, pero eventos como el de Cambridge Analytica muestran que aún queda mucho por hacer para proteger a los ciudadanos en un mundo digital hiperconectado.

En palabras de Cardon[43], las migajas digitales no solo reflejan lo que hacemos, sino que también condicionan nuestras decisiones futuras. Entender este fenómeno y regular su impacto es fundamental para preservar nuestra autonomía y garantizar un equilibrio justo entre el progreso tecnológico y los derechos individuales.

7. RETOS Y PELIGROS DE LA INTELIGENCIA ARTIFICIAL: UNA MIRADA DESDE EL IMPACTO HUMANO

7.1. Los datos como moneda de cambio: ¿A qué costo?

Vivimos en una época en la que nuestros datos personales son la moneda más valiosa del mercado. Sin darnos cuenta, entregamos fragmentos de nuestra identidad a cambio de servicios aparentemente gratuitos: una red social para conectarnos con amigos, un buscador para explorar el mundo, una pulsera de *fitness* para monitorear nuestra salud. Sin embargo, estas transacciones esconden una realidad inquietante.

---

43 Cardon, D.: *La democracia de internet. Promesas y límites*, Adriana Hidalgo Editora, Madrid, 2016, passim.

En *Big Data, Privacy, and the Public Good*[44], se analiza cómo cinco o seis grandes corporaciones tecnológicas han monopolizado el acceso y uso de nuestros datos, operando a través de complejos algoritmos que actúan como «cajas negras». Para la mayoría de los usuarios, estos sistemas son un misterio: sabemos que toman decisiones sobre nosotros, pero no comprendemos cómo ni por qué.

Un ejemplo que ilustra esta realidad es el uso de datos de dispositivos de *fitness* por parte de las aseguradoras. ¿El objetivo? Ajustar las primas de seguros en función del nivel de actividad física de los clientes. Desde una perspectiva empresarial, tiene lógica premiar hábitos saludables, pero esta práctica penaliza injustamente a quienes tienen estilos de vida distintos o limitaciones físicas. Como señala el filósofo Luciano Floridi[45], este tipo de dinámicas muestra cómo los datos han dividido nuestra identidad entre lo analógico y lo digital, separándonos de nuestro propio control. Si no recuperamos ese control, corremos el riesgo de convertirnos en simples engranajes de un sistema diseñado para beneficiar a unos pocos.

7.2. La sombra de la vigilancia masiva

La inteligencia artificial ha llevado la vigilancia a niveles que antes solo existían en la ciencia ficción. Ya no hablamos solo de cámaras en las esquinas, sino de sistemas capaces de analizar datos en tiempo real para prever comportamientos. En ciudades como Chicago, por ejemplo, los algoritmos predictivos identifican zonas de riesgo basándose en datos históricos. Aunque esta tecnología pretende reducir el crimen, en la práctica perpetúa prejuicios raciales y afecta desproporcionadamente a comunidades afroamericanas y latinas.

Más allá de su impacto en democracias, la vigilancia masiva basada en IA es una herramienta poderosa en regímenes autoritarios,

---

44 Lane, J. *et al.* (eds.): *Big Data, Privacy, and the Public Good: Frameworks for Engagement*, Cambridge University Press, 2014.

45 Floridi, L.: *The Ethics of Information*, Oxford University Press, 2013, passim.

donde se utiliza para reprimir la disidencia y controlar a la población.

7.3. Burbujas informativas y polarización: La paradoja de la personalización

En 2011, Eli Pariser creó el término *The Filter Bubble*[46] para explicar cómo las plataformas digitales nos muestran solo contenido que refuerza nuestras ideas y ocultan lo que las contradice. Aunque parece que esto hace nuestra experiencia en línea más cómoda, en realidad reduce nuestra visión del mundo, divide el debate público y aumenta la polarización política.

Imagina que cada vez que entras a internet, un asistente invisible selecciona lo que puedes ver y lo que no. Te muestra solo noticias, videos y opiniones que coinciden con tus creencias, evitando cualquier información que pudiera hacerte cuestionarlas. Al principio, esto puede parecer conveniente: todo lo que lees confirma lo que ya piensas. Sin embargo, con el tiempo, esta burbuja te aleja de otras perspectivas, creando la ilusión de que todos comparten tu visión del mundo. Así, las sociedades se fragmentan en grupos cada vez más cerrados, dificultando el diálogo y aumentando los conflictos.

Shoshana Zuboff, en su influyente libro *The Age of Surveillance Capitalism*[47], lo llama «capitalismo de vigilancia»: un modelo económico en el que los datos personales se explotan para maximizar beneficios empresariales, sin importar el costo humano. Ejemplos como el escándalo de Cambridge Analytica han demostrado cómo estas prácticas pueden manipular elecciones y decisiones fundamentales, socavando las bases mismas de la democracia.

---

46 Pariser, E.: "The Filter Bubble", *The Atlantic*, 2011.

47 Zuboff, S.: *The Age of Surveillance Capitalism: The Fight for a Human Future at the New Frontier of Power*, PublicAffairs, 2019.

7.4. Más allá del individuo: El impacto colectivo de la IA

Las consecuencias de la inteligencia artificial no se limitan a nuestras decisiones individuales. Las herramientas de vigilancia basadas en IA también perfilan comunidades enteras, etiquetándolas como «riesgosas» o «problemáticas» en función de datos que a menudo refuerzan estereotipos[48]. Esto no solo afecta a quienes viven en esas comunidades, sino que también perpetúa desigualdades estructurales que ya existían antes de la llegada de estas tecnologías.

Además, las desigualdades digitales agravan este problema. Las personas con menos recursos tienen un acceso limitado a herramientas que protejan su privacidad, lo que las deja más vulnerables a la explotación. Como resultado, el progreso tecnológico, en lugar de cerrar las brechas sociales, corre el riesgo de ampliarlas aún más[49].

8. VISIÓN ANTROPOCÉNTRICA DE LAS DIRECTRICES ÉTICAS PARA UNA IA FIABLE: LA IA DESDE LA DIGNIDAD DE LA PERSONA

8.1. La visión ética

Las Directrices Éticas para una IA Fiable[50], desarrolladas por la Comisión Europea, parten de un enfoque antropocéntrico que coloca a la persona humana como eje central en el diseño, desarrollo y aplicación de la inteligencia artificial[51]. Este marco ético establece que los sistemas de IA deben respetar y promover los derechos fun-

48 Giacomelli, L.: "Estereotipos de Género y Discriminación en la Sociedad de la Vigilancia: Los Retos de las Nuevas Tecnologías para la Protección del Derecho a la Igualdad", *Derechos y Libertades*, vol. 46, 2023.

49 Berrone, P.; Ricart Costa, J. E. y Tatge, L.: *Cities and Technology: Building Cities in the Age of Information*, vol. 6, IESE Cities.

50 Comisión Europea: *Directrices Éticas para una IA Fiable*, 2019.

51 En idéntico sentido, Gutiérrez García, E.: *Inteligencia artificial y derechos fundamentales*, *op. cit.*

damentales, la dignidad humana y el bienestar social. Desde esta perspectiva, los desarrollos tecnológicos deben ser herramientas al servicio de la humanidad, asegurando que los avances en IA no comprometan la autonomía ni los valores esenciales de las personas. Sin embargo, a pesar de este planteamiento inicial, la implementación de estas directrices ha demostrado ser menos consistente con los principios originales.

Una de las críticas más relevantes señala cómo los intereses económicos y la búsqueda de competitividad tecnológica global diluyen el enfoque antropocéntrico a medida que las directrices avanzan[52]. Si bien el documento de la Comisión Europea promueve principios como la equidad, la transparencia y la supervisión humana, también enfatiza la necesidad de que Europa lidere la innovación en IA para garantizar su posición en el mercado global. Este énfasis genera una tensión inherente entre el compromiso ético y los intereses económicos, ya que las empresas y desarrolladores tecnológicos podrían priorizar la eficacia y el rendimiento económico sobre el respeto a los derechos humanos y los valores éticos.

Además, el carácter voluntario de las directrices limita su capacidad de garantizar que los principios éticos sean aplicados de manera uniforme. Sin mecanismos vinculantes claros, la implementación de los valores antropocéntricos queda a discreción de las empresas y organizaciones que desarrollan o implementan tecnologías de IA. Este vacío normativo permite que, en la práctica, los objetivos económicos o de optimización tecnológica puedan prevalecer sobre la supervisión humana o el respeto por la equidad, especialmente en contextos donde los sistemas de IA afectan directamente la vida de las personas, como en la salud, la justicia o el empleo.

---

52 Mittelstadt, B. D.: "Principles Alone Cannot Guarantee Ethical AI", *Nature Machine Intelligence*, vol. 1, núm. 11, 2019, pp. 501-507; y Smuha, N. A.: "From a 'Race to AI' to a 'Race to AI Regulation': Regulatory Competition for Artificial Intelligence", *Law, Innovation and Technology*, vol. 13, núm. 1, 2021, pp. 57-84.

Por último, la falta de jerarquización de los principios éticos en el marco de las directrices contribuye aún más a su dilución. En situaciones de conflicto, no está claro qué principios deberían prevalecer, dejando la resolución de estas tensiones abierta a interpretaciones individuales. Para que las directrices cumplan plenamente con su visión antropocéntrica, sería necesario complementarlas con legislación más específica, mecanismos de supervisión efectivos y sanciones en caso de incumplimiento. Solo así se podrá garantizar que la IA no solo sea fiable desde un punto de vista técnico, sino también ética y verdaderamente humana.

8.2. Hacia una privacidad más justa y equitativa

Como señala Morales Prats[53], frente a este panorama no bastan ni las autorregulaciones ni la visión ética del problema, a pesar de que debe guiar cada uno de los pasos de las futuras regulaciones de la IA. Estamos en un momento difícil que requiere de respuestas complejas y de regulaciones normativas que pongan límites al problema.

Como hemos reiterado, vivimos en una era donde cada clic, cada búsqueda y cada interacción en línea deja una huella digital que las grandes corporaciones y gobiernos pueden rastrear, analizar y monetizar. Frente a este escenario, no podemos limitarnos a ser simples espectadores. Es cierto que regulaciones como el RGPD en Europa han marcado un primer paso al restringir el uso indebido de los datos, pero el problema va mucho más allá. No se trata solo de proteger información personal, sino de redefinir la privacidad como un derecho colectivo que salvaguarde a comunidades enteras, no solo a individuos aislados. Por eso, hemos creado un nuevo concepto, al que hemos llamado *Data Nexus Juris*, que desarrollaremos a lo largo de este libro y que, necesariamente, nos lleva a la protección de una nueva privacidad, de los datos que alimentan a los

---

53 Morales Prats, F.: "Derecho a la Privacidad y la Inteligencia Artificial: La Perspectiva Europea", en *Desafíos Vitales 2025*, RAED, 2025.

algoritmos y, como señala Morales Prats[54], a una nueva regulación jurídico-penal frente a los riesgos inherentes a la IA.

Shoshana Zuboff advierte que el manejo de los datos no es solo un desafío técnico, sino un imperativo ético y político. No podemos conformarnos con políticas superficiales; debemos exigir transparencia y control real sobre cómo se recopilan, procesan y utilizan nuestros datos. La tecnología puede ser una herramienta para el progreso, pero solo si su desarrollo y aplicación priorizan a las personas antes que al lucro o al poder.

La solución no se limita a proteger lo que compartimos, sino a regular cómo los algoritmos interpretan y utilizan esa información. Desde el ámbito académico y legal han surgido diversas estrategias para abordar esta crisis digital:

- Regulación de las inferencias algorítmicas: No basta con limitar la recolección de datos; es crucial establecer normas claras sobre cómo los algoritmos pueden analizarlos y utilizarlos, garantizando que no vulneren derechos fundamentales.
- Privacidad como derecho colectivo: La filtración y manipulación de datos no afectan solo a individuos, sino a sociedades enteras. Es necesario reconocer que la privacidad no es un lujo personal, sino un pilar esencial para la democracia y la convivencia.
- Transparencia y control: Los usuarios deben contar con herramientas accesibles para entender y gestionar cómo se utilizan sus datos. Sin conocimiento ni control, la privacidad es una ilusión.

En un mundo donde las «migajas digitales» pueden predecir nuestros gustos, manipular nuestras decisiones y moldear nuestra percepción del mundo, recuperar el control no es solo una opción, sino una obligación. Es la única forma de garantizar nuestra auto-

54 *Ibid.*

nomía, dignidad y libertad en la era de la información. Para ello, no basta con la autorregulación de las empresas ni con simples medidas de transparencia: necesitamos un marco legal sólido que imponga límites claros y consecuencias reales.

El derecho penal debe ser la red en la que nos dejemos caer para enfrentar estos abusos. Solo con sanciones efectivas contra quienes explotan nuestros datos sin control, manipulan la información o vulneran derechos fundamentales, podremos equilibrar el poder entre ciudadanos, gobiernos y corporaciones. La protección de nuestra privacidad y libertad digital no puede depender de la buena voluntad de las grandes plataformas, sino de normas estrictas que castiguen el uso indebido de la inteligencia artificial y los algoritmos de vigilancia masiva. Si la tecnología avanza sin freno, la ley debe ser el contrapeso que garantice que el progreso no se convierta en una amenaza para nuestras libertades.

9. INTELIGENCIA ARTIFICIAL EN ESPAÑA: OPORTUNIDADES Y DESAFÍOS

En España, la inteligencia artificial ha comenzado a tomar protagonismo como una de las fuerzas transformadoras más importantes de la era digital. Aunque el país no lidera aún el *ranking* europeo en términos de adopción tecnológica, los últimos años han sido testigos de un crecimiento significativo en el uso de la IA, tanto en el sector privado como en iniciativas públicas. Según el Observatorio Nacional de Tecnología y Sociedad, en 2023 el 11,8% de las empresas españolas con más de diez empleados ya utilizaban IA en sus procesos. Este dato, aunque alentador, aún refleja la posición rezagada de España en comparación con otros países de la Unión Europea. Sin embargo, también marca una clara tendencia hacia la digitalización y el reconocimiento de la IA como motor clave para el desarrollo económico y social.

El gobierno español, consciente de los desafíos y las oportunidades de la revolución tecnológica, ha apostado por una hoja de ruta ambiciosa a través de la Estrategia Nacional de Inteligencia Artificial. Este plan, integrado en la Agenda España Digital 2026, busca no solo impulsar el desarrollo tecnológico, sino también transformar el modelo productivo del país, fomentando la innovación, la sostenibilidad y la competitividad en un entorno global. Con una inversión proyectada de 3.300 millones de euros entre 2021 y 2023, el país está movilizando recursos públicos y privados, incluidos fondos europeos, para sentar las bases de un ecosistema de IA que sea ético, inclusivo y sostenible.

Sin embargo, los desafíos son considerables. España todavía enfrenta una brecha significativa en términos de inversión en investigación y desarrollo, situándose por debajo de la media europea. Además, la formación de talento especializado en inteligencia artificial es un área crítica que requiere atención urgente. Aunque iniciativas como programas de capacitación en STEM (ciencia, tecnología, ingeniería y matemáticas) están en marcha, la falta de profesionales cualificados sigue siendo un obstáculo para muchas empresas que buscan implementar soluciones basadas en IA. Esta escasez de talento, combinada con disparidades regionales en el acceso a recursos tecnológicos, crea un panorama desigual donde las grandes ciudades como Madrid y Barcelona concentran la mayoría de las oportunidades, mientras que otras regiones del país luchan por no quedarse atrás.

El uso de la IA también se está extendiendo al ámbito gubernamental, donde se están desarrollando herramientas para modernizar la administración pública, mejorar los servicios ciudadanos y hacer más eficientes procesos como la gestión del tráfico urbano o la atención sanitaria. Estas aplicaciones prácticas de la inteligencia artificial están ayudando a España a avanzar hacia un modelo de sociedad más conectado y resiliente.

Sin embargo, en este camino hacia la transformación digital, no todo son cifras y avances técnicos. También es crucial abordar las implicaciones éticas de la IA. España, alineándose con las regulaciones europeas como el Reglamento General de Protección de

Datos y el futuro AI Act, está trabajando para garantizar que el desarrollo y la aplicación de estas tecnologías respeten los derechos fundamentales de las personas. La pregunta que queda por responder es cómo equilibrar el progreso tecnológico con la necesidad de proteger la privacidad, la dignidad y la equidad en un mundo cada vez más digitalizado.

El futuro de la inteligencia artificial en España está cargado de posibilidades, pero también de retos. A medida que la inteligencia artificial madura, la calidad de los datos está sustituyendo a la cantidad como el factor competitivo clave. Como bien señala Marco Fernández[55], «uno de los principales desafíos de la IA es la accesibilidad a datos de alta calidad, que son esenciales para el entrenamiento de algoritmos avanzados. Esto da lugar a conjuntos de datos no representativos o sesgados, lo que limita el desarrollo de una inteligencia artificial ética y eficiente».

El autor sostiene que Estados Unidos ha ganado la batalla del acceso y la captación de datos. Empresas como Meta, Google o Amazon han monopolizado el mercado del *big data*, dejando a Europa en una posición de desventaja. Sin embargo, el verdadero riesgo no es solo económico, sino político y social. Como advierte Yuval Noah Harari[56], los algoritmos pueden llegar a crear dictaduras digitales, sistemas en los que el control absoluto de la información permite manipular a la población de formas nunca vistas. En este contexto, la verdadera lucha no está solo en la acumulación de datos, sino en su transformación en poder.

Europa, aunque rezagada en la carrera por la posesión de datos, ha sido pionera en la regulación de su uso. En lugar de competir por el dominio del *big data*, ha optado por establecer estándares más estrictos que garanticen la transparencia y la protección de los derechos individuales. Ejemplo de ello es el *General Data Protection*

---

55 Marco Fernández, F.: "De la inteligencia artificial a la calidad de los datos: estrategias para una Europa competitiva", en *Retos 2025*, RAED.

56 Harari, Y. N.: *21 lecciones para el siglo XXI*, Debate, 2018, passim.

Regulation (GDPR), una normativa que obliga a las empresas a gestionar la información de manera ética y controlada, evitando que los ciudadanos se conviertan en meros productos de la era digital. Este enfoque, basado en la calidad más que en la cantidad de los datos, busca evitar que Europa se transforme en una sociedad esclavizada por la tecnología.

Además del GDPR, la Unión Europea ha dado un paso más con la Ley de Inteligencia Artificial (IA Act), la primera legislación integral del mundo que regula el uso de la inteligencia artificial. Esta normativa establece restricciones a los sistemas de IA considerados de alto riesgo, como aquellos que afectan derechos fundamentales, seguridad y procesos democráticos. Con ello, Europa busca marcar un precedente global en la gobernanza de la inteligencia artificial, estableciendo reglas claras para evitar abusos y garantizar que la tecnología se utilice de manera ética y controlada.

No obstante, esta regulación es solo el primer paso. La verdadera respuesta debe provenir del derecho penal[57], que debe ser la red protectora para frenar los abusos digitales. Las actuales normativas administrativas son insuficientes para hacer frente a la magnitud del problema. Es imperativo desarrollar nuevos tipos penales que castiguen la explotación ilícita de datos, la manipulación algorítmica con fines antidemocráticos y la vigilancia masiva sin garantías. En este sentido, al final del libro se presentarán *lege ferenda* orientadas a la modificación del marco jurídico-penal y la creación de figuras delictivas que sancionen estos nuevos crímenes digitales. Solo a través de un derecho penal robusto, adaptado a la realidad tecnológica, podremos garantizar que la inteligencia artificial y el *big data* sean herramientas al servicio del ser humano, y no instrumentos de control totalitario.

---

57 Morales Prats, F.: "Derecho a la Privacidad y la Inteligencia Artificial: La Perspectiva Europea", *op. Cit.*

10. CONCLUSIONES INICIALES

En mayo de 2024, Meta informó a sus usuarios de un cambio en su política de privacidad, por el que la compañía podría emplear sus *posts* en Facebook e Instagram desde 2007 para entrenar su modelo de IA. Meta argumentó que se apoyaría sobre el interés legítimo, informando a los usuarios y proporcionándoles el derecho a negarse al empleo de sus datos. Poco después, el grupo NOYB (*None of your business*) presentó una queja ante once autoridades nacionales de protección de datos de la UE, pidiendo a las autoridades un procedimiento de urgencia para detener este cambio, argumentando que el empleo de esos datos para tecnologías IA es extremadamente amplio, que Meta carece de interés legítimo y que se está colocando la carga sobre el usuario. Poco después, Meta paralizaba sus planes de entrenamiento de la IA.

En la Resolución del Parlamento Europeo, de 3 de mayo de 2022, sobre la inteligencia artificial en la era digital se afirma que «si la Unión no actúa con rapidez y valentía, acabará teniendo que seguir las reglas y normas fijadas por otros y corre el riesgo de sufrir efectos perjudiciales para la estabilidad política, la seguridad social, los derechos fundamentales, las libertades individuales y la competitividad económica». Y es cierto, el avance de la inteligencia artificial ha demostrado ser un cambio de paradigma en la forma en que las sociedades modernas se relacionan con la tecnología. Desde sus inicios con Alan Turing hasta los sistemas complejos que hoy forman parte de nuestra vida cotidiana, la IA ha pasado de ser un concepto teórico a una realidad tangible y omnipresente en nuestro trabajo diario.

El desarrollo de algoritmos sofisticados y la recopilación masiva de datos han abierto posibilidades inmensas en campos como la salud, la educación, el transporte y la economía. Sin embargo, también han generado preocupaciones éticas y sociales que no podemos ignorar. Problemas como los sesgos algorítmicos, la falta de transparencia y la explotación de datos personales subrayan la necesidad de un enfoque equilibrado que priorice tanto la innovación como los derechos fundamentales de los ciudadanos.

Casos como el escándalo de Cambridge Analytica o los errores en sistemas de reconocimiento facial evidencian que el uso indiscriminado de tecnologías basadas en IA puede reforzar desigualdades y amenazar la privacidad individual. Es imperativo que la regulación y la ética acompañen el desarrollo tecnológico para garantizar un futuro donde la inteligencia artificial esté al servicio de todos.

En última instancia, el poder de la IA radica en cómo decidimos utilizarla. Si se gestiona de manera responsable, puede ser una fuerza transformadora para el bien. Pero lograr este equilibrio requiere no solo innovación técnica, sino también un compromiso ético y político que ponga a las personas en el centro de este cambio y al derecho penal como la *ultima ratio* de solución a los problemas que ya suscita la IA.

Capítulo 2
LA PRIVACIDAD EN PERSPECTIVA: DEL REFUGIO MORAL A LA PROTECCIÓN LEGAL

LUIS DE LAS HERAS VIVES

1. INTRODUCCIÓN

Edward Snowden sacudió al mundo al revelar que millones de personas eran vigiladas sin saberlo. Correos electrónicos, llamadas telefónicas, búsquedas en internet... todo estaba siendo monitorizado por la Agencia de Seguridad Nacional (NSA) de Estados Unidos. Para muchos, fue un despertar incómodo; para otros, solo la confirmación de lo que ya sospechaban. No se trataba solo de gobiernos o tecnología, sino de algo más profundo: el control de nuestra privacidad, ese derecho invisible pero fundamental que sustenta nuestra libertad.

Hoy podemos afirmar con rotundidad que la privacidad es un valor esencial para nuestro desarrollo como individuos. Es el pilar que garantiza nuestra autonomía en un mundo cada vez más conectado y expuesto. No solo nos permite proteger nuestra identidad y nuestra información personal, sino que también nos ofrece un espacio seguro para reflexionar, tomar decisiones sin interferencias externas y construir relaciones auténticas.

En el ámbito personal, la privacidad nos permite ser nosotros mismos, sin miedo al juicio constante. Nos da la libertad de explorar nuestras ideas, emociones y aspiraciones sin sentirnos vigilados o condicionados, lo que resulta indispensable para el crecimiento personal. Desde el punto de vista social, garantiza la posibilidad de establecer vínculos basados en la confianza y el respeto mutuo, al proteger la confidencialidad de nuestras interacciones.

Además, la privacidad es un refugio. En una sociedad donde interpretamos roles de manera permanente, opera como ese espacio fuera de escena donde podemos despojarnos de las máscaras y reencontrarnos con nuestra verdadera esencia antes de volver a la actuación. Es el lugar donde recuperamos nuestro equilibrio y reafirmamos quiénes somos.

En un mundo hiperconectado, donde la recopilación y el uso de datos personales se han convertido en moneda corriente, defender la privacidad es defender nuestra dignidad. Es un valor que equilibra el poder entre los individuos y las instituciones, asegurando que nuestras decisiones sean genuinas y no el resultado de manipulaciones o presiones externas.

En definitiva, la privacidad es mucho más que un derecho: es la base sobre la que construimos nuestra identidad, la clave para participar activamente en la sociedad y el cimiento sobre el que se sostiene nuestra libertad[58]. Su protección no solo debe ser un objetivo jurídico, sino una prioridad ética y cultural para garantizar nuestro desarrollo como individuos y como comunidad. Sin embargo, la concepción de la privacidad como un valor esencial no ha sido constante a lo largo de la historia. Lo que hoy entendemos como libertad individual y protección de nuestros datos personales es el resultado de una evolución marcada por cambios culturales, sociales y tecnológicos. Comprender esta transformación es clave para defender su importancia en el presente y en el futuro.

2. GRECIA, ROMA Y LA TRANSICIÓN DESDE EL CRISTIANISMO A LA EDAD MODERNA

La noción de intimidad en la antigüedad clásica tiene profundas raíces en las estructuras sociales, filosóficas y políticas de Grecia y Roma. Desde sus orígenes, la intimidad surgió como una respuesta

---

58 Morales Prats, F.: *La tutela penal de la intimidad: privacy e informática*, op. cit., passim.

a la necesidad de proteger un espacio personal ajeno a injerencias externas. Sin embargo, su concepción y alcance estuvieron intrínsecamente vinculados a las tensiones entre lo público y lo privado, que han sido una constante en la historia del pensamiento occidental.

En la antigua Grecia, la vida del ciudadano estaba subordinada a los intereses de la *polis*. El ámbito público predominaba sobre lo privado, situando al individuo en una paradoja: soberano en lo colectivo, pero limitado en su autonomía personal. La libertad se proyectaba hacia el exterior, a través de los debates políticos y la participación cívica, como el derecho a expresar su opinión en la aprobación de normas o en las discusiones de la *boulé*. Como *zôon politikón*[59], se consideraba que el hombre solo alcanzaba su plenitud al integrarse en la vida social, donde el Estado prevalecía sobre la conciencia individual. Obras como *Antígona*, de Sófocles, reflejan esta tensión entre la obediencia al deber colectivo y la fidelidad a la propia conciencia, un conflicto que anticipa el dilema entre lo público y lo privado.

Con el declive de las polis, los ciudadanos griegos comenzaron a retraerse hacia su interioridad, alejándose de lo colectivo. La derrota frente a Filipo II de Macedonia en Queronea (338 a.C.) simbolizó no solo la pérdida de la autonomía política de las ciudades-estado, sino también el agotamiento del sentido de pertenencia a la colectividad. Este repliegue dio lugar a una introspección individual que marcó el inicio de una transición hacia una mayor apreciación de la esfera personal.

En Roma, aunque el sentimiento de individualidad ganó fuerza, la práctica mostró una continuidad con el predominio del colectivo. Si bien los ciudadanos reconocían una dimensión íntima vincu-

59 El término *zôon politikón* (ζῷον πολιτικόν) fue acuñado por Aristóteles en su obra *Política* y significa "animal político" o "ser social". Con esta expresión, Aristóteles afirmaba que el ser humano solo puede alcanzar su plenitud dentro de una comunidad (*polis*), ya que, por naturaleza, necesita vivir en sociedad y participar en la vida política.

lada a la reflexión y al recogimiento personal, esta carecía de protección jurídica frente al poder del Estado. Como apuntaba Ortega y Gasset, incluso grandes figuras como Cicerón sentían la necesidad de justificar públicamente sus momentos de retiro, reflejando la absorción del "yo personal" en el "nosotros colectivo".

El caso paradigmático de Sócrates en Grecia, condenado por su pretensión de tener un "demonio particular", encuentra ecos en la Roma clásica, donde el aparato estatal restringía cualquier manifestación de individualidad desvinculada de lo colectivo.

A pesar de estas limitaciones, la semilla de la introspección personal y la autonomía espiritual comenzó a germinar con mayor fuerza. La consolidación del cristianismo no solo marcó un punto de inflexión en la tensión entre lo público y lo privado, sino que también abrió el camino para una nueva concepción de la intimidad en la Edad Media.

La introspección promovida por importantes figuras de la Iglesia como San Agustín y, posteriormente, Santo Tomás de Aquino, sentaron las bases para una visión de lo privado como un espacio donde el hombre podía resguardarse y decidir con plena autonomía sobre lo más propio de su ser. Este repliegue hacia la interioridad no quedó limitado al plano espiritual, sino que progresivamente se extendió a la vida cotidiana.

En la Edad Media, este proceso se tradujo en un fortalecimiento de la esfera privada frente a la pública, estrechamente vinculado al ámbito doméstico. Surge entonces con claridad la *res familiaris*, ese espacio íntimo donde las relaciones familiares y las actividades cotidianas se oponían al dinamismo y las exigencias de la *res publica*.

Lo privado comenzó a representarse como una zona de inmunidad, un refugio frente a la exposición y el control del poder político. En este contexto, lo que ocurría en el ámbito familiar pasaba a ser considerado exclusivamente propio, inaccesible a las demandas del exterior. Y la protección de ese espacio no fue solo un fenómeno cultural, sino también jurídico.

La progresiva promulgación de normas destinadas a proteger el domicilio y la vida doméstica fue moldeando un concepto de privacidad más concreto y defendible. Como señaló Duby[60], esta dicotomía entre lo público y lo privado se reflejaba en las estructuras de poder de la época: en el ámbito público, el rey concentraba la autoridad; en el privado, era el *paterfamilias* quien ostentaba el control, consolidando la idea del hogar como un bastión autónomo.

Este repliegue hacia la privacidad doméstica simbolizó una transformación significativa en la concepción de la intimidad, alejándola del predominio colectivo que caracterizó a la antigüedad clásica.

La Edad Media, con su énfasis en lo familiar y lo doméstico, consolidó una esfera privada más definida, donde las personas podían preservar sus secretos, decisiones y emociones, sentando así las bases para la privacidad tal y como la entendemos en la actualidad.

3. LA EDAD MODERNA

La Edad Moderna trajo consigo una transformación profunda en la concepción de la privacidad, marcada por el desarrollo del pensamiento filosófico y político que redefinió las relaciones entre el individuo y el Estado. Figuras como Thomas Hobbes[61] y John Locke[62] jugaron un papel crucial al explorar los límites del poder

---

60 Duby, G.: *Historia de la vida privada. Tomo 2: De la Europa feudal al Renacimiento*, Madrid, 1988, passim.

61 Para Hobbes, la intimidad y los derechos individuales se supeditaban a la necesidad de mantener el orden social. En su obra *Leviatán*, propuso la creación de un poder absoluto capaz de garantizar la paz y la seguridad, pero a costa de la cesión casi total de los derechos individuales al soberano. Según Hobbes, el pacto social implicaba una renuncia colectiva a las libertades en favor de un Estado fuerte, lo que relegaba la intimidad a un espacio concesionario, otorgado por el poder estatal. Esta visión reflejaba esencialmente una concepción negativa de la libertad: el individuo solo podía disfrutar de aquellos espacios que el soberano no regulaba.

62 Por el contrario, Locke defendió una visión más positiva de la libertad y de la esfera privada. Rechazaba la idea de Hobbes de un soberano absoluto, argu-

estatal y los derechos inherentes del ser humano, sentando las bases para una nueva comprensión de la esfera privada.

Ambos filósofos coincidieron en la importancia de la seguridad como fundamento del Estado, pero diferían en su enfoque sobre cómo ésta debía relacionarse con la libertad individual. Mientras Hobbes justificaba un control estatal amplio para preservar el orden, Locke veía en la seguridad el medio para que los derechos inherentes al hombre pudieran ejercerse plenamente, convirtiendo la intimidad en un elemento central para el desarrollo humano.

Estas concepciones tuvieron un impacto duradero, particularmente en el derecho inglés, que comenzó a proteger no solo la propiedad material, sino también aspectos inmateriales como las creaciones literarias y los secretos personales. Casos como el de Alexander Pope y Jonathan Swift, o el célebre juicio del Príncipe Alberto contra Strange, ilustraron cómo la protección de la esfera privada adquiría una dimensión legal concreta. Estas decisiones judiciales sentaron precedentes fundamentales para el desarrollo de un derecho a la privacidad que protegía la confidencialidad de los sentimientos, ideas y creaciones de los individuos frente a injerencias externas.

4. EL FIN DE LA EDAD MODERNA

Con el surgimiento de la democracia norteamericana, se produjo un cambio significativo en la relación entre lo público y lo privado. Estas dos esferas, que en épocas anteriores coexistían en

mentando que el propósito del Estado debía ser garantizar los derechos naturales de los individuos, entre ellos la vida, la libertad y la propiedad. Para Locke, la propiedad no solo abarcaba los bienes materiales, sino también el dominio sobre uno mismo, su intelecto y su voluntad. Esta noción amplió significativamente el ámbito de lo privado, estableciendo un espacio inalienable donde cada persona podía disponer de su vida y recursos según su criterio, siempre dentro del marco de la ley.

un equilibrio más o menos definido, comenzaron a polarizarse de forma radical.

La vida pública, lejos de ser vista como un espacio de realización personal o de deber cívico, empezó a generar hastío en gran parte de la población. Esto se debía, en buena medida, al tumulto y la concurrencia de las masas, lo que hacía de la esfera pública un ámbito percibido como desordenado e ineficaz. En contraste, la esfera privada adquirió una importancia cada vez mayor, consolidándose como el espacio donde el individuo podía desarrollar plenamente sus singularidades y su libertad personal.

En este contexto, cada vez resultaba más difícil motivar a los ciudadanos para que se involucraran en los asuntos públicos. La vida privada, llena de aspiraciones, trabajos y responsabilidades, se volvió tan activa y absorbente que dejaba poco margen para dedicar tiempo o energía a la participación política. Como resultado, la desafección hacia lo público aumentó, y la preocupación por los asuntos comunes dejó de ser vista como una fuente de satisfacción personal o de trascendencia colectiva.

Stuart Mill, en ensayo *Sobre la libertad*, reflexionó sobre esta nueva realidad y los límites que debía tener el poder ejercido por la sociedad sobre el individuo. Según Mill, la libertad era el antídoto más eficaz contra lo que él denominó la *tiranía de la mayoría*, es decir, la tendencia de las masas a imponer su voluntad sobre las decisiones y conductas individuales, e identificó una esfera personal e inviolable, que definió como "esa porción de la conducta y de la vida de una persona que no afecta más que a esa persona, y que, si afecta lo mismo a otras, lo hace con su previo consentimiento y con una participación libre, voluntaria y perfectamente clara"[63].

En este ámbito privado, según Mill, el individuo encontraba la libertad para organizar su vida según sus propios deseos y valores. Era un espacio donde se podía actuar libremente, sujeto únicamen-

63 Mill, J.: *Ensayo sobre la libertad* (trad. por FRANCESC LL. CARDONA), Menorca, 2011, p. 25.

te a las consecuencias de las propias decisiones, siempre que no se causara daño a otros. Incluso si los demás consideraban que ciertas conductas eran erróneas, tontas o inmorales, el individuo debía ser libre de llevarlas a cabo, siempre que no afectaran negativamente a terceros.

Ese espacio reservado se convirtió en el refugio donde el individuo podía desarrollarse plenamente. Representaba el espacio en el que se moldeaba la personalidad, un ámbito propicio para la introspección y la autodeterminación. En este entorno privado, las personas podían reflexionar sobre sus metas, trazar planes de vida y fortalecer su voluntad, libres de las imposiciones del poder externo o del juicio social. En palabras de John Stuart Mill, la privacidad era *"la esencia de la libertad"*, el lugar donde cada individuo podía transformar su vida en una obra noble y significativa, concebida y contemplada por sí mismo. Este cambio marcó el fin de la Edad Moderna y sentó las bases del concepto contemporáneo de privacidad, consolidándola como un pilar fundamental para la autonomía, la libertad y el desarrollo pleno del ser humano.

5. DE LA SOCIEDAD INDUSTRIAL AL NACIMIENTO DEL GENUINO *RIGHT TO PRIVACY*

El crecimiento demográfico y urbano que tuvo lugar a finales del siglo XVIII y principios del XIX marcó un cambio trascendental en la organización social y en la forma de vida de las personas. Este fenómeno, impulsado por la revolución industrial y los continuos éxodos rurales, dio paso a un nuevo paradigma: el tránsito desde una estructura rural basada en la autarquía y el cooperativismo familiar hacia un modelo de aislamiento y dependencia característico de la sociedad industrial.

Concentraciones masivas de personas en torno a las fábricas y los núcleos urbanos industrializados dieron origen a los llamados "barrios obreros". Esta reconfiguración espacial y social tuvo profundas implicaciones en la forma en que los individuos se relacionaban entre sí. El sociólogo Émile Durkheim advirtió que la evolución tecnológica y la transformación de una economía agraria en una industrial erosionaron el sentido colectivo predominante en los entornos rurales. En su lugar, emergió un individualismo cada vez más marcado, característico de las sociedades industriales del siglo XIX.

Esta paradoja resulta especialmente llamativa: aunque los trabajadores se agrupaban físicamente en torno a los medios de producción, su conciencia de lo colectivo se debilitaba. La dependencia de contratos laborales, que individualizaban las relaciones entre empleador y empleado, reforzó esta fragmentación de la solidaridad social. La división del trabajo, donde cada individuo se especializaba en una fase del proceso productivo, sustituyó al modelo tradicional en el que un solo trabajador asumía todo el ciclo de producción. Esto situó al individuo en un contexto de competencia y autoafirmación, enfocado en su propio progreso personal.

El individualismo, sin embargo, vino acompañado de una contradicción inherente. Aunque las personas anhelaban la independencia, la vida en sociedad las hacía cada vez más dependientes unas de otras. Y es en este contexto de tensiones sociales y cambios en la cosmovisión del individuo, donde surgió una nueva necesidad: proteger lo íntimo y personal del conocimiento ajeno. La intimidad comenzó a ser vista como un refugio esencial para preservar la identidad y la paz interior frente a un entorno cada vez más intrusivo. Esta evolución estuvo influida por el pensamiento liberal, que asociaba los derechos de la personalidad con la propiedad y la autonomía individual. El propietario no solo poseía bienes, sino también el derecho a controlar su propia vida y dignidad personal. La privacidad se entendía entonces como un bien exclusivo, vinculado a las facultades de goce y disfrute que tradicionalmente se asociaban a la propiedad privada.

La rápida urbanización y el crecimiento de las ciudades también demandaron una mayor intervención del Estado. Era necesario organizar este desarrollo social y, al mismo tiempo, garantizar jurídicamente la protección de los individuos en una sociedad donde el paradigma mercantilista definía al hombre como dueño de sí mismo y propietario de su destino. En este marco, los derechos de la personalidad emergieron como una herramienta clave para proteger la autonomía frente a posibles injerencias externas.

El detonante definitivo para la configuración de un derecho moderno a la intimidad fue la proliferación de los medios de comunicación en las sociedades de masas. La intrusión de estos en la vida privada de las personas puso de manifiesto la necesidad de una regulación específica. Warren y Brandeis, en Estados Unidos, desarrollaron el concepto del *right to privacy* como un medio para salvaguardar la libertad individual y proteger la personalidad frente a estas injerencias. En Europa, filósofos como Ortega y Gasset también reflexionaron sobre el impacto de la sociedad de masas y la importancia de la privacidad como un pilar para la vida personal y la libertad.

En definitiva, el proceso de industrialización y urbanización no solo transformó la economía y la estructura social, sino que también provocó una revalorización de la intimidad como un derecho fundamental a la privacy/propierty[64].

6. EL «*RIGHT TO PRIVACY*» DE WARREN Y BRANDEIS Y SU POSTERIOR DESARROLLO DOCTRINAL, JURISPRUDENCIAL Y NORMATIVO EN NORTEAMÉRICA

Cuando intentamos buscar el significado y delimitar el alcance del derecho a la privacidad, nos encontramos con una característica peculiar: cualquier persona puede ofrecer, con relativa exactitud y claridad, una definición intuitiva de lo que significa la palabra

---

64 Morales Prats, F.: *La tutela penal de la intimidad: privacy e informática*, op. cit., passim.

"intimidad"[65]. Incluso en los casos menos elaborados, una explicación podría basarse en sus límites o resumirse de manera sencilla, casi coloquial, como "que no se metan en mi vida" o "que me dejen en paz"[66] . Y aunque estas expresiones puedan parecer profanas o simples, en esencia no carecen de verdad, ya que capturan la esencia misma del concepto: la protección de un espacio personal inviolable, libre de intrusiones externas.

No resulta sorprendente, por tanto, que Alan Westin definiera el derecho a la intimidad como "la facultad de los individuos para determinar cuándo, cómo y hasta dónde puede comunicarse a otros información sobre ellos"[67] . Esta descripción resalta la capacidad de control que cada persona ejerce sobre los aspectos de su vida que decide compartir o mantener privados. Sin embargo, el verdadero punto de inflexión en la configuración jurídica de este derecho se produjo con el célebre opúsculo *The Right to Privacy*, escrito por Samuel Warren y Louis Brandeis en 1890[68]. En esta obra, los autores no solo señalaron la importancia de proteger la privacidad frente

---

65 Vid., Carrión Olmos, S.: "El derecho a la intimidad", en AA.VV.: *Veinticinco años de la aplicación de la Ley Orgánica 1/2982, de 5 de mayo, de protección civil del derecho al honor, a la intimidad personal y familiar y a la propia imagen* (coordinador J.R. De Verda y Beamonte), Thomson-Aranzadi, Cizur Menor, 2007, p. 93.

66 A pesar de la aparente simpleza de la expresión "derecho a que me dejen en paz", la realidad es que encierra un rico debate ya iniciado en la tradición anglosajona a finales del siglo XIX e intensificado a lo largo del siglo XX. En Warren, S.D. y Brandeis, L.d.: "Right to privacy", *Harvard Law Review*, 1890, vol. IV, núm. 5; se contuvo la primera formulación *per se* del derecho a la intimidad y supuso un férreo manifiesto en pro de la protección de la esfera privada de los ciudadanos frente a las injerencias de terceros. En este sentido, los autores configuraron la privacidad (*privacy*) como el derecho a ser dejado solo (*right to be let alone*), a que uno mismo pueda tomar la determinación de recogerse y aislarse del mundo social para que su vida quede reservada sólo para sí. Es decir, el derecho de uno a que le dejen en paz. Sobre el referido ensayo existe la siguiente edición en español a cargo de Benigno Pendás y Pilar Baselga: Warren, S.D. y Brandeis, L.D.: "El derecho a la intimidad", Civitas, Madrid, 1995.

67 Westin, A.F.: Privacy and Freedom, Atheneum, Nueva York, 1967, p. 7.

68 Warren, S.D. y Brandeis, L.D.: "Right to privacy", op. cit., p. 7.

a las injerencias externas, sino que también fueron los primeros en conceptualizar el derecho a no ser molestado como un componente esencial de la libertad individual.

La citada obra surgió en un contexto social en el que las intromisiones en la esfera íntima de los ciudadanos eran cada vez más frecuentes, favorecidas por el desarrollo tecnológico y las nuevas formas de negocio que comenzaron a consolidarse a finales del siglo XIX, especialmente en el ámbito de la prensa escrita. Este panorama permitió que la vida privada de las personas, en particular la de aquellas figuras públicas o influyentes, se convirtiera en material de interés para los medios de comunicación sensacionalistas de la época.

Un ejemplo paradigmático de estas intrusiones lo vivió el propio Samuel Warren, quien sufrió en su propia carne el asedio de los periódicos. Las crónicas sociales se enfocaron en los eventos organizados por su esposa, Mabel Bayard, en su domicilio familiar, que atraían la atención debido al carácter público de muchos de sus asistentes. Desde el día de su boda, el 25 de enero de 1883, y durante casi una década, Warren y su familia se vieron en el centro de las portadas de los noticieros rosas, exponiendo detalles personales que vulneraban su *privacy*.

Este cambio de paradigma[69], donde los avances tecnológicos se usaban como herramienta para invadir la intimidad, fue el detonan-

---

[69] En Warren, S.D. y Brandeis, L.D.: "El derecho a la intimidad", op. cit., pp. 26-27 leemos textualmente "La prensa está traspasando, en todos los ámbitos, los límites de la propiedad y de la decencia. El chismorreo ha dejado de ser ocupación de gente ociosa y depravada, para convertirse en mercancía, buscada con ahínco e, incluso, con descaro. Los más íntimos detalles de las relaciones sexuales se divulgan en las columnas de los periódicos, para satisfacción de la curiosidad lasciva. Con el fin de entretener al indolente, columna tras columna se llenan de chismes insustanciales, obtenidos, únicamente, mediante la intromisión en el ámbito privado. La intensidad y complejidad de la vida, que acompañan a los avances de la civilización, han hecho necesario un cierto distanciamiento del mundo, y el hombre, bajo la refinada influencia de la cultura, se ha hecho más vulnerable a la publicidad, de modo que la soledad

te para la necesidad de articular una protección jurídica dentro del *common law*. Así, se configuró lo que el juez Cooley denominó como "el derecho a no ser molestado" (*the right to be let alone*)·

En definitiva, Warren y Brandeis trataron de dar respuesta a un problema que afectaba tanto a la sociedad norteamericana en su conjunto como, de manera específica, a ellos mismos. En su opúsculo, advirtieron cómo los periodistas y sus cámaras habían irrumpido en el ámbito sagrado de la vida privada, valiéndose de artilugios tecnológicos que hacían realidad la máxima anglosajona: "*lo que es susurrado en la intimidad será proclamado a los cuatro vientos*"[70]. Ante esta situación, consideraron imperativo adaptar el *common law* a las demandas de una nueva realidad social, en la que la tutela de la esfera privada se había convertido en una necesidad urgente.

Los juristas argumentaron que, así como el *common law* ya garantizaba a las personas el derecho a decidir hasta qué punto podían ser comunicados sus pensamientos, sentimientos y emociones[71], debía también proteger la facultad de impedir que fotografías personales

---

y la intimidad se han convertido en algo esencial para la persona; por ello, los nuevos modos e inventos, al invadir su intimidad, le producen un sufrimiento espiritual y una angustia mucho mayor que la que le pueden causar los meros daños personales".

Vemos, pues, que los postulados de *Warren* y *Brandeis* siguen plenamente vigentes, y ello a pesar de haber trascurrido más de ciento treinta años desde la publicación de su ensayo. Las nuevas formas de interacción social a la sazón del vertiginoso desarrollo tecnológico que vivimos suponen no sólo una permanente revisión de la realidad legislativa vigente en cada momento, sino que exigen a los operadores jurídicos una (re)interpretación constante las diferentes categorías jurídicas.

Con el advenimiento de los *smartphones* en conjunción con las redes sociales (*Facebook, Twitter, Instagram*, etc.) o aplicaciones de mensajería instantánea (*Whstsapp, Telegram, Line*, etc.) hallamos un momento de dificultad jurídica en la tutela de bienes jurídicos como el de intimidad, sigilo, o, simplemente, el "*right to be let alone*".

70 Warren, S.D. y Brandeis, L.D.: "Right to privacy", op. cit, p. 195.

71 Ibíd., p. 198.

circularan sin autorización o que detalles íntimos fueran expuestos y debatidos en los periódicos[72]. Con esta propuesta, plantearon un marco jurídico que permitiera a las víctimas de intrusiones ilegítimas reclamar daños y perjuicios, no solo por las consecuencias materiales, sino también por las agresiones a su esfera emocional y personal.

Concluyeron Warren y Brandeis que la víctima de una intromisión ilegítima en su esfera privada podía interponer una acción por responsabilidad por daños (*torts for damages*), e incluso, cuando no hubiera daños especiales, podía accionar interesando una compensación por la agresión contra sus propios sentimientos[73]. Dando así el primer paso para configurar y acomodar en el *common law,* de una vez y para siempre, el adagio británico "*a man's home is his castle*", en cuanto genuina manifestación de la intimidad y, que, precisamente ellos mismos invocarían en las últimas líneas de su trabajo al afirmar que "el common law ha reconocido siempre que la casa de cada uno es su castillo, inexpugnable, a veces, incluso para los propios funcionarios encargados de ejecutar sus órdenes. Cabe, pues, preguntarse: ¿Cerrarán los tribunales la entrada principal a la autoridad legítimamente constituida, y abrirán de par en par la puerta trasera a la curiosidad ociosa y lasciva?"[74].

La virtud del trabajo de estos dos juristas fue someter a revisión crítica la *privacy-property*[75], marcando así la primera gran transformación del derecho a la intimidad. Este derecho comenzó a desvincularse del derecho al honor y a configurarse como un presupuesto esencial para la libertad individual. La intimidad pasó de ser entendida como una extensión del dominio sobre la propiedad privada a representar el núcleo fundamental de la personalidad, que debía ser

---

72 Ibíd., pp. 214-215.

73 Ibíd., pp. 218-219.

74 Warren, S.D. y Brandeis, L.D.: "El derecho a la intimidad", op.cit., pp. 72-73.

75 Morales Prats, F.: *La tutela penal de la intimidad: privacy e informática*, op. cit., p. 20-21.

protegido de las intrusiones y manipulaciones de los emergentes grupos de poder en la sociedad de masas.

Desde el punto de vista de la praxis judicial, las ideas desarrolladas por Warren y Brandeis no tardaron en encontrar eco en los tribunales. Apenas un año después de la publicación de su obra, el caso *Schuyler v. Curtis* (1891) abordó el conflicto sobre si era legítimo que la *Woman's Memorial Fund Association* erigiera una estatua de la fallecida Mary Hamilton Schuyler sin el consentimiento de su familia, como homenaje a su labor altruista. El juez Gray, en su voto discrepante, defendió que Philip Schuyler, en representación de la familia, tenía pleno derecho a oponerse a esta decisión. Argumentó que exponer públicamente la figura de Mary, quien en vida había optado por realizar sus acciones filantrópicas de forma privada, suponía una vulneración del derecho a la intimidad. Esta protección no debía limitarse a la persona en sí, sino extenderse a los intereses personales de sus allegados, preservando el respeto hacia la intimidad que ella había profesado.

En 1893, el caso *Marks v. Jaffa* reforzó estos principios. El periódico *Der Wachter* había organizado un concurso de popularidad entre los actores Zelig Mogulesko y Rudolph Marks, publicando fotografías de ambos sin su consentimiento. Rudolph Marks demandó al editor del periódico, alegando que esta publicación constituía una intromisión ilegítima en su privacidad. El juez McAdam resolvió que ningún periódico o institución tiene derecho a utilizar el nombre o la imagen de una persona sin su consentimiento, pues todas tienen derecho a disfrutar de la vida sin invasiones en su esfera más personal, de manera que los tribunales debían garantizar el derecho a no ser molestado.

Similar al anterior pronunciamiento fue el del caso *Roberson v. Rochester Folding Box Co.* a principios de 1900. La joven Abigail M. Roberson vio como la empresa de harina Rochester, publicaba sin su consentimiento más de veinticinco mil litografías publicitarias tituladas "*Flour of the Family*" con su rostro de perfil en primer plano y con el logotipo de la empresa "*Franklin Mills Flour*" en la parte inferior, lo que provocó mofas, burlas y murmuraciones entre la gente que la reconoció. Ante esta situación, Abigail demandó a Rochester por vulneración de su intimidad. En primera instancia, el Juez Davy[76], sostuvo que la conducta de la empresa constituía una vulneración en la privacidad de Abigail, pues ésta era una ciudadana ordinaria sin ningún tipo de trascendencia pública. Esta resolución, sería posteriormente confirmada por el Tribunal Supremo de Nueva York[77], cuyo ponente, el Juez Rumsey, fundó su fallo sobre la consideración que en el *common law* existe indiscutiblemente un derecho a la privacidad, construyendo su tesis ya no solo en gran parte de la jurisprudencia británica que Warren y Bradeis aludieron en su trabajo, sino también en el análisis de los diferentes pronunciamientos previos que habían reconocido el derecho a la intimidad, por ejemplo, los ya expuestos *Schuyler v. Curtis* y *Marks v. Jaffa*.

A pesar de ello, el 27 de junio de 1902, el Tribunal de Apelaciones de Nueva York revocó la Sentencia por cuatro votos a tres[78]. Los jueces O' Brien, Cullen, Wener, y el ponente, Parker, esgrimieron un doble motivo para sostener la inexistencia del derecho a la intimidad. En primer lugar, que el *right to privacy* no se encontraba reconocido en el *common law*, puesto que no había sido mencionado por ninguno de los grandes comentaristas ni sostenido en ningún precedente anterior; y, en segundo lugar, que dicho reconocimiento supondría una avalancha de litigios, muchos de ellos absurdos.

El fallo del tribunal fue inmediatamente criticado tanto por la mayoría de la doctrina[79], como por la sociedad en general que con-

---

76 65 N.Y. Supp. 1109.

77 71 N.Y. Supp. 876.

78 *Roberson v. Rochester Folding Box Co.* (1902) 171 NY 538.

79 Tomamos de Saldaña Díaz, Mª. N.: "The right to privacy" cit., p. 221, el catálogo de publicaciones críticas con el pronunciamiento del tribunal: "*Vid. Comment (1902). «An Actionable Right to Privacy? Roberson v. Rochester Folding Box Co.»,Yale Law Journal, vol. 12, págs. 35-38; Note (1902). «Publication of Pho-*

sideraba ilógico que la vida privada no pudiese ser objeto de protección por el derecho.

Ante este aluvión de críticas, sorprendentemente, el juez Denis O'Brien[80] —uno de los cuatro jueces que habían desestimado la pretensión de Abigail— publicó un artículo en el que reconocía que, si bien el derecho a la privacidad era una interesante idea, resultaba tremendamente difícil configurarlo, ya no sólo por el hecho de delimitar su ámbito de aplicación, sino que, para el caso de haber ocurrido una intromisión, cuál debía ser el mecanismo apropiado para restituir la situación a la original.

El descontento por el fallo llegaría hasta la cámara legislativa del Estado de Nueva York, que decepcionada con el veredicto del caso *Roberson*, al año siguiente incluiría dos nuevas secciones en la Ley de Derechos Civiles que daban solución legal al caso de la joven Abigail.

A pesar de la resistencia de algunos sectores de la jurisprudencia por asentar el *right to privacy*, siempre bajo postulados formales, poco a poco los Altos Tribunales de otros Estados, empezando por el de Georgia, acogieron la opinión del Juez Gray.

El más célebre de la época fue el caso de *Pavesich v. New England Life Insurance Company*[81] en 1905, justo tres años después del caso de Abigail, y que se suscitó con ocasión de la demanda interpuesta por Paolo Pavesich contra la aseguradora England Life, Thomas B. Lumpkin, y el fotógrafo J. P. Adams, por la publicación de su imagen en el periódico local *Atlanta Constitution* de 15 de noviembre de 1903. La publicación consistía en la imagen de dos personas, cada

---

tograph as an Advertisement», Columbia Law Review, vol. 2, págs. 486-487; Note and Comment (1905). «The Right of Privacy», Michigan Law Review, vol. 3, núm. 7, págs. 559-563; Note (1906). «Right of Privacy», The Virginia Law Register, vol. 12, págs. 91-99."

80 O'Brien, D.: "The Right of privacy", *Columbia Law Review*, vol 2, 1902, pp. 437-448.

81 69 L.R.A. 101.

una de ellas precedidas de un titular y acompañadas en el inferior por una cita atribuida a cada uno de los fotografiados. La primera, la de Pavesich, portaba por título *"Hágalo ahora. El hombre que lo hizo"*, y en el inferior se decía, esencialmente, que *"él si contrató un seguro con New England, y ahora él y su familia estaban protegidos obteniendo un dividendo anual"*. A su lado, aparecía la fotografía de una persona harapienta y desaliñada con el título *"Hágalo mientras pueda. El hombre que no lo hizo"*, con la consiguiente declaración arrepintiéndose de no haber contratado su seguro. Familia y amigos rápidamente reconocieron a Pavesich, quien contrariado aseguró que jamás había tenido relación con la aseguradora y mucho menos había autorizado que su imagen apareciese en el periódico.

El Tribunal expresó literalmente que en el caso *Roberson* la solución justa habría sido la expresada por el juez Gray en su voto particular, y después de citarla, haciendo suyos todos los argumentos, expuso que el derecho a la privacidad encuentra su fundamento en el propio derecho natural, cuya realidad es fácilmente cognoscible por todos, pues nadie duda que existe un derecho consustancial al hombre a disfrutar de la vida sin que otros puedan inmiscuirse en ella salvo que medie autorización. Por lo tanto, el hecho de publicar la fotografía de una persona sin el consentimiento suponía una intromisión ilegítima.

Paralelamente a los pronunciamientos judiciales expuestos, muchos Estados, además del de Nueva York, fueron aprobando leyes protectoras de la privacidad frente a injerencias inconsentidas por parte de los medios de comunicación. El primero fue California en 1899[82],

---

82 El legislador de California incorporó al *criminal libel statute* un nuevo *misdemeanor*, consistente en la publicación del retrato o imagen de una persona en un medio de comunicación sin su consentimiento. A pesar de ello, la ley nunca fue invocada y en 1915 fue derogada.

seguido de Nueva York y Pennsylvania en 1903[83], Virginia Occidental en 1904[84] y Utah en 1909[85].

La mayor parte de la jurisprudencia paulatinamente fue acogiendo la doctrina del caso Pavesich, especialmente en conflictos derivados de las intromisiones en la esfera privada llevadas a cabo por los medios de comunicación.

De similar trascendencia al trabajo de Warren y Brandeis para la construcción del derecho a la privacy, fue el de William Prosser publicado en la *California Law Review* en 1960[86].

En él se configuraron y perfilaron cuatro dimensiones de la privacy susceptibles de tutela. La primera dimensión, y dado que la manifestación más profunda del derecho a la intimidad habita en el derecho a la soledad *(right to be let alone)*, vendría conformada por las intromisiones en la privacy *(intrusión)*[87]. En segundo lugar, la divulgación pública de hechos privados *(public disclosure of private facts)*[88]. En tercer lugar, la distorsión pública de la propia imagen

---

83 Por lo que respecta a Pennsylvania, la tutela de la intimidad frente a intromisiones ilegítimas por los medios de comunicación fue introducida a través de la Ley de 12 de mayo de 1903. Sin embargo, tuvo la misma suerte que la de California, siendo derogada por su poco uso en virtud de la Ley de 1 de mayo de 1907.

84 La técnica legislativa fue muy similar a la de Nueva York, regulándose en el Titulo 8.01-40 del West's Annotated Code of Virginia.

85 Siguió los mismos parámetros que la de Nueva York y Virginia occidental, incorporándose al Código de Utah §76-4-8 to -9 (1953).

86 Prosser, W.: "Privacy" *California Law Review*, 1960, núm. 48 (3), pp. 383-432. También puede verse AA.VV.: *Prosser and Keeton on torts,* West Group, Eagan, 1984, pp. 771 y ss.

87 Prosser, W.: "Privacy", op. cit., p. 389 y ss.

88 Ibíd., p. 392 y ss. Según *Rest. 2nd of Torts* supone la publicidad de un asunto privado que para cualquier persona razonable resultaría ofensiva y carente de interés público. Las defensas clásicas aceptadas de quien es demandado por vulnerar la intimidad por esta causa, son el interés público de la información, el consentimiento a publicarla, que se halle (la información) en registros públicos, que no sea ofensiva al hombre medio o que se haya tomado en espacios públicos. Por ejemplo en el caso Cox Broadcasting Corp vs Cohen, 420 US 469 (1975), el Tribunal Supremo sostuvo que publicar el nombre de un joven

(*false light in the public eye*)[89]. Por último, apropiación del nombre o apariencia con ánimo de lucro (*appropriation*)[90].

Estas cuatro categorías quedarían posteriormente incorporadas al *Restatement (Second) of Torts*[91] en §652-B, C y D[92], lo que comportó de facto la consolidación de un catálogo de acciones dirigidas a la protección de la privacy en Estados Unidos.

---

violador no afecta a su intimidad siempre que el dato no se haya obtenido torticeramente.

89 Ibíd., p. 398 y ss. Es importante distinguir entre la *false light invasion of privacy* y la *defamation*, a pesar de que comparten algunos de los elementos y, a menudo, surgen de los mismos hechos, la primera es una causa de acción basada en la lesión de las emociones y el sufrimiento mental (tutela de la privacy), mientras que la segunda es un remedio para el daño que la reputación sufre (tutela del honor). En este sentido, en el caso *Godbehere v. Phoenix Newspapers, Inc., (*Godbehere v. Phoenix Newspapers, Inc., 162 Ariz. 335, 783 P.2d 781 Ariz., 1989) se dijo que la acción por difamación compensa el daño a la reputación o buen nombre causado por la publicación de la información falsa, mientras que la *false light invasión of privacy* no protege la reputación, sino los intereses mentales y emocionales, el objeto es el resarcimiento por la angustia sufrida. En definitiva, la acción por difamación versa sobre el daño a la reputación de una persona como consecuencia de lo expresado, frente a los casos de *false light invasion of privacy* en los que el daño no es a la reputación, sino a los propios sentimientos.

90 Ibíd., p. 401.

91 La obra supone la recopilación por parte del American Law Institute de los principios del common law en USA. El Segundo volumen es el relativo a los *torts* y al que se hace referencia. La relevancia es tal que como ponen de manifiesto AA.VV.: *Prosser and Keeton on torts,* op cit. son la base sobre la que se edifican innumerables pronunciamientos judiciales y que pese a no tener la consideración de Ley la complementan asiduamente.

92 §652B, C y D. En el §652B se prohíbe la intromisión contra la voluntad. En este sentido, es indiferente la difusión que se haga de lo conocido, el daño se provoca desde el mismo momento que se invade incontenidamente la intimidad o intereses privados con independencia de la forma o método del que se valga el agresor. En el §652C se alude al que se apropia para propio uso o en su beneficio del nombre de otra persona. El interés protegido en este punto es la propia identidad como elemento de presentación al mundo exterior. Por último, en el §652C se tutela la difusión pública de asuntos concertnientes a la vida privada, siempre que fuera ofensiva y no estuviera legitimada para hacerlo.

A pesar de su relevancia, esta obra no estuvo exenta de críticas. Edward Bloustein señaló que la propuesta de Prosser era fragmentaria y obsoleta, pues no se ajustaba al desarrollo tecnológico ni a las complejidades contemporáneas de la privacidad. Si en su momento ya resultaba insuficiente, imaginemos cuánto más ha quedado desfasada con los avances tecnológicos posteriores. Volvamos a Bloustein, quien abogó por un concepto integral de la *privacy*, que no solo incluyera el derecho a aislarse del mundo, sino también la protección de la dignidad humana, centrándose en esta última como el principal daño causado por las intrusiones. Ejemplos como los casos *Roberson* y *Pavesich* evidencian que, más allá de buscar una compensación económica, los afectados deseaban salvaguardar su dignidad, ultrajada por el uso indebido de su imagen con fines comerciales[93].

Otra aportación clave en este ámbito fue el del profesor Alan Westin, quien en 1967 publicó su obra *Privacy and Freedom*, considerada una referencia esencial sobre la sociología de la privacidad. Westin definió la privacidad como el poder del individuo para controlar su información personal, dotando al concepto de un enfoque dinámico que reflejaba los cambios históricos y culturales. Este control, según Westin, permite a cada persona decidir hasta qué punto comparte aspectos de su vida con los demás, protegiendo así su esfera más íntima[94].

Fried complementó esta idea al señalar que lo genuino de la *privacy* es que confiere la facultad de determinar qué grado de superficialidad o profundidad busca la persona en sus relaciones con otras, pues el derecho a la privacy comporta el control de la información que proporcionamos para protegerla[95] . De lo que se deduce el carácter dinámico del contenido del derecho a la intimidad dado que

---

93 Bloustein, E. J.: "Privacy as an aspect of human dignity: an answer to Dean PROSSER", *New York University Law Review*, vol. 39, 1964, pp. 964-1007.

94 Westin, A. F.: *Privacy and Freedom*, Atheneum, Nueva York, 1967.

95 Ibíd., p. 493: "privacy is not just an absence of information abroad about ourselves; it is a feeling of security in control over that information".

depende de los valores imperantes en cada momento histórico, ya que la sociedad es quien determina qué dimensiones de la vida son merecedoras de mayor o menor recelo[96].

Para Greenawalt la intimidad significaba un valor esencial en una sociedad plural que protegía la autonomía del individuo al reconocerle, por un lado, el control de la información sobre sí mismo prohibiendo su difusión, y, por el otro, las injerencias gubernamentales[97]. En esta línea, Jeffrey Reiman fue más allá al argumentar que la privacidad es un presupuesto indispensable para la formación de la personalidad. Según Reiman, la intimidad no solo otorga al individuo el dominio sobre su propia existencia, sino que también influye directamente en la construcción de su identidad, integrando su pensamiento, cuerpo y acciones[98].

La consolidación definitiva del derecho a la privacy como un principio constitucional en los Estados Unidos se materializó en el caso *Griswold v. Connecticut*[99]. En este fallo, el Tribunal Supremo reconoció la privacidad como un derecho autónomo e inherente a la Constitución, subrayando su importancia como garantía fundamental para la libertad y la dignidad humanas[100].

---

96 Ibíd., loc. ult. cit.: "The concept of privacy requires, as we have seen, a sense of control and a justified, acknowledged power to control aspects of one's environment. But in most developed societies the only way to give a person the full measure of both the sense and the fact of control is to give him a legal title to control. A legal right to control is control which is the least open to question and argument; it is the kind of control we are mGrost serious about".

97 Greenawalt, K.: "Privacy and Its Legal Protections", *The Hastings Center Studies*, vol 2, núm. 3, 1974, pp. 45-68.

98 Reiman, J.: "Privacy, Intimacy, and Personhood", *Philosophy &Public Affairs*, vol. 6, núm. 1, 1976, pp. 26-44.

99 Griswold v. Connecticut, 381 U.S. 479 (1965).

100 Ahora bien, no faltaron autores que sostuvieron la irrelevancia de la configuración de un genuino derecho a la intimidad, pues las manifestaciones que protege ya forman parte del contenido de otros derechos, especialmente el de propiedad. En esta posición destaca Thomson, J.: "The Right to Privacy", *Philosophy &Public Affairs*, vol. 4, núm. 4, 1975, pp. 295-314, quien inicia su trabajo afirmando que lo más sorprendente acerca del derecho a la intimidad

Desde la óptica del derecho positivo, el hito histórico vino representado por la *Privacy Act de 1974*[101] cuya finalidad era adoptar medidas de protección contra la invasión de la *privacy* por parte de las agencias federales que captaban, usaban, conservaban y/o difundían información personal.

En estrecha relación con esta ley se encuentra la *Freedom of Information Act* de 1966 (FOIA), que aún sigue vigente. Esta norma otorga a los ciudadanos el derecho a acceder a la información del gobierno federal, excepto cuando esta esté expresamente clasificada como confidencial. Aunque no está directamente enfocada en la privacidad, la FOIA complementa el derecho de los ciudadanos a conocer y controlar cómo se utiliza su información.

---

es que nadie realmente tiene una idea clara acerca de lo que es, y cuestiona si es "every violation of a right a violation of the right to privacy?"
La postura defendida Thomson fue inmediatamente —de hecho en el mismo número de la publicación— discutida por dos autores.
El primero, Scanlon, T.: "Thomson on Privacy" *Philosophy & Public Affairs*, vol. 4, núm. 4, 1975, pp. 315-322, inicia su crítica con la siguiente hipótesis: "Suppose someone used Thomson's X-ray device to examine an object in my safe. It seems to me clear that the right which is violated in such a case does not depend on my owning the object examined. Suppose it is your object which you have left in my care; suppose that it is someone else's which I have picked up by mistake thinking it mine; suppose there is no object in the safe at all, and the person looking just wanted to see whether I had anything there or not. None of these possibilities removes the wrongfulness of the intrusion; there is a right which is violated in all these cases, and it is my right whether or not the object is mine". En este sentido, para el autor, la *privacy* es el "territorio" donde podemos llevar a cabo nuestras actividades sin la necesidad de estar continuamente en alerta ante eventuales oyentes u observadores.
El segundo, Rachels, J.: "Why Privacy is Important", *Philosophy & Public Affairs*, vol. 4, núm. 4, 1975, pp. 323-333, quien situó la existencia de un genuino derecho a la intimidad en la necesidad, por cuanto el contenido de las relaciones de amistad que lo nutre, precisamente, está configurado por las confidencias e información, en definitiva, reservada.

101 *The Privacy Act*, 5 U.S.C. § 552ª.

En el ámbito financiero, la *Fair Credit Reporting Act* de 1970 marcó el punto de partida para la regulación de la privacidad en este sector. La ley controlaba el almacenamiento y uso de información crediticia y financiera de los consumidores, limitando su difusión únicamente a casos autorizados por la ley. Desde el punto de vista penal, sancionaba el incumplimiento deliberado de sus disposiciones, creando un subtipo agravado cuando estas infracciones facilitaban delitos federales o ilícitos de especial gravedad económica.

Más adelante, la *Right to Financial Privacy Act* de 1978 complementó estas medidas, restringiendo la capacidad de las agencias federales para acceder a información bancaria. Sólo se permitía en casos donde el titular hubiese dado su consentimiento o estuviese autorizado por una ley procesal, además de imponer a los empleados un deber de sigilo.

Paulatinamente, el número de disposiciones en materia de protección de la *privacy* fue aumentando para regular el sector de las comunicaciones por cable (la *Cable Communications Policy Act* de 1984 o la *Electronic Communications Privacy Act* de 1986); de la telefonía (*la Telephone Consumer Protection Act* de 1991 o la *Telecommunications Acts* de 1996); de los media (la *Privacy Protection Act* de 1980); de videoclubs (la *Video Privacy Protection Act* de 1988), etc. En conjunto, estas normas representaron un marco legislativo rico y detallado para garantizar la privacidad de los ciudadanos en diferentes ámbitos de su vida cotidiana.

Sin embargo, el equilibrio alcanzado entre la privacidad y la seguridad se vio profundamente alterado tras los atentados del 11 de septiembre de 2001. La promulgación de la USA *Patriot Act* marcó un punto de inflexión, modificando los parámetros tradicionales de conciliación entre la privacidad del ciudadano y la seguridad del Estado. Esta ley introdujo un modelo de derecho penal más orientado hacia el concepto de "enemigo", dejando de lado el enfoque garantista característico de los Estados de derecho. Así, se priorizó la seguridad estatal sobre la protección de las libertades individuales, reflejando un cambio drástico en la forma de abordar la privacidad en el contexto contemporáneo[102], pues "privacidad de los datos otrora expresión de la faceta informática o tecnológica del derecho a la intimidad, se convierte en un nuevo foco de peligro para la seguridad. Las redes de comunicación, abiertas a todos y para todos, en las que los individuos son productores y receptores de información y de comunicación, dejan de ser contempladas como un nuevo espacio virtual de libertad y realización para el individuo. Potencialmente pasan a ser instrumentos de cohesión y de elaboración de estrategias terroristas por parte de grupos organizados; nace una nueva cruzada contra los herejes que pretenden socavar el orden occidental"[103].

7. LA RECEPCIÓN DEL DERECHO A LA INTIMIDAD EN LOS TEXTOS NORMATIVOS SUPRANACIONALES

La Declaración Americana de los Derechos y Deberes del Hombre, aprobada por la IX Conferencia Internacional Americana, celebrada en Bogotá del 20 al 2 de mayo de 1948, fue el primer texto normativo supranacional en declarar expresamente el derecho a la vida privada, sosteniendo en su art. 5 que "toda persona tiene derecho a la protección de la Ley contra los ataques abusivos a su honra, a su reputación y a su vida privada y familiar".

Pocos meses después, en el artículo 12 de la Declaración Universal de los Derechos del Humanos (DUDH), aprobada por la Asamblea General de las Naciones Unidas en su Resolución 217 (III) A, en París el 10 de diciembre de 1948, se proclamaría que "nadie será objeto de injerencias arbitrarias en su vida privada, su

---

102 Para verse un estudio sobre la incidencia de la normativa aprobada en materia de lucha antiterrorista en Norteamérica, puede verse el trabajo de Vervaele, J.: "La legislación antiterrorista en Estados Unidos: inter arma silent leges", *Revista de derecho y proceso penal*, 2005, núm. 14, pp. 111-148.

103 Morales Prats, F., *La utopía garantista del derecho penal en la "nueva edad media"*, Barcelona, 2015, pp. 51-52.

familia, su domicilio o su correspondencia, ni de ataques a su honra o a su reputación. Toda persona tiene derecho a la protección de la ley contra tales injerencias o ataques".

Y de similar modo, el Convenio para la Protección de los Derechos Humanos y de las Libertades Fundamentales (CEDH), hecho en Roma el 4 de noviembre de 1950, en su artículo 8 consagró que "toda persona tiene derecho al respeto de su vida privada y familiar, de su domicilio y de su correspondencia", sin que pueda "haber injerencia de la autoridad pública en el ejercicio de este derecho, sino en tanto en cuanto esta injerencia esté prevista por la ley y constituya una medida que, en una sociedad democrática, sea necesaria para la seguridad nacional, la seguridad pública, el bienestar económico del país, la defensa del orden y la prevención del delito, la protección de la salud o de la moral, o la protección de los derechos y las libertades de los demás".

El CEDH supuso el primer texto puramente europeo en proclamar el derecho a la vida privada, cuya trascendencia para el ordenamiento jurídico español[104] sería capital, pues, por un lado, es derecho positivo vigente ex art. 96 CE que reza que "los tratados internacionales válidamente celebrados, una vez publicados oficialmente en España, formarán parte del ordenamiento interno", y, por el otro, es criterio interpretativo al establecer el art. 10.2 CE que "las normas relativas a los derechos fundamentales y a las libertades que la Constitución reconoce se interpretarán de conformidad con la Declaración Universal de Derechos Humanos y los tratados y acuerdos internacionales sobre las mismas materias ratificados por España."

En el ámbito europeo y en materia de privacy acompañaría al CEDH, el Convenio nº. 108 del Consejo de Europa, de 28 de enero de 1981, para la protección de las personas con respecto al tratamiento automatizado de datos de carácter personal, cuyo objeto de

---

104 Incorporado a nuestro ordenamiento jurídico por medio del Instrumento de Ratificación de 26 de septiembre de 1979.

protección era la vida privada, con respecto al tratamiento automatizado de los datos de carácter personal correspondientes a dicha persona («protección de datos»).

En el ámbito global, el Pacto Internacional de Derechos Civiles y Políticos de 1966, sostuvo en su art. 17.1 que "nadie será objeto de injerencias arbitrarias o ilegales en su vida privada, su familia, su domicilio o su correspondencia, ni de ataques ilegales a su honra y reputación".

Y posteriormente para América, el art. 11.2 la Convención Americana sobre Derechos Humanos (CADH) de 22 de noviembre de 1969 preveria que "nadie puede ser objeto de injerencias arbitrarias o abusivas en su vida privada, en la de su familia, en su domicilio o en su correspondencia, ni de ataques ilegales a su honra o reputación".

8. EL DERECHO A LA INTIMIDAD EN EL PLANO NACIONAL

La realidad en el plano nacional fue distinta. La conciencia internacional sobre la necesidad de protección de la intimidad no tuvo una corroboración en los textos constitucionales más relevantes de la Europa occidental, con la excepción del artículo 18 de la Constitución española de 1978, y los artículos 33 a 35 de la Constitución portuguesa de 1976[105].

---

105 Artículo 33. Derecho a la identidad, a la buena fama y a la intimidad: *"1. Se reconoce a todos el derecho a la identidad personal, al buen nombre y reputación y a la reserva de su intimidad en la vida privada y familiar. 2. Le Ley establecerá garantías efectivas contra la utilización abusiva, o contraria a la dignidad humana, de informaciones relativas a las personas y a las familias"*. Artículo 34. Inviolabilidad del domicilio y de la correspondencia: *"Queda prohibida toda injerencia de las autoridades públicas en la correspondencia y en las telecomunicaciones, salvo en los casos previstos por la ley en materia de enjuiciamiento criminal"*. Artículo 35. Utilización informática: *"1. Todos los ciudadanos tendrán derecho a tomar conocimiento de lo que conste en forma de registros mecanográficos acerca de ellos y de la finalidad a que se destinan las infor-*

El resto de los estados europeos, sin embargo, ya venían efectuando desde hace años una labor interpretativa e integradora de sus textos básicos para incorporar a su ordenamiento jurídico el derecho a la intimidad personal y familiar, bien como un derecho íntimamente vinculado con la dignidad humana y libre desarrollo de la personalidad (artículos 1 y 2 de la Ley de Bonn de 1949), bien integrado en concretas manifestaciones de tutela de la privacy como la inviolabilidad del domicilio o el secreto de las comunicaciones (arts. 2, 14 y 15 respectivamente de la Constitución italiana de 1949).

9. UNA NUEVA NECESARIA COMPRENSIÓN DE LA PRIVACIDAD

Los conflictos, pues, surgen de la interacción de los sujetos. Los acontecimientos se enmarcan en unas determinadas circunstancias predispuestas. Es por ello por lo que consideramos un error partir de una formulación basada en la idea de sociabilidad cero, pues de existir, el derecho devendría innecesario. En esta línea señala Baldassarre que el derecho a la intimidad "es la postulación de la tutela jurídica de la interioridad, entendida no como algo cerrado en sí mismo y de inmediato, sino concebida como trascendente, como referencia al ejercicio de su poder-ser, o sea, como relación de la libre actuación con su posibilidad constitutiva última, de la libertad pública con su proceso de decisión privado"[106]. Y observa Morales Prats que "la *privacy* asume así su significado de garantía dirigida a preservar el ejercicio virtual de las libertades públicas y los dere-

---

maciones, y podrán exigir la rectificación de los datos, así como su actualización. 2. No se podrá utilizar la informática para el tratamiento de datos referentes a convicciones políticas, fe religiosa o vida privada, salvo cuando se trate de la elaboración de datos no identificables para fines estadísticos. 3. Se prohíbe atribuir un número nacional único a los ciudadanos".

[106] La cita se toma de Morales Prats, F.: *La tutela penal de la intimidad*, op. cit. p 134.

chos públicos, que encuentran en aquélla el fundamento relativo a la fase de latencia o potencialidad lógica"[107].

La intimidad es ante todo el puente de mando del hombre. El lugar desde donde gobierna su vida y decide proyectase a las diferentes coordenadas del mundo exterior. En este sentido, siguiendo a Martínez Martínez, el derecho a la intimidad constituye el "soporte y presupuesto de otros derechos, como la libertad ideológica, y como garantía para el libre desenvolvimiento de la personalidad en un marco de libertad"[108].

De manera que se puede afirmar que el derecho a la intimidad se comprende desde de la arquitectura de la libertad del hombre que ante su proyección al mundo exterior levanta una muralla que le proteja en sus libertades sociopolíticas frente a las invasiones de terceros.

No extrañará entonces que digamos que la intimidad es simultáneamente libertad y garantía para el libre desarrollo de la personalidad. Y que, junto con el resto de los derechos fundamentales, constituye la dotación instrumental para salvaguardar la dignidad humana. En esta concepción expansiva del alcance de la intimidad, Morales Prats vincula la *privacy* con la libertad personal a partir del acotamiento del bien jurídico intimidad en tres parcelas.

La primera de ellas es la *privacy de la esfera íntima* que se correspondería tanto con las facultades clásicas de exclusión de terceros en todo aquello que se refiere a aspectos de la intimidad con relevancia jurídica (secretos documentales, secretos domésticos, inviolabilidad del domicilio, etc.) como a aquellos otros intereses que tangencialmente encuentran su fundamento jurídico en la intimidad (aquellos que constituyen manifestaciones del derecho a la libre opción y autodeterminación del individuo como pueden ser el derecho a la libertad sexual o al aborto y que, en definitiva, que

---

107 Ibíd., loc. ult. cit.

108 Martínez Martínez, R.: Una aproximación crítica a la autodeterminación informativa, Civitas, Madrid, 2004, p. 47.

entroncan directamente con el proyecto de vida que el sujeto desea llevar a cabo en el libre desarrollo de su personalidad)[109].

La segunda parcela la identifica con la *privacy política* entendida como garantía institucional de otras libertades. Identifica el carácter garantista de la *privacy* frente al control auspiciado por las nuevas tecnologías y especialmente los medios de vigilancia electrónica, que convierten a la policía en omnisapiente: y una policía omnisapiente es uno de los más eficaces instrumentos de la tiranía[110]. En este sentido, la privacy manifiesta un contenido positivo que se inserta implícitamente en la disciplina jurídica de cada una de las libertades (derecho de asociación, libertad religiosa o de conciencia, derecho a la sindicación, etc.) respecto de las que constituye un presupuesto lógico.

En último lugar estaría la parcela de la *privacy de la libertad personal* que quedaría integrada por la privacidad del cuerpo (invocable en materia de intervenciones o pruebas médicas coactivas), del domicilio, del derecho de defensa (confidencialidad y sigilo predicable en la relación abogado y cliente), etc.

El fundamento de la intimidad, por tanto, no se halla sino en la protección de la libertad y de la dignidad humana que a través de los derechos fundamentales se salvaguarda. En este sentido, el derecho a la intimidad, junto con otros derechos fundamentales, permite la realización de la esencia misma del ser humano, expresada en el libre desarrollo de su personalidad. Esta interconexión convierte a la intimidad en una garantía esencial, un pilar sobre el que se apoyan otros derechos fundamentales que protegen la integridad del individuo frente a injerencias externas.

En definitiva, la intimidad adquiere una dimensión garantista al estar inexorablemente vinculada a otros derechos fundamentales. Este vínculo requiere que el bien jurídico sea interpretado desde su finalidad esencial: la protección de la libertad y el individualismo

---

109 Morales Prats, F.: *La tutela penal de la intimidad*, op. cit., p 123.
110 Ibíd., p. 124-125.

del hombre. Ya sea en su dimensión psicológica, espiritual, física o incluso en su manifestación en el entorno digital, la intimidad constituye una herramienta indispensable para preservar la autonomía y dignidad humanas en su totalidad.

Capítulo 3
DE LA PLAIN VIEW DOCTRINE A LA TEORÍA DEL MOSAICO: REDEFINICIÓN DEL RIGHT TO PRIVACY Y SITUACIÓN PREVIA A LA IA

FRANCISCO MARCO FERNÁNDEZ Y
FERMÍN MORALES PRATS

1. INTRODUCCIÓN

1.1. La intimidad: un concepto en plena evolución

Samuel Warren no era juez ni político, sino abogado. Sin embargo, como hemos mencionado, su vida personal, expuesta al escrutinio de la prensa sensacionalista de la época, lo llevó a identificar un vacío legal que hasta entonces nadie había abordado: la necesidad de un derecho a la privacidad. Como miembro de una influyente familia de Boston y esposo de Mabel Bayard, hija de un destacado político, Warren se encontraba constantemente expuesto en los diarios de la época, que publicaban detalles de su vida privada, desde las fiestas en su hogar hasta momentos que debían ser exclusivamente personales. Frustrado, Warren decidió actuar. Junto a su colega y amigo Louis Brandeis, también abogado, escribió en 1890 el influyente ensayo «The Right to Privacy», publicado en la *Harvard Law Review*. En este texto pionero, definieron la privacidad como el «derecho a ser dejado en paz», sentando las bases para lo que hoy entendemos como un derecho fundamental[111].

---

[111] Morales Prats, F.: *La tutela penal de la intimidad: privacy e informática*, Bosch, Barcelona, 1984, pp. 15 y ss. Analiza de manera pionera en España la tradición

El derecho a la *privacy* es el derecho más mutable de cuantos conforman el núcleo de los derechos fundamentales del hombre. En el capítulo anterior, se expusieron los orígenes y fundamentos del *right to privacy*, con especial atención a la obra pionera de Warren y Brandeis y su progresiva evolución en la doctrina norteamericana. También se explicó cómo, a lo largo del siglo XX, diversos instrumentos internacionales y ordenamientos internos consolidaron la intimidad como un derecho fundamental. Sin embargo, la llegada de la sociedad digital ha provocado tensiones inéditas que han reformulado este derecho tal y como se concibió originariamente.

Y es, precisamente, esta mutabilidad[112] lo que ha llevado a que escribamos este libro, porque lo que ocurrirá en los próximos diez años con la evolución de la IA provocará la redefinición del mismo concepto de *privacy*. En palabras de Pérez Luño[113], nos encontramos ante un «asalto tecnológico de los derechos y libertades», donde resulta difícilmente negable la injerencia de la informática de control individual y colectivo que comprometen gravemente valores como la identidad, dignidad e igualdad, e incluso la propia seguridad jurídica»[114].

Frecuentemente se confunde el derecho a la intimidad con el derecho a la privacidad, motivado principalmente por la adopción de la concepción sajona del derecho a la *privacy* a los modelos europeos

---

anglosajona de la privacidad.

112 Como señalan Mayer-Schönberger y Cukier, "la era de los datos masivos pone en cuestión la forma en que vivimos e interactuamos con el mundo [...] Esto da al traste con las prácticas establecidas durante siglos y choca con nuestra comprensión más elemental acerca de cómo tomar decisiones y aprehender la realidad". Mayer-Schönberger, V. y Cukier, K.: *Big Data: La revolución de los datos masivos*, Turner, Madrid, 2015.

113 Pérez Luño, A.: *Los derechos humanos en la sociedad tecnológica*, Universitas, Madrid, 2012, p. 23.

114 Sancho López, M.: "La creación de un nuevo orden público europeo en materia de privacidad", *Cuadernos de Derecho Transnacional*, vol. 13, núm. 2, 2021, pp. 1086-1102.

de protección[115]. Como bien señala Sancho López[116], «mientras que el derecho a la intimidad se relaciona con el poder que cada individuo tiene para controlar la injerencia externa en su esfera más íntima, el derecho a la privacidad permite controlar el acceso, el alcance y la difusión de los demás a ese dominio íntimo. Igualmente, mientras que la intimidad es necesaria para salvaguardar la autonomía personal y el libre desarrollo de la personalidad, la privacidad abarca una dimensión mayor en el contexto de las relaciones interpersonales, proporcionando un espacio libre para llevar a cabo una multiplicidad de actos entre los que se incluye el intercambio de información personal. De este modo, intimidad y privacidad son realidades distintas aunque relacionadas y tienen un objetivo común: la ausencia de difusión —resguardarse de la publicidad no deseada—, reservando al individuo una parcela libre de injerencia».

Desde las primeras concepciones de privacidad defendidas por John Stuart Mill hasta la actualidad, la protección de la vida privada se ha centrado en la distinción entre lo público y lo privado. El espacio público es aquel constituido por los asuntos que incumben a la colectividad y donde la necesidad de la interacción supone un todo. Por otro lado, lo privado es lo reservado del individuo, esto es, «su esfera protegida o aquella donde se desarrollaba su intimidad y vida privada». Dicha consideración presupone para Noain Sánchez que, «dado que lo propio de la esfera reservada del individuo es, por esencia, su intimidad y vida privada, esta carecerá de protección en el momento que salga a la arena pública»[117].

---

115 Como señala Desantes Guanter, mientras que la palabra "privacidad" deriva del latín *privatus*, la "intimidad" procede del latino *intimus* que es una variación de *intumus*, forma superlativa del verbo *intus* cuyo significado es "dentro", por lo que "intimidad" alude a aquello que está lo más dentro posible del ser humano, el ámbito más reservado de su personalidad. Desantes Guanter, J. M.: "Intimidad e información, derechos excluyentes", *Nuestro Tiempo*, Pamplona, 1972.

116 Sancho López, M.: "La creación de un nuevo orden público europeo en materia de privacidad", *op. cit.*

117 Noain Sánchez, A.: *La protección de la intimidad y vida privada en internet: la integridad contextual y los flujos de información en las redes sociales (2004-2014)*, Ma-

1.2. La distinción intimidad-privacidad

La distinción entre ambos conceptos radica en la extensión de la protección: la intimidad es el núcleo más reservado de la persona, mientras que la privacidad se refiere a otras áreas personales que el individuo también desea proteger de injerencias externas. El aumento exponencial de datos personales que circulan en Internet, junto al potencial «efecto multiplicador» de la tecnología, ha obligado a repensar la protección jurídica tradicional de la intimidad para adaptarla a la era digital. Desde el ámbito europeo se ha construido un marco jurídico reforzado, especialmente con la aprobación del Reglamento (UE) 2016/679 (RGPD), que reconoce la necesidad de tutelar la información personal más allá de la esfera íntima, configurando así un nuevo orden público europeo de protección de la privacidad. La jurisprudencia española y del Tribunal Constitucional han asumido esta perspectiva, reconociendo el carácter autónomo y fundamental del derecho a la protección de datos y ampliando el ámbito de tutela para cubrir situaciones que, sin penetrar en la intimidad estricta, afectan igualmente a la esfera privada de las personas.

En conclusión, la protección de la privacidad se concibe ahora como un derecho más amplio y dinámico, adaptado a la revolución digital, que asegura una tutela efectiva frente a las múltiples injerencias y riesgos que plantea el tratamiento masivo de datos personales. Establecido, por tanto, que el bien jurídico a proteger es la privacidad como contenedor de otros derechos, toca determinar qué significa privacidad. La realidad tecnológica y la proliferación del *Big Data* han alterado de manera sustancial la forma en que se recolectan, almacenan y tratan los datos personales, afectando con ello a los derechos fundamentales y, especialmente, a la vida privada de las personas. Por tanto, si bien tradicionalmente se ha hablado del derecho a la intimidad, hoy resulta más adecuado referirse al

---

drid, 2016, *passim*.

derecho a la privacidad por abarcar un ámbito más amplio y flexible que el puramente íntimo.

1.3. La nueva dimensión de la privacidad en la era digital

«Cuando compro en la droguería, lo hago a la vista del público, la persona que realiza el pago ve lo que estoy comprando. Pero eso no significa que el contenido de compra, ya sean las vitaminas, los tintes para el cabello o la salud sexual, deba transmitirse a todos en la tienda, o compartirse con mis estudiantes, o incluso con mi familia. Aquí, la privacidad no se trata de una noción absoluta de secreto de la información privada frente a la pública. Se trata del reconocimiento de que, en ciertos contextos, se divulgan ciertas piezas de información, y las normas, ya sean sociales, legales o estructurales, rigen el flujo de información personal dentro de ese contexto particular», señala Zimmer[118]. Y ello ocurre, como señala David Lyon, porque los ordenadores «no han creado la situación en la que los ciudadanos de las sociedades avanzadas se encuentran actualmente. Éramos súbditos de los datos mucho antes de que se produjera ninguna supuesta revolución»[119]. Lo que sí es novedoso es la capacidad de análisis de la información y de su inferencia en nuestra vida.

La privacidad ha dejado de ser un concepto estático para convertirse en un derecho dinámico, en constante adaptación a la revolución digital[120]. Si antes se limitaba a la protección de la intimidad, hoy se entiende como un contenedor de múltiples derechos, necesarios para preservar la autonomía individual en un mundo donde la recopilación masiva de datos es la norma. La expansión del *Big Data*

---

118 Zimmer, M.: "Privacy and Surveillance in Web 2.0: A Study in Contextual Integrity, and the Emergence of 'Netaveillance'".

119 Lyon, D.: *El ojo electrónico: El auge de la sociedad de la vigilancia*, Alianza Editorial, 2007, *passim*.

120 *Vid.* el carácter camaleónico de la *privacy* en Morales Prats, F.: "Internet: Riesgos para la Intimidad", en *Internet y Derecho Penal*, Cuadernos de Derecho Judicial, X, Consejo General del Poder Judicial, 2001, pp. 63 y ss.

y las tecnologías de vigilancia han alterado profundamente nuestra relación con la información personal, desdibujando la frontera entre lo público y lo privado.

Helen Nissenbaum[121], con su teoría de la «integridad contextual», señala que la privacidad no puede reducirse a un simple binomio entre espacios públicos y privados. Más bien, cada contexto —ya sea el comercio, la educación o la salud— tiene sus propias normas sobre cómo debe circular la información. Como advierte Zimmer, el problema no es que ciertos datos sean accesibles en determinados entornos, sino que puedan ser utilizados fuera de ellos, sin restricciones ni control.

Esta transformación ha llevado a una realidad en la que, de manera inconsciente, cedemos parte de nuestra privacidad en transacciones cotidianas: pagar con tarjeta de crédito, acceder a servicios médicos o simplemente interactuar en redes sociales. Como sostiene David Lyon, la vigilancia no es un fenómeno nuevo, pero lo que sí ha cambiado es la capacidad de análisis e inferencia sobre nuestras vidas.

Ante este panorama, surge la necesidad de un nuevo marco normativo que contemple la coexistencia de dos tipos de personalidad: una analógica, regida por las leyes tradicionales, y otra digital, en la que intervienen múltiples actores —ciudadanos, gobiernos y empresas— con normas específicas que regulen el flujo de información. Solo así podremos equilibrar el derecho a la privacidad con

---

121 Citado en Noain Sánchez, A.: *La protección de la intimidad y vida privada en internet*, *op. cit.* La autora parte del análisis de tres principios que han guiado las políticas de protección de la vida privada en la tradición jurídica anglosajona, tres formas de conceptuar la privacidad por oposiciones entre binomios: competencias gubernamentales para vigilancia y control de datos versus privacidad del individuo, designación de lugares públicos frente a lugares privados o espacios de no intromisión y catalogación entre información sensible e información no sensible. "Dichas oposiciones, aunque útiles desde perspectivas teóricas, conllevan carencias por cuanto la aplicación de estos principios no es siempre obvia y en numerosas ocasiones, la línea divisoria no es ni estática, ni universal".

las exigencias del mundo tecnológico actual. Ya no existen recetas generales. Para determinar si se ha mantenido la integridad contextual, debemos considerar cómo la nueva tecnología o práctica afecta a todos los agentes involucrados: personas, Gobiernos y empresas. Se debe examinar: la idoneidad y el tipo de información, la transparencia y la privacidad. Estando de acuerdo con la integridad contextual, considero que sería mucho más efectivo que existiesen dos tipos de personalidad: la analógica con una ley común y la digital donde entran en contexto todos los agentes involucrados.

1.4. La nueva caja fuerte de los datos

En un mundo donde los datos se han convertido en la nueva moneda de cambio, la privacidad ya no es solo un derecho individual, sino un desafío global. Las corporaciones han construido imperios a partir de la información personal de los usuarios, almacenando y procesando datos con una opacidad inquietante. Pero, ¿y si los datos regresaran a su legítimo propietario? Abogamos por un cambio de paradigma en el que cada persona recupere el control sobre su información, resguardándola en una especie de caja fuerte digital individual, inaccesible para terceros sin su consentimiento[122]. Un aspecto al que volveremos al final de este capítulo.

Este modelo permitiría que el usuario decidiera quién accede a sus datos, en qué condiciones y con qué propósito, en lugar de que sean explotados sin restricciones por gigantes tecnológicos o agencias gubernamentales. Como bien señala la doctrina, es «conveniente formular un concepto de domicilio informático[123], del derecho a mantener la máquina y su contenido al margen de los accesos

---

122 Marco Fernández, F.: *Disociados*, *op. cit.*

123 No entramos a exponer el debate que actualmente existe en la doctrina penal acerca del bien jurídico en el delito de intrusismo informático, ni la errónea ubicación de este delito entre los delitos contra la intimidad, remitiéndonos para las distintas posiciones mantenidas por los autores acerca del bien jurídico, si es la intimidad, el domicilio informático o la seguridad informática, a: Carrasco Andrino, M. del M.: *El delito de acceso ilícito a los sistemas informáticos*;

no deseados, tal como sucede, *ceteris paribus*, con el domicilio "físico"; concepto, pues, en el que integrar los elementos esenciales de bienes jurídicos con relevancia constitucional, directamente ligados al uso de la tecnología (en el caso del Derecho español, huelgan los comentarios en relación con la ubicación sistemática, el art. 18 CE, de la cláusula de tutela frente a los peligros de la informática), describiendo con ello un tipo de carácter objetivo, en los términos recomendados por la Convención, con la pretensión de salvaguardar la esfera íntima del sujeto[124]».

El ordenador comporta hoy día un nuevo espacio en el que desarrollar nuestra vida personal, constituyendo una especie de «morada informática» en la medida en que en él se realiza y a él va a parar una buena parte de nuestra actividad cotidiana, de manera que los datos e informaciones contenidas, programas manejados, etc., pueden permitir a quien acceda a ellos, adentrarse en un espacio de desarrollo personal, de ejercicio de libertad», señala Morales García[125]. Es lo que he venido definiendo como «entorno digital».

Morales Prats, F., en Quintero Olivares, G. (dir.): *Comentarios al Código Penal Español*, Tomo I-II, 8ª ed., Aranzadi, Pamplona, 2024, pp. 1434 y ss.

124 Morales García, O.: "Apuntes de política criminal en el contexto tecnológico. Una aproximación a la convención del consejo de Europa sobre Cyber-Crime", *Cuadernos de Derecho Judicial*, núm. 9, 2002, pp. 11-34. En cualquier caso, señala el autor, "debe tenerse en cuenta que la creación de tipos penales con finalidades trascendentes, de resultado cortado, como sucede con el 197.1 segundo inciso en el CP español de 1995, donde se condiciona la punición de la interceptación de las comunicaciones (o en el 197.2 CP, de la interceptación de datos) a la finalidad de conocer la intimidad o los secretos, solo puede perturbar la aplicación ordinaria del tipo, de modo que la prueba de dicha finalidad sucesiva (que ni siquiera debe realizarse en un resultado sino simplemente inspirar la conducta principal de acceso o interceptación) será poco menos que imposible, permaneciendo en la impunidad la mayoría de accesos ilegales. La creación de subtipos agravados, además de reforzar la tutela de los bienes jurídicos en juego, permitiría mantener la punición del tipo básico cuando los elementos del agravado no concurrieren o no pudieran ser objeto de prueba en el plenario".

125 Sobre esta reclamación de la consideración del ordenador como una «morada informática o domicilio informático», Morales García, O.: "Apuntes de polí-

Sobre este particular, Morales Prats[126] acierta cuando afirma que el acceso a los datos de un ordenador es una forma de «control certero, sistemático, penetrante e invisible sobre la persona», pues subraya de manera precisa el carácter lesivo de la intimidad de las conductas de intromisión en un ordenador y contacto con todo aquello que en él se archiva y resguarda de intromisiones no consentidas. Mediante ese acceso se pueden descubrir facetas de la personalidad del individuo que, aisladamente consideradas, pueden carecer de significado intrínseco, pero que, si fueran enlazadas entre sí, «arrojarían como precipitado un retrato de la personalidad del individuo que éste tiene derecho a mantener reservado»[127].

Sin embargo, la distinción entre intimidad y privacidad y la confusión de los derechos contenidos en la privacidad con la IA se convierten en un nuevo orden de confusión porque, como se verá a lo largo de esta obra, los datos, el producto que conforma el derecho a la privacidad, forman ya parte del ámbito público (y no del privado), condicionando no solo a la privacidad individual sino a la colectiva. Y para entender este aspecto debemos comprobar cómo ha evolucionado el derecho a la *privacy* en Estados Unidos.

El Derecho estadounidense, fundamentado en la Cuarta Enmienda, ha debido reinterpretar doctrinas clásicas —entre ellas, la *plain view doctrine* y la *reasonable expectation of privacy*— para ajustar la protección o restricción del *right to privacy* a los retos digitales. En esa línea, se analizará el salto desde la *plain view doctrine*, concebida

---

tica criminal en el contexto tecnológico. Una aproximación a la Convención del Consejo de Europa sobre el Cibercrimen", en *Delincuencia Informática. Problemas de Responsabilidad*, Cuadernos de Derecho Judicial, Consejo General del Poder Judicial, Madrid, 2002.

126 Morales Prats, F.: "Delitos contra la intimidad, el derecho a la propia imagen y la inviolabilidad del domicilio", en Quintero Olivares, G. (dir.): *Comentarios al Código Penal Español*, Tomo I-II, 8ª ed., Aranzadi, 2024, pp. 1385 y ss.

127 Sánchez Carazo, C.: *La intimidad y el secreto médico*, Díaz de Santos, Madrid, 2000, p. 16, haciéndose eco de las palabras de la Exposición de Motivos de la anterior Ley Orgánica 5/1992, de 29 de octubre, de tratamiento automatizado de datos de carácter personal.

para objetos físicos, hasta su problemática aplicación en entornos informáticos, así como la evolución de la *reasonable expectation of privacy* —desde *Olmstead* hasta *Carpenter*— y la irrupción de la teoría del mosaico como respuesta a la *third-party doctrine*.

Por último, se examinará cómo esas ideas se han proyectado en el sistema jurídico español, donde el artículo 18 de la Constitución Española reconoce la intimidad y la protección de datos como derechos fundamentales, ofreciendo un prisma garantista que combina elementos paralelos a la «expectativa razonable de privacidad» con la férrea protección del ámbito personal.

2. LA PLAIN VIEW DOCTRINE COMO EXCEPCIÓN Y SU ADAPTACIÓN AL ENTORNO DIGITAL

2.1. Orígenes y fundamentos en la jurisprudencia norteamericana

La Cuarta Enmienda dispone, de manera general, que no pueden realizarse registros o incautaciones irrazonables sin una orden judicial. No obstante, la práctica y la jurisprudencia han articulado ciertas excepciones. Entre ellas figura la *plain view doctrine*, afianzada en *Coolidge v. New Hampshire* (403 U.S. 443, 1971). Según esta doctrina, la policía puede incautar sin orden judicial objetos que se encuentren «a la vista» si se cumplen tres requisitos: (i) legalidad de la presencia policial en el lugar; (ii) visibilidad inmediata del carácter ilícito o incriminatorio del objeto, sin manipulación; y (iii) descubrimiento «inadvertido» del objeto (aunque *Horton v. California*, 496 U.S. 128 (1990), relajó la exigencia de la inadvertencia).

La doctrina ha funcionado históricamente en escenarios físicos (por ejemplo, encontrar un arma o un paquete de drogas sobre una mesa), donde el agente, fundado en una orden de registro (o en otra excepción válida), se topa de manera fortuita con evidencia de otro ilícito. Y no sólo en materia de detención, sino en la forma en que podemos determinar que algo es público o privado como, por ejemplo, examinar los desechos y las bolsas de basura para obtener pruebas[128].

2.2. Restricciones iniciales y jurisprudencia relevante

En el contexto de los seguimientos físicos, *Arizona v. Hicks* (480 U.S. 321, 1987) establece un límite esencial en la aplicación de la *plain view doctrine*: el carácter incriminatorio de lo observado debe ser evidente de inmediato. Esto implica que durante un seguimiento, los agentes no pueden manipular la situación para obtener información o confirmar las sospechas sobre un objeto o conducta observada. Por ejemplo, si un investigador observa un paquete sospechoso que un sujeto transporta en público, no puede abrirlo ni manipularlo sin autorización judicial, ya que excedería los límites de la doctrina. La jurisprudencia refuerza que cualquier intervención que supere lo visible directamente en un espacio público requiere autorización judicial previa para no vulnerar derechos fundamentales, como la intimidad o la inviolabilidad de la propiedad.

Por otro lado, *Horton v. California* (496 U.S. 128, 1990) amplía la aplicación de la *plain view doctrine* al eliminar el requisito de descubrimiento casual. En el contexto de los seguimientos, esto permite que los agentes observen y recopilen información que estén buscando activamente, siempre que lo observado esté en un lugar público, el carácter incriminatorio sea evidente y los investigadores tengan derecho a estar en el lugar donde realizan la observación. Por ejemplo, si durante un seguimiento un detective sigue a un individuo que transporta un arma visible en un lugar público, puede considerar esa observación como una evidencia válida sin necesidad de autorización judicial. Sin embargo, cualquier intento de invadir espacios privados o realizar inspecciones más allá de lo visible violaría los principios establecidos tanto en *Hicks* como en *Horton*.

---

128 *California v. Greenwood* es citado como base para justificar inspecciones de materiales desechados en lugares públicos, tanto en investigaciones criminales como en cuestiones relacionadas con inteligencia y vigilancia.

Estos precedentes aseguran que los seguimientos físicos respeten un equilibrio entre las necesidades investigativas y los derechos fundamentales.

2.3. *Problemáticas en el entorno digital*

La aplicación de la *plain view doctrine* a registros informáticos y dispositivos electrónicos supone un desafío. Un disco duro o un *smartphone* pueden albergar gran parte de la vida privada del individuo: fotografías, correos, historiales de navegación o documentos personales.

- Registros de dispositivos informáticos: Si la policía busca, por ejemplo, imágenes delictivas con una orden judicial para archivos concretos y, en la «vista», se encuentra material diferente que también resulta incriminatorio, surge la duda sobre qué límite establece la *plain view doctrine* en lo digital.
- Examen masivo de datos: Un volcado completo del disco podría revelar datos irrelevantes o íntimos. Algunos tribunales inferiores (*circuit courts*) exigen técnicas de minimización o filtros que impidan que la inspección digital devenga un rastreo sin control.

Autores como Orin S. Kerr[129] y Daniel J. Solove[130] plantean que la aplicación lineal de la *plain view doctrine* en el entorno digital es «altamente problemática», porque un acceso puntual a una carpeta o archivo puede convertirse en una «búsqueda prospectiva» —proscrita por la Cuarta Enmienda—. Aunque ciertos tribunales han introducido directrices de búsquedas segmentadas, la jurisprudencia federal no ha fijado aún una fórmula clara y definitiva.

---

129 Kerr, O. S.: "Searches and Seizures in a Digital World", *Harvard Law Review*, vol. 119, 2005, pp. 531-585.

130 Solove, D. J.: *Understanding Privacy*, Harvard University Press, 2008.

3. DE OLMSTEAD A CARPENTER: LA EVOLUCIÓN DE LA REASONABLE EXPECTATION OF PRIVACY

La Cuarta Enmienda contempla la protección frente a registros e incautaciones irrazonables, pero el alcance de dicha protección se ha ido reinterpretando a medida que avanzaba la tecnología y cambiaba el contexto social.

3.1. Primera fase: intrusión física como requisito

En *Olmstead v. United States* (277 U.S. 438, 1928), la Corte consideró que la interceptación telefónica no vulneraba la Cuarta Enmienda si no existía una intrusión física en el domicilio. Este criterio formalista dominaría durante décadas, dejando fuera aquellos métodos de espionaje sin allanamiento físico y tangible. El juez Brandeis, en su voto disidente, anticipó que la tecnología haría posible «revelar ante un jurado los sucesos más íntimos del hogar» sin penetrar físicamente, y advirtió de la necesidad de una protección más amplia. Sin embargo, esa visión no prevalecería hasta años después.

3.2. Katz v. United States (1967): la protección de la persona

El punto de inflexión llegó con *Katz v. United States* (389 U.S. 347, 1967). La Corte proclamó que «la Cuarta Enmienda protege a las personas, no a los lugares», poniendo fin al requisito de la intrusión física. En la opinión concurrente, el juez Harlan formuló el test bifásico de la *reasonable expectation of privacy*:

1. Una expectativa subjetiva de privacidad (la persona cree estar en un ámbito protegido).
2. Una expectativa objetivamente razonable, aceptada por la sociedad como legítima.

Con esta doctrina, la jurisprudencia cambió el eje: ya no bastaba analizar si hubo allanamiento físico, sino si la actuación policial se inmiscuía en una esfera donde el individuo tenía derecho a confiar en su intimidad.

3.3. La third-party doctrine y sus controversias

Tras *Katz*, la Corte introdujo la *third-party doctrine* en casos como *United States v. Miller* (425 U.S. 435, 1976) y *Smith v. Maryland* (442 U.S. 735, 1979). Se sostenía que, si una persona entregaba información a un tercero (banco, compañía telefónica), no podía alegar una expectativa de privacidad sobre dicha información. Ello, en la práctica, dejaba sin protección multitud de datos transaccionales.

La explosión de internet y los servicios digitales reveló las limitaciones de esta doctrina: gran parte de nuestras acciones pasa por servidores ajenos, lo que —llevado al extremo— anularía la expectativa de intimidad. Autores como Daniel J. Solove[131] y Susan Freiwald[132] han criticado lo anacrónico de esta premisa en la sociedad digital.

3.4. Kyllo, Jones, Riley y la introducción de la teoría del mosaico

La llegada de tecnologías de vigilancia sofisticadas tensó la «expectativa razonable de privacidad»:

- *Kyllo v. United States* (533 U.S. 27, 2001): El uso de detectores térmicos sin autorización judicial para escudriñar el interior de un domicilio violaba la Cuarta Enmienda, pues empleaba tecnologías no accesibles al público general.
- *United States v. Jones* (565 U.S. 400, 2012): La colocación de un dispositivo GPS sin orden judicial. Aunque la mayoría se

---

131 Solove, D. J.: "Privacy and Power: Computer Databases and Metaphors for Information Privacy", *Stanford Law Review*, vol. 53, 2000.

132 Freiwald, S.: "First Principles of Communications Privacy in the Digital Age", *Stanford Technology Law Review*, vol. 2007, núm. 1.

basó en el concepto de *trespass*, ciertas opiniones concurrentes plantearon la teoría del mosaico, aludiendo a que la vigilancia prolongada durante un mes revelaba la vida del investigado de forma mucho más intrusiva que un simple seguimiento puntual.

- *Riley v. California* (573 U.S. 373, 2014): El Tribunal consideró que, dada la inmensa cantidad de datos privados que contienen, los teléfonos móviles no pueden registrarse sin orden judicial tras un arresto.

4. CARPENTER V. UNITED STATES (2018) Y LA RECONFIGURACIÓN DE LA THIRD-PARTY DOCTRINE

En *Carpenter v. United States* (585 U.S.___, 2018), el FBI obtuvo, sin orden judicial, los registros del posicionamiento histórico del teléfono móvil de Timothy Carpenter para vincularlo con varios robos. La pregunta que se hizo el tribunal era si la recolección prolongada de estos datos suponía un «registro» a la luz de la Cuarta Enmienda y, por tanto, precisaba orden judicial. La Corte, por 5 votos contra 4, afirmó que la recogida sistemática de localizaciones constituía una grave injerencia en la intimidad, destacando:

- Limitación de la *third-party doctrine*: Aunque la compañía telefónica poseyera los datos, no podía estimarse que Carpenter «renunciara voluntariamente» a su privacidad.
- Teoría del mosaico: El rastreo prolongado brindaba un panorama muy detallado de la vida privada, vulnerando la expectativa razonable de privacidad por la acumulación de datos a lo largo del tiempo.

Con ello, la sentencia *Carpenter* acotó la doctrina que, durante años, había permitido búsquedas sin orden de datos de ubicación.

Autores como Kugler y Strahilevitz[133] ven aquí una adaptación imprescindible a la era digital; otros temen que se impongan exigencias excesivas a la labor investigadora. El fallo deja además interrogantes en otros supuestos de registros extensivos (historial de navegación, uso de tarjetas, etc.). La teoría del mosaico surge como explicación de por qué la agregación de datos en el tiempo produce una intrusión cualitativamente mayor.

4.1. "Vayamos al caso": hechos y debate legal

Un hombre estaba involucrado en robos a mano armada en el área de Detroit. El Ministerio Fiscal centró su acusación en los registros telefónicos. El FBI había obtenido la información siguiendo la Ley de Comunicaciones Almacenadas (*Stored Communications Act*, SCA), que permite al gobierno exigir la divulgación de registros de telecomunicaciones cuando «hechos específicos y articulables muestren motivos razonables para creer que los registros o la información buscada son relevantes y materiales para una investigación criminal en curso». Este estándar SCA no requiere orden judicial y es inferior al que exige la Cuarta Enmienda para el caso de una «expectativa legítima de privacidad».

El Gobierno alegó que, según la *third-party doctrine*, las personas no tienen una expectativa de intimidad sobre registros que obren en manos de terceros (la compañía telefónica). Como ejemplo, citó *Smith v. Maryland* (1979), donde la Corte había considerado que el usuario perdía su expectativa de privacidad al comunicar datos voluntariamente a un tercero.

La mayoría del Tribunal, sin embargo, sentenció que la agregación del posicionamiento del teléfono durante 127 días era ex-

---

133 Cfr. Kugler, M. B. y Strahilevitz, L. J.: "Actual Expectations of Privacy, Fourth Amendment Doctrine, and the Mosaic Theory", *The Supreme Court Review*, vol. 2019, núm. 1, 2019, pp. 205-246; y Donohue, L. K.: "The Case for the Mosaic Theory in Fourth Amendment Law", *Harvard Journal of Law & Public Policy*, vol. 38, núm. 2, 2015, pp. 351-408.

cesivamente intrusiva: revelaba con detalle patrones de vida, desplazamientos y relaciones personales. Con esta decisión, la Corte reconoció que «muchas personas esperan que las protecciones otorgadas a su hogar y efectos personales se extiendan a su ser digital».

4.2. El golpe en Europa: la anulación de la Directiva 2006/24/CE

El Tribunal de Justicia de la Unión Europea (TJUE) anuló la Directiva 2006/24/CE, una norma que obligaba a los proveedores de telecomunicaciones a retener datos de comunicaciones electrónicas de los ciudadanos durante un período determinado. La finalidad de esta medida era facilitar la lucha contra el crimen y el terrorismo. Sin embargo, el TJUE consideró que esta directiva suponía «una injerencia de gran magnitud y especial gravedad» en los derechos fundamentales, ya que violaba el derecho a la privacidad y a la protección de datos personales reconocidos en la Carta de Derechos Fundamentales de la Unión Europea.

El tribunal argumentó que la recopilación masiva de datos de comunicaciones permitía trazar un perfil detallado de cada persona. No se trataba solo de registrar llamadas o mensajes, sino de almacenar información sobre quién se ha contactado, a qué hora, desde qué lugar y con qué frecuencia, lo que proporciona datos extremadamente precisos sobre hábitos de vida, movimientos y relaciones personales. Esta capacidad de vigilancia generalizada sin criterios claros ni limitaciones específicas representaba un riesgo desproporcionado para la intimidad de los ciudadanos, ya que cualquier persona podía ser objeto de seguimiento sin justificación previa.

Con esta sentencia, el TJUE sentó un precedente clave para la protección de la privacidad en Europa, estableciendo que las normas sobre retención de datos deben cumplir principios de proporcionalidad y necesidad, asegurando que cualquier medida de vigilancia masiva esté sujeta a controles estrictos y garantías jurídicas adecuadas. Aunque el TJUE reconoce que la conservación de datos responde al objetivo legítimo de combatir la delincuencia grave, estimó que la directiva excedía el principio de proporcionalidad. Criticó, por ejemplo, que no hubiera criterios objetivos para fijar qué delitos justificaban el acceso a tales datos, ni un control previo de un órgano jurisdiccional. Además, se permitía conservar la información entre seis meses y dos años, sin asegurar la destrucción definitiva tras dicho período.

El presidente de la Corte Suprema de EE. UU. apuntó que la doctrina sentada en *Carpenter* excluye consideraciones de seguridad exterior o nacional, y que existen supuestos de emergencia (amenazas de bomba, secuestro de niños) donde, por razones obvias, se pondera de forma distinta la privacidad frente a la inminencia del peligro. Tampoco queda claro si la cesión de datos a redes sociales o plataformas públicas (p. ej., Facebook, Twitter) implicará el mismo grado de protección que con una compañía telefónica que custodia información bajo confidencialidad.

5. RECEPCIÓN EN ESPAÑA: EVOLUCIÓN DOCTRINAL Y JURISPRUDENCIAL HACIA EL ENTORNO DIGITAL

5.1. Fundamentos constitucionales de la privacidad en España

En España no existe una cláusula equivalente a la Cuarta Enmienda de la Constitución de EE. UU., pero el artículo 18 de la Constitución Española (CE) ofrece una arquitectura muy densa de garantías: (i) derecho al honor, a la intimidad personal y familiar y a la propia imagen; (ii) inviolabilidad del domicilio; (iii) secreto de las comunicaciones; y (iv) protección de datos personales ligada a la tutela frente a usos de la informática. El precepto opera como eje de la protección de la esfera privada y como límite a la actuación de los poderes públicos y de terceros, con títulos habilitantes tasados para cualquier intromisión.

Desde muy pronto, el Tribunal Constitucional (TC) enlazó la intimidad con la dignidad de la persona: no es un privilegio que deba "activarse" subjetivamente, sino un derecho fundamental de eficacia directa, cuya tutela no depende de que el afectado exteriorice conductas de autoprotección. La STC 231/1988 (caso Paquirri) se ha convertido en referencia clásica al ponderar la difusión de imágenes de altísimo contenido íntimo frente a la libertad de información; la sentencia anuda la intimidad y la propia imagen a la condición de persona y al principio de dignidad, anticipando una línea que luego irradiará a otros contextos.

En paralelo, la inviolabilidad del domicilio (art. 18.2 CE) solo cede ante consentimiento, resolución judicial o flagrante delito. La STC 22/1984 ya resaltó que las "entradas" no pueden disfrazarse como simples actos materiales de administración o de observación; si encubren un registro o una función represiva, entra en juego el núcleo duro del art. 18.2 CE y el control judicial deviene imprescindible. La regla es clara: ver no es registrar; pero registrar, aunque empiece con una observación, exige título habilitante si afecta a espacios constitucionalmente protegidos.

5.2. La adopción de la plain view doctrine y la expectativa razonable en la jurisprudencia del Tribunal Supremo

Todos los derechos tienen un «contraderecho»[134] y todos se tienen *per se*, simplemente por ser humanos. Sin embargo, el derecho a la intimidad requiere de una activación previa, o una manifestación activa del sujeto que demuestre su voluntad clara de mantener cierta esfera de privacidad. Imaginemos un escenario: unos agentes de

134 Es doctrina reiterada del Tribunal Constitucional que «el derecho a la intimidad no es absoluto, como no lo es ninguno de los derechos fundamentales, pudiendo ceder ante intereses constitucionalmente relevantes, siempre que el recorte que aquél haya de experimentar se revele como necesario para lograr el fin legítimo previsto, proporcionado para alcanzarlo y, en todo caso, sea respetuoso con el contenido esencial del derecho» (SSTC 57/1994, FJ 6, y 143/1994, FJ 6, por todas).

policía patrullan una calle concurrida y, de repente, desde la acera, observan claramente a través de una ventana cómo se produce una transacción de droga. Al no mediar ningún registro ni acceso a un lugar privado, proceden a detener a los traficantes. Ante la evidencia de un posible delito flagrante —la entrega de un paquete con aspecto de ser sustancia ilícita—, los agentes acceden al domicilio con la debida autorización posterior (registro urgente confirmado judicialmente) y proceden a la incautación de la droga. ¿Se vulnera, en este caso, el derecho fundamental a la intimidad o la inviolabilidad del domicilio?

En el lenguaje anglosajón, la plain view doctrine permite a los agentes incautar objetos ilícitos que se encuentran "a la vista" cuando se encuentran legítimamente donde están, sin convertir esa visibilidad en una excusa para registrar. En nuestro ordenamiento, no existe una "doctrina" autónoma con ese nombre, pero sí se ha consolidado un criterio operativo: lo percibido por los sentidos desde lugares en que el agente puede estar puede fundar actuaciones siempre que no se traspasen ámbitos constitucionalmente protegidos y se respete la proporcionalidad. Ese dato indiciario puede luego canalizar medidas formalizadas (entrada y registro, intervención de comunicaciones, etc.), que requerirán la resolución judicial motivada o el resto de títulos constitucionales.

La frontera clave es el domicilio. La STS 329/2016, 20 de abril (ponente: Manuel Marchena) quiso cortar de raíz una deriva práctica peligrosa: mirar con prismáticos al interior de una vivienda no se legitima por la mera ausencia de cortinas o persianas. Convertir "ventanas abiertas" en un consentimiento implícito es incompatible con la inviolabilidad: el TS anuló la prueba obtenida mediante aquella observación óptica y absolvió a los acusados, recordando que la expectativa de privacidad domiciliaria no decae por falta de "autoprotecciones" visibles. En palabras del propio fallo, entender que unas cortinas sin correr autorizan observar el interior "encierra el riesgo de debilitar de forma irreparable el contenido material" del derecho del art. 18.2 CE.

La “simple vista” en España opera como criterio de licitud de la percepción cuando el agente: (i) está legítimamente en un lugar no protegido; (ii) percibe algo inmediatamente incriminatorio sin manipulación; y (iii) actúa con proporcionalidad. Pero no autoriza, por sí sola, entrar en el domicilio ni asomarse mediante artificios ópticos o tecnológicos al interior de un espacio constitucionalmente protegido. Para pasar de la observación a la incautación en domicilio se exige consentimiento, orden judicial o flagrancia real (no presunta). Esta distinción —observar vs. registrar— recorre la doctrina constitucional desde los ochenta y se positiviza hoy, en materia tecnológica, en la LECrim reformada.

Adicionalmente, la sentencia analizó distintos pronunciamientos previos sobre la vigilancia y el uso de dispositivos ópticos. En este sentido, contrastó su criterio con la STS 15/04/1997 (recurso 397/1996), en la que se consideró válida la observación de una vivienda cuando no existían obstáculos físicos que impidieran la visión directa. No obstante, el Tribunal Supremo desestimó la aplicación de este razonamiento al caso concreto, al entender que el empleo de prismáticos alteraba sustancialmente la capacidad de observación natural, extendiéndola más allá de lo que un individuo podría percibir a simple vista.

En esta misma línea, la STS 18/02/1999 (recurso 17/1998) había avalado la observación de un patio expuesto al público, dado que en dicha circunstancia no se emplearon dispositivos ópticos que incrementaran la percepción visual. El Tribunal Supremo también se pronunció sobre la doctrina establecida en la STS 18/12/1995 (recurso 317/1995), que había validado la captación de imágenes en espacios públicos y establecimientos comerciales mediante sistemas de videovigilancia. No obstante, realizó una distinción esencial: mientras que en estos casos la grabación se realizaba en lugares accesibles al público, el supuesto analizado en el presente recurso involucraba la observación de un domicilio privado, lo que exige una protección constitucional reforzada.

Asimismo, el alto tribunal reiteró el criterio establecido en la STS 13/03/2003 (recurso 337/2002), en la que se prohibió la filmación del interior de viviendas sin la correspondiente autorización judicial.

En este sentido, el TSJ de Madrid (STSJ M 6364/2022) indica sobre escuchar conversaciones ajenas por parte del detective en lugares públicos sin utilizar medios materiales atentatorios con el derecho a la intimidad.

"Expectativa razonable de privacidad": atenuación en espacios abiertos; máxima en el domicilio

Sin que la CE use el rótulo anglosajón, nuestros tribunales han asumido la idea funcional de expectativa razonable de privacidad: depende del lugar, los medios empleados por quien observa y la materia afectada. En espacios abiertos al público, la expectativa se atenúa, pero no desaparece cuando la captación penetra en lo íntimo o se utilizan técnicas invasivas. En el domicilio, la expectativa es máxima y no exige actos previos de "activación": no hay un "deber" de poner cortinas para merecer tutela constitucional. Por ello, la *plain view* no "entra" por la ventana: si lo observado está dentro de la vivienda y la percepción exige aproximación óptica o invasiva, el valladar del art. 18.2 CE permanece intacto.

Si agentes, en una vigilancia desde la vía pública y sin instrumentos, ven un intercambio sospechoso a través de una ventana abierta y sin penetrar en la vivienda, lo observado puede tener valor indiciario o testifical; ahora bien, la entrada y registro posterior requerirá consentimiento u orden judicial (o flagrancia real en los términos constitucionales), y no puede justificarse por la "simple vista" de lo interior ni por el uso de prismáticos. Esta es exactamente la enseñanza combinada de la STC 22/1984 y de la STS 329/2016: la observación no se metamorfosea en registro; y la expectativa domiciliaria no decae por no "activar" cortinas.

5.3. *"Teoría de la activación": por qué no forma parte de nuestra doctrina constitucional*

En ocasiones se invoca —sobre todo en discusión doctrinal— una "teoría de la activación" o "puesta en acto" de la intimidad: el derecho se protegería solo si su titular exterioriza una voluntad activa de excluir a terceros (cerrar puertas, correr cortinas, levantar contraseñas). Esta no es la doctrina del TC. El núcleo de la protección no depende de que la persona haya realizado gestos preventivos; el parámetro es el ámbito protegido (p. ej., domicilio, comunicaciones) y la concurrencia de títulos habilitantes para cualquier injerencia. La STS 329/2016 rechaza inequívocamente que la falta de cortinas equivalga a consentimiento; la tutela del art. 18.2 CE no se condiciona al "autocuidado" visible de quien habita el inmueble. Esta misma lógica se replica en la protección del secreto de las comunicaciones y en el manejo de datos personales: el estándar es de legalidad y proporcionalidad, no de abandono por inacción.

Sin embargo, esta doctrina enfatiza la necesidad de que el sujeto adopte medidas concretas y efectivas para preservar su privacidad, tales como cerrar puertas, correr cortinas o restringir el acceso a determinados espacios. En este sentido, la jurisprudencia española ha acogido esta perspectiva, estableciendo que la mera titularidad del derecho a la intimidad no garantiza per se su protección, en particular cuando el titular no evidencia una voluntad clara e inequívoca de salvaguardarlo (STS 312/2018). En idéntico sentido, el Tribunal Constitucional, en la STC 186/2000, determinó que la expectativa de intimidad se atenúa cuando el sujeto no exterioriza su intención de excluir a terceros de su ámbito privado.

En consecuencia, la teoría de la activación pone de relieve la necesidad de una conducta activa por parte del titular del derecho a la intimidad, de manera que su ejercicio efectivo dependa de la adopción de medidas que evidencien su intención de preservar su esfera personal frente a injerencias externas. En este sentido, el Tribunal Constitucional, en la STC 186/2000, reconoció el derecho a la intimidad de una persona que mantenía una conversación en un espacio apartado de un lugar público, considerando ilegítima su grabación sin consentimiento. Por su parte, el Tribunal Supremo, en la STS 942/2022, analizó la instalación de cámaras de vigilancia en los límites de una finca privada, estableciendo que la captación del interior de la propiedad sin autorización vulnera el derecho a la intimidad.

Por eso, la jurisprudencia matiza que la expectativa de privacidad se atenúa en espacios claramente públicos. La STS 508/2014 estableció que no se vulnera la intimidad cuando las grabaciones se realizan en lugares abiertos al uso público, siempre que no se empleen métodos desproporcionados ni se capten aspectos íntimos de la vida privada.

5.4. Entorno digital y proceso penal: límites a la exploración indiscriminada y deber de acotación

La irrupción de evidencias digitales obligó a reescribir el catálogo de garantías en investigación penal. Con la LO 13/2015 se incorporaron a la LECrim los arts. 588 bis y ss., que sistematizan las medidas de investigación tecnológica y exigen: (i) resolución judicial motivada; (ii) delimitación expresa de objeto, tiempo y alcance; y (iii) proporcionalidad reforzada. Desaparece el "café para todos" de la incautación indiscriminada: la diligencia debe acotar qué se busca, dónde y durante cuánto tiempo, evitando convertir un dispositivo o una nube en una "batida general" (*fishing expedition*) que erosione masivamente derechos fundamentales.

La Fiscalía General del Estado consolidó estos criterios en la Circular 5/2019, subrayando cuatro ejes prácticos para los registros de dispositivos: (a) la resolución debe precisar términos y alcance; (b) se contemplan copias forenses con garantías de preservación e integridad; (c) debe evitarse la incautación total cuando baste una extracción acotada; y (d) cualquier ampliación a otros repositorios o cuentas (correo, mensajería, nube) exige nueva autorización o motivación reforzada. La Circular opera hoy como vademécum operativo en juzgados y unidades de policía judicial.

En suma: en el ecosistema digital, la regla constitucional de "ver no es registrar" se traduce en "tener acceso físico no es licencia para explorar todo". Si el agente incauta un smartphone o una cuenta, la indagación no puede convertirse en "exploración total", sino ceñirse a lo acordado judicialmente, con criterios de búsqueda y marcos temporales concretos.

5.5. *Derecho al olvido, consentimiento y reedición de informaciones antiguas*

El anclaje europeo del derecho al olvido en buscadores

El derecho al olvido —especialmente frente a motores de búsqueda— nace en Europa con el TJUE, asunto C-131/12 (Google Spain), que impone al gestor del buscador la obligación de desindexar enlaces cuando, ponderados los intereses, prevalece la protección de datos del afectado (arts. 7 y 8 de la Carta) frente al interés del público en el acceso mediante una búsqueda *por nombre*. Posteriormente, la Gran Sala precisó en C-136/17 (GC y otros/CNIL) el tratamiento de categorías especiales de datos y los criterios de evaluación en solicitudes de retirada, introduciendo un escrutinio más fino cuando la información versa sobre salud, ideología, sexualidad o datos penales. Estas sentencias son el armazón europeo de la figura, luego recogida por el art. 17 RGPD y los arts. 93-94 LOPDGDD en España.

A nivel interno, el art. 93 LOPDGDD formula un derecho específico de "olvido en búsquedas de Internet" (no idéntico al derecho de supresión general del art. 17 RGPD), calibrando la inadecuación, falta de pertinencia o desactualización de los contenidos en relación con la búsqueda por nombre del interesado, y atendiendo a la naturaleza de lo publicado y al interés público actual. La AEPD y los tribunales vienen aplicándolo como cauce idóneo para la tutela rápida y eficaz frente a buscadores.

Reedición y republicación de hechos antiguos: el papel de la STS 1805/2024

Distinto —pero cercano— al olvido en buscadores es el fenómeno de la reedición de noticias pretéritas con identificación del afectado. La STS 1805/2024, 10 de abril, aborda un caso de publicación y fotografía de un doble crimen 37 años después. El TS estima la vulneración del honor y de la propia imagen (no tanto de la intimidad), ponderando la carencia de relevancia actual y el impacto en la reputación del afectado. La sentencia no es un "manifiesto" general sobre consentimiento en plataformas, pero sí confirma una línea: con el paso del tiempo, la titularidad del derecho a informar cede cuando no hay interés público vivo, y la reedición con identificación daña honor o imagen. Es un buen ejemplo de cómo la protección de la dignidad opera en la era digital —más allá de buscadores— frente a republicaciones que reabren "identidades" penales del pasado sin justificación actual.

5.6. Videovigilancia, comunicaciones y "expectativa" en el trabajo: el espejo europeo

Aunque tu texto pivota sobre el proceso penal, conviene traer dos sentencias de la Gran Sala del TEDH muy influyentes en la expectativa razonable en espacios no domiciliarios:

- López Ribalda y otros c. España (2019): avaló videovigilancia oculta en un supermercado ante sospechas razonables de hurto y con alcance acotado a las cajas, ponderando un interés empresarial fuerte y la proporcionalidad del sistema (control focalizado, duración limitada, finalidad concreta). Esta resolución matiza que la expectativa de privacidad varía según el lugar en el centro de trabajo y refuerza la exigencia de proporcionalidad y necesidad en el diseño de las medidas.
- Bărbulescu c. Rumanía (2017): decretó violación del art. 8 CEDH ante monitorización de comunicaciones laborales sin garantías adecuadas, en particular por ausencia de informa-

ción previa suficiente al empleado y por falta de ponderación sobre el alcance del control y la intrusión en contenidos. Aquí el eje es la transparencia previa y la limitación del alcance del control.

Estas decisiones son útiles al pensar "expectativa razonable" fuera del domicilio: ni todo lugar de trabajo es "espacio abierto" sin privacidad, ni toda videovigilancia es ilegítima; la clave es el diseño (finalidad, alcance, duración, información) y la proporcionalidad. Aunque encuadradas en relaciones privadas, su lógica de ponderación ha impregnado el debate penal cuando, por ejemplo, imágenes de seguridad se proyectan a un proceso o cuando se piden medidas tecnológicas intrusivas.

5.7. Vigilancia prolongada, geolocalización y la "teoría del mosaico" en clave europea

La noción de "mosaico" —que agrega piezas de información en el tiempo para desvelar patrones íntimos— no es una etiqueta positiva en España, pero su lógica se ha abierto paso en Europa: cuanto más prolongada y agregada es la vigilancia tecnológica, más intensa la injerencia y más exigente debe ser la motivación y el control judicial. El TEDH, Uzun c. Alemania (2010), examinó un seguimiento por GPS prolongado. Aunque no apreció violación del art. 8 en ese caso, asentó dos ideas: (i) la geolocalización es distinta a otras técnicas por lo que revela sobre la conducta y, (ii) su uso exige base legal clara, finalidad legítima y proporcionalidad en duración y alcance. Esta lógica se hace eco en nuestras exigencias procesales reforzadas para cualquier técnica de seguimiento sistemático.

5.8. Retorno al caso "ventanas abiertas" y reglas de oro

Volviendo a la pregunta que se planteaba al inicio: ¿vulnera la intimidad o la inviolabilidad del domicilio una actuación policial que, desde la calle, observa —a través de una ventana sin cortinas—

una transacción de droga y, con base en ello, entra en el inmueble e incauta? La respuesta matizada a la luz de la jurisprudencia es:

1. Observación: lo visto sin instrumentos desde un lugar público puede constituir dato indiciario y fundar diligencias ulteriores. Pero si para ver el interior se recurre a medios ópticos (prismáticos, zoom de alta potencia) o se adoptan posturas equivalentes a "asomarse", ya no hablamos de mera percepción sino de intromisión, y el estándar de inviolabilidad se activa. STS 329/2016 zanja la duda: no hay "consentimiento por no usar cortinas".
2. Entrada y registro: incluso si lo visto desde la calle sugiere un delito flagrante, la entrada sin orden exige que la flagrancia sea real y actual y no un atajo para legitimar un registro que, en rigor, debía haberse sometido a control judicial. Lo flagrante no equivale a "tengo un mal presentimiento" ni a "lo vi una vez". La STC 22/1984 recuerda que la exigencia del art. 18.2 no se elude con etiquetas. El TS es firme: la "simple vista" no autoriza, por sí sola, la irrupción en domicilio.
3. Prueba: cualquier incautación vinculada a una observación ilícita del interior (p. ej., con prismáticos) es nula por conexión de antijuridicidad, salvo concurrencia de causas independientes y suficientes de descubrimiento. De nuevo, STS 329/2016 ilustra el desenlace: absolución tras anulación de la prueba principal.

5.9. Apunte final

Tal y como señala Marco Fernández[135], jurisprudencia reciente ha ido afinando el equilibrio entre el derecho a la intimidad del trabajador y las facultades de vigilancia del empleador, especialmente cuando la empresa recurre a detectives para comprobar incumpli-

---

[135] Marco Fernández, F., Manual Jurídico sobre los servicios de detective privado y sus informes, Valencia, 2025, p. 162 y ss.

mientos contractuales. La regla de partida es clara: la contratación de un detective no vulnera por sí misma derecho alguno; su licitud depende de cómo, dónde y con qué alcance se realiza la observación. En esa línea, resoluciones como la STSJ CAT 3580/2024 avalan la aportación de informes de detective como prueba válida cuando el seguimiento se integra en las facultades de control del artículo 20.3 del Estatuto de los Trabajadores y respeta la dignidad del empleado. Este control, sin embargo, está sujeto a los criterios de necesidad, idoneidad y proporcionalidad, y no legitima intromisiones en ámbitos constitucionalmente protegidos ni el empleo de medios técnicos que transformen una mera observación en un registro encubierto.

Desde la óptica constitucional, el derecho a la intimidad —vinculado a la dignidad— delimita un círculo de vida privada que no exige "activarse" por conductas del titular y que puede ceder solo ante fines legítimos y de modo proporcionado. El Tribunal Constitucional lo ha recordado al perfilar: (i) que la intimidad no es absoluta pero su recorte debe ser necesario y proporcionado; (ii) que su ámbito de cobertura se identifica a partir de una expectativa razonable de privacidad en cada caso; y (iii) que esa protección opera también en el trabajo. De ahí que, en el terreno probatorio, el valor de lo observado dependa de si el trabajador podía razonablemente esperar quedar a resguardo de miradas ajenas en el lugar y con los medios concretos empleados por la empresa o el detective: no es lo mismo captar lo que cualquiera ve desde un espacio abierto que penetrar, con tecnología o posiciones artificiosas, en áreas reservadas.

Ese deslinde se aprecia bien en la STS 380/2023, que reconoce el jardín de una vivienda como espacio íntimamente conectado al domicilio y, por tanto, protegido frente a vigilancias no autorizadas. La sentencia subraya que el jardín es un ámbito donde se ejerce vida personal y familiar y donde el titular mantiene una expectativa legítima de privacidad, aunque su intensidad pueda ser algo menor que en el interior edificado; y precisa un elemento fáctico relevante: no constaba que el jardín fuera visible para cualquiera ni ausentes barreras materiales (muros, setos, vallas) que preservaran la opacidad. La consecuencia práctica es clara: ver desde un lugar legítimo lo que ya se ofrece espontáneamente a la visión pública puede tener valor indiciario; pero convertir esa "simple vista" en licencia para invadir espacios residenciales o para amplificar artificialmente lo visto carece de cobertura. Si el detective, en un caso así, hubiera acreditado que lo captado era auténticamente accesible a cualquier transeúnte, la prueba difícilmente habría sido anulada; si no, la protección prevalece.

Más allá del domicilio y sus aledaños, la jurisprudencia perfila un gradiente de protección según la naturaleza del lugar. Así, el TSJPV 2354/2024 extiende la expectativa de privacidad a un campo de golf de acceso restringido, porque la limitación de acceso y las reglas del recinto generan un entorno razonablemente reservado para sus usuarios. En cambio, el TSJ Canarias 983/2024 y el TSJ Murcia 1141/2022 niegan ese carácter a un gimnasio: aunque sea de titularidad privada, es un establecimiento abierto al público donde no se desarrollan actividades de la esfera más íntima y donde, obtenida la prueba sin invadir zonas protegidas, la expectativa de privacidad se atenúa. Con criterio semejante, resoluciones sobre videovigilancia en zonas comunes de trabajo (p. ej., SAP Barcelona, 6-4-2017) avalan cámaras en espacios de tránsito o acceso general cuando se orientan a verificar el cumplimiento laboral. Por el contrario, la STSJ CL 1431/2018 anula una cámara con audio oculta en vehículo de empresa por exceder —por alcance y falta de acotación— los límites de proporcionalidad. Y la STSJ GAL 2158/2024 considera idóneo, necesario y proporcionado el seguimiento de un detective en vía pública para contrastar hechos relevantes (p. ej., solicitudes de conciliación o situaciones de incapacidad), siempre que no se acceda a lugares privados o íntimos y se documenten con rigor objeto, tiempo y método.

Finalmente, la práctica forense está delimitando con bastante nitidez las zonas: lo acontecido en vía pública —y en espacios equivalentes como plazas, parques, pasillos y escaleras comunes o aparcamientos comunitarios— puede captarse sin vulnerar la intimidad si la toma se realiza desde posición legítima y sin artificios intrusivos; aquí el valor probatorio suele asentarse más en la declaración testifical del detective, capaz de contextualizar y dotar de sentido a las imágenes, que en la mera fotografía aislada. En cambio, los lugares de acceso restringido o con uso mixto exigen una justificación reforzada y respeto escrupuloso de las condiciones de acceso; y los espacios de específica protección constitucional —el domicilio y lo que de él emana— quedan fuera del alcance del detective, también frente a intrusiones inmateriales (ópticas o acústicas) que "acerquen" lo que de ordinario no podría percibirse. De ahí que resoluciones como la STSJ ICAN 1010/2022 o la STSJ CAT 1245/2024 insistan en que ni la Ley de Seguridad Privada habilita a investigar la vida íntima en domicilios o lugares reservados ni la titularidad privada de un local convierte automáticamente su interior en terreno probatoriamente neutro: todo depende de si había derecho a estar donde se estaba, qué se captó y cómo se captó, y de que la medida sea idónea, necesaria y proporcionada para el fin legítimo de control empresarial.

6. CONCLUSIONES: LA CAJA FUERTE DE LA PRIVACIDAD

La transformación digital ha desbordado los límites tradicionales de la privacidad. Doctrinas como la *plain view doctrine*, la *reasonable expectation of privacy* y la *third-party doctrine* han intentado adaptarse a la era de los datos, pero la acumulación masiva de información y el análisis automatizado han generado nuevos desafíos que requieren soluciones estructurales. La jurisprudencia estadounidense ha evolucionado desde *Olmstead* hasta *Carpenter*, introduciendo la teoría del mosaico como criterio para limitar la vigilancia continuada. En Europa, el artículo 18 de la Constitución Española, junto con el RGPD y la jurisprudencia del TEDH y el TJUE, han reforzado la protección de la privacidad, aunque en la práctica la retención masiva de datos sigue siendo una amenaza latente.

Sin embargo, estos enfoques han demostrado ser insuficientes. La privacidad no puede depender solo de regulaciones fragmentarias ni de la interpretación cambiante de los tribunales. Es necesario un modelo que devuelva el control de los datos a sus legítimos propietarios. Aquí es donde cobra sentido la propuesta de una caja fuerte digital individual, un espacio inviolable donde cada persona almacene su información personal y decida, con total autonomía, quién puede acceder a ella y en qué condiciones. Un concepto sobre el que volveremos más adelante dado su importancia, pero que ahora es necesario apuntar.

La idea de un domicilio digital no es nueva en la doctrina. Morales García[136] ya advertía que el ordenador ha pasado a ser una morada informática, un espacio en el que desarrollamos nuestra vida personal y profesional, con la misma relevancia que el domicilio físico. De hecho, la información almacenada en un dispositivo puede revelar más sobre una persona que el propio registro de su hogar. Como afirma Morales Prats[137], acceder a los datos de un ordenador es una forma de control sistemático, penetrante e invisible sobre la persona, ya que permite reconstruir su identidad digital con una precisión inigualable. Marco Fernández[138] aboga por que se configure esa caja fuerte mediante reglas de acceso, de consentimiento tácito (para Hacienda o el banco) o de consentimiento expreso (las corporaciones), que se convierta no solo en su morada sino en un refugio digital inexpugnable, protegido por los Estados.

El problema no es solo la recopilación de datos, sino su procesamiento y uso sin restricciones. La inteligencia artificial y el *big data* han elevado la vigilancia a niveles inéditos, generando perfiles de los ciudadanos sin su conocimiento ni consentimiento. Lo que antes era una intromisión puntual ahora es una explotación constante de

---

136 Morales García, O.: "Apuntes de política criminal en el contexto tecnológico...", *op. cit.*

137 Morales Prats, F.: *La tutela penal de la intimidad: Privacy e informática*, *op. cit.*, p. 31 y ss.

138 Marco Fernández, F.: *Disociados*, *op. cit.*

la privacidad, donde cada transacción, conversación o interacción en línea queda registrada y analizada.

La caja fuerte digital busca frenar esta deriva, estableciendo un sistema en el que los datos no sean almacenados indiscriminadamente por empresas o gobiernos, sino protegidos en un entorno controlado por el usuario. Para ello, es imprescindible un marco normativo que reconozca:

- El derecho al domicilio digital: La protección de la información personal debe equipararse a la inviolabilidad del domicilio físico.
- La soberanía del usuario sobre sus datos: Ningún tercero debería acceder a información personal sin autorización explícita y bajo condiciones estrictas.
- La trazabilidad y el control total: Cada ciudadano debe tener acceso a herramientas que le permitan saber quién ha accedido a sus datos, con qué fin y en qué momento.

Este modelo no solo responde a una necesidad jurídica, sino también a una exigencia ética. La privacidad no puede ser un privilegio reservado para quienes sepan protegerse, sino un derecho universal garantizado por el Estado y por la tecnología. La morada digital y la caja fuerte de datos representan un paso fundamental hacia la recuperación de la autonomía individual en la era de la vigilancia masiva. El futuro de la privacidad dependerá de nuestra capacidad para transformar estas ideas en realidades jurídicas y tecnológicas, antes de que sea demasiado tarde, porque como se comprueba en el siguiente capítulo, el sistema actual requiere de nuestra vigilancia sistemática y de la recopilación de nuestros datos para funcionar.

Parte II

El ecosistema de datos y el capitalismo de vigilancia

Capítulo 4
EL CAPITALISMO DE VIGILANCIA: CÓMO LAS EMPRESAS EXPLOTAN TUS DATOS

FRANCISCO MARCO FERNÁNDEZ Y
FERMÍN MORALES PRATS

Era 29 de junio de 2007, el día en que Steve Jobs presentó al mundo el iPhone. Lo que inicialmente se percibió como un simple avance tecnológico marcó el inicio de una transformación cultural y económica que redefiniría nuestras vidas. Este dispositivo no solo cambió la manera en que nos comunicamos, sino que también dio origen a una economía basada en la explotación de datos personales. Sin que lo notáramos, cruzamos el umbral de la comunicación hacia un sistema que Shoshana Zuboff[139] denominó «capitalismo de vigilancia».

En medio de esta revolución, surgieron fenómenos que ilustraron de manera palpable la invasión de nuestra intimidad digital. Un ejemplo paradigmático fue Pokémon Go, un juego que a primera vista parecía una inofensiva aventura para niños, pero que rápidamente se convirtió en un mecanismo de rastreo constante de nuestra vida. A través de su innovadora mezcla de realidad aumentada y geolocalización, el juego no solo invitaba a explorar el mundo real, sino que también recolectaba, de manera casi imperceptible, datos sobre nuestros movimientos y comportamientos. De este modo, lo que comenzó como un juego más se transformó en el culmen del

---

139 Zuboff, S.: *The Age of Surveillance Capitalism: The Fight for a Human Future at the New Frontier of Power*, PublicAffairs, Nueva York, 2019.

rastreo digital, mostrando cómo incluso el entretenimiento podía ser instrumentalizado para controlar y perfilar a sus usuarios.

En su obra *The Age of Surveillance Capitalism*, Zuboff describe este fenómeno como un modelo económico fundamentado en la extracción, análisis y comercialización de datos personales. Los gigantes tecnológicos, según Zuboff, han evolucionado de simples proveedores de servicios digitales a arquitectos de un sistema que transforma nuestros comportamientos y convierte nuestra personalidad digital en mercancía. Este modelo no solo refleja nuestra realidad, sino que, como ya hemos indicado, moldea nuestra personalidad, utilizando datos para predecir y manipular nuestras decisiones.

1. INTRODUCCIÓN AL CAPITALISMO DE VIGILANCIA

El concepto de «capitalismo de vigilancia» fue popularizado por Zuboff para describir cómo las empresas tecnológicas han convertido los datos personales en la materia prima de una economía multimillonaria. Lo que comenzó como un modelo de negocio basado en servicios gratuitos evolucionó hacia un sistema que explota nuestra privacidad para generar productos predictivos. Zuboff compara esta economía con la explotación de recursos naturales, donde los datos personales desempeñan un papel similar al petróleo en el capitalismo industrial.

La llegada del iPhone en 2007 marcó un punto de inflexión. Según Marco, «aquél 29 de junio de 2007 comenzó la globalización digital y la construcción del arma más poderosa para perder nuestra libertad: el control social»[140]. Esta revolución tecnológica, desde las redes sociales hasta la inteligencia artificial, ha proporcionado herramientas que han transformado nuestras vidas, pero también han generado dilemas éticos y legales sin precedentes. En 2019 nos

---

140 Marco Fernández, F.: *Disociados (Desdoblados), el futuro social de la humanidad*, RAED, 2022, *passim*.

despertábamos con la noticia de que Siri, el asistente de Apple, nos grababa.

En 2019, *The Guardian* publicó un artículo titulado "Apple contractors regularly hear confidential details on Siri recordings"[141], en el que se reveló que contratistas de Apple escuchaban regularmente detalles confidenciales captados en las grabaciones de Siri. ¡Escuchaban nuestras conversaciones, nuestra vida privada! El reportaje ponía de manifiesto que Apple, en su afán por perfeccionar el reconocimiento de voz, grababa fragmentos de audio sin que los usuarios hubieran dado un consentimiento explícito, comprometiendo la confidencialidad de sus conversaciones y vulnerando la expectativa razonable de privacidad. La revelación despertó un debate global sobre los límites éticos de la tecnología y la responsabilidad de las grandes corporaciones en la protección de datos personales.

A raíz de estas revelaciones, se presentó la demanda *López vs. Apple*[142], en la que se argumentó que la activación involuntaria de Siri y la consecuente recolección de datos personales comprometían irremediablemente la intimidad y la confianza de los usuarios. Los demandantes, basándose en la premisa de que existía una expectativa legítima de privacidad, sostuvieron que la práctica de grabar conversaciones privadas sin consentimiento constituía una invasión a sus derechos fundamentales. Finalmente, tras un proceso legal que atrajo la atención mediática y generó un intenso debate sobre la protección de la intimidad en la era digital, el litigio culminó con un acuerdo extrajudicial de 95 millones de dólares[143], sin que Apple admitiera su responsabilidad, pero reconociendo la necesidad imperiosa de reforzar las salvaguardas en el manejo de datos personales.

---

141 "Apple Contractors Regularly Hear Confidential Details on Siri Recordings", *The Guardian*, 26 de julio de 2019.

142 *United States District Court, Northern District of California. Case 4:19-cv-04577-JSW. Settlement Agreement and Release (the "Agreement"). Apple Inc. vs. Fumiko Lopez et al.*, 31 de diciembre de 2024.

143 *Ibid.*

A raíz de ese caso y otros, cobra sentido el concepto de «el Gran Otro»[144], una entidad simbólica que representa el sistema global de vigilancia y control que amenaza valores fundamentales como la privacidad y la autonomía personal, condicionando nuestro comportamiento analógico. Este modelo, basado en la recopilación y análisis masivo de datos, ha permitido a las corporaciones tecnológicas centralizar un poder sin precedentes que rivaliza incluso con el de los estados nacionales. Marco Fernández habla de una caja fuerte digital donde permanece lo que vemos, lo que queremos y lo que tenemos[145].

El capitalismo de vigilancia no solo afecta la privacidad individual, sino que también redefine las bases de las relaciones sociales y políticas[146]. En este sistema, los datos son extraídos, analizados y utilizados para influir en comportamientos, decisiones de compra e incluso elecciones democráticas. Esta dinámica plantea preguntas fundamentales sobre la naturaleza de la libertad en una sociedad hiperconectada.

Todo empezó como un modelo de negocios aparentemente inofensivo. Las grandes plataformas digitales ofrecían servicios gratuitos, accesibles y útiles, como buscadores, redes sociales y apli-

---

144 El «gran otro» de Zuboff es una metáfora que toma prestada parte del imaginario psicoanalítico —donde originalmente se refiere a esa instancia externa que representa las normas, la autoridad o la mirada del Otro— y la adapta para describir una realidad emergente en el contexto del capitalismo de vigilancia. Para Zuboff, el «gran otro» representa la entidad casi omnisciente y omnipresente que surge de la masiva recolección, procesamiento y análisis de datos personales por parte de las grandes corporaciones tecnológicas. Esta entidad no es una persona ni una institución singular, sino la suma de algoritmos, bases de datos y sistemas de inteligencia artificial que, al vigilar y predecir nuestros comportamientos, ejerce un poder significativo sobre la toma de decisiones y la conformación de la vida privada en la sociedad digital. Zuboff, S.: *The Age of Surveillance Capitalism*, *op. cit.*, *passim*.

145 Marco Fernández, F.: *Disociados*, *op. cit.*, *passim*.

146 Monereo Atienza, C.: "Autonomía y vulnerabilidad en la era del capitalismo de la vigilancia: La perversión de la dimensión humana relacional", *Anuario de Filosofía del Derecho*, vol. 38, 2022, pp. 137-158.

caciones de compras. Sin embargo, detrás de la fachada amigable y las interfaces intuitivas, estas compañías estaban construyendo un sistema basado en la recopilación y explotación masiva de datos personales: el capitalismo de vigilancia. Zuboff lo describe como un modelo económico en el cual las empresas convierten la vida humana en una materia prima, extrayendo información personal para crear productos predictivos y, en última instancia, influir en nuestro comportamiento.

Marco Fernández añade que esta revolución tecnológica nos ha proporcionado herramientas poderosas, pero también ha generado dilemas éticos y legales sin precedentes. «Aquél 29 de junio de 2007 comenzó la digitalización de nuestra vida, la globalización del planeta y la construcción del arma más poderosa con la que se puede llegar a perder nuestra libertad: el control social», señala el autor[147].

2. LA REVOLUCIÓN DIGITAL Y SU PARADOJA

El capitalismo de vigilancia comenzó a dar sus primeras señales en 2003, año en el que se establecieron las bases para la recolección y el análisis masivo de datos. Ese mismo año, Google transformó su modelo de negocio al lanzar AdSense, un sistema publicitario capaz de mostrar anuncios personalizados basados en el comportamiento de los usuarios. Paralelamente, surgieron plataformas como MySpace y LinkedIn, cuyas redes de perfiles personalizados e interacciones sociales se convirtieron en fuentes invaluables de datos personales. Además, con el lanzamiento de iTunes Store en abril de 2003, Apple inició la digitalización del consumo musical, recopilando información detallada sobre los gustos y hábitos de sus usuarios. Estos hitos tecnológicos sentaron los cimientos de una estrategia orientada al aprovechamiento de los datos personales, prefigurando el advenimiento del capitalismo de vigilancia.

---

147 Marco Fernández, F.: *Disociados*, *op. cit.*, pp. 17 y ss.

En 2007, la presentación del iPhone por Steve Jobs marcó un punto de inflexión crucial en la historia tecnológica. Este dispositivo no solo revolucionó la forma en que nos comunicamos, sino que se transformó en el eje central de nuestra identidad digital, integrando de manera inseparable la vida cotidiana con el mundo digital. La llegada del iPhone coincidió con el auge de Android, el lanzamiento del Amazon Kindle y la expansión exponencial de redes sociales como Facebook y Twitter. Mientras que en 2003 se habían establecido las bases para la recolección y análisis de datos, en 2007 la tecnología se integró tanto en nuestras vidas que los dispositivos comenzaron a recolectar información privada de forma constante, abriendo paso a una era en la que la digitalización facilitaba tanto el acceso a la información como el control y la vigilancia de nuestras actividades.

Ese mismo 2003 fue también un año clave en el desarrollo de infraestructuras tecnológicas fundamentales, como el almacenamiento en la nube y el *big data*, que hicieron posible la recopilación y el almacenamiento masivo de información. En un contexto marcado por la Guerra de Irak, iniciada en marzo de ese año, las tecnologías de vigilancia se expandieron significativamente, y se intensificó la colaboración entre gobiernos y empresas para el control de las comunicaciones electrónicas. Estos avances sentaron precedentes para futuros acuerdos entre grandes tecnológicas y Estados, configurando un entorno en el que la seguridad y la privacidad se convirtieron en temas de creciente preocupación.

Aunque en esos años el concepto de privacidad digital aún no ocupaba un lugar central en el debate público, ya empezaban a surgir voces críticas que advertían sobre el potencial peligro de la recopilación masiva de datos. Académicos como Lawrence Lessig[148] enfatizaban los riesgos inherentes a este modelo y la necesidad urgente de regular el poder de las grandes empresas tecnológicas para

148 Lessig, L.: *Code: And Other Laws of Cyberspace*, Basic Books, 1999 (actualización en 2006).

proteger los derechos digitales. Este cúmulo de transformaciones y controversias marcó el inicio de una revolución digital paradójica, en la que los avances tecnológicos prometían empoderar a la sociedad, pero también abrían la puerta a mecanismos de control y vigilancia sin precedentes.

Las magnitudes económicas no engañan. Facebook cuenta con más de 3.065 millones de usuarios activos mensuales en 2024, consolidándose como la red social más utilizada en el mundo. En 2012, adquirió Instagram por aproximadamente 1.000 millones de dólares, y en 2014 compró WhatsApp por 19.000 millones de dólares. Por otro lado, Apple vendió 234,6 millones de terminales en 2023, superando a Samsung, que vendió 226,6 millones, mientras que Huawei, a pesar de las restricciones, ha recuperado fuerza en China con una participación del 18,1% en el mercado. Con estos dispositivos y plataformas, el crecimiento de datos personales necesarios para transformarnos de seres analógicos a digitales se ha multiplicado exponencialmente. Si antaño solo nuestro médico de cabecera conocía nuestros datos médicos, hoy los conocen hospitales, laboratorios de análisis, e incluso empresas tecnológicas como Google si recibimos resultados médicos en una cuenta de Gmail (el servicio superó los 1.000 millones de usuarios activos mensuales en 2015) o Apple, si almacenamos información en iCloud, que también cuenta con millones de usuarios activos.

El ser humano, desde sus orígenes, ha encontrado en la sociedad y en la comunicación un medio para trascender, protegerse y evolucionar. Como señala Marco Fernández: «Ontológicamente, el hombre necesita relacionarse, comunicarse y vivir en sociedad»[149]. Sin embargo, en el siglo XXI, con el auge de la tecnología y la digitalización de nuestras vidas, este principio fundamental está en crisis. La vida digital, marcada por la interacción constante a través de pantallas, ha generado un cambio paradigmático en nuestras relaciones. A pesar de estar más conectados que nunca, la socie-

---

149 Marco Fernández, F.: *Disociados*, *op. cit.*, *passim*.

dad actual experimenta un profundo proceso de individualización. La inmediatez y superficialidad de las comunicaciones digitales a menudo suplantan las relaciones que se construyen en el contacto físico y emocional. Nos hemos habituado a mantener conexiones a través de WhatsApp incluso estando en la misma habitación.

Este fenómeno ha tenido implicaciones sociales profundas. Por un lado, se ha potenciado el acceso al conocimiento, las oportunidades de interacción global y la posibilidad de expresarse de manera más abierta. Pero, por otro lado, ha surgido una generación que experimenta altos niveles de soledad, ansiedad y aislamiento, a pesar de estar aparentemente «hiperconectada». Como señala Zygmunt Bauman en su concepto de «modernidad líquida»[150], las relaciones contemporáneas tienden a ser frágiles y temporales, algo que se ve exacerbado en el ámbito digital. Marco lo resume de la siguiente manera: "Hemos sustituido a la familia y el ágora (el salón familiar) por la habitación, la puerta cerrada y el teléfono móvil como ventana hacia los demás. Esto significa que la soledad es una nueva forma de convivencia. Y en cuanto nos apartamos de la masa aparece lo íntimo, lo privado y el individualismo: el derecho a la intimidad. Nos hemos convertido, de golpe, en una suerte de hombre primitivo encerrado en casa por devoción que se comunica digitalmente. Somos, cada día más, digitales socialmente e individualistas analógicamente. Protegemos nuestra privacidad en nuestra morada y la regalamos en Internet".

Por eso, las grandes tecnológicas nos necesitan pegados a la pantalla el mayor tiempo posible[151]. El neurólogo Ramsay Brown señala que estamos frente a una «carrera armamentística para mantenernos frente a las pantallas»[152] donde pueden controlar nuestro *alter ego* digital, nuestra personalidad digital y minar nuestros datos. «Estamos ante totalitarismo de la atención. Nos quieren solos

---

150 Bauman, Z.: *Modernidad líquida*, Fondo de Cultura Económica, 2000.

151 Marco Fernández, F.: *Disociados*, *op. cit.*, pp. 12 y ss.

152 La cita se toma de Periano, M.: *El enemigo conoce el sistema: Manipulación de ideas, personas e influencias después de la economía de la atención*, Debate, 2019.

frente a la pantalla para ellos solos. Y nosotros creemos que socializar es eso. ¿Por qué si escuchamos música encima de una cinta de gimnasio caminamos más tiempo? Es sencillo: distraemos el cerebro del cansancio. Algo parecido pasa con el calor o el frío. Y eso lo saben los programadores. Nos piden datos mientras nos distraen con contenidos, música o una promesa de diversión. Entonces damos el clic, aceptamos su política de datos y ¡zas! ya somos suyos. Son dueños de nuestra personalidad digital. Lo peor es que lo sabemos y no dejamos de hacer clic, algo que, como veremos, se conoce como la paradoja de la privacidad. Datos a cambio de azúcar para el cerebro», añade Marco[153].

En la práctica, este sistema funciona a través de la recopilación constante de datos, tanto visibles como invisibles. Por ejemplo, cada vez que interactuamos con una plataforma digital, dejamos un rastro de información: nuestras búsquedas, compras, ubicaciones y preferencias. Incluso aspectos aparentemente insignificantes, como cuánto tiempo pasamos mirando una imagen o qué tipo de videos consumimos en redes sociales, son registrados. Estas acciones generan datos que son procesados por sofisticados algoritmos para predecir nuestros futuros comportamientos, y estos productos predictivos son vendidos a anunciantes, empresas y gobiernos.

En este contexto, el reto del siglo XXI no es solo innovar tecnológicamente, sino también garantizar que estas innovaciones no destruyan los pilares que nos definen como seres sociales. De lo contrario, corremos el riesgo de convertirnos en individuos conectados, pero profundamente solos. Individuos a los que controlan sus gustos y modifican sus hábitos. ¿Quién no ha verbalizado algo cerca de su teléfono y al momento ha comenzado a recibir publicidad sobre lo que había hablado? Como señala Zygmunt Bauman[154], vivimos en un mundo donde las fronteras entre lo público y lo privado se diluyen constantemente. Al aceptar términos y condicio-

---

153 Marco Fernández, F.: *Disociados*, *op. cit.*, pp. 46 y ss.

154 Bauman, Z.: *Modernidad líquida*, *op. cit.*

nes sin leerlos, permitimos que las grandes tecnológicas accedan a nuestra vida más privada. En palabras de Tim Cook, CEO de Apple, «hemos llegado a aceptar como normal que todo en nuestras vidas sea agregado, vendido o incluso filtrado, perdiendo así no solo datos, sino nuestra propia humanidad»[155].

Shoshana Zuboff[156] contrasta este modelo con el capitalismo industrial, destacando que, mientras el segundo dependía de poblaciones que eran simultáneamente consumidores y trabajadores, el capitalismo de vigilancia se alimenta de poblaciones que, en su mayoría, desconocen los procedimientos y no tienen poder sobre cómo se usan sus datos. Este sistema, según Zuboff, ha transformado a los ciudadanos en fuentes de extracción de datos, donde las decisiones y los comportamientos humanos son utilizados para crear productos predictivos que se venden en los mercados de futuros del comportamiento.

Las presiones económicas del capitalismo actual han intensificado la conexión y vigilancia en línea, saturando los espacios sociales con la presencia de actores corporativos interesados en obtener beneficios. Aunque la vigilancia y la recopilación de datos tienen beneficios como la autooptimización individual (por ejemplo, dispositivos como Fitbit o aplicaciones de salud) y el desarrollo de ciudades inteligentes que prometen mejorar la eficiencia urbana, estos avances están condicionados por la motivación central del capitalismo: la búsqueda de beneficios. Este sistema genera dilemas ético-políticos, ya que los datos que proporcionamos de manera voluntaria o involuntaria pueden ser utilizados no solo para mejorar servicios, sino también para manipular decisiones, perpetuar desigualdades y erosionar la autonomía personal.

---

155 Cook, T.: “Stanford Commencement Speech”, 2019.

156 Zuboff, S.: *The Age of Surveillance Capitalism*, *op. cit.*

Christian Fuchs[157] y otros teóricos[158] han señalado cómo la convergencia entre el Estado de vigilancia y el capitalismo de vigilancia complica aún más este panorama. Empresas como Google y Facebook no solo cooperan con gobiernos mediante acuerdos opacos, sino que también integran mecanismos de vigilancia en la infraestructura misma de la vida cotidiana, desde los teléfonos inteligentes hasta los electrodomésticos conectados al Internet de las cosas. Esto ha abierto una nueva etapa de control social donde las grandes corporaciones dominan no solo la tecnología sino la capacidad de decisión incluso de una guerra. Elon Musk y sus redes geoespaciales facilitan las comunicaciones en la guerra de Ucrania, interfiriendo por intereses geopolíticos si lo considera conveniente[159].

El capitalismo de vigilancia no solo amenaza la privacidad, sino que también altera las estructuras de poder en la economía global. Esto supone un cambio hacia una forma de corporatocracia, en la que las grandes empresas controlan no solo los mercados, sino también aspectos esenciales de la vida social y política[160].

Oliver Stone[161], director de la película *Snowden*, ha señalado que fenómenos como el videojuego Pokémon Go son ejemplos extremos de cómo las empresas pueden utilizar tecnologías de entretenimiento para recolectar datos masivos y generar ganancias a partir

---

157 Fuchs, C.: *Digital Labour and Karl Marx*, Routledge, 2014.

158 Foster, J. B.: "Surveillance Capitalism", *Monthly Review*, 1 de julio de 2014; y Cohen, J. E.: "The Biopolitical Public Domain: The Legal Construction of the Surveillance Economy", *Philosophy &Technology*, vol. 31, núm. 2, 2018, pp. 213-233.

159 "Starlink: Elon Musk Dice Que Bloqueó el Acceso de Ucrania a su Sistema de Satélites para Evitar una Escalada de la Guerra y Kyiv lo Acusa de Maldad", *BBC News Mundo*.

160 Barros Bordignon, G.: "Las sutilezas del poder en imágenes y algoritmos", *Uru: Revista De ComunicaciónY Cultura*, núm. 11, 2025, pp. 43-62.

161 "'Surveillance Capitalism, Robot Totalitarianism': Oliver Stone Lashes Out at Pokemon Go", *RT International*, 22 de julio de 2016.

de ellos[162]. Por su parte, Vincent Mosco[163] y Trebor Scholz[164] han destacado cómo esta dinámica transforma las relaciones humanas en transacciones comerciales.

La crisis de la COVID-19 intensificó estas dinámicas[165]. Durante la pandemia, muchos gobiernos y empresas tecnológicas implementaron medidas de control basadas en la recopilación de datos, como aplicaciones de rastreo de contactos y monitoreo digital de trabajadores. Aunque estas tecnologías se presentaron como herramientas para proteger la salud pública, también generaron preocupaciones sobre el alcance y la duración de dichas prácticas. Las brechas legales en la protección de datos han permitido que corporaciones y gobiernos utilicen estos sistemas con fines que van más allá de la pandemia, planteando preguntas sobre el futuro de la privacidad.

A medida que las plataformas digitales crecen, también lo hace su capacidad para influir en nuestras decisiones. Este modelo no solo busca anticipar lo que queremos, sino moldear nuestras elecciones, desde los productos que compramos hasta las opiniones políticas que formamos. Zuboff compara la lucha por recuperar la privacidad en la era del capitalismo de vigilancia con la hipotética exigencia de fabricar a mano cada automóvil en la época de Henry Ford: una amenaza existencial para el modelo económico. Sin embargo, advierte que es imperativo redefinir los derechos digitales y

---

162 En 2016 se presentó una demanda colectiva en Estados Unidos contra Niantic, la empresa detrás de Pokémon Go, alegando que la aplicación recopilaba datos de geolocalización y otros identificadores personales sin obtener un consentimiento plenamente informado. *United States District Court, Northern District of California. Class Action Complaint Against Niantic, Inc. for Privacy Violations*, 2016.

163 Mosco, V.: *The Digital Sublime: Myth, Power, and Cyberspace*, MIT Press, 2004.

164 Scholz, T.: *Digital Labor: The Internet as Playground and Factory*, Routledge, 2012.

165 Durante la pandemia de COVID-19, el gobierno chino implementó tecnologías como cámaras térmicas, drones y aplicaciones de monitoreo para controlar la propagación del virus. Sin embargo, detrás de esta infraestructura tecnológica se escondía un sistema de control social que clasificaba a los ciudadanos según un código de colores, restringiendo sus movimientos y derechos.

desarrollar regulaciones que limiten el poder de las corporaciones tecnológicas. Entre las posibles soluciones podemos destacar:

1. Nuevas regulaciones globales: Leyes como el RGPD en Europa son un comienzo, pero se requiere una normativa más estricta y global para proteger los derechos digitales.
2. Educación y alfabetización digital: Los ciudadanos necesitan entender cómo funcionan los sistemas de vigilancia y qué derechos tienen sobre sus datos.
3. Sistemas tecnológicos más éticos: Empresas como Signal y DuckDuckGo demuestran que es posible crear servicios digitales respetuosos con la privacidad.

3. EL IMPACTO DE LA SOCIEDAD VIGILADA: ¿GOOGLE NOS LEE EL CEREBRO?

El capitalismo de vigilancia tiene implicaciones profundas, no solo para la privacidad, sino también para la democracia, la salud mental y la economía global. Algunas de las principales preocupaciones incluyen:

- Pérdida de privacidad: Cada acción que realizamos en línea deja un rastro que puede ser explotado. Incluso nuestras emociones y pensamientos más íntimos se convierten en datos monetizables[166]. En la era digital, nuestras emociones se han convertido en activos valiosos que las empresas explotan y comercializan. Gracias al análisis de datos y técnicas avanzadas de inteligencia artificial, las plataformas digitales pueden detectar y cuantificar reacciones emocionales a partir de nuestras interacciones, publicaciones y comportamien-

166 Facebook analiza las reacciones de los usuarios —como «me gusta», «me encanta», «me enoja» o «me entristece»— para evaluar la respuesta emocional a determinados contenidos y anuncios. Estos datos permiten a los anunciantes segmentar a la audiencia de manera muy precisa, adaptando sus mensajes publicitarios a estados emocionales específicos.

tos en línea. Estos perfiles emocionales permiten segmentar audiencias con precisión y diseñar campañas publicitarias personalizadas, donde los estímulos que generan respuestas emocionales específicas se prueban y optimizan para maximizar el impacto. De esta manera, lo que antes era una experiencia subjetiva y personal se transforma en un recurso cuantificable, haciendo que nuestras emociones se conviertan en un elemento monetizable en la economía del capitalismo de vigilancia.

- Desigualdad de poder: Las grandes tecnológicas como Google, Facebook y Amazon concentran cantidades sin precedentes de información, convirtiéndose en poderes que rivalizan con los Estados. El capitalismo de vigilancia no solo acumula riqueza, sino también poder. Empresas como Alphabet (Google), Meta (Facebook) y Amazon poseen un control casi monopólico sobre los datos de la humanidad, lo que les permite no solo predecir comportamientos, sino también influir y moldear decisiones, desde compras hasta elecciones políticas[167].
- Manipulación social: Los algoritmos no solo predicen comportamientos, sino que los moldean. Esto ha llevado a fenómenos como la radicalización política y la desinformación masiva. A diferencia del capitalismo industrial o financiero, el capitalismo de vigilancia es profundamente parasitario. Las grandes empresas tecnológicas no producen bienes tangibles, sino que extraen valor directamente de la vida de las personas, sin compensarles por ello. Esto crea una desigualdad estructural en la que los usuarios no tienen control sobre la explotación de su información.

---

167 Sobre el concepto de corpocracia, *vid.* Sachs, J.: *El precio de una civilización*, Galaxia Gutenberg, 2012.

- Desafíos democráticos: Como detalla Evgeny Morozov en *The Net Delusion* (2011)[168], el supuesto potencial liberador de Internet ha sido reemplazado por un sistema que facilita la vigilancia masiva y el control social, especialmente en regímenes autoritarios. El conocimiento derivado de esta economía digital no se limita a la publicidad. Los datos recopilados tienen aplicaciones mucho más amplias y, en algunos casos, preocupantes, además de la influencia en nuestros comportamientos políticos, afectando a la narrativa cultural que consumimos[169] y la pérdida de nuestra autonomía. Cuando las decisiones humanas son moldeadas por sistemas invisibles que operan sobre los datos que han recopilado sobre nosotros, se plantea una pregunta ética crucial: ¿hasta qué punto nuestras elecciones son realmente nuestras? Este modelo de negocio erosiona la privacidad pero es que, además, condiciona nuestra forma de pensar y nuestros gustos. ¿No les ha pasado que algo que piensan luego le aparece como una oferta publicitaria de Instagram? Sí, decimos bien: algo que meramente hemos pensado y ni siquiera hemos verbalizado o buscado en Google.

Esto puede parecer sorprendente, pero no es que nos lean el cerebro, sino que los algoritmos utilizan múltiples fuentes de datos y patrones de comportamiento para anticipar nuestros intereses. Por ejemplo, la información que proporcionamos a través de nuestras búsquedas previas, interacciones en redes sociales, historial de navegación y conexiones con otras personas se analiza en conjunto para crear un perfil detallado de nuestros gustos y preferencias. Esto permite que tanto Google como Instagram ofrez-

---

168 Morozov, E.: *The Net Delusion: The Dark Side of Internet Freedom*, PublicAffairs, 2011.

169 Al priorizar ciertos contenidos sobre otros, los algoritmos moldean las narrativas culturales. Por ejemplo, plataformas como YouTube recomiendan videos diseñados para maximizar la interacción, lo que puede perpetuar sesgos, radicalización y desinformación.

can contenido que se alinea de manera muy precisa con nuestros intereses, incluso cuando no hemos realizado una búsqueda explícita sobre el tema.

Además, los algoritmos emplean técnicas de aprendizaje automático que detectan patrones en el comportamiento colectivo de usuarios con perfiles similares al nuestro. Así, si muchas personas con intereses parecidos han mostrado interés en cierto contenido, es muy probable que ese mismo contenido nos sea sugerido, casi como si «adivinaran» lo que pensamos. Esta personalización profunda, combinada con la integración de datos de diversas fuentes, crea la impresión de que la tecnología anticipa nuestros pensamientos, cuando en realidad se trata del resultado de una sofisticada segmentación y análisis predictivo basado en tus interacciones previas y las de otros usuarios.

Esta práctica, aunque efectiva para el comercio, también refleja cómo hemos perdido control sobre nuestra privacidad. No somos conscientes de cuántas empresas están accediendo a nuestros datos ni de cómo los están utilizando.

La pregunta clave es: ¿cómo podemos reconciliar la transformación digital con la protección de nuestros derechos? Y uno de los primeros pasos es la educación digital. Los ciudadanos deben ser conscientes de cómo se utilizan sus datos y de sus derechos digitales con modelos de regulación estrictos y globales para enfrentar a las grandes corporaciones y diversas alternativas tecnológicas. Empresas como Signal y DuckDuckGo demuestran que es posible construir modelos de negocio basados en la privacidad. Morales Prats aboga, *tout court*, por la regulación jurídico-penal de la IA y destaca cómo la ultimísima jurisprudencia del Tribunal Supremo refuerza la tutela penal de la intimidad, adaptando la interpretación del artículo 197 del Código Penal a las nuevas formas de vulneración de la privacidad facilitadas por la tecnología digital. Señala que estas decisiones judiciales marcan una línea clara en la intervención penal para proteger la intimidad de las personas en el entorno digital, subrayando la importancia de una interpretación dinámica de las normas penales que responda a los desafíos contemporáneos[170].

En suma, el capitalismo de vigilancia representa uno de los mayores desafíos éticos y políticos del siglo XXI. Como sociedad, enfrentamos la responsabilidad de equilibrar el progreso tecnológico con la protección de la privacidad y la dignidad humana. Si no lo hacemos, corremos el riesgo de sacrificar nuestras libertades a cambio de la comodidad digital. La extraterritorialidad con la que juegan las grandes compañías con respecto a Europa deja con poca fuerza el Reglamento General de Protección de Datos que con tanto cuidado aplican las compañías nacionales por miedo a las sanciones. El mundo virtual vive de las reglas de cada país donde se ubique y hay muchos territorios en los que la percepción sobre el impacto de la vigilancia sobre nuestros datos, nuestra vida, no es ni de lejos parecida a la de los europeos[171]. Si la tenencia de mecanismos de vigilancia del usuario está al alcance de muchos, el problema es especialmente grave cuando hablamos de Microsoft, Google, Facebook o Amazon. Y con ellos habría que incluir aquello sobre lo que alcanza la cada vez más larga mano del capitalismo de Estado chino y que ahora preocupa en Estados Unidos[172] y que se centra en la recopilación masiva de datos.

---

170 Morales Prats, F.: "La línea de intervención penal en la protección de la intimidad: la STS 3727/2023", *Revista de Derecho y Proceso Penal*, núm. 72, 2023, pp. 11-12.

171 Sobre los diferentes contratos sociales y la necesidad de una regulación global, *vid.* Marco Fernández, F.: *Disociados*, *op. cit.*

172 Señala Marco Fernández, F.: *Disociados*, *op. cit.*: "Mientras con una mano nos enseñaban sus máquinas del futuro, con la otra creaban dos aplicaciones sencillas para frenar el contagio. Un semáforo digital en forma de aplicación para el teléfono celular dividió a la ciudadanía en rojo, para quien había estado en contacto con zonas afectadas; amarillo, para los que habían residido en zona de peligro; y verde, para quienes podían moverse con libertad. Una segunda aplicación permitió el monitoreo de los datos digitales de sus ciudadanos para determinar con quién se habían cruzado o mantenido relación. Finalmente, la policía y la propia ciudadanía mediante comités vecinales —que suenan a la Cuba castrista— controlaron a sus propios conciudadanos con tomas cons-

4. MÉTODOS DE RECOPILACIÓN Y MONETIZACIÓN DE DATOS PERSONALES POR EMPRESAS

En 2010, un escándalo mediático sobresaltó a la población de todo el mundo. Vehículos de Google recorrían el mundo cartografiando calles para Google Street View mientras recolectaban datos de redes Wi-Fi privadas sin el consentimiento de los usuarios. Este episodio no solo evidenció una práctica de recopilación de datos masiva y encubierta, sino que también mostró hasta qué punto las empresas tecnológicas pueden acceder a información personal de manera subrepticia.

El modelo del capitalismo de vigilancia se sustenta en la recopilación masiva y constante de datos personales. Para lograrlo, las empresas tecnológicas han desarrollado una serie de métodos que les permiten capturar información valiosa tanto de manera visible como invisible para los usuarios. Esta recopilación no solo se limita a los datos que los usuarios proporcionan de manera directa, sino que también incluye información derivada e inferida a través de algoritmos avanzados[173].

---

tantes de la temperatura corporal. Gran Hermano frenó la epidemia y sus ciudadanos parecen agradecidos. Pero el control social no es una vacuna ni un antídoto contra la covid-19. Es, simplemente, un medio para evitar la propagación al inicio de la infección que pretenden imponer a través de un pasaporte vital, una especie de carné por puntos ciudadano donde todos nacemos con las mismas libertades que vamos perdiendo a medida que nuestros vicios privados afectan a nuestra vida de bebés puros con el que a partir de ahora pretenden convivir. Estamos cada vez más cerca de la distopía del Gran Hermano orwelliano que en Europa vemos lejano enarbolando la bandera de la privacidad que los actuales gurús de la tecnología lo consideran como el gran peligro a nuestra personalidad.“

173 Cfr. Schneier, B.: *Data and Goliath: The Hidden Battles to Collect Your Data and Control Your World*, W. W. Norton & Company, 2015; Vaidhyanathan, S.: *The Googlization of Everything: (And Why We Should Worry)*, University of California Press, 2011; Andrejevic, M.: *Automated Media*, Routledge, 2019; Morozov, E.: *The Net Delusion*, *op. cit.*; y Lanier, J.: *Who Owns the Future?*, Simon & Schuster, 2013.

Imagina el inicio de un día cualquiera: el despertador del iPhone suena puntualmente a las 7:00 a.m., activándose gracias a una alarma personalizada que, sin que lo notemos, ya ha registrado nuestros patrones de sueño y la calidad del descanso a través de sensores internos. Al apagar la alarma y desbloquear el dispositivo, accedemos a un mundo digital que rastrea cada uno de nuestros movimientos. La primera acción es revisar el correo y las notificaciones, momento en el que se recopilan datos sobre nuestras interacciones, intereses y hasta la ubicación en la que nos encontramos, gracias al GPS activado en segundo plano.

Durante el desayuno, al consultar la aplicación del clima o al navegar por las redes sociales, el iPhone sigue capturando información: desde datos de geolocalización precisos hasta nuestras preferencias políticas según el medio de comunicación que leamos y comportamientos de navegación. Cada clic, cada *scroll* y cada búsqueda se suman a un perfil digital que refleja nuestras costumbres y gustos. Si decidimos conectarnos a la red Wi-Fi del hogar, el dispositivo registra también detalles sobre la red y la velocidad de conexión, información que, combinada con nuestros hábitos de consumo, permite a las empresas tecnológicas perfilar con mayor exactitud nuestro día a día.

A lo largo de la jornada, ya sea mientras nos desplazamos al trabajo, usamos aplicaciones de transporte o interactuamos con asistentes virtuales, cada paso está controlado. El *smartphone* no solo registra rutas y ubicaciones mediante el GPS, sino que también utiliza acelerómetros y sensores de movimiento para deducir nuestros patrones de movilidad. Al llegar al trabajo, la sincronización de aplicaciones y servicios en la nube sigue alimentando la base de datos personal, consolidando una imagen detallada de nuestras actividades diarias. Así, desde el primer sonido del despertador hasta el último clic en la pantalla antes de dormir, nuestros datos se recolectan de forma constante y discreta, transformando cada momento en una oportunidad para alimentar el vasto sistema del capitalismo de vigilancia.

4.1. Métodos de recopilación de datos

Recopilación activa

Los datos recopilados activamente son aquellos que los usuarios proporcionan de manera voluntaria y consciente cuando interactúan con plataformas digitales. Esto incluye:

- Formularios de registro: Información como nombres, correos electrónicos, números de teléfono y direcciones físicas ingresados en sitios web o aplicaciones.
- Compras en línea: Datos proporcionados al completar transacciones, como números de tarjeta de crédito y direcciones de envío.
- Publicaciones y contenido compartido: Fotografías, mensajes, comentarios y otros contenidos generados por los usuarios en redes sociales.
- Preferencias del usuario: Información proporcionada al seleccionar intereses, preferencias de notificaciones o configuraciones de privacidad.

Recopilación pasiva

Este tipo de recolección ocurre sin que el usuario sea plenamente consciente de ello. Incluye:

- Cookies de navegación: Archivos almacenados en los navegadores que rastrean las interacciones del usuario con sitios web, como qué páginas visitó, cuánto tiempo pasó en ellas y qué productos miró.
- Dispositivos IoT: Aparatos conectados a Internet, como asistentes de voz (Alexa, Google Home) o dispositivos inteligentes (termostatos, cámaras de seguridad), que recopilan información sobre el entorno y los hábitos del usuario.

- Geolocalización: Rastreo de ubicaciones en tiempo real mediante GPS o redes Wi-Fi, utilizado por aplicaciones como Google Maps o redes sociales.
- Metadatos de interacciones: Información como los tiempos de conexión, los destinatarios de mensajes o los dispositivos utilizados, recopilada por servicios de mensajería y correos electrónicos.

Inferencia de datos

Mediante algoritmos de aprendizaje automático e inteligencia artificial, las empresas analizan los datos existentes para inferir información adicional que el usuario no ha proporcionado directamente. Esto incluye:

- Deducción de preferencias: Por ejemplo, inferir gustos musicales o intereses políticos a partir de los datos de búsqueda y las publicaciones en redes sociales.
- Análisis emocional: Estimaciones sobre el estado emocional de los usuarios basadas en patrones de texto, imágenes compartidas o el tono de voz en interacciones con asistentes virtuales.
- Predicción de comportamientos futuros: Algoritmos que anticipan compras, decisiones o comportamientos basados en datos históricos.

4.2. Métodos de monetización de datos

Los datos recopilados se convierten en recursos valiosos para las empresas tecnológicas, que los monetizan mediante diversos modelos económicos:

Publicidad dirigida

Este es el método más común y rentable. Las empresas utilizan los datos recopilados para permitir a los anunciantes dirigir campañas específicas a segmentos precisos de usuarios:

- Segmentación avanzada: Dividen a los usuarios en categorías según su edad, género, ubicación, intereses o comportamiento.
- Subastas en tiempo real (RTB): Los espacios publicitarios en línea se subastan en milisegundos mientras los usuarios navegan, y los anunciantes que ofrezcan más por los datos específicos del usuario ganan el espacio.

Venta de datos a terceros

En algunos casos, las empresas comparten o venden los datos recopilados a otras entidades, como anunciantes, empresas de análisis de mercado o incluso gobiernos. Esto puede incluir datos agregados o, en algunos casos, información detallada sobre individuos.

Optimización de productos y servicios

Los datos recopilados también se utilizan internamente para mejorar los servicios de la propia empresa:

- Personalización: Plataformas como Netflix o Spotify utilizan datos de interacción para recomendar contenido que mantenga a los usuarios más tiempo en la plataforma.
- Desarrollo de nuevos productos: Las empresas analizan los patrones de uso para identificar necesidades no satisfechas y diseñar productos que respondan a ellas.
- Fidelización: Los datos ayudan a entender qué motiva a los usuarios a permanecer en una plataforma, permitiendo optimizar la experiencia de usuario.

Generación de modelos predictivos

A través de la recopilación de datos y el uso de inteligencia artificial, las empresas generan modelos predictivos que les permiten:

- Anticipar demandas: Predecir qué productos serán más populares en determinadas épocas.
- Estimar comportamientos: Identificar cuándo es más probable que un usuario compre un producto o cancele un servicio.

Ejemplos de empresas y sus prácticas

- Google utiliza cookies, historial de búsquedas, datos de ubicación y comportamiento en dispositivos Android para personalizar anuncios y mejorar servicios como Google Maps y Google Assistant.
- Facebook (Meta) recopila datos de las interacciones en la plataforma, desde «me gusta» hasta comentarios y patrones de clics, para personalizar anuncios y vender acceso a segmentos específicos de usuarios.
- Amazon rastrea las compras, las búsquedas y los hábitos de navegación en su plataforma para recomendar productos y optimizar sus operaciones logísticas.
- TikTok analiza patrones de visualización, duración de interacción con videos y comportamientos en tiempo real para personalizar el contenido que aparece en el «For You Page».

Los académicos sostienen que el capitalismo de vigilancia plantea desafíos legales y éticos que requieren una respuesta normativa urgente (por todos, Morales Prats[174]). Entre las principales pro-

---

174 Morales Prats, F.: "Derecho a la privacidad y la Inteligencia Artificial: la perspectiva europea", en *Desafíos 2025*, RAED. En idéntico sentido, Zuboff, S.: *The Age of Surveillance Capitalism*, *op. cit.*; Morozov, E.: *The Net Delusion*, *op. cit.*; Lessig, L.: *Code: And Other Laws of Cyberspace*, *op. cit.*; Fuchs, C.: *Digital Labour*

puestas están el desarrollo de nueva legislación jurídico-penal, la reformulación de las leyes en materia de privacidad, reforzar el consentimiento informado, reconocer los datos como un derecho humano y responsabilizar a las empresas que abusen de los datos personales.

5. CASOS DESTACADOS: CAMBRIDGE ANALYTICA Y EL USO POLÍTICO DE LOS DATOS

El caso de Cambridge Analytica[175] marcó un antes y un después en la percepción pública sobre la privacidad en la era digital. Este escándalo evidenció cómo las grandes plataformas tecnológicas y empresas privadas utilizan datos personales de millones de personas para influir en procesos democráticos, sin que los usuarios tengan conocimiento ni control sobre cómo se manejan sus datos. Fue una muestra clara de cómo el capitalismo de vigilancia, impulsado por la recolección masiva de datos, puede socavar la privacidad, la confianza pública y las instituciones democráticas.

Todo comenzó con una empresa de consultoría política, Cambridge Analytica, que utilizó información obtenida de Facebook para crear perfiles psicológicos detallados de más de 87 millones de usuarios sin su consentimiento explícito. Estos datos fueron recolectados a través de una aplicación llamada «This Is Your Digital Life», diseñada por el investigador Aleksandr Kogan. Aunque solo unas 270,000 personas descargaron la aplicación, esta tuvo acceso

---

and Karl Marx, *op. cit.*; Schneier, B.: *Data and Goliath*, *op. cit.*; y Harari, Y. N.: *21 Lessons for the 21st Century*, Spiegel & Grau, 2018.

175 Cfr. Cadwalladr, C. y Graham-Harrison, E.: "Revealed: 50 Million Facebook Profiles Harvested for Cambridge Analytica in Major Data Breach", *The Guardian*, 17 de marzo de 2018; Wylie, C.: *Mindf*ck: Cambridge Analytica and the Plot to Break America*, Random House, 2019; Vaidhyanathan, S.: *Antisocial Media: How Facebook Disconnects Us and Undermines Democracy*, Oxford University Press, 2018; y Comisión Federal de Comercio de los Estados Unidos: "Facebook to Pay $5 Billion Fine for Privacy Violations", *FTC*, 24 de julio de 2019.

no solo a sus datos, sino también a los de sus amigos en Facebook, gracias a las políticas de privacidad extremadamente permisivas de la plataforma en aquel momento. Este acceso masivo permitió a Cambridge Analytica construir un archivo completo de datos personales, que incluyó información sobre las preferencias políticas, intereses, comportamiento y vulnerabilidades emocionales de los usuarios.

Con estos datos, Cambridge Analytica desarrolló herramientas para realizar campañas de *microtargeting* político. Estas estrategias se implementaron en eventos clave como el referéndum del Brexit en el Reino Unido y las elecciones presidenciales de Estados Unidos en 2016. En el caso del Brexit, la empresa trabajó con la campaña «Leave.EU» para identificar a votantes indecisos y enviarles mensajes diseñados para apelar a sus miedos y ansiedades sobre temas como la inmigración y la soberanía. En las elecciones estadounidenses, Cambridge Analytica colaboró con la campaña de Donald Trump, creando anuncios altamente personalizados que se enfocaban en movilizar a ciertos votantes y, en algunos casos, desincentivar la participación de grupos específicos, como votantes afroamericanos y jóvenes.

El caso desató una tormenta global cuando un ex empleado de Cambridge Analytica, Christopher Wylie, denunció públicamente las prácticas de la empresa. Sus revelaciones llevaron a una investigación que expuso la escala y la gravedad del problema. Este no era solo un caso de explotación de datos personales; se trataba de un ataque directo a la privacidad y a la integridad de los procesos democráticos. Los usuarios de Facebook nunca consintieron que sus datos fueran utilizados para estas campañas, y la plataforma, aunque afirmó desconocer el alcance de las actividades de Cambridge Analytica, no implementó medidas adecuadas para prevenir este abuso.

Las implicaciones jurídicas del escándalo fueron significativas. En Estados Unidos, la Comisión Federal de Comercio (FTC) impuso a Facebook una multa histórica de 5,000 millones de dólares por no proteger adecuadamente la privacidad de sus usuarios. En el Reino Unido, Cambridge Analytica enfrentó investigaciones por parte del Comisionado de Información, y aunque la empresa cerró poco después del escándalo, el impacto de sus acciones ya había dejado huellas profundas en la confianza pública. El caso también impulsó la implementación de regulaciones más estrictas en Europa, como el Reglamento General de Protección de Datos (RGPD), que busca garantizar que las empresas manejen los datos personales de los usuarios de manera transparente y segura.

Además, este escándalo también dejó multitud de cuestiones éticas sobre la mesa. ¿Hasta qué punto pueden las empresas recopilar y usar datos personales para fines lucrativos o políticos? ¿Quién debe ser responsable cuando estos datos son utilizados para manipular la opinión pública? Cambridge Analytica demostró que las herramientas digitales, diseñadas originalmente para conectar a las personas, pueden convertirse en armas para fragmentar sociedades, polarizar debates y manipular decisiones individuales. Este caso puso de manifiesto el inmenso poder que tienen las grandes plataformas tecnológicas y la necesidad urgente de regulación.

Además de sus implicaciones legales, el escándalo de Cambridge Analytica también evidenció la falta de comprensión por parte de los usuarios sobre cómo funcionan los ecosistemas digitales. Muchos de nosotros interactuamos diariamente con aplicaciones y redes sociales sin entender el alcance de la información que proporcionamos ni cómo esta puede ser utilizada. El caso fue una llamada de atención a los legisladores y también a la sociedad en general: debemos proteger nuestros datos de carácter personal.

Aunque Cambridge Analytica ya no existe como empresa, las prácticas que utilizó no desaparecieron con ella. Muchas de las estrategias de *microtargeting* político[176] y comercial basadas en datos personales siguen siendo utilizadas, y las lagunas en la regulación de estas prácticas continúan siendo un desafío en muchos países.

---

176 *Vid*. "Political microtargeting in the EU Commission illegal", *NOYB*.

El escándalo de Cambridge Analytica fue más que un simple caso de mala praxis; fue una advertencia de los peligros de un modelo económico que prioriza la explotación de datos personales sobre la privacidad, la confianza y la democracia. Nos mostró cómo los datos, que en principio deberían servir para mejorar nuestras vidas, pueden ser utilizados para controlarnos y dividirnos, y dejó claro que el futuro digital requiere una regulación legal sólida fundamentada en la transparencia y la defensa de nuestros derechos como ciudadanos y usuarios.

Y la pregunta que nos deberíamos hacer es: ¿es posible un modelo de negocio que fomente la evolución tecnológica y a la vez sea respetuoso con la privacidad?

6. EL FIN DEL CAPITALISMO DE VIGILANCIA: LA NECESIDAD DE DEVOLVER LOS DATOS AL CIUDADANO

En 1999, Scott McNealy, cofundador de Sun Microsystems, dijo: «Usted tiene cero privacidad. ¡Supérelo!»[177]. Desde entonces hasta ahora, la privacidad es de menos cero, y más con la aparición de la IA.

La economía digital ha evolucionado en torno a un modelo que prioriza la recopilación, análisis y monetización de datos personales sin un consentimiento verdaderamente informado. Y como ya hemos dicho, este sistema, conocido como capitalismo de vigilancia, ha permitido la consolidación de gigantes tecnológicos cuyo crecimiento se basa en la explotación masiva de información privada. Sin embargo, este modelo está llegando a un punto de colapso ético, regulatorio y social. Seguir así es insostenible.

177 "You have zero privacy. Get over it", citado en Froomkin, A. M.: "The Death of Privacy?", *Stanford Law Review*, vol. 52, 2000, p. 1463.

El modelo basado en la explotación indiscriminada de datos personales enfrenta tres grandes crisis: ética, legal y social.

El consentimiento en la recolección de nuestros datos de carácter personal no es más que una ficción jurídica. Los usuarios aceptan interminables términos y condiciones sin comprender el alcance real de lo que están firmando. Además, el uso masivo de tecnologías como la inteligencia artificial y el análisis predictivo ha llevado a una hipersegmentación, que no solo personaliza la experiencia del usuario, sino que también altera su comportamiento de manera invisible.

El Juez William Douglas ya decía en 1966, en su voto disidente de la sentencia dada por la Corte Suprema de los Estados Unidos en el caso de *Osborn v. United States*, que «estamos entrando rápidamente en la era en que no habrá privacidad, en la que todos estarán sujetos a vigilancia todo el tiempo, en la que no existirán secretos para el gobierno. [...] Las fichas de todos los ciudadanos aumentan en número y tamaño. Ahora las están pasando a ordenadores de forma tal que por el simple gesto de apretar un botón, todos los miserables, los enfermos, los no populares y las personas de la nación que se aparten de lo uniforme puedan ser instantáneamente identificados. [...]»[178].

Juristas como Paul Schwartz[179] y Daniel Solove[180] han argumentado que la privacidad ya no es solo un derecho individual, sino una cuestión de justicia colectiva, ya que su violación afecta la libertad de elección en ámbitos como la política, el consumo y el acceso a oportunidades. Schwartz lo denomina «el espectáculo del horror

---

178 Voto disidente del juez William Douglas en *Osborn v. United States*, 385 U.S. 323 (1966).

179 Schwartz, P. M.: "Data Mining and Internet Profiling: Emerging Regulatory and Technological Approaches", *University of Chicago Law Review*, núm. 75, 2008, pp. 261-285; y Schwartz, P. M.: "Privacy and Democracy in Cyberspace", *Vanderbilt Law Review*, vol. 62, 1999, p. 1610.

180 Solove, D. J.: "Data Mining and the Security-Liberty Debate", *University of Chicago Law Review*, núm. 74, 2008, pp. 352-353.

de la privacidad», citando el caso de *McVeigh v. Cohen*[181] en el que AOL, la compañía proveedora de Internet, reveló datos a terceros que permitieron la identificación de uno de sus usuarios, lo que pudo ser la causa de que fuera juzgado en un tribunal.

En España, autores como Martínez o Marco establecen las mismas premisas. Martínez señala que: «En las autopistas de la información es donde probablemente se manifiesta con mayor claridad la dimensión informacional de la vida privada ya que su funcionamiento se basa esencialmente en el intercambio, transferencia y acumulación de información. La posibilidad de procesar informaciones a partir de datos personales más o menos voluntariamente cedidos en Internet permite que el usuario revele de modo inconsciente hábitos, gustos, preferencias, ideología, etc. [...]»[182]. Marco, por su parte, señala la necesidad de crear un nuevo contrato social que regule la vida privada en el mundo digital[183].

Y ha llegado el momento de poner fin al control corporativo de los datos mediante una regulación legal global. Los Estados y organismos supranacionales han comenzado a reaccionar con regulaciones más estrictas para frenar el abuso de los datos personales. El Reglamento General de Protección de Datos (RGPD) en la Unión Europea ha establecido sanciones económicas multimillonarias a empresas que incumplen los derechos de los ciudadanos. En Europa también, el *Digital Markets Act* (DMA) y el *Digital Services Act* (DSA) imponen nuevas obligaciones a plataformas como Google, Meta y Amazon, exigiéndoles mayor transparencia y control sobre la publicidad y la moderación de contenidos.

Las leyes estatales en Estados Unidos, como el CCPA en California, buscan restringir la venta de información personal sin con-

---

181 *McVeigh v. Cohen*, 983 F. Supp. 215 (D.D.C. 1998), citado en Barinas, D.: "Impacto de tecnologías de información y comunicación en derecho a vida privada", *Revista Electrónica de Ciencia Penal y Criminología*, núm. 15-09, 2013, pp. 09:1-09:60.

182 Martínez Martínez, R.: *Vida privada en Internet*, APDCM, 2008, *passim*.

183 Marco Fernández, F.: *Disociados*, *op. cit.*, *passim*.

sentimiento explícito. Sin embargo, estos marcos normativos aún son insuficientes, ya que las tecnológicas han encontrado maneras de esquivar las regulaciones mediante modelos opacos de procesamiento de datos y jurisdicciones con leyes laxas, ya que la desconfianza de los ciudadanos hacia el sistema es más que patente.

La sociedad está experimentando una fatiga digital ante la invasión constante de su privacidad. Los usuarios comienzan a exigir mayor control sobre su información, lo que ha llevado al surgimiento de:

- Navegadores como Brave y DuckDuckGo, que bloquean rastreadores.
- Sistemas operativos como iOS, que han incorporado restricciones al seguimiento publicitario.
- Movimientos por la soberanía digital, que promueven el uso de herramientas descentralizadas para evitar el control corporativo sobre los datos.

A pesar de estos avances, la realidad es que el ciudadano sigue siendo dependiente de plataformas que comercian con su información. Sin una reforma estructural, la sociedad permanecerá atrapada en un ciclo de explotación digital.

La revolución digital ha llegado a un punto crítico en el que el desequilibrio de poder —en el que gigantes tecnológicos explotan datos personales— se vuelve insostenible. Es imperativo imaginar un futuro en el que los ciudadanos retomen el control de su información, transformándola en una extensión de su identidad y en un activo valioso que puedan gestionar de forma autónoma. Este cambio radical requiere reconstruir la arquitectura del ecosistema digital sobre tres pilares fundamentales.

En primer lugar, la idea de la Propiedad Digital de los Datos supone que la información personal deje de ser un recurso explotable por las empresas y se convierta en una propiedad del usuario. Imaginemos una «Caja Fuerte Digital de Datos», un espacio seguro donde cada individuo pueda almacenar y gestionar su información, decidiendo de manera consciente y controlada quién y cómo puede acceder a ella. Este enfoque también plantea que los datos sean transferibles entre plataformas sin trabas artificiales, y que, en el caso de que una empresa desee monetizar dicha información, se establezcan mecanismos de compensación justos —algunos incluso proponen un sueldo vital mínimo a pagar por las tecnológicas[184]— para reconocer el valor real de los datos del usuario.

El segundo pilar, el Consentimiento Granular y la Autodeterminación Informativa, exige que cada ciudadano tenga el poder de decidir de manera explícita y detallada qué datos compartir, con quién y durante cuánto tiempo. Esta autodeterminación implica que cada tipo de información requiera una autorización independiente y que, en cualquier momento, el usuario pueda revocar ese consentimiento o eliminar definitivamente sus datos, devolviéndole así el control total sobre su privacidad.

Finalmente, la Gobernanza Digital y la Transparencia constituyen el tercer pilar indispensable para garantizar un uso ético y responsable de la información. Bajo este modelo, las plataformas digitales deben operar con una supervisión real a cargo de organismos independientes, que aseguren el cumplimiento de rigurosos estándares éticos y regulatorios. Las auditorías públicas sobre el manejo de datos y la imposición de sanciones severas a aquellas empresas que infrinjan la privacidad de los ciudadanos se convierten en herramientas esenciales para restablecer la confianza y el equilibrio en la economía digital.

En conjunto, estos tres pilares apuntan hacia un futuro en el que los datos vuelvan a ser un patrimonio personal, gestionado de manera transparente y en beneficio del individuo, y no un instrumento de control y lucro para unos pocos. Y con estos pilares y otros conceptos que iremos detallando a lo largo de esta obra, redefiniremos este derecho hacia el nuevo paradigma que hemos denominado *Data Nexus Juris*.

---

184 Marco Fernández, F.: *Disociados*, *op. cit.*, pp. 34 y ss.

Pero antes, debemos intentar comprender si las empresas tecnológicas pueden adaptarse al cambio de paradigma que proponemos.

7. ¿CÓMO PUEDEN LAS TECNOLÓGICAS ADAPTARSE A ESTE CAMBIO?

La privacidad ya no es un lujo, es una exigencia. Las filtraciones de datos, los escándalos de vigilancia y la creciente desconfianza de los usuarios han puesto a la industria tecnológica en un punto de inflexión y de no retorno. Pero lejos de ser una amenaza, esta transformación es una oportunidad. Es el momento de redefinir el modelo de negocio y demostrar que la tecnología y la privacidad pueden coexistir de forma sostenible.

Apple lo ha entendido a la perfección. Mientras otras compañías como Amazon o Google basan su rentabilidad en la recolección masiva de datos, Apple ha convertido la privacidad en su principal argumento de venta. Su ecosistema está diseñado para minimizar el acceso a la información personal: desde el bloqueo de rastreadores en Safari hasta la funcionalidad de «Iniciar sesión con Apple», que permite registrarse en plataformas sin compartir datos innecesarios. Su estrategia es clara: vender dispositivos y servicios *premium*, no los datos de sus usuarios.

Siguiendo este camino, otras empresas pueden adoptar modelos similares, ofreciendo servicios donde el usuario tenga el control absoluto sobre su información, transformando la seguridad en una ventaja competitiva real.

Otra alternativa clara es romper la dependencia de la publicidad basada en datos y apostar por modelos de suscripción. Empresas como Netflix, Spotify y ProtonMail han demostrado que es posible generar ingresos sin invadir la privacidad del usuario. Este enfoque no solo fortalece la confianza del consumidor, sino que protege a las compañías de cambios regulatorios y crisis de reputación. ProtonMail se define como «un correo electrónico seguro que protege tu privacidad».

Pero la verdadera revolución tecnológica está en la **descentralización**. *Blockchain* y Web3 permiten construir plataformas donde los usuarios son los dueños de sus propios datos, sin intermediarios que moneticen su información personal. Se llama identidad digital descentralizada o *Self-Sovereign Identity* (SSI). Imaginemos que nos queremos registrar en una plataforma de *streaming* exclusiva para mayores de 18 años. Normalmente, se tendría que subir una copia del documento de identidad, exponiendo nombre, fecha de nacimiento y otros datos personales. Sin embargo, con la identidad digital descentralizada, el proceso es diferente. Tenemos nuestra billetera digital donde ya está nuestra credencial verificada por una entidad confiable. En lugar de enviar una copia del documento, la plataforma solo recibe una prueba criptográfica que confirma que somos mayores de edad, sin revelar nuestra fecha de nacimiento ni ningún otro dato. La información nunca queda almacenada en los servidores de la empresa, evitando filtraciones o uso indebido. Por lo tanto, la tecnología ya existe y solo hay que convertirla en el paradigma.

Más allá de la tecnología, el cambio también debe ser regulatorio. En lugar de resistirse, las empresas pueden trabajar junto a gobiernos y expertos en privacidad para diseñar normativas equilibradas que protejan los derechos digitales sin frenar la innovación. La cooperación con la sociedad civil y los reguladores no solo es estratégica, sino que también ayuda a construir un ecosistema tecnológico más confiable y ético.

Porque el futuro de la tecnología no está en la explotación de datos, sino en la confianza del usuario. Aquellas empresas que entiendan esto no solo sobrevivirán, sino que liderarán la próxima era digital.

8. CONCLUSIÓN: UN NUEVO PACTO DIGITAL

El capitalismo de vigilancia ha alcanzado su límite. No es viable ética, legal ni socialmente continuar con un modelo que convierte la privacidad en un bien de consumo. Es hora de devolver los datos al ciudadano y redefinir la relación entre individuos, empresas y gobiernos en la era digital.

La clave está en construir un nuevo pacto digital (contrato social digital, en palabras de Marco Fernández[185]), donde la innovación y la protección de los derechos humanos no sean excluyentes, sino complementarias. Para ello, es necesario:

- Un marco legal robusto que garantice el control ciudadano sobre los datos.
- Un ecosistema tecnológico basado en la privacidad y la transparencia.
- Un cambio cultural que valore la autonomía digital como un derecho fundamental.

Solo así podremos avanzar hacia un futuro digital donde la privacidad no sea un lujo, sino una garantía para todos. Un futuro digital donde abogamos por la evolución hacia un nuevo derecho fundamental, el *Data Nexus Juris*, y la protección de nuestra morada informática como un nuevo derecho fundamental. Un futuro donde convivamos con la IA que, como ya hemos dicho, es necesaria y fomentará nuevas formas de desarrollo tecnológico donde conviva lo digital junto a lo antropológico.

185 Marco Fernández, F.: *Disociados*, *op. cit.*

Capítulo 5
¿QUÉ NECESITA LA INTELIGENCIA ARTIFICIAL PARA FUNCIONAR?

FRANCISCO MARCO FERNÁNDEZ Y FERMÍN MORALES PRATS

1. INTRODUCCIÓN: EL MUNDO DE LA IA SE HA JUDICIALIZADO

El futuro ya está aquí, y está judicializado. Francisco Marco lo anticipaba en 2022: «Todavía no se ha iniciado la gran batalla judicial, pero llegarán las grandes demandas y las advertencias como en las cajetillas de tabaco: 'Navegar genera adicción y condiciona nuestra privacidad'»[186]. Marco señalaba un paralelismo inquietante entre los procedimientos judiciales contra la industria tabacalera y los que ahora enfrentan las grandes tecnológicas: «Si antes la nicotina enganchaba, ahora son las aplicaciones las que nos atrapan, recolectando nuestros datos personales para convertirlos en oro digital».

Esta afirmación, lejos de ser un vaticinio infundado, es ya una realidad en los tribunales de todo el mundo. Empresas como OpenAI, Google, Microsoft y X (antes Twitter) han convertido los datos en el combustible esencial para desarrollar sus medios de inteligencia artificial, pero el método con el que han alimentado sus sistemas ha levantado suspicacias de todo tipo. Por ello, estas compañías se han enfrentado, en los últimos años, a una oleada de demandas por prácticas que van desde el uso indebido de contenido protegido por derechos de autor hasta acusaciones por la recopilación masiva de información personal sin el consentimiento de los

---

186 Marco Fernández, F.: *Disociados (Desdoblados): El futuro social de la humanidad*, Real Academia Europea de Doctores, 2022, p. 16.

titulares. Lo que Marco advirtió en 2022 comenzó a materializarse solo un año después.

Entre los casos más destacados está la denuncia de Elon Musk contra OpenAI, la organización que él mismo cofundó en 2015. Musk, en una demanda presentada ante el Tribunal Superior de California, acusa a OpenAI de haber abandonado su misión inicial de desarrollar la inteligencia artificial en beneficio de la humanidad. Según Musk, OpenAI ha priorizado intereses comerciales, adoptando un modelo cerrado que favorece a sus socios corporativos, particularmente a Microsoft. Musk advierte que esta concentración de poder no solo amenaza la competencia en el sector tecnológico, sino que también plantea riesgos para la privacidad y la seguridad global. Según su denuncia, «las empresas que controlan los datos controlan el futuro de la IA».

Las críticas de Musk no se limitan a OpenAI. En su demanda también señala a Google como un actor clave en la acumulación masiva de datos, afirmando que el gigante tecnológico ha recopilado información personal, como correos electrónicos, búsquedas y libros digitalizados, para entrenar sus sistemas de IA: «Google ha acumulado un conjunto de datos único en su tipo, incluyendo nuestras búsquedas, nuestros correos electrónicos y casi todos los libros de nuestras bibliotecas»[187][188]. Google, lejos de negarlo, ha solicitado el desistimiento indicando que «sería un mazazo no solo para los servicios de Google, sino para la idea misma de la IA generativa. Usar información disponible públicamente para aprender no es robar. Tampoco es una invasión de la privacidad, conversión, negligencia, competencia desleal o infracción de derechos de autor». Es obvio, Google no quiere cambiar su modelo de negocio.

Este acopio masivo de datos genera una profunda preocupación sobre los derechos de privacidad, más cuando se trata de un mono-

---

187 *Superior Court of California. Elon Musk vs. OpenAI, Case No. CGC-24-612746*, 2024.

188 "Google Faces Lawsuit for Scraping Emails and Searches to Train AI", *Reuters*, 2023.

polista tecnológico[189]. Según datos recientes, actualmente existen más de 35 demandas activas en Estados Unidos relacionadas con el uso indebido de datos para entrenar modelos de inteligencia artificial. Entre ellas se incluyen acciones contra OpenAI, Google, Microsoft, LinkedIn, Meta y Anthropic[190].

2. EL VOLUMEN DE DATOS: EL MOTOR DE LA IA

¿Alguien imaginaba que cuando Google escaneaba millones de libros para crear Google Books lo hacía de manera altruista? ¿Y cuándo fotografiaba todas las calles del mundo para crear Street View o Google Maps creíamos que solo nos quería facilitar la vida? Tras su apariencia alegre, la adaptación diaria de sus logotipos y la gratuidad de su sistema se esconde un nuevo trampantojo, una realidad: cada vez que hacemos una búsqueda, cada vez que nos conectamos a un teléfono Android, cada vez que usamos Google Maps, le facilitamos datos y con ellos nuestros movimientos, nuestras querencias y nuestras dudas[191].

La inteligencia artificial necesita datos como el ser humano necesita oxígeno. Sin ellos, los modelos de IA no pueden funcionar. Esta dependencia se explica por la naturaleza misma del aprendizaje automático, donde los algoritmos se entrenan identificando patrones en vastos conjuntos de datos. Pero no cualquier cantidad de datos es suficiente; los modelos como GPT-4[192] requieren un nivel de escala casi inimaginable. Por ejemplo, el modelo fue entrenado con cientos de terabytes de texto, recopilados de fuentes tan diversas

---

189 Un Tribunal del Distrito de Columbia, en Estados Unidos, dictaminó que Google es un monopolista que utiliza su posición de dominio en el mercado de las búsquedas en línea para suprimir otros motores de búsqueda e impedirles ganar cuota de mercado.

190 "AI Lawsuits Pile Up in the U.S. Over Data Privacy Concerns", *BBC News*, 2025.

191 Marco Fernández, F.: *Disociados*, *op. cit.*, pp. 19 y ss.

192 OpenAI: "Technical report on GPT-4 training datasets", 2024.

como libros digitalizados, artículos científicos, foros de internet y publicaciones en redes sociales. El regulador europeo de privacidad, la Comisión de Protección de Datos (DPC), ha iniciado una investigación sobre Google por su uso de datos personales de los usuarios en la región[193].

2.1. *¿Cómo se buscan y procesan los datos?*

El proceso de obtención de datos para entrenar modelos de IA combina varias técnicas avanzadas, entre ellas:

- Rastreo web (*web scraping*): Es una técnica que utiliza programas automatizados para extraer contenido de páginas web. Los *web scrapers* recorren internet, recopilando texto, imágenes y otros datos. Por ejemplo, proyectos como Common Crawl[194] mantienen archivos masivos de internet, que incluyen miles de millones de páginas web y constituyen una de las principales fuentes de entrenamiento para modelos como GPT[195]. Aunque el rastreo web puede considerarse legítimo cuando los datos son públicos, muchas empresas han sido demandadas por usar contenido protegido por derechos de autor. En 2023, *The New York Times* acusó a OpenAI de violar sus derechos al usar artículos de su archivo para entrenar modelos generativos[196]. Sin embargo, se nos plantea una duda ética y legal. ¿Y si se recopila información de foros de odio racial? ¿Y si se usan foros antisemitas? ¿O foros homófobos? ¿Los algoritmos serán racistas y homófobos?

Después del entrenamiento inicial, se utiliza un proceso conocido como «Reinforcement Learning from Human Feedback»

---

193 "Google, de nuevo bajo la lupa de la UE por el tratamiento de datos personales para entrenar a su IA", *Computerworld.es*.

194 Common Crawl es una organización sin fines de lucro que rastrea la web y proporciona libremente sus archivos y conjuntos de datos al público.

195 Common Crawl: "Datasets used in large-scale AI training", 2024.

196 "The New York Times vs. OpenAI", *El País*, 2023.

(RLHF). En esta etapa, evaluadores humanos revisan las respuestas generadas y las califican según criterios de precisión, neutralidad y adecuación. Esta retroalimentación ayuda a ajustar el modelo para que minimice respuestas que puedan ser sesgadas o que reproduzcan patrones dañinos. Es una forma de «enseñarle» indirectamente qué tipo de respuestas son preferibles.

- Datos estructurados de bases públicas y privadas: Bases de datos como Wikipedia, PubMed (artículos científicos) y archivos gubernamentales son una fuente común para obtener información confiable para la IA. Sin embargo, también se utilizan bases privadas sin el consentimiento explícito de los propietarios, lo que ha provocado varias disputas legales[197].
- Digitalización masiva: Proyectos como Google Books han permitido digitalizar millones de libros. Estos datos proporcionan una estructura lingüística formal que complementa las fuentes más informales como las redes sociales. Sin embargo, en *Authors Guild v. Google*, los demandantes argumentaron que esta práctica violaba los derechos de autor de los autores[198].
- Extracción de redes sociales: Plataformas como LinkedIn, Facebook o Twitter (ahora X) son minas de oro para los datos. Los usuarios generan contenido constantemente, proporcionando información sobre lenguaje, comportamiento y tendencias sociales. LinkedIn enfrenta una demanda colectiva en la que se le acusa de utilizar mensajes privados de sus usuarios para entrenar modelos de IA sin su consentimiento[199].

---

197 Nvidia utiliza videos de Youtube y Netflix para entrenar su IA.

198 *Authors Guild v. Google*, Supreme Court of the United States, Case No. 13-482.

199 "LinkedIn 'used private messages illegally' to train AI", 2024.

2.2. La escala masiva: ¿Cuánto es suficiente?

Para que un modelo de IA como GPT-4 alcance su nivel actual de rendimiento, necesita analizar datos equivalentes a miles de bibliotecas completas. Según OpenAI, los datos utilizados para entrenar GPT-4 incluyen más de 570 terabytes de texto procesado, lo que equivale a analizar millones de libros, artículos y páginas web[200]. Se habla de cientos de miles de millones de tokens más que en GPT-4, para entrenar al modelo 5 y con un refinamiento importante en calidad de datos, no solo en cantidad. Gemini mina unos 700 terabytes. Para que podamos imaginar la magnitud de esos datos, debemos pensar que serían unas ¡71.680.000.000 hojas de papel!, que supondría una línea de 21.334.400 kilómetros. ¡Esa línea de papel daría más de 53 vueltas a la Tierra en el ecuador! ¡Con esa cantidad de papel podríamos ir a la Luna y volver 27 veces!

Le hemos preguntado a Gemini, la IA de Google, cómo se minan datos para alimentar la IA y esta ha sido su repuesta: "Me han «alimentado» con una dieta masiva y diversa de información digital:

- Texto: Libros, artículos, código, *scripts*, conversaciones… ¡prácticamente cualquier cosa que puedas encontrar en formato digital! Esto me permite entender y comunicarme en lenguaje humano.
- Código: No solo leo código, sino que también aprendo de su estructura y lógica. Esto me ayuda a comprender y generar diferentes tipos de código, traducir entre lenguajes de programación e incluso a identificar errores.
- Imágenes: Aprender de imágenes me permite «ver» y entender el mundo visual, así como generar descripciones o incluso crear imágenes nuevas a partir de texto. Toda esta información es procesada y organizada para que pueda acceder a ella y utilizarla de manera eficiente".

---

200 "How Much Data Does GPT-4 Need?", *Wired*, 2024.

En resumen, a la IA se la "alimenta" con una dieta rica en información digital que le permite realizar una variedad de tareas, desde traducir idiomas hasta generar texto creativo. Pero necesita también procesos de filtrado y ajuste que ayuden a mitigar la influencia de la información sesgada o perjudicial con la que se ha entrenado.

En los últimos años, la acumulación masiva de datos ha sido un motor fundamental para los avances en inteligencia artificial, pero también ha desencadenado una serie de disputas legales que han puesto a los datos en el centro del debate. Durante 2023 y 2024, como hemos dicho, se desataron múltiples litigios tanto en Estados Unidos como en Europa, evidenciando los desafíos legales y éticos inherentes al entrenamiento de modelos de IA.

Uno de los casos más importantes fue la demanda interpuesta por *The New York Times* contra OpenAI. El prestigioso periódico acusó a la compañía de utilizar millones de sus artículos para entrenar el modelo GPT-4 sin contar con la debida autorización. Otro caso que dará que hablar ha sido la demanda colectiva contra LinkedIn, donde varios usuarios alegan que la plataforma había extraído y utilizado mensajes privados para alimentar modelos generativos de IA.

En el ámbito europeo, la regulación ha comenzado a marcar pautas claras. En 2024, Italia impuso una multa de 15 millones de euros a OpenAI por procesar datos personales sin respetar las disposiciones del Reglamento General de Protección de Datos (RGPD). Estas controversias han impulsado a la Unión Europea a adoptar el AI Act, una normativa que exige mayor transparencia, prohíbe el uso de datos sensibles sin consentimiento claro y obliga a realizar evaluaciones de impacto ético.

3. LOS DATOS DEBEN SER DIVERSOS Y PRECISOS PARA GARANTIZAR RESULTADOS CONFIABLES

La inteligencia artificial no solo necesita grandes volúmenes de datos, sino que también depende de su calidad y diversidad. Sin un conjunto de datos diverso y preciso, los sistemas de IA corren el riesgo de perpetuar desigualdades, ofrecer resultados inexactos o tomar decisiones discriminatorias.

Uno de los coautores de este libro estaba escribiendo una novela sobre un incendio que asoló el Tribunal Supremo en 1915 y le preguntó a ChatGPT quién había sido el incendiario. El sistema le dio una respuesta con nombre y apellidos, acusando a un anarquista de haber provocado el incendio, a pesar de que esa persona ya había fallecido en el momento del siniestro. Posteriormente, le preguntó de dónde había sacado esa información, y el programa admitió que se había equivocado. Entonces, ¿por qué deberíamos creer en las predicciones de la inteligencia artificial?

El estudio de la Cornell University titulado «Why Should I Trust You? Explaining the Predictions of Any Classifier»[201] aborda este desafío. Los autores presentan un marco que busca hacer más comprensibles las decisiones de los modelos de aprendizaje automático, enfatizando que la confianza no debe basarse solo en la precisión numérica, sino en la capacidad de explicar cómo se llega a dichas predicciones.

Daniel Ek, cofundador de Spotify, ha lanzado una innovadora empresa de chequeos médicos con IA que ofrece un análisis completo de la salud por aproximadamente 250 euros. El servicio integra escáneres corporales y pruebas que generan millones de puntos de datos. Sin embargo, lo fundamental es que los resultados los examina un médico en una consulta presencial. La IA ayuda y abarata, pero el ojo clínico del médico es fundamental. Hasta ahora, los chequeos han arrojado resultados reveladores: en el primer año, dos clínicas atendieron a 2.707 pacientes, de los cuales el 14,1% requería seguimiento y el 1% evidenció condiciones graves que des-

---

201 Ribeiro, M. T.; Singh, S. y Guestrin, C.: "Why Should I Trust You? Explaining the Predictions of Any Classifier", en *Proceedings of the 22nd ACM SIGKDD International Conference on Knowledge Discovery and Data Mining (KDD '16)*, 2016, pp. 1135-1144.

conocían. Comparado con los chequeos tradicionales, que cuestan miles de euros, este servicio representa una alternativa accesible que facilita la prevención.

En un mundo donde las personas moldean sus respuestas para alinearse con lo que se espera de ellas (sesgo de deseabilidad social[202]), los datos que alimentan la IA no siempre reflejan la verdad. Las redes sociales, por ejemplo, se han convertido en escaparates de vidas idealizadas. Si la IA se entrena con estas versiones distorsionadas, sus conclusiones estarán inevitablemente marcadas por esa misma falsedad. La pregunta que surge es inquietante: ¿qué tan confiables pueden ser las decisiones de una máquina que ha aprendido de un mundo que, en su esencia, miente para agradar?

Para que un sistema sea verdaderamente útil, no solo debe ser preciso, sino también comprensible. La «explicabilidad»[203] se convierte, por tanto, en una característica fundamental, especialmente en contextos donde las decisiones tienen un impacto significativo. Pero, en última instancia, confiar en las predicciones no implica aceptarlas sin cuestionar, sino entender cómo se generaron y utilizarlas como una herramienta informada.

3.1. La importancia de la diversidad en los datos

Un modelo de IA aprende de los datos que le proporcionamos. Si no son representativos, los resultados estarán sesgados. Por ejemplo, un sistema de reconocimiento facial entrenado mayoritariamente con hombres caucásicos tendrá dificultades para identificar a mujeres o personas de otras etnias. Numerosos estudios han demostrado que sistemas como los de Amazon y Clearview AI son

---

202 Marco Fernández, F.: *Disociados*, *op. cit.*; y Davidowitz, S.: *Todo el mundo miente: Lo que Internet y el Big Data pueden decirnos sobre nosotros*, Capitán Swing, 2019.

203 Se refiere a la capacidad de explicar o justificar el funcionamiento, las decisiones o el comportamiento de un sistema o modelo, especialmente en sistemas complejos como los de IA.

menos precisos en mujeres y personas de color[204]. Esto ha llevado a casos de identificación errónea y arrestos injustificados. También ocurre en los modelos de evaluación crediticia, que pueden discriminar a minorías si se basan en datos históricos con acceso desigual al crédito. Al no incluir datos diversos, los algoritmos perpetúan desigualdades estructurales, al punto que algunos los han comparado con «armas de destrucción matemática»[205].

Volviendo al ámbito de la salud y a Nekohealth. En el sector sanitario, algoritmos entrenados con datos predominantemente de pacientes de origen europeo han demostrado ser menos efectivos al diagnosticar enfermedades en poblaciones de Asia o África[206]. Esto subraya la importancia de contar con conjuntos de datos diversos para garantizar que las soluciones de IA sean equitativas.

3.2. La precisión de los datos: el motor de la confiabilidad

¡Imagínate ser evaluado por un sistema que, en lugar de basarse en tus habilidades, utiliza datos desactualizados o mal etiquetados para juzgarte! La transparencia y la precisión son la clave. Casos como el sistema COMPAS, utilizado en Estados Unidos para predecir la reincidencia, han puesto en evidencia cómo los datos mal clasificados pueden generar resultados sesgados y decisiones injustas.

En España, un ejemplo similar es el sistema VioGén, empleado por el Ministerio del Interior desde 2007 para evaluar el riesgo de las víctimas de violencia de género. El sistema asigna un nivel de riesgo basado en un cuestionario, pero su efectividad está en entredicho. La única forma de verificarlo sería examinando su código fuente, a lo que se niega el Ministerio. Una auditoría independiente de la Fundación Éticas concluyó que el algoritmo no recoge suficiente información, lo que podría llevar a evaluaciones insuficien-

---

204 Hill, K.: "Wrongfully Accused by an Algorithm", *The New York Times*, 2020.

205 O'Neil, C.: *Weapons of Math Destruction*, Crown Publishing Group, 2016.

206 Topol, E.: *Deep Medicine: How Artificial Intelligence Can Make Healthcare Human Again*, Basic Books, 2019.

tes, como evidenció el hecho de que 55 mujeres posteriormente asesinadas habían recibido órdenes de protección calificadas como de riesgo «bajo».

Aunque a principios de 2025 el Ministerio del Interior presentó Viogén 2, la experiencia resalta la importancia de someter a estos sistemas a auditorías rigurosas y externas. Sin acceso abierto al código, resulta complicado verificar si se evitan sesgos y si se emplean las variables correctas. La Unión Europea, consciente de ello, ha aprobado un reglamento de IA que delimitará el uso de decisiones automatizadas en contextos de alto impacto.

3.3. Cómo garantizar diversidad y precisión en los datos

Lograr un equilibrio entre diversidad y precisión requiere regulaciones estrictas. Algunas estrategias detectadas por la doctrina incluyen:

- Ampliar las fuentes de datos: Los desarrolladores deben asegurarse de que los datos provengan de diversas regiones, culturas y grupos demográficos[207].
- Estandarizar la recopilación de datos: Es crucial establecer protocolos claros para garantizar que los datos sean precisos y estén libres de errores.
- Implementar auditorías de sesgo: Las auditorías regulares e independientes permiten identificar y corregir sesgos antes de que los modelos se implementen.
- Cumplir con las normativas: Regulaciones como el AI Act de la UE y el RGPD exigen que las empresas garanticen que sus modelos sean inclusivos, precisos y utilizados con consentimiento explícito.

---

207 Topol, E.: *Deep Medicine*, *op. cit.*

3.4. Implicaciones legales y éticas

La falta de diversidad y precisión puede tener implicaciones legales y éticas significativas. La discriminación algorítmica puede violar derechos fundamentales, derivando en multas y litigios. Por ejemplo, en 2024, una demanda colectiva en EE. UU. acusó a una aseguradora de usar un modelo de IA sesgado que discriminaba a mujeres mayores de 50 años[208]. En Europa, el AI Act impone multas severas a las empresas que no cumplan con las normativas de equidad y transparencia.

A la IA la han tachado de ser un «arma de destrucción matemática»[209], un «artefacto de alto riesgo para la igualdad de género»[210] y un riesgo para el estado de derecho[211]. Un ejemplo de sesgo en Uber demostró cómo el algoritmo de asignación de viajes impactaba en las minorías, que a menudo se enfrentaban a tiempos de espera más largos y tarifas más elevadas[212].

Si al sistema lo alimentas de basura, saldrá basura (GIGO: «Garbage in = Garbage out»[213]). Desde el punto de vista legal, la dificultad para probar la discriminación reside en la opacidad de los algoritmos. En respuesta, el Reglamento Europeo de IA impone medidas de transparencia y calidad de datos en los sistemas de alto riesgo, exigiendo que se desarrollen con conjuntos de datos que cumplan criterios estrictos.

---

208 "Class Action Lawsuit Over Algorithmic Discrimination in Insurance Pricing", *AP News*, 2024.

209]: O'Neil, C.: *Armas de destrucción matemática. Cómo el big data aumenta la desigualdad y amenaza la democracia*, Capitán Swing, 2017.

210 Rodríguez Fernández, M. L.: "Inteligencia Artificial, Género y Trabajo", *Temas Laborales*, vol. 171, 2024, pp. 11-39.

211 Presno Linera, M. A.: *Derechos fundamentales e inteligencia artificial*, Editorial Marcial Pons, 2022.

212 Aragüez Valenzuela, L.: *Hacia la eticidad algorítmica en las relaciones laborales*, Laborum, 2024.

213 Giralt García, V. F.: Prólogo al Libro de Lucía Aragüez Valenzuela, *Hacia la Eticidad Algorítmica en las Relaciones Laborales*, Laborum, 2024.

Como veremos en el último capítulo, una solución es la vía penal, creando un delito autónomo de discriminación algorítmica. Este delito penalizaría la implementación de sistemas automatizados que, sin las debidas medidas de transparencia, reproduzcan prejuicios con un impacto adverso significativo sobre grupos protegidos.

4. LOS ALGORITMOS Y SU NATURALEZA DE "CAJA NEGRA": HACIA UN COMPLIANCE ALGORÍTMICO

Imagina que una empresa utiliza un algoritmo para tomar decisiones críticas, pero nadie sabe exactamente cómo llega a esas conclusiones. Esto es lo que se conoce como la «caja negra» en la IA: un proceso tan complejo que resulta casi imposible desentrañar su lógica interna.

Esta falta de transparencia plantea serios problemas éticos y legales. Cuando un algoritmo funciona como una caja negra, es complicado determinar quién es responsable si se comete un error. Además, la opacidad puede ocultar sesgos, desafiando normativas como el RGPD, que exige que las decisiones automatizadas sean comprensibles.

Para enfrentar estos desafíos, se está desarrollando la IA explicable, o *Explainable AI* (XAI). Este método combina el poder de los modelos de aprendizaje profundo con herramientas que permiten descomponer y visualizar el proceso, haciendo los resultados interpretables. En el ámbito regulatorio, el AI Act de la UE exige que los sistemas de alto riesgo cumplan con estrictos criterios de transparencia.

Para abordar de forma definitiva los problemas de la «caja negra», la legislación debe ir un paso más allá, obligando a los desarrolladores a diseñar sistemas transparentes desde el inicio. En materia penal, es fundamental crear un marco que responsabilice criminalmente a quienes implementen sistemas opacos que produzcan decisiones dañinas. Se debería contemplar un delito autónomo de discriminación algorítmica.

Para garantizar la responsabilidad penal, se deberá establecer una obligación legal de «*compliance* algorítmico», similar a los programas de cumplimiento penal en las empresas. Toda entidad que implemente sistemas de IA de alto riesgo estará obligada a diseñar y mantener un programa de *compliance* específico que incluya auditorías, mecanismos de transparencia y protocolos de mitigación de sesgos.

Le hemos preguntado a OpenAI y a Google Gemini si se les puede considerar «cajas negras» y estas han sido sus respuestas:

- OpenAI (ChatGPT): «En términos técnicos y éticos, mis algoritmos no son una "caja negra" absoluta, pero tienen características que pueden considerarse parcialmente opacas [...]. Aunque la arquitectura y los procesos fundamentales del modelo [...] son conocidos [...], el razonamiento exacto detrás de una respuesta específica puede ser difícil de interpretar».
- Gemini (Google): «La respuesta corta es: sí, en gran medida mis algoritmos pueden considerarse de "caja negra". [...] Incluso los ingenieros que me diseñaron no pueden comprender completamente cómo llego a una respuesta específica».

Por ello, todo sistema de IA y toda normativa deben basarse en la transparencia y la «explicabilidad». La transparencia no es solo una herramienta para aumentar la confianza; es la clave para evitar injusticias.

Pero ¿cómo logramos esa transparencia? La «explicabilidad» es la capacidad de un sistema para justificar sus decisiones de manera comprensible. En la práctica, esto significa que cualquier usuario pueda entender qué datos se utilizaron, qué procesos se siguieron y cómo se llegó a un resultado.

Además, la transparencia implica un compromiso activo con la auditoría constante y debe extenderse a los propios usuarios. Las personas tienen derecho a saber cómo funcionan los sistemas que influyen en sus vidas. Sin este nivel de apertura, la IA puede convertirse en una herramienta de opresión en lugar de una de progreso.

Al final, la transparencia no es solo una cuestión técnica; es un principio ético. Sin transparencia, no hay confianza; y sin confianza, la inteligencia artificial pierde su propósito de mejorar nuestras vidas.

Es más, la opacidad inherente a los sistemas de «caja negra» dificulta enormemente la aplicación efectiva del derecho al olvido. Debido a que los algoritmos ocultan sus procesos internos, resulta complicado identificar, rastrear y eliminar la información personal que se utiliza para generar sus decisiones, lo que obstaculiza el control y la protección de la privacidad.

5. EL DERECHO A LOS DATOS DE CARÁCTER PERSONAL COMO DERECHO FUNDAMENTAL: DEL HABEAS DATA AL DERECHO AL OLVIDO

El derecho a los datos de carácter personal se ha sustentado bajo la denominación de «*habeas data*»[214]. Según Pérez Luño[215], se trata de «un nuevo derecho de autotutela de la propia identidad informática». Tal derecho estaría integrado en los «derechos de tercera generación»[216], que no hay que confundir con los de cuarta genera-

214 Para la primera formulación en el derecho español, *vid.* Morales Prats, F.: *La tutela penal de la intimidad: privacy e informática*, Ediciones Destino, 1984, p. 45 y ss.

215 Pérez Luño, A. E.: *Manual de informática y derecho*, Ariel, 1996, p. 43.

216 Álvarez Caro, M.: *Derecho al olvido en Internet: el nuevo paradigma de la privacidad en la era digital*, Editorial Reus, 2015, pp. 58-69.

ción, referidos a los Derechos Humanos en relación con las nuevas tecnologías[217].

El *habeas data* se encuentra regulado en la legislación española bajo los derechos ARCO (acceso, rectificación, cancelación y oposición). Murillo de la Cueva lo define como «el control que a cada uno de nosotros nos corresponde sobre la información que nos concierne personalmente»[218].

Los autores que han defendido la autonomía del derecho a la protección de datos sostienen que «la intimidad o el libre desarrollo de la personalidad no constituye el derecho a proteger sino que son el punto de partida que nos introduce en una nueva dimensión»[219]. Morales Prats[220] se refiere a su carácter de garantía, presupuesto del ejercicio de otros derechos[221] Esta posición ha sido respaldada por la STC 292/2000, que señala que el derecho a la protección de datos «atribuye a su titular un haz de facultades [...] para garantizar a la persona un poder de control sobre sus datos personales».

Esta concepción ha permitido la configuración de un derecho de nueva generación: el derecho al olvido. Esta figura jurídica busca proteger la dignidad y privacidad, otorgando control sobre la eliminación de datos obsoletos o perjudiciales. Álvarez Caro lo define como «el derecho a equivocarse o que una equivocación pasada no marque y determine la vida de un individuo»[222].

El derecho al olvido es entendido como «un derecho humano subjetivo y autónomo, cuya titularidad corresponde exclusivamen-

---

217 Por todos, Bustamante Donas, J.: "La Cuarta Generación de Derechos Humanos en las Redes Digitales", *Telos*, Fundación Telefónica.

218 Murillo de la Cueva, P. L.: "Informática y Protección de Datos Personales", *Cuadernos y Debates*, Centro de Estudios Constitucionales, 1993, pp. 32 y 51.

219 Sánchez Bravo, Á.: *La Protección del Derecho a la Libertad Informática en la UE*, Universidad de Sevilla, 1998, p. 58.

220 Morales Prats, F.: *La tutela penal de la intimidad: privacy e informática*, *op. cit.*

221 Morales Prats, F.: "Protección de la intimidad: delitos e infracciones administrativas", *Cuadernos de derecho judicial*, 1997, pp. 43-44.

222 Álvarez Caro, M.: *Derecho al olvido en Internet*, *op. cit.*, pp. 58-69.

te a las personas físicas»[223] y cuyo objetivo es garantizar un control efectivo sobre los datos personales[224].

Sin embargo, si los datos generados son volátiles y, a pesar de que alguna información se borre[225], en cuanto se incorporan a un sistema de IA se transforman y ya no desaparecen. Hemos construido una sociedad digital donde, según un informe de la ONU de 2014, las empresas han tenido responsabilidad en la vulneración de la privacidad[226]. Una sociedad donde o se actúa y se configura un nuevo *habeas data* o nos convertiremos en parias digitales.

Es por ello que entendemos la necesaria reconfiguración de la protección de los derechos relacionados con la *privacy*, incluido el derecho al olvido, como una nueva evolución a la que denominaremos el *Data Nexus Iuris*. Este concepto, como evolución del *habeas data*, se presenta como un marco jurídico integral para la regulación de la privacidad en la era de la IA.

---

223 Villatoro Barrientos, J. P.: "Intento de Configuración Legal del Derecho al Olvido en el Entorno Europeo y Español", *Revista Auctoritas Prudentium*, núm. 30, 2024.

224 Directiva 95/46/CE, artículo 12.

225 Un estudio del Pew Research Center descubrió que el 38% de las páginas web que existían en 2013 ya no funcionan.

226 International Conference of Data Protection and Privacy Commissioners: *Resolution on Privacy in the Digital Age*, 2015.

Capítulo 6
CONSENTIMIENTO EN LA ERA DE LA INTELIGENCIA ARTIFICIAL: DEL HOTEL AL ALGORITMO

**FRANCISCO MARCO FERNÁNDEZ Y
FERMÍN MORALES PRATS**

El derecho a la privacidad firmó su defunción con el consentimiento automatizado de los sistemas informáticos. Llegas al hotel y firmas una política de privacidad sin leerla. Después visitas al médico y aceptas que tus datos clínicos sean tratados. Más tarde, navegas por tu periódico favorito y, sin pensarlo, aceptas las cookies. Por último, una aplicación que usas diariamente se desconecta y, al reactivarla, acepta automáticamente nuevos términos. Este es el ritual cotidiano del consentimiento en la era digital: constante, automático y cada vez más desconectado de su propósito original.

La fatiga del consentimiento nos ha llevado a aceptar términos legales sin reflexión ni comprensión, despojando a esta supuesta herramienta para protegernos del tratamiento de nuestros datos personales de su capacidad para salvaguardar nuestros derechos. Y si este problema ya era evidente en el contexto del big data, la irrupción de la inteligencia artificial (IA) lo ha llevado al límite. La complejidad, opacidad y automatización que caracteriza a los sistemas de IA está desafiando los fundamentos jurídicos del consentimiento. Más aún, fenómenos como los sesgos algorítmicos y el uso masivo de datos personales en la IA generan nuevas preocupaciones sobre la autonomía, la transparencia y la equidad.

A esta erosión se suma un problema más profundo: la ausencia de confidencialidad equiparable al secreto profesional. Como ha reconocido Sam Altman, CEO de OpenAI, millones de usuarios se relacionan con sistemas como ChatGPT para expresar sus preocupaciones más íntimas, casi como lo harían con un psicólogo, un abogado o un médico. Sin embargo, a diferencia de esas profesiones, que están amparadas por un deber legal de secreto, las conversaciones con una IA carecen de protección jurídica. En caso de un litigio o requerimiento judicial, esas interacciones podrían ser reveladas, rompiendo cualquier expectativa de intimidad.

De este modo, el consentimiento no solo se ha vaciado de contenido por su automatización y exceso, sino que además se revela incapaz de garantizar privacidad en el nuevo paradigma de la IA. Lo que alguna vez fue concebido como un instrumento de control ciudadano sobre sus propios datos se ha convertido en una rutina mecánica que ni protege ni blinda. Y mientras tanto, los sistemas inteligentes avanzan ocupando un terreno cada vez más íntimo de nuestras vidas, sin que exista un marco legal que los obligue a respetar la confidencialidad que exigimos a los humanos.

1. LA FATIGA DEL CONSENTIMIENTO: EL CLIC AUTOMÁTICO

Leer todas las políticas de privacidad que hacemos en un año requeriría 76 jornadas laborales completas, según un estudio de la Universidad Carnegie Mellon[227]: "Incluso si todos los usuarios estuvieran motivados para leer las políticas de privacidad, la canti-

---

227 Estudio realizado en 2008 por Aleecia McDonald y Lorrie Faith Cranor de Carnegie Mellon University de Pittsburgh, Pensilvania que señala que extensión promedio de las políticas de privacidad de los 75 sitios más visitados en Estados Unidos es de 2.514 palabras. De hecho, la nueva de Google, que sustituyó las más de 60 que hasta entonces tenía para cada uno de sus servicios (Gmail, YouTube, Blogger, Picasa y Google+, entre otros), tiene 2.696 palabras. Según estos investigadores, la lectura de textos académicos es de unas 250 palabras por minuto, por lo que leer cada política de privacidad lleva unos 10 minutos. De acuerdo con sus cálculos, una persona promedio ingresa a 1.462 sitios por año, lo que, dividido en jornales, da los 76 días de trabajo que lleva leer todas las implicancias legales de navegar. McDonald, Aleecia M., y

dad de tiempo necesario haría que esta tarea fuera prácticamente imposible."[228].

El consentimiento ha pasado de ser un ejercicio de autonomía a un acto mecánico diseñado para cumplir con la regulación, sin proteger realmente a los individuos, señala Solove[229]. En su artículo "Privacy Self-Management and the Consent Dilemma", el autor criticó el modelo de autogestión de la privacidad, argumentando que la saturación de decisiones generaba un consentimiento mecánico y desinformado. Y como parece obvio, para que el consentimiento sea válido, los individuos deben poder comprender cómo funciona la IA y cómo afecta a sus derechos. Esto implica, como hemos dicho, la necesidad de que los sistemas de IA sean transparentes y explicables, permitiendo a los usuarios entender la lógica detrás de las decisiones automatizadas[230]. Otros autores, como Shoshana Zuboff[231], van un paso más allá y argumentan que el consentimiento en el contexto de la vigilancia capitalista es coercitivo, ya que los usuarios se ven obligados a aceptar la recolección de datos para acceder a servicios esenciales.

Lo anterior contrasta con los principios básicos constitucionales del consentimiento, esto es que sea una manifestación libre, informada, específica e inequívoca de la voluntad de una persona. Sin

---

Lorrie Faith Cranor. *The Cost of Reading Privacy Policies. I/S: A Journal of Law and Policy for the Information Society*, vol. 4, núm. 3, 2008, pp. 543-568

228 McDonald, A. M., & Cranor, L. F. (2008). *The Cost of Reading Privacy Policies.* I/S: A Journal of Law and Policy for the Information Society, 4(3), 543-568.

229 Solove, Daniel J. *Privacy Self-Management and the Consent Dilemma. Harvard Law Review*, vol. 126, núm. 7, 2013, pp. 1880-1903.

230 Goodman, Bryce, y Seth Flaxman. *European Union Regulations on Algorithmic Decision-Making and a "Right to Explanation". AI Magazine*, vol. 38, núm. 3, 2017, pp. 50-57.

231 Zuboff, Shoshana. *La Era del Capitalismo de la Vigilancia: La Lucha por un Futuro Humano Frente a las Nuevas Fronteras del Poder.* Paidós, 2020; Zuboff, Shoshana. *Big Other: Surveillance Capitalism and the Prospects of an Information Civilization. Journal of Information Technology*, vol. 30, núm. 1, 2015, pp. 75-89. Zuboff, Shoshana. *The Secrets of Surveillance Capitalism. Frankfurter Allgemeine Zeitung*, 5 enero 2016

embargo, en la práctica, la saturación de solicitudes ha convertido esta herramienta en una formalidad vacía. Los usuarios nos enfrentamos a solicitudes constantes en cada interacción digital (sobrecarga de decisiones) que crea una falta de confianza y participación (complejidad técnica). Este análisis subyace al concepto de fatiga del consentimiento, donde el usuario, abrumado, simplemente acepta sin reflexionar[232]. Si a eso le añadimos la constante exposición a ventanas emergentes y formularios de consentimiento lleva a que aceptemos automáticamente (frecuencia excesiva) la muerte de nuestra privacidad. Todo lo anterior nos permite afirmar que el consentimiento tal y como se creó ha muerto[233]. En este sentido, Nemitz critica la dependencia del consentimiento individual como herramienta principal para la protección de datos en un entorno digital saturado y aboga por un marco ético más robusto[234].

El consentimiento informado debe garantizar que los individuos tengan control sobre sus datos y las decisiones que se toman sobre ellos. Esto puede incluir el derecho a acceder, rectificar o eliminar sus datos, así como el derecho a oponerse a decisiones automatizadas que les afecten significativamente[235].

---

232 En su obra "Privacy in Context", Nissenbaum introdujo la idea de que la privacidad es contextual y que la desconexión entre el diseño de las políticas de privacidad y la experiencia del usuario crea una falta de confianza y participación. Este análisis subyace al concepto de fatiga del consentimiento, donde el usuario, abrumado, simplemente acepta sin reflexionar. Nissenbaum, Helen. *Privacy in Context: Technology, Policy, and the Integrity of Social Life.* Stanford University Press, 2010

233 Un análisis sobre cómo los usuarios perciben y gestionan la privacidad en un entorno de decisiones constantes demuestra que la privacidad tal y como se entendía ha muerto. Acquisti, Alessandro, Laura Brandimarte, y George Loewenstein. *Privacy and Human Behavior in the Age of Information. Science*, vol. 347, núm. 6221, 2015, pp. 509-514.

234 Nemitz, Paul. *Constitutional Democracy and Technology in the Age of Artificial Intelligence. Philosophical Transactions of the Royal Society A*, vol. 376, núm. 2133, 2018, p. 20180089.

235 Zuboff, S. The age of surveillance capitalism: The fight for a human future at the new frontier of power. PublicAffairs, op. cit.

Los individuos, además, deben ser informados de manera clara y comprensible sobre cómo la IA utiliza sus datos, qué decisiones automatizadas se toman y cuáles son las posibles consecuencias[236]. Porque para que el consentimiento sea válido, los individuos deben poder comprender cómo funciona la IA y cómo afecta a sus derechos.

Esto que parece tan obvio, implica, como ya hemos reiterado en varias ocasiones, la necesidad de que los sistemas de IA sean transparentes y explicables, permitiendo a los usuarios entender la lógica detrás de las decisiones automatizadas[237]. Goodman, B., & Flaxman discuten cómo la opacidad de los algoritmos complica la obtención de un consentimiento informado y sugiere la necesidad de regulaciones más estrictas y Mittelstadt, B. D., Allo, P., Taddeo, M., Wachter, S., & Floridi, L añaden una capa de complejidad al señalar cómo los sistemas algorítmicos desdibujan los límites del consentimiento tradicional debido a su complejidad y opacidad[238].

Floridi, además, argumenta que el consentimiento ya no es suficiente en un entorno dominado por la inteligencia artificial y automatización[239]. Y todo ello es debido a distintas paradojas.

1.1. Paradojas del consentimiento

El concepto de consentimiento se encuentra atrapado en una serie de paradojas que socavan su función primordial: permitir a los individuos que ejerzan un control real sobre su información

---

236 Solove, Daniel J. *Privacy Self-Management and the Consent Dilemma. Harvard Law Review*, vol. 126, núm. 7, 2013, pp. 1880-1903

237 Goodman, Bryce, y Seth Flaxman. *European Union Regulations on Algorithmic Decision-Making and a "Right to Explanation". AI Magazine*, vol. 38, núm. 3, 2017, pp. 50-57

238 Mittelstadt, Brent Daniel, et al. *The Ethics of Algorithms: Mapping the Debate. Big Data & Society*, vol. 3, núm. 2, 2016, p. 2053951716679679.

239 Wachter, Sandra, Brent Mittelstadt, y Luciano Floridi. *Why a Right to Explanation of Automated Decision-Making Does Not Exist in the General Data Protection Regulation. International Data Privacy Law*, vol. 7, núm. 2, 2017, pp. 76-99

personal. Estas paradojas, que se manifiestan en la autonomía, el propósito y la transparencia, revelan las tensiones existentes entre la promesa de un sistema de datos libre y abierto con la realidad de un ecosistema digital dominado por la recolección masiva de datos y la opacidad en su tratamiento[240].

La paradoja de la autonomía

En teoría, el consentimiento informado debería otorgar a los usuarios la capacidad de decidir de forma autónoma cómo se utilizan sus datos. Sin embargo, la complejidad de las tecnologías de seguimiento y análisis de datos, así como la falta de transparencia en las prácticas de las empresas, hacen que esta autonomía sea ilusoria. Los usuarios, a menudo abrumados por la cantidad de información y la jerga técnica, se ven obligados a "consentir" sin comprender plenamente las implicaciones de sus decisiones. Como señala Zuboff[241], el consentimiento en la era del capitalismo de la vigilancia se

---

240 Shoshana Zuboff describe cómo las grandes empresas tecnológicas, como Google y Facebook, se basan en la "extracción masiva de datos" de los usuarios para predecir y modificar su comportamiento. Zuboff argumenta que este proceso, que ella denomina "capitalismo de la vigilancia", opera en la "opacidad", ya que los usuarios no son conscientes de la magnitud de la recolección de datos ni de cómo se utilizan sus datos (Zuboff, S. *The Age of Surveillance Capitalism: The Fight for a Human Future at the New Frontier of Power*. PublicAffairs). Nick Couldry y Ulises A. Mejias analizan cómo la recolección masiva de datos está transformando las relaciones sociales y económicas. Los autores argumentan que esta "colonización de datos" se caracteriza por la "opacidad" y la falta de control por parte de los individuos sobre sus propios datos (Couldry, Nick, y Ulises A. Mejias. *The Costs of Connection: How Data Is Colonizing Human Life and Appropriating It for Capitalism*. Stanford University Press, 2019). Cathy O'Neil explora cómo los algoritmos basados en Big Data pueden perpetuar y amplificar las desigualdades sociales. O'Neil advierte sobre el peligro de la "opacidad" en el uso de estos algoritmos, ya que las personas afectadas a menudo no entienden cómo se toman las decisiones que les afectan (O'Neil, Cathy. *Weapons of Math Destruction: How Big Data Increases Inequality and Threatens Democracy*. Crown Publishing Group, 2016).

241 Zuboff, S. The age of surveillance capitalism: The fight for a human future at the new frontier of power, op. cit.

convierte en un acto mecánico, vacío de significado real, que sirve para legitimar la recolección masiva de datos sin un control genuino por parte de los individuos.

La paradoja del propósito

Otra paradoja reside en la divergencia entre el propósito original para el cual se recopilan los datos y los usos posteriores que se les dan. La información proporcionada por los usuarios para un fin específico, como la creación de una cuenta en una red social o la compra de un producto en línea, puede ser reutilizada para otros fines, como la segmentación publicitaria, la creación de perfiles de personalidad o incluso la inferencia de información sensible. Esta reutilización de datos, a menudo sin el conocimiento o el consentimiento explícito del usuario, plantea serias dudas sobre la legitimidad del modelo actual de consentimiento[242].

La paradoja de la transparencia

Aunque las empresas están obligadas a proporcionar información sobre sus prácticas de tratamiento de datos, la forma en que se presenta esta información a menudo resulta opaca e incomprensible para el usuario promedio[243]. El exceso de detalles técnicos, la jerga legal y la falta de claridad en la redacción de las políticas de privacidad hacen que la transparencia se convierta en un obstáculo más que en una herramienta para el empoderamiento. Paradójicamente, la obligación de transparencia se traduce en una sobrecarga de información que dificulta la comprensión real de cómo se procesarán los datos.

---

242 Solove, Daniel J. *Privacy Self-Management and the Consent Dilemma. Harvard Law Review*, vol. 126, núm. 7, 2013, pp. 1880-1903

243 La política de privacidad de Google en español tiene actualmente alrededor de 12,000 palabras. Si consideramos una velocidad de lectura promedio de 200 palabras por minuto, se tardaría aproximadamente una hora en leerla completa

Las paradojas del consentimiento, por tanto, revelan la necesidad de replantear el modelo actual de protección de datos. Es necesario un enfoque que vaya más allá del consentimiento como un simple trámite y que otorgue a los usuarios un control real sobre su información personal. Esto implica una mayor transparencia en las prácticas de las empresas, la implementación de mecanismos de control más efectivos y la promoción de una cultura de respeto a la privacidad en el entorno digital.

2. DOCTRINA Y EVOLUCIÓN DEL CONSENTIMIENTO

El consentimiento, como concepto jurídico, tiene sus raíces en el ámbito de los derechos fundamentales, particularmente en la protección de la privacidad y la autodeterminación informativa. Sus orígenes legislativos se remontan al Código de Núremberg (1947), que estableció el consentimiento informado como un principio fundamental en la investigación médica, exigiendo que las personas comprendieran y aceptaran cualquier procedimiento que implicara riesgos. Este principio fue adaptado posteriormente al ámbito de la protección de datos personales con la promulgación de las primeras leyes de privacidad, como la Ley Federal de Protección de Datos de Alemania (1970), que reconoció la importancia de obtener consentimiento explícito para el tratamiento de información personal. En el contexto internacional, el Convenio 108 del Consejo de Europa (1981) fue el primer instrumento vinculante que introdujo el consentimiento como un pilar de la protección de datos, marcando un hito en el desarrollo de este concepto. Estas normativas establecieron las bases para la evolución del consentimiento como un mecanismo legal dinámico, diseñado para proteger la autonomía individual en un mundo donde los datos comenzaron a tener un valor creciente. Posteriormente, el Reglamento General de Protección de Datos (RGPD) consolidó este enfoque, reforzando los principios de consentimiento informado, específico y libre, y estableciendo nuevas exigencias para adaptarlo a la realidad digital.

2.1. De lo estático a lo dinámico

El consentimiento, como herramienta jurídica, ha experimentado también una transformación significativa desde sus orígenes hasta la actualidad. En un principio, se concebía como un acto estático, limitado a contextos simples donde las interacciones eran claras y el alcance del tratamiento de datos era reducido. Este modelo tradicional funcionaba en un entorno menos dinámico, donde las relaciones entre las partes estaban bien delimitadas y los datos se procesaban de forma manual o dentro de sistemas cerrados.

Sin embargo, la irrupción de Internet y las tecnologías digitales transformaron radicalmente este panorama, generando la necesidad de un consentimiento dinámico que pudiera adaptarse a múltiples contextos y usos de los datos. En este nuevo escenario, las interacciones se volvieron más complejas, los datos comenzaron a procesarse en tiempo real y las finalidades de su uso se diversificaron, desafiando los límites del consentimiento tradicional. Para responder a esta complejidad, el Reglamento General de Protección de Datos (RGPD) introdujo el concepto de consentimiento granular[244], permitiendo a los usuarios decidir de manera específica qué tratamientos de datos aceptar y cuáles rechazar. Este enfo-

---

244 El consentimiento granular, también conocido como consentimiento específico o detallado, es un enfoque en la gestión del consentimiento que permite a los usuarios tener un mayor control sobre cómo se utilizan sus datos personales. En lugar de dar un consentimiento general para el tratamiento de todos sus datos, el consentimiento granular permite a los usuarios dar su consentimiento para cada finalidad específica para la que se van a utilizar sus datos. Las Características del consentimiento granular son:
Especificidad: Se solicita el consentimiento para cada finalidad específica del tratamiento de datos. Por ejemplo, un usuario podría dar su consentimiento para que sus datos se utilicen para personalizar un servicio, pero no para fines de marketing.

que busca garantizar un control más efectivo, obligando a las organizaciones a segmentar las finalidades del tratamiento y ofreciendo mayor autonomía a los titulares de los datos. Según este cambio refleja una evolución necesaria para abordar las demandas de un entorno digital, aunque sigue enfrentándose a desafíos prácticos en su implementación[245]. Por resumirlo, cualquier de nosotros puede dar su consentimiento para que sus datos se utilicen para personalizar un servicio, pero no para fines de marketing. Sin embargo, cuando navegamos por Instagram comienza a aparecer publicidad sobre lo que hemos buscado en Google o lo que hemos hablado cerca del micrófono de nuestro teléfono. Por eso hemos afirmado que el consentimiento informado ha muerto.

2.2. Principios fundamentales

El consentimiento informado es el instrumento clave en la gestión de derechos fundamentales en el ámbito digital. La protección de datos se puede considerar como el primer derecho fundamental "originario" de la era digital desde su consagración en el artículo 8 de la Carta de Derechos Fundamentales de la Unión Europea (CDFUE)[246]. Tal y como señala Arce uno de los "objetivos político-jurídicos era facilitar herramientas de control de su privacidad a la

---

Control: Los usuarios tienen la posibilidad de elegir qué datos comparten y para qué fines. Pueden dar su consentimiento para algunas finalidades y negarlo para otras.

Transparencia: Las empresas deben ser transparentes sobre cómo van a utilizar los datos de los usuarios y deben proporcionar información clara y comprensible sobre cada finalidad para la que solicitan el consentimiento.

Flexibilidad: Los usuarios pueden cambiar sus preferencias de consentimiento en cualquier momento.

245 Solove, Daniel J. *Privacy Self-Management and the Consent Dilemma. Harvard Law Review*, vol. 126, núm. 7, 2013, pp. 1880-1903

246 Arce Jiménez, C. *El Impacto de la Inteligencia Artificial en el "Consentimiento Informado" como Herramienta de Protección de Derechos Fundamentales en la Era Digital.* https://e-archivo.uc3m.es/rest/api/core/bitstreams/75db7776-fbec-4b15-b146-0573b4aaf48a/content.

ciudadanía, que se había visto seriamente cuestionada con el inicio de la utilización masiva de los datos de carácter personal gracias a las nuevas tecnologías".

El "derecho a la autodeterminación informativa", tal y como hemos indicado en este trabajo, lleva con nosotros dos décadas[247]. Y el "consentimiento informado" de la persona interesada ha sido el factor habilitante para la utilización de los datos personales, y así se plasma en los arts. 6 a 8 del Reglamento General de Protección de Datos (Reglamento UE 2016/679 —RGPD—) y en los arts. 6 y 7 de la Ley Orgánica de Protección de Datos Personales y Garantía de los Derechos Digitales (LO 3/2018 —LOPDGDD—). Según dispone el art. 4.11 RGPD, y reitera el art. 6 LOPDGDD, el consentimiento debe entenderse como una manifestación de voluntad libre, específica, informada e inequívoca que se expresa mediante una declaración o una clara acción afirmativa. Junto a la jurisprudencia del Tribunal de Justicia de la UE (TJUE), Tribunal Supremo y Tribunal Constitucional, tanto el Grupo sobre Protección de Datos del artículo 29 —GT29— (el actual Comité Europeo de Protección de Datos 4 —CEPD—) y la Agencia Española de Protección de Datos (AEPD) han determinado el alcance de cada una de las características del consentimiento que los preceptos señalados enumeran[248]

Según el RGPD, el consentimiento, por tanto, debe cumplir con los siguientes requisitos:

Libre: No debe haber coacción.

Informado: Los usuarios deben entender cómo se usarán sus datos.

Específico: El consentimiento debe aplicarse a un propósito claramente definido.

---

247 Tribunal Constitucional de España. *STC 254/1993*

248 Polo Roca, A. *El Derecho a la Protección de Datos Personales y su Reflejo en el Consentimiento del Interesado. UNED. Revista de Derecho Político*, núm. 108, 2020, pp. 165-193

Inequívoco: Debe haber una manifestación afirmativa clara por parte del usuario.

Estos principios, que buscan garantizar un consentimiento genuino y consciente, se complementan con reglas específicas para el tratamiento de datos en decisiones automatizadas. No obstante, en el entorno digital actual, los principios de "libertad" e "información" que sustentan el consentimiento enfrentan desafíos estructurales que cuestionan su efectividad real como herramienta de protección de derechos fundamentales. ¡Prueben a navegar por Internet si están leyendo este libro en formato digital y verán cómo comienzan a recibir anuncios sobre la IA y la privacidad! La autonomía de la voluntad, en la que se basa el consentimiento, se ha convertido en un ideal difícil de alcanzar cuando se traslada al contexto digital, marcado por una lógica fragmentada y acelerada. Tampoco desde una perspectiva sociopolítica la cosa mejora. Como señala Soriano[249], centrar la protección de los derechos fundamentales únicamente en la capacidad individual de gestión beneficia de manera desproporcionada a quienes poseen mayores recursos socioeconómicos. Estos sectores cuentan con herramientas y conocimientos suficientes para proteger sus intereses, mientras que los grupos más vulnerables, afectados por la brecha digital, se enfrentan a barreras significativas para ejercer un control efectivo sobre su privacidad.

Además, el entorno digital presenta características estructurales que agravan esta desigualdad[250]. La ruptura de la lógica temporal —donde las decisiones sobre datos son inmediatas, pero las consecuencias son a largo plazo—, la dispersión de los datos en múltiples

---

249 Soriano Arnanz, A. *Decisiones Automatizadas: Problemas y Soluciones Jurídicas. Más Allá de la Protección de Datos. Revista de Derecho Público: Teoría y Método*, vol. 3, 2021, pp. 85-12

250 Arce Jiménez, C, El impacto de la inteligencia artificial en el "consentimiento informado" como herramienta de protección de derechos fundamentales en la era digital, op. Cit.

plataformas[251] y la implicación de una cantidad casi inabarcable de actores[252], hacen que el control real de la privacidad sea una tarea casi imposible, incluso para personas con un alto nivel de preparación. Esta disparidad genera un ecosistema donde la autonomía de la voluntad queda debilitada, exponiendo a los más desfavorecidos a prácticas abusivas y erosionando los derechos fundamentales que el consentimiento debería proteger. En este contexto, se plantea la necesidad de repensar el consentimiento como un mecanismo no individualista, sino colectivo y estructural, capaz de abordar las desigualdades inherentes del entorno digital.

Por lo tanto, el tan alabado sistema de "consentimiento informado", piedra angular en la protección de datos personales, se enfrenta a desafíos sin precedentes en el actual panorama digital, marcado por el auge del Big Data, los algoritmos y la inteligencia artificial.

Uno de los primeros desafíos radica en la propia redefinición del concepto de intimidad y que ya hemos estudiado. Pero, además, profundizando en la dicotomía estudiada por Marco[253] en la era digital se ha propiciado el desdoblamiento del individuo en un "yo analógico" y un "yo digital"[254]. Mientras que en el ámbito analógico la intimidad se asocia al "derecho a estar solo" y a la exclusión de terceros no deseados, en el mundo digital la tendencia es hacia la compartición voluntaria de información personal, incluso íntima, a través de las redes sociales. Esta dicotomía genera tensiones en la respuesta jurídica para la protección de los datos personales, ya que

---

251 Flores Anarte, L.; "Facebook y el derecho a la propia imagen: reflexiones en torno a la STC 27/2020, de 24 de febrero", Revista Estudios de Deusto, vol. 68/1, 2020, pp. 335-376.

252 Garriga Domínguez, A.; "La elaboración de perfiles y su impacto en los derechos fundamentales. Una primera aproximación a su regulación en el reglamento general de protección de datos de la Unión Europea", Revista Derechos y Libertades, nº 38, 2018, pp. 107-139.

253 Marco Fernández, Disociados, op. Cit., passim.

254 En idéntico sentido, Arce Jiménez, C. *El Impacto de la Inteligencia Artificial en el "Consentimiento Informado" como Herramienta de Protección de Derechos Fundamentales en la Era Digital*, op. cit.

los instrumentos diseñados para el control de la información en el mundo analógico no se adaptan plenamente a las dinámicas del entorno digital. Marco Fernández[255], lo indica de forma clara: "Pasamos 6 horas y 54 minutos al día en navegando en la red de redes. La transformación digital ha provocado que los individuos pasemos un cuarto del día utilizando nuestra personalidad digital. Vivimos casi más tiempo navegando por internet, leyendo online, viendo series en *streaming* o realizando *zooms* que charlando en persona y necesitamos regular esta situación. Si no lo hacemos pronto seremos meras herramientas de cinco grandes corporaciones que controlarán nuestros datos, nuestra vida digital. Más si consideramos que son esas corporaciones las que provocan ese desdoblamiento digital con actividades sobradamente conocidas por la magia, pero ahora, en forma de algoritmo".

En este contexto, la efectividad del consentimiento informado se ve comprometida, a pesar de que el Tribunal Constitucional español insiste en la necesidad de mantener una "expectativa razonable de confidencialidad" en el espacio digital (SSTC 241/2012 y 170/2013). El "trinomio" Big Data[256], perfilado e inteligencia arti-

---

255 Marco Fernández, F, Disociados, op. Cit., pág. 12

256 El "trinomio Big Data" al que se suele hacer referencia en el contexto de la protección de datos y la privacidad está compuesto por: 1. Big Data: Se refiere a conjuntos de datos masivos y complejos que son difíciles de procesar con métodos tradicionales. Estos datos pueden incluir información sobre nuestro comportamiento en línea, ubicación, historial de compras, interacciones en redes sociales, etc; 2. Perfilado: Es el proceso de analizar los datos recopilados para crear perfiles individuales o de grupo. Estos perfiles pueden incluir información sobre nuestros intereses, preferencias, hábitos, características demográficas, etc; y 3. Inteligencia Artificial (IA): Se utiliza para analizar el Big Data y los perfiles, y para tomar decisiones automatizadas basadas en estos análisis. Esto puede incluir la personalización de contenido, la segmentación publicitaria, la evaluación de riesgos, la predicción de comportamiento, etc. Este concepto se aborda, entre otros, en Couldry, Nick, y Ulises A. Mejias. *The Costs of Connection: How Data Is Colonizing Human Life and Appropriating It for Capitalism*. Stanford University Press, 2019 donde se analizan la "colonización de datos" y cómo la recolección masiva de datos está transformando las relaciones sociales y económicas y O'Neil, Cathy. *Weapons of Math Destruction: How*

ficial representa un desafío adicional para el consentimiento informado[257]. La opacidad en el tratamiento de datos, la inconmensurabilidad del volumen de información recopilada y la multiplicidad de actores involucrados hacen que sea prácticamente imposible para el individuo conocer el "quién, cómo y cuándo" en la gestión de sus datos[258]. Además, una parte significativa de esta información se obtiene de la "estela digital" que dejamos al navegar por internet, sin una autorización expresa[259]. En este sentido, los requisitos de "específico" e "informado" que exige el Reglamento General de Protección de Datos (RGPD) al consentimiento son difícilmente sostenibles en un entorno donde se crean datos derivados de los principales o donde realidades como el "internet de las cosas" facilitan una "ubicuidad inmersiva" en la captación de datos[260].

Se han planteado estrategias para reforzar el papel del consentimiento informado en este nuevo escenario, como facilitar una mayor información sobre la recogida y tratamiento de datos a través de estas herramientas. Sin embargo, esta solución, si bien puede abordar la opacidad, se enfrenta al problema de la "inconmensurabilidad", ya que el aluvión de información puede resultar abrumador para el individuo[261].

Big Data Increases Inequality and Threatens Democracy. Crown Publishing Group, 2016, que explora cómo los algoritmos basados en Big Data pueden perpetuar y amplificar las desigualdades sociales.

257 Arce Jiménez, C, El impacto de la inteligencia artificial en el "consentimiento informado" como herramienta de protección de derechos fundamentales en la era digital", op. cit.

258 Morente Parra, V.; "Big data o el arte de analizar datos masivos. Una reflexión crítica desde los derechos fundamentales", Revista Derechos y Libertades, nº 41, 2019, pp. 225-260

259 Arce Jiménez, C, El impacto de la inteligencia artificial en el "consentimiento informado" como herramienta de protección de derechos fundamentales en la era digital", op. cit.

260 Polo Roca, A.; "El Derecho a la protección de datos personales y su reflejo en el consentimiento del interesado", UNED. Revista de Derecho Político nº 108, 2020, pp. 165-193.

261 Morente Parra, V.; "Big data o el arte de analizar datos masivos. Una reflexión crítica desde los derechos fundamentales", op. Cit.

Un ejemplo ilustrativo es la Sentencia del Tribunal de Justicia de la Unión Europea (TJUE) de 1 de octubre de 2019 (asunto C673/17), relativa al consentimiento para la instalación de "cookies". Aunque el TJUE exige un consentimiento expreso, la forma en que se presenta la información al usuario (a menudo a través de enlaces a textos extensos y complejos) genera dudas sobre su eficacia real.

Finalmente, cabe destacar la compleja relación entre consentimiento e inteligencia artificial. El artículo 22 del RGPD establece una restricción general a la toma de decisiones automatizadas basadas en la inteligencia artificial que afecten significativamente a los derechos de las personas. Sin embargo, esta prohibición puede ser eludida mediante el consentimiento explícito del interesado o a través de amplias excepciones, lo que plantea dudas sobre su efectividad. Además, en el contexto descrito, resulta complejo garantizar que quien presta el consentimiento sea plenamente consciente de sus implicaciones jurídicas.

3. LEGISLACIÓN Y PRAXIS ESPAÑOLA

3.1. El Consentimiento en la Protección de Datos en España: Un Marco Regulatorio en Evolución

En España, la protección de datos personales se articula en torno a un marco regulatorio que la Agencia de Protección de Datos (AEPD) define como sólido[262], cuyo eje central es el consen-

[262] En dicho marco, el propósito del RGPD es proporcionar un marco sólido y coherente para la protección de los derechos fundamentales con relación a la protección de datos en la Unión Europea y, de esta forma, garantizar un nivel uniforme, homogéneo y elevado de protección a lo largo de la Unión. De esta forma, garantizando el control por parte de las personas físicas de sus propios datos personales, se genera confianza y se refuerza la seguridad jurídica y práctica para las personas físicas, los operadores económicos y las Administraciones Públicas. Unas garantías eficaces del derecho fundamental a la protección de los datos personales y un conjunto de principios, derechos y herramientas

timiento informado. Este marco, conformado principalmente por el Reglamento General de Protección de Datos (RGPD) y la Ley Orgánica 3/2018 de Protección de Datos Personales y garantía de los derechos digitales (LOPDGDD), establece las bases para un tratamiento legítimo y transparente de la información personal en el contexto digital.

La LOPDGDD, en consonancia con el RGPD, presta especial atención a las implicaciones del tratamiento automatizado de datos, reconociendo su potencial impacto en los derechos y libertades de las personas. En este sentido, se establecen salvaguardas adicionales para proteger a los individuos frente a decisiones automatizadas que puedan afectarles significativamente.

Entre estas salvaguardas, destaca el derecho a no ser objeto de una decisión basada únicamente en el tratamiento automatizado, incluida la elaboración de perfiles[263], que produzca efectos jurídicos o le afecte significativamente de modo similar. Asimismo, se reconoce el derecho a obtener intervención humana por parte del responsable del tratamiento, a expresar su punto de vista y a impugnar la decisión.

Si bien el marco regulatorio español ofrece una base para la protección de datos, la realidad digital en constante evolución plantea,

---

de cumplimiento homogéneas entre los Estados de la Unión Europea tendrán como consecuencia la libre circulación de datos personales en la Unión, y el desarrollo del mercado digital europeo. Por lo tanto, el marco jurídico de la UE en el ámbito de la protección de los datos personales es un elemento facilitador, y no un obstáculo, para el desarrollo de una economía de los datos que corresponda a los valores y principios de la Unión, y es la base sobre la que construir un modelo europeo de gobernanza de datos.
Recuperado https://www.aepd.es/guias/aproximacion-espacios-datos-rgpd.pdf

263 En caso de que el tratamiento suponga decisiones basadas únicamente en el tratamiento automatizado, incluida la elaboración de perfiles, que produzca efectos jurídicos en él o le afecte significativamente de modo similar, será necesario cumplir las condiciones que habilitan el tratamiento de acuerdo el artículo 22 del RGPD

como ya se ha dicho, nuevos desafíos. La creciente complejidad de las tecnologías de tratamiento de datos, la proliferación de actores involucrados y la dificultad para comprender las implicaciones del consentimiento en un entorno digital dinámico requieren una vigilancia constante y una adaptación continua del marco legal.

El marco regulatorio español en materia de protección de datos, con el consentimiento informado como piedra angular, busca salvaguardar la privacidad de las personas en un entorno digital cada vez más complejo. Sin embargo, tal y como señala la AEPD, trasladando las conclusiones de la Agencia de la Unión Europea para la Ciberseguridad (ENISA)[264], "en la era del Big Data, los mecanismos "tradicionales" de información y consentimiento no proporcionan la transparencia y el control adecuados"[265] para los usuarios de los datos. Hay que recordar que uno de los cuatro pilares de la Estrategia Europea de Datos, dice el organismo español[266], es apoyar "a las personas en el ejercicio de sus derechos en relación con el uso de los datos que ellas mismas generan. Se les puede empoderar para que tengan el control sobre sus datos a través de herramientas y medios que les permitan decidir a un nivel más detallado sobre lo que se hace con sus datos («espacios de datos personales»)"

Para lograr esto, la trazabilidad de los datos es crucial. Permite cumplir con los requisitos de transparencia del RGPD, facilita el ejercicio de los derechos de los interesados (como la gestión del consentimiento), ayuda a los responsables del tratamiento a cumplir con sus obligaciones y permite a las autoridades de control ejercer sus poderes. Pero la trazabilidad exige identificar roles,

---

264 Conclusiones del documento de ENISA "Privacy by design in big data. An overview of privacy enhancing technologies in the era of big data analytics European Union Agency for Cybersecurity (ENISA) [17 December 2015]"

265 Comunicación de la Comisión al Parlamento Europeo, al Consejo, al Comité Económico y Social Europeo y al Comité de las Regiones. Una Estrategia Europea de Datos (COM(2020) 66 final) [19 de febrero de 2020

266 Recuperado en https://www.aepd.es/guias/aproximacion-espacios-datos-rgpd.pdf

implementar políticas de control de acceso y llevar un registro de acceso a nivel individual, no solo a nivel de organizaciones. Esto es especialmente importante en los Espacios de Datos. El registro de acceso debe incluir información sobre quién accede a los datos, cuándo, por cuánto tiempo y con qué finalidad.

En resumen, la trazabilidad de los datos es esencial para garantizar la transparencia y el control en el uso de datos en la era del Big Data, especialmente en el contexto de los Espacios de Datos.

3.2. La Trazabilidad de los Datos en la Inteligencia Artificial: Un Pilar de Transparencia y Control

En el vasto universo de la IA, donde los datos son el combustible que impulsa su desarrollo, una pregunta es la que debería motivarnos a toda la doctrina: ¿quién, ¿cómo y para qué se utilizan los datos? La trazabilidad de los datos se perfila como una solución clave para garantizar transparencia, control y responsabilidad en el manejo de la información, especialmente en un entorno tan dinámico y complejo como los Espacios de Datos y los sistemas de IA. Sin mecanismos de trazabilidad robustos, la confianza en estos sistemas se erosiona, y con ella, la posibilidad de proteger derechos fundamentales.

La Trazabilidad como Herramienta para Cumplir el RGPD

El Reglamento General de Protección de Datos (RGPD) sitúa la trazabilidad en el centro de sus exigencias para garantizar el ejercicio de derechos y la responsabilidad de las organizaciones que tratan datos. Según el RGPD, la trazabilidad debe cumplir los siguientes objetivos principales:

Transparencia para los interesados: Los usuarios deben ser informados claramente sobre cómo, cuándo y por quién se procesan sus datos. Esto es fundamental para permitir un consentimiento informado y consciente.

Facilitar el ejercicio de derechos: Los usuarios deben poder gestionar su consentimiento y ejercer derechos como el acceso, la rectificación o la eliminación de datos.

Responsabilidad del responsable del tratamiento: Las organizaciones deben garantizar el control sobre los fines del tratamiento, los principios de limitación, y la supervisión de encargados y subencargados.

Supervisión de las autoridades de control: Las entidades regulatorias, como las Autoridades de Control, necesitan acceso detallado a los registros de trazabilidad para auditar y sancionar prácticas irregulares[267].

En el caso de los Espacios de Datos[268], esta trazabilidad debe operar no solo a nivel organizacional, sino también a nivel de usuario individual, identificando quién accede a qué datos y para qué propósito, tal como establece el artículo 32 del RGPD.

Políticas de Control y Registro: El Rastro Digital

La trazabilidad implica, también, la implementación de políticas claras de control y registro de acceso que permitan rastrear cada interacción con los datos. Esto incluye la identificación de usuarios, tanto a nivel organizacional como individual, y la documentación de las acciones realizadas durante cada acceso. Estas medidas son esenciales para garantizar:

---

267 Permitir a las Autoridades de Control ejercer sus poderes de acuerdo con el artículo 58.1 del RGPD.

268 Por ejemplo, en la propuesta de Espacio Europeo de Datos Sanitarios (EHDS), en el artículo 37 "Funciones de los organismos de acceso a los datos sanitarios" en la letra k se propone "k) mantener un sistema de gestión para registrar y tramitar las solicitudes de acceso a los datos, las peticiones de datos y los permisos de datos expedidos y las peticiones de datos atendidas, facilitando al menos información sobre el nombre del solicitante de datos, la finalidad del acceso, la fecha de expedición, la duración del permiso de datos y una descripción de la solicitud o de la petición de datos".

Cumplimiento de transparencia: Las organizaciones deben mantener registros completos de las personas y entidades que acceden a los datos, detallando fines, duración del acceso y tasas abonadas, tal como establece el artículo 20.1 de la Ley de Gobernanza de Datos (DGA).

Protección contra usos indebidos: Sistemas como marcas de agua o huellas digitales pueden ayudar a rastrear la difusión no autorizada de datos, inspirándose en técnicas ya empleadas en la protección de derechos de autor.

En el contexto de la IA, donde los datos personales se utilizan para entrenar modelos complejos, estos registros son imprescindibles para asegurar que los datos se empleen exclusivamente para los fines autorizados y en conformidad con las bases legales del tratamiento.

Desafíos de la Trazabilidad en la IA

El "trinomio" big data, perfilado e inteligencia artificial presenta desafíos únicos para la trazabilidad de los datos. La opacidad de los sistemas de IA a menudo funciona como "cajas negras", donde es difícil identificar quién está utilizando los datos y cómo. La inconmensurabilidad donde el volumen masivo de datos procesados por sistemas de IA dificulta la implementación de mecanismos de trazabilidad exhaustivos.

Por otro lado, los datos derivados se convierten en un problema. La creación de datos secundarios o inferidos, como patrones de comportamiento o predicciones, complica aún más la trazabilidad, ya que estos datos no siempre están vinculados explícitamente a los originales. Por ejemplo, el uso de dispositivos conectados en el Internet de las Cosas (IoT) crea una "ubicuidad inmersiva" en la captación de datos, lo que plantea interrogantes sobre cómo rastrear y gestionar esos flujos de información de manera efectiva[269].

---

269 Polo Roca, A.; "El Derecho a la protección de datos personales y su reflejo en el consentimiento del interesado", UNED. Revista de Derecho Político n° 108, 2020, pp. 165-193.

Inspiradas en técnicas de protección de derechos de autor, las marcas de agua y las huellas digitales emergen como herramientas prometedoras para mejorar la trazabilidad de los datos en los sistemas de IA. Estas técnicas pueden aplicarse tanto a nivel de conjuntos de datos como a nivel de elementos individuales dentro de esos conjuntos. En el contexto de los Espacios de Datos, su implementación podría permitir:

Rastrear la difusión de datos personales.

Garantizar que los datos solo se utilicen para los fines autorizados.

Identificar la fuente de cualquier filtración o uso indebido.

Estas medidas, aunque no son una solución definitiva, representan un paso adelante en la gestión de la trazabilidad, proporcionando una capa adicional de seguridad y control.

La trazabilidad de los datos es, por ende, un pilar esencial para garantizar la transparencia, el control y la responsabilidad en la gestión de datos en el marco de la inteligencia artificial y los Espacios de Datos. Sin embargo, su implementación no está exenta de desafíos, desde la opacidad de los sistemas de IA hasta la complejidad de rastrear datos en un entorno digital altamente interconectado.

Se estima que el volumen global de datos crecerá de 33 zettabytes en 2018 a 175 zettabytes en 2025. Para entender mejor estas cifras, es importante saber que un zettabyte equivale a 1,000,000,000,000 gigabytes (un billón de gigabytes). Para poner esto en perspectiva, imaginemos que una película en alta definición ocupa aproximadamente 5 gigabytes. Y si en 2025 se alcanzan 175 zettabytes, esto significaría la capacidad para almacenar aproximadamente 35 billones de películas. Este ejemplo ayuda a visualizar la magnitud del crecimiento en el volumen de datos: es como pasar de tener una biblioteca de 6.6 billones de películas a una de 35 billones, lo que ilustra el enorme potencial y desafío que supone gestionar y aprovechar toda esta información.

La convergencia entre la inteligencia artificial y una estrategia de datos robusta está marcando un antes y un después en la transformación digital de Europa. Ambos ámbitos, aparentemente distintos, se encuentran interconectados y se potencian mutuamente: la IA depende en gran medida del acceso a grandes volúmenes de datos, mientras que una gestión adecuada de estos datos impulsa la innovación y mejora la calidad de vida de los ciudadanos.

En el ámbito de la inteligencia artificial, se vislumbran oportunidades que prometen revolucionar sectores clave como la salud, la movilidad y la educación. Sistemas avanzados podrán analizar imágenes médicas para detectar enfermedades a tiempo, vehículos autónomos podrán comunicarse para evitar accidentes y plataformas educativas personalizadas adaptarán sus contenidos a las necesidades individuales de los estudiantes. Estas aplicaciones no solo ofrecen eficiencia y comodidad, sino que también apuntan a transformar de manera positiva la vida diaria en numerosos aspectos.

No obstante, el auge de la IA viene acompañado de desafíos. Este escenario subraya la importancia de establecer marcos regulatorios que equilibren la innovación tecnológica con la salvaguarda de los ciudadanos y la integridad de la información. Para abordar estos retos, el Parlamento Europeo ha propuesto una estrategia ambiciosa centrada en la creación de un mercado único de datos y en la implementación de espacios de datos comunes. Estos entornos permitirán que tanto empresas como administraciones públicas compartan información relevante de forma segura y eficiente en sectores estratégicos como la salud, la energía o la agricultura. La idea es fomentar una economía digital competitiva, en la que la libre circulación de datos no sensibles impulse el progreso sin comprometer la privacidad ni la seguridad.

La estrategia de datos se complementa con la necesidad de reforzar infraestructuras digitales y garantizar la interoperabilidad entre sistemas. Invertir en tecnología robusta es esencial para que la IA pueda beneficiarse de un flujo continuo y transparente de información, evitando que unos pocos actores monopolizadores se adueñen del mercado. Este enfoque no solo favorecerá la innovación, sino que también asegurará que el desarrollo de la inteligencia artificial se realice en un entorno equitativo y respetuoso con los derechos fundamentales.

En definitiva, la unión de la inteligencia artificial y una estrategia europea de datos representa un camino hacia un futuro digital más seguro. Como indica Morente, la trazabilidad de los datos debe ser mucho más que una formalidad técnica; debe ser un instrumento real para garantizar los derechos de los interesados en un ecosistema digital que avanza a una velocidad vertiginosa[270]. La transparencia, la ética y la innovación tecnológica serán los pilares para construir un futuro donde los datos sean gestionados de forma responsable y segura.

3.3. La praxis española en materia de consentimiento informado: Hacia una protección efectiva en la era digital

El consentimiento nunca había sido tan fácil de obtener ni tan complicado de entender. En plataformas como TikTok, los menores de edad, fascinados por la promesa de viralidad, aceptan sin cuestionar términos que ni siquiera leen, entregando sus datos personales y cediendo su privacidad a cambio de filtros, "likes" y entretenimiento. Lo que para ellos parece un juego, para la plataforma es un negocio multimillonario basado en algoritmos que recopilan, analizan y predicen sus comportamientos. Esta asimetría de poder no solo explota la vulnerabilidad de los menores, sino que plantea preguntas urgentes: ¿puede considerarse válido el consentimiento de un menor que ni siquiera comprende las implicaciones de aceptar? ¿Estamos protegiendo realmente a las generaciones más jóvenes o permitiendo que su privacidad sea el precio por su conexión digital?

---

270 Morente Parra, V.; "Big data o el arte de analizar datos masivos. Una reflexión crítica desde los derechos fundamentales", Revista Derechos y Libertades, nº 41, 2019, pp. 225-260

Como hemos visto, el derecho fundamental a la protección de datos, a diferencia del derecho a la intimidad del art. 18.1 CE, con quien comparte en todo caso el objetivo de brindar una eficaz protección constitucional a la privacidad, "atribuye a su titular un haz de facultades que consiste en su mayor parte en el poder jurídico de imponer a terceros la realización u omisión de determinados comportamientos cuya concreta regulación debe establecer la Ley, aquella que conforme al art. 18.4 CE debe limitar el uso de la informática, bien desarrollando el derecho fundamental a la protección de datos (art. 81.1 CE), bien regulando su ejercicio (art. 53.1 CE). La peculiaridad de este derecho fundamental a la protección de datos respecto de aquel derecho fundamental tan afín como es el de la intimidad radica, pues, en su distinta función, lo que apareja, por consiguiente, que también su objeto y contenido difieran" (STC 292/2000, de 30 de noviembre).

El objeto de protección del derecho fundamental a la protección de datos "no se reduce sólo a los datos íntimos de la persona, sino a cualquier tipo de dato personal, sea o no íntimo, cuyo conocimiento o empleo por terceros pueda afectar a sus derechos, sean o no fundamentales, porque su objeto no es sólo la intimidad individual, que para ello está la protección que el art. 18.1 CE otorga, sino los datos de carácter personal". Y en cuanto a su contenido, "consiste en un poder de disposición y de control sobre los datos personales que faculta a la persona para decidir cuáles de esos datos proporcionar a un tercero, sea el Estado o un particular, o cuáles puede este tercero recabar, y que también permite al individuo saber quién posee esos datos personales y para qué, pudiendo oponerse a esa posesión o uso" (STC 39/2016, de 3 de marzo).

Como venimos exponiendo, el consentimiento es un principio esencial en el marco de la protección de datos y la privacidad[271] que garantiza que las personas puedan decidir de manera libre, específica, informada y explícita sobre el tratamiento de sus datos

---

271 STC 292/2000, de 30 de noviembre

personales. Este concepto, más propio en origen del ámbito de la bioética y sanitario (consentimiento informado), ha evolucionado significativamente con el avance tecnológico, el auge del procesamiento masivo de datos y la creciente preocupación por la seguridad y los derechos individuales en el entorno digital. En este sentido, la evolución del consentimiento informado ha estado marcada por marcos normativos como el RGPD de la Unión Europea, que refuerza los derechos de los interesados y establece exigencias claras para que el consentimiento sea verificable, revocable y otorgado sin ambigüedades. Este progreso busca garantizar un equilibrio entre la innovación tecnológica y el respeto por la autonomía y dignidad de las personas, adaptándose a los desafíos de una sociedad cada vez más digitalizada[272].

---

[272] La SAN 14 febrero 2023 (Rec. 463/2020), ha determinado que el consentimiento es una manifestación de voluntad que ha de ser, en primer lugar, libre, es decir, que "solo puede ser válido si el titular de los datos puede realmente elegir y no existe riesgo de engaño, intimidación, coerción o consecuencias negativas importantes si no da su consentimiento". En segundo lugar, que el consentimiento debe ser "específico", y, por tanto, no es admisible cuando se presta para una finalidad muy genérica. En este sentido, razona la citada sentencia, que "consentimiento libre, específico e informado que requiere por tanto que la información para la que se exige el mismo sea "inteligible" lo que significa que debe resultar comprensible al integrante medio de la audiencia, por lo que se trata de un requisito que está estrechamente vinculado al de utilizar un lenguaje claro y sencillo. Resulta por ello también de los referidos preceptos (artículo 6.1 LOPDGDD y 4.11 RGPD) que el consentimiento requiere de una "clara acción afirmativa" de modo que el interesado debe haber actuado de forma deliberada para dar su consentimiento al tratamiento". Sobre estas razones, además de las propias previsiones del considerando 32 del RGPD y la EM de la LO 3/2018, concluye la Audiencia Nacional que "la normativa de protección de datos excluye en la actualidad el consentimiento tácito y exige que el mismo sea explícito. Considera la Sala, por tanto, que solo resultará válido el consentimiento expreso, que debe otorgarse a través de un acto afirmativo claro que evidencie una declaración de voluntad libre, específica, informada e inequívoca del titular de los datos de carácter personal, en el sentido de que no exista la más mínima duda de que ha habido voluntad manifiesta por parte de dicho afectado".

Por otro lado, la realidad social nos pone de manifiesto como la obtención y el tratamiento de datos personales de menores de edad no es un fenómeno aislado, al contrario, la continua interacción de los menores con el entorno digital nos pone de manifiesto su importancia, piénsese, por ejemplo, la preocupación que esto genera a portales como YouTube, TikTok, Instagram y otras redes sociales, en las que los menores son usuarios asiduos. Más aún cuando el desarrollo tecnológico contribuye poderosamente a que los menores de edad, y no pensamos exclusivamente en adolescentes sino también en niños, usen todo tipo de aplicaciones y servicios de la sociedad de la información que hasta hace no demasiado tiempo, por su dificultad de acceso, quedaban restringidas a aquellos que superaban la decena de edad. Sin embargo, en la actualidad, aplicaciones como, por ejemplo, YouTube ínsitas en Tablets y Smartphones, así como en las SmartTVs, hacen que los menores puedan acceder a "golpe de dedo" y, con ello, que puedan sufrir abusos sobre su habeas data.

Por ello no extrañará que incluso con anterioridad al sistema vigente, la AEPD en su Informe 466/2004 afirmara que: "A nuestro juicio, deben diferenciarse dos supuestos básicos, el primero referido a los mayores de 14 años, a los que la Ley atribuye capacidad para la realización de determinados negocios jurídicos, y el segundo, al consentimiento que pudieran prestar los menores de dicha edad. Respecto de los mayores de catorce años, debe recordarse en primer término, que el artículo 162.1° del Código Civil exceptúa de la representación legal del titular de la patria potestad a "los actos referidos a derechos de la personalidad u otros que el hijo, de acuerdo con las leyes y con sus condiciones de madurez, pueda realizar por sí mismo". Se plantea entonces si, en el supuesto de mayores de catorce años, ha de considerarse que el menor tiene condiciones suficientes de madurez para prestar su consentimiento al tratamiento de los datos, debiendo, a nuestro juicio, ser afirmativa la respuesta, toda vez que nuestro ordenamiento jurídico viene, en diversos casos, a reconocer a los mayores de catorce años la suficiente capacidad de discernimiento y madurez para adoptar por sí solos determinados actos de la vida civil. Baste a estos efectos recordar los supuestos de adquisición de la nacionalidad española por ejercicio del derecho de opción o por residencia, que se efectuará por el mayor de catorce años, asistido de su representante legal, o la capacidad para testar (con la única excepción del testamento ológrafo) prevista en el artículo 662.1 para los mayores de catorce años... Respecto de los restantes menores de edad, no puede ofrecerse una solución claramente favorable a la posibilidad de que por los mismos pueda prestarse el consentimiento al tratamiento, por lo que la referencia deberá buscarse en el artículo 162 1° del Código Civil, tomando en cuenta, fundamentalmente, sus condiciones de madurez".

Posteriormente, conscientes de esta realidad, el legislador a través del Real Decreto 1720/2007, de 21 de diciembre, por el que se aprueba el Reglamento de desarrollo de la Ley Orgánica 15/1999, de 13 de diciembre, de protección de datos de carácter personal, introdujo el artículo 13 relativo al consentimiento para el tratamiento de datos de los menores de edad cuyo tenor literal era el siguiente: "1. Podrá procederse al tratamiento de los datos de los mayores de catorce años con su consentimiento, salvo en aquellos casos en los que la Ley exija para su prestación la asistencia de los titulares de la patria potestad o tutela. En el caso de los menores de catorce años se requerirá el consentimiento de los padres o tutores. 2. En ningún caso podrán recabarse del menor datos que permitan obtener información sobre los demás miembros del grupo familiar, o sobre las características del mismo, como los datos relativos a la actividad profesional de los progenitores, información económica, datos sociológicos o cualesquiera otros, sin el consentimiento de los titulares de tales datos. No obstante, podrán recabarse los datos de identidad y dirección del padre, madre o tutor con la única finalidad de recabar la autorización prevista en el apartado anterior. 3. Cuando el tratamiento se refiera a datos de menores de edad, la información dirigida a los mismos deberá expresarse en un lenguaje que sea fácilmente comprensible por aquéllos, con expresa indicación de lo dispuesto en este artículo. 4. Corresponderá al responsable del fichero o tratamiento articular los procedimientos que garanticen que se ha comprobado de modo efectivo la edad del menor y la autenticidad del consentimiento prestado en su caso, por los padres, tutores o representantes legales".

Observamos como el legislador en este contexto digital, y obviando ahora cuestiones accesorias, abordó dos puntos esenciales en lo que respecta a la protección de los datos del menor: por un lado, la necesidad de que la información dirigida al menor fuera comprensible; y, por el otro, la comprobación de manera efectiva de la edad del menor y la autenticidad del consentimiento prestado por el adulto responsable. Sin embargo, la AEPD en su Informe 46/2010, sobre tratamiento de datos de menores y consentimiento y deber de información, advertiría que: "El precepto no impone un procedimiento determinado, dejando libertad al responsable del fichero para establecer el que considere adecuado", y se planteaban dos posibilidades según la solicitud sea realizada por los padres o representantes legales del menor o bien a que aquéllos autoricen la solicitud realizada por el menor, afirmando la AEPD que "en ambos casos, resulta aconsejable que al citado documento se acompañe fotocopia del DNI de los padres o tutores a fin de verificar que la firma coincide con la solicitud o cupón presentado".

En el ámbito europeo, el Reglamento (UE) 2016/679 del Parlamento Europeo y del Consejo de 27 de abril de 2016 relativo a la protección de las personas físicas en lo que respecta al tratamiento de datos personales y a la libre circulación de estos datos, ha venido a resaltar en su considerando trigésimo octavo que "los niños merecen una protección específica de sus datos personales, ya que pueden ser menos conscientes de los riesgos, consecuencias, garantías y derechos concernientes al tratamiento de datos personales. Dicha protección específica debe aplicarse en particular, a la utilización de datos personales de niños con fines de mercadotecnia o elaboración de perfiles de personalidad o de usuario, y a la obtención de datos personales relativos a niños cuando se utilicen servicios ofrecidos directamente a un niño". De igual forma, por la propia idiosincrasia de los menores, según se lee en el quincuagésimo octavo considerando del Reglamento, "cualquier información y comunicación cuyo tratamiento les afecte debe facilitarse en un lenguaje claro y sencillo que sea fácil de entender".

El Reglamento europeo en su art. 8.1 fija la edad en que los menores pueden prestar por sí mismos el consentimiento en 16 años, si el niño es menor de esa edad, tal tratamiento únicamente se considerará lícito si el consentimiento lo dio o autorizó el titular de la patria potestad o tutela sobre el niño, y solo en la medida en que se dio o autorizó. No obstante, se prevé que los Estados miembros podrán establecer una edad inferior siempre que esta no sea inferior a los 13 años.

Dicha norma se complementa con la Directiva (UE) 2016/680 del Parlamento Europeo y del Consejo de 27 de abril de 2016, relativa a la protección de las personas físicas en lo que respecta al tratamiento de datos personales por parte de las autoridades competentes para fines de prevención, investigación, detección o enjuiciamiento de infracciones penales o de ejecución de sanciones penales, y a la libre circulación de dichos datos y por la que se deroga la Decisión Marco 2008/977/JAI del Consejo.

Observamos, pues, como el actual artículo 7 de la Ley 3/2018 es solo una asunción parcial del contenido del artículo 13 del RPD, distinguiendo dos supuestos bien diferenciados: por un lado, el consentimiento de los mayores de catorce años; y, por el otro, el de los menores de dicha edad. Con esta regulación, heredera en este punto de la anterior, observamos como todos los menores de catorce años que hagan uso de cualquier aplicación móvil, red social, mensajería instantánea o incluso videojuegos que impliquen el tratamiento de sus datos deberán obtener la autorización de sus padres, tutores o representantes legales.

En todo caso, más allá del debate acerca del criterio cronológico de la edad que parece que ha centrado parte de los esfuerzos dialécticos de nuestro legislador, lo realmente significativo será como dar efectivo cumplimiento a dicha normativa.

En primer lugar, siguiendo el mandato europeo, todo tipo de información que tenga que ver con menores y su habeas data, tendrá que ser expresada en un lenguaje claro y sencillo que sea fácil de entender, lo cual, de plano impide considerar que cumple dichas exigencias los clásicos formularios caracterizados por una extensión desmedida que lejos de informar debidamente, lleva a la extenuación incluso a los adultos más capaces.

En segundo lugar, serán los responsables de los ficheros o del tratamiento de los datos los que deberán desarrollar los procedimientos idóneos o aptos que garanticen que se ha comprobado de un modo real la edad del menor y la autenticidad del consentimiento prestado por el titular de la patria potestad o tutela.

En tercer lugar, conviene precisar que, aunque el menor sea mayor de catorce años y haya prestado su consentimiento (o de que sea menor y, en su caso, lo hayan prestado sus representantes legales), dicho consentimiento no actuará como causa de exclusión de la ilegitimidad de la intromisión cuando el uso de la imagen del menor menoscabe su honor o, en general, sea contraria a sus intereses, por atentar contra su integridad moral o ser negativa para su formación.

En este estado de cosas, observamos como el tratamiento de datos personales de los menores plantea desafíos significativos tanto desde el punto de vista legal como práctico. Aunque la normativa vigente, como la Ley Orgánica 3/2018 y el RGPD, establece un marco claro para proteger a este grupo especialmente vulnerable, su efectiva implementación requiere esfuerzos coordinados por parte de legisladores, operadores jurídicos y responsables del tratamiento. La necesidad de garantizar un consentimiento informado, verificable y comprensible para los menores y sus representantes legales no solo refuerza los derechos fundamentales, sino que también se convierte en un pilar esencial para generar confianza en el entorno digital. Asimismo, la protección de los menores en el ámbito de la privacidad no puede limitarse únicamente a establecer un criterio de edad o a imponer requisitos formales sobre el consentimiento. Es necesario desarrollar herramientas tecnológicas y procedimientos accesibles que faciliten la validación de la autenticidad del consentimiento y que garanticen que la información proporcionada sea adecuada para las capacidades cognitivas de los menores. En este sentido, resulta crucial que el lenguaje empleado sea claro, sencillo y adaptado a su nivel de comprensión, evitando las complejidades habituales que muchas veces dificultan la comprensión incluso a los adultos. Finalmente, el enfoque centrado en el menor no solo exige cumplir con las exigencias normativas, sino también salvaguardar su bienestar integral frente a posibles abusos, intrusiones o riesgos derivados de un uso indebido de sus datos. Esto implica no solo un compromiso por parte de los responsables del tratamiento, sino también la concienciación y formación de los menores y sus familias en materia de privacidad. Solo mediante un enfoque integral y dinámico se podrá garantizar que el tratamiento de los datos personales de los menores respete plenamente sus derechos y contribuya a su desarrollo en una sociedad cada vez más digitalizada.

4. EL CONSENTIMIENTO EN LA ERA DE LA IA: REPLANTEANDO LA PROTECCIÓN DE DATOS EN UN MUNDO INTELIGENTE

Según la Declaración Deusto Derechos Humanos en Entornos Digitales de 26 de noviembre de 2018 la transformación digital es irremediable. Resistirnos a la IA es un contrasentido. Oponernos a la evolución tecnológica es un debate irrelevante y debemos centrarnos en un único objetivo: la vuelta a las doctrinas antropocéntricas del humanismo. Los hombres cambian su libertad natural por las leyes para obtener paz y orden; es decir, por seguridad. Y, por tanto, la prioridad debe ser el ser humano. Pero para mantener este contrato social antropocéntrico las futuras regulaciones de la IA deben tener un doble objetivo: impedir que exista un monopolio de datos y que se garantice la seguridad de estos. Las medidas de seguridad (confianza) serán el motor del contrato social junto al consentimiento informado. El filósofo israelí David

Hartman[273], explicaba que el ciberespacio se parece al mundo del que hablaban los profetas "un lugar donde toda la humanidad puede estar unida y ser totalmente libre". Sin embargo, añade: "el peligro es que estamos uniendo a toda la humanidad en el ciberespacio, pero sin Dios".

Es cierto, cada vez más nos acercamos a un mundo sin fronteras, valores y leyes que se parece al verdadero país único. Un mismo espacio donde nos reunimos 4.540 millones de personas de los 7700 millones de personas que las conformamos la población mundial según Naciones Unidas. Un sitio donde la penetración de Internet pronto alcanzará cifras cercanas al 90% de forma global y donde una un pequeño chatbot chino tiene la capacidad de hacer perder 108.000 millones de US$ al mercado estadounidense meramente por mejorar sus capacidades y abaratar los costes. Como hemos dicho no podemos oponernos al futuro, pero sí regularlo y protegernos.

El profesor Morales Prats habla de una nueva "edad media"[274] donde todo está cambiando en el mundo analógico a medida que el mundo tecnológico invade nuestra vida. Como señala Marco Fernández[275], "nuestra forma de ver la vida ha pasado de la venta a la pantalla del smartphone" y eso deberá conllevar la protección de nuestro entorno digital, de lo que el autor denomina, la "caja fuerte de datos" el centro de cualquier modificación y el núcleo de protección que únicamente mediante consentimiento limitado podremos ir concediendo". Y es por todo lo anterior que el consentimiento, tradicionalmente concebido como una herramienta estática para la protección de datos, se encuentra en un punto de inflexión en la era de la inteligencia artificial (IA). Los modelos actuales, basados en un enfoque de "todo o nada", se muestran insuficientes para afron-

273 Citado en Friedman, T., *Gracias por llegar tarde: Cómo la tecnología, la globalización y el cambio climático van a transformar el mundo los próximos años*, op. cit.

274 Morales Prats, F., La utopía garantista del derecho penal en la "nueva edad media", Barcelona, 2015, passim.

275 Marco Fernádez, F., Disociados, op. Cit., pág. 111 y ss.

tar los desafíos que plantean las tecnologías avanzadas. Es necesario un replanteamiento fundamental que permita a los individuos ejercer un control real sobre sus datos en un entorno digital cada vez más complejo y opaco.

Hacia un Consentimiento Dinámico, Granular y Controlado

El futuro del consentimiento se basa en un modelo dinámico, donde los usuarios puedan ajustar sus preferencias a medida que la IA evoluciona, y granular, permitiéndoles decidir sobre usos específicos de sus datos. Imaginemos un sistema de capas donde un usuario puede consentir el uso de sus datos para personalizar un servicio, pero no para entrenar modelos de IA o para fines de marketing. Esta granularidad se complementa con un mayor control individual, otorgando a los usuarios herramientas para gestionar sus preferencias de forma activa y continua. Como señalan Mittelstadt[276] el consentimiento debe evolucionar hacia un sistema "centrado en el control individual".

La transparencia es crucial para generar confianza en los sistemas de IA. Las interfaces para la gestión del consentimiento deben ser intuitivas y accesibles, evitando la "fatiga del consentimiento" que produce la sobrecarga de información. Paneles centralizados de control permitirían a los usuarios gestionar todos sus consentimientos en tiempo real. La explicabilidad de la IA es otro pilar fundamental. Los usuarios deben poder comprender cómo se procesan sus datos y cómo se toman las decisiones automatizadas. Por ejemplo, un sistema de recomendación debería poder explicar por qué un contenido fue sugerido a un usuario. Goodman & Flaxman[277] en su trabajo sobre la transparencia en la IA, afirman que la trans-

---

276 Mittelstadt et al. en "The Ethics of Algorithms", op. cit.

277 Goodman, B., & Flaxman, S. (2017). European Union regulations on algorithmic decision-making and a "right to explanation". AI Magazine, 38(3), 50-57

parencia es la base para reconstruir la confianza en un ecosistema digital saturado de decisiones automatizadas.

La tecnología puede facilitar la gestión del consentimiento, pero es necesario un enfoque ético. Asistentes digitales basados en IA podrían configurar automáticamente el consentimiento según las preferencias del usuario. La IA también podría aprender de las preferencias del usuario para ajustar los niveles de consentimiento en diferentes contextos, por ejemplo, limitando la compartición de datos en redes públicas. Sin embargo, es crucial evitar que la automatización se convierta en nuevas formas de manipulación o coerción, como en la situación actual en la que nos encontramos[278].

Se explorarán nuevos modelos de consentimiento, como el consentimiento implícito, donde las acciones del usuario puedan interpretarse como consentimiento tácito en ciertos contextos, y el consentimiento colectivo, donde grupos de usuarios deleguen decisiones sobre el uso de datos en representantes o instituciones fiduciarias. Si bien estos modelos pueden ofrecer soluciones innovadoras, requieren salvaguardas claras para evitar abusos.

La regulación es esencial para garantizar que el consentimiento en la IA sea efectivo, ético y justo. El futuro Reglamento de Inteligencia Artificial de la UE introduce requisitos de transparencia y supervisión para sistemas de alto riesgo. Se establecerán organismos independientes, como comités de ética, para auditar el uso de la IA y asegurar el cumplimiento de las normativas. Sin embargo, como señala Morales Prats, el derecho penal debe actuar de forma inmediata para proteger nuestros derechos en la futura IA[279].

---

278 Couldry, N., & Mejias, U. A. (2019). *The Costs of Connection: How Data Is Colonizing Human Life and Appropriating It for Capitalism*. Stanford University Press

279 Morales Prats, F., Derecho a la privacidad y la IA: la perspectiva europea, en Desafíos Vitales 2025, RAED.

5. CONCLUSIÓN: REINVENTANDO[280] EL CONSENTIMIENTO EN LA ERA DE LA IA

El consentimiento en la era de la IA está en un proceso de transformación. Para garantizar que el desarrollo tecnológico no comprometa la autonomía, la privacidad y los derechos fundamentales de los individuos, el consentimiento debe ser reinventado.

El futuro consentimiento debe basarse en:

Granularidad y dinamismo: Permitiendo a los usuarios gestionar sus datos de forma continua y específica.

Transparencia y explicabilidad: Asegurando que los usuarios comprendan cómo se utilizan sus datos y el impacto de las decisiones automatizadas.

Automatización ética: Utilizando la IA para simplificar la gestión del consentimiento sin comprometer la autonomía del usuario.

Regulación proactiva: Creando un marco legal y ético que proteja los derechos individuales y fomente la confianza en los sistemas de IA.

Esta evolución es esencial para construir un futuro digital donde la innovación tecnológica se desarrolle en armonía con los derechos y libertades fundamentales de las personas. Y es, precisamente, este tipo de consentimiento el que nos permitirá formular la idea de caja fuerte digital con diversos tipos de consentimiento.

---

[280] Zuboff (2019) en "The Age of Surveillance Capitalism, op. cit.

Parte III

Impactos de la IA en los derechos fundamentales

Capítulo 7
IA Y DERECHOS HUMANOS: UNA RELACIÓN EN TENSIÓN

LUIS DE LAS HERAS VIVES Y FERMÍN MORALES PRATS

1. INTRODUCCIÓN

En China, más de 700 millones de cámaras de vigilancia equipadas con reconocimiento facial monitorean constantemente a la población, convirtiendo al país en una "cárcel a cielo abierto". Esta tecnología se utiliza para identificar a individuos en tiempo real, controlar minorías étnicas y hasta para realizar pagos en comercios. Lo que alguna vez fue una distopía imaginada en la ficción, hoy es una realidad impulsada por la inteligencia artificial, poniendo en jaque principios fundamentales de los derechos humanos.

Pero China no es un caso aislado ni lejano. En Londres, una de las ciudades más vigiladas del mundo, la Policía Metropolitana ha implementado cámaras de reconocimiento facial en tiempo real para identificar a sospechosos en la vía pública. Este sistema, que cruza en segundos miles de rostros con bases de datos policiales, ha generado una intensa polémica: informes han revelado que su precisión es cuestionable, con altos índices de falsos positivos y un sesgo desproporcionado contra minorías étnicas. Además, su uso sin consentimiento ni supervisión judicial plantea un dilema sobre hasta qué punto los ciudadanos están dispuestos a ceder su derecho a la privacidad en nombre de la seguridad.

Y la tecnología avanza más rápido de lo que las leyes pueden regular. En España, ciudades como Madrid han comenzado a desplegar redes de cámaras con sistemas de inteligencia artificial capaces de detectar "comportamientos sospechosos" en tiempo real. En enero de 2025, Madrid instaló 83 cámaras con capacidades avanzadas, incluyendo reconocimiento facial y lectura de matrículas, concentradas en cuatro distritos. Estas cámaras han generado debate sobre su impacto en los derechos fundamentales.

Estos ejemplos reflejan una tendencia global hacia la adopción de tecnologías de vigilancia avanzadas, lo que subraya la necesidad de equilibrar las ventajas en seguridad con la protección de los derechos fundamentales de los ciudadanos.

Como venimos analizando, la irrupción de la inteligencia artificial (IA) ha planteado importantes desafíos para los derechos humanos en un mundo cada vez más digitalizado. Si bien la IA ofrece innumerables beneficios, desde mejorar la eficiencia en el trabajo hasta abordar problemas complejos, también introduce riesgos significativos para la dignidad humana, la privacidad y la igualdad. En este contexto, surge la necesidad imperiosa de establecer marcos legales y éticos que regulen su desarrollo y uso, asegurando que la tecnología respete y promueva los derechos fundamentales.

Como ya se ha dicho, uno de los principales desafíos que plantea la IA es la vulneración de la privacidad y el sesgo algorítmico, que puede conducir a la discriminación. Además, la IA plantea riesgos para la libertad de expresión y el acceso a la información. Los algoritmos que seleccionan y presentan contenidos en redes sociales y motores de búsqueda pueden crear burbujas informativas y amplificar discursos de odio o desinformación. Esto limita la capacidad de las personas para acceder a información diversa y formar opiniones libres, principios fundamentales en cualquier sociedad democrática.

En consecuencia, los retos que plantea la inteligencia artificial exigen una revisión profunda y cuidadosa de muchos derechos humanos tradicionales que, en el momento de su formulación, no podían prever la existencia de tecnologías como la IA. Derechos como la privacidad, la libertad de expresión o incluso el acceso a la información se ven hoy enfrentados a escenarios inéditos, donde algoritmos, redes neuronales y el procesamiento masivo de datos redefinen los límites de lo posible. La aparición de la IA obliga a repensar estos derechos desde una perspectiva contemporánea, adaptándolos a realidades tecnológicas que no solo transforman la interacción humana, sino que también cuestionan los principios fundamentales sobre los que se construyeron. Este proceso de revisión es imprescindible para garantizar que los derechos humanos sigan siendo herramientas efectivas de protección y no se conviertan en vestigios de un marco jurídico incapaz de responder a los desafíos del presente.

2. EL SIGNIFICADO DE LOS "DERECHOS HUMANOS"

Resulta común escuchar a juristas, especialmente en los tribunales, usar las expresiones "derechos humanos" y "derechos fundamentales" como si fueran sinónimos. Sin embargo, este uso impreciso del lenguaje no es un problema reciente; de hecho, muchas de las discusiones en filosofía, y por extensión en el derecho, giran en torno a los significados y cómo los interpretamos[281].

---

281 WITTGENSTEIN, L.: *Philosophische Untersuchungen* (traducción de Alfonso García Suárez y Ulises Moulines), Altaya, Barcelona, 1999, p. 11, punto 11: "Piensa en las herramientas de una caja de herramientas: hay un martillo, unas tenazas, una sierra, un destornillador, una regla, un tarro de cola, cola, clavos y tornillos.—Tan diversas como las funciones de estos objetos son las funciones de las palabras. (Y hay semejanzas aquí y allí). Ciertamente, lo que nos desconcierta es la uniformidad de sus apariencias cuando las palabras nos son dichas o las encontramos escritas o impresas. Pero su empleo no se nos presenta tan claramente. En particular cuando filosofamos". Toda definición, como señala MILLÁN PUELLES, A.: *Fundamentos de Filosofía*, Rialp, Madrid, 2009, p. 14: "puede verificarse de una doble manera: como definición nominal o como definición real, según se atienda, respectivamente, a la palabra o nombre con que designamos una cosa, o a la propia y formal constitución, cuya esencia se busca, de la cosa nombrada. La definición nominal ofrece, pues, la significación de una palabra; en tanto que la definición real es expresiva de la esencia de una cosa (...) [a su vez] toda definición nominal es susceptible de dos modalidades: la etimológica y la sinonímica, según el método de que nos valgamos para ma-

Por eso, resulta importante aclarar qué entendemos por derechos humanos y, además, abordar el concepto de sus generaciones. Este paso es esencial para tratar con precisión y rigor el objetivo principal de este análisis: explorar el significado, el alcance y el contenido de las distintas generaciones de los derechos humanos. Solo así podremos comprender mejor su evolución y relevancia en el marco del derecho y la sociedad y los problemas que se generan con la IA.

Para entender correctamente qué significan las expresiones "derechos humanos" y "derechos fundamentales", es habitual acudir a las fuentes que las definen y les dan forma en el contexto actual. Estas fuentes, ya sean internacionales, nacionales o históricas, nos permiten clarificar el alcance de cada concepto y su relevancia en los distintos sistemas jurídicos.

Explorar las raíces y los fundamentos de estos términos no solo ayuda a precisar su significado, sino que también facilita comprender cómo se han construido y adaptado a lo largo del tiempo. Al hacerlo, podemos identificar mejor las conexiones entre ambos conceptos y su papel en la protección de valores esenciales como la dignidad, la libertad y los derechos inherentes a toda persona.

En el contexto de los derechos humanos desde una perspectiva europea, resulta innegable que el Convenio para la Protección de los Derechos Humanos y de las Libertades Fundamentales (CEDH) de 4 de noviembre de 1950 constituye un punto de referencia clave, incluso por encima de la Declaración Universal de Derechos Humanos (DUDH)[282]. Esto se debe a que el CEDH, en su artículo 1,

---

nifestar la significación del término sea el recurso a su origen, o la aclaración por otras voces más conocidas y de pareja significación"

282 Esta afirmación dista de ser caprichosa o azarosa, pues no desconocemos, en palabras de RA'AD AL HUSSEIN, Z.: "Introducción", en *Declaración Universal de Derechos Humanos*, Naciones Unidas, 2015, pp. v-vi, que "La Declaración Universal promete a todas las personas unos derechos económicos, sociales, políticos, culturales y cívicos que sustenten una vida sin miseria y sin temor. No son una recompensa por un buen comportamiento. No son específicos de

establece una obligación directa para los Estados parte, al disponer que: "Las Altas Partes Contratantes reconocen a toda persona bajo su jurisdicción los derechos y libertades definidos en el Título I del

---

un país concreto, ni exclusivos de una determinada era o grupo social. Son los derechos inalienables de todas las personas, en todo momento y en todo lugar: de personas de todos los colores, de todas las razas y etnias, discapacitados o no, ciudadanos o migrantes, sin importar su sexo, clase, casta, creencia religiosa, edad u orientación sexual". Sin embargo, para cualquier ciudadano medio español, precisamente por su impacto en sus vidas, el Convenio Europeo de Derecho Humanos constituye la coordenada más sólida desde la que comprenderlos, pues es con el Tribunal Europeo de Derechos Humanos la manera más eficaz que su existencia —la de los derechos humanos— tiene concreción real sobre sus vidas. En este sentido, resulta especialmente sugerente en España el art. 954.3 LECrim., al establecer que: "Se podrá solicitar la revisión de una resolución judicial firme cuando el Tribunal Europeo de Derechos Humanos haya declarado que dicha resolución fue dictada en violación de alguno de los derechos reconocidos en el Convenio Europeo para la Protección de los Derechos Humanos y Libertades Fundamentales y sus Protocolos, siempre que la violación, por su naturaleza y gravedad, entrañe efectos que persistan y no puedan cesar de ningún otro modo que no sea mediante esta revisión. En este supuesto, la revisión sólo podrá ser solicitada por quien, estando legitimado para interponer este recurso, hubiera sido demandante ante el Tribunal Europeo de Derechos Humanos. La solicitud deberá formularse en el plazo de un año desde que adquiera firmeza la sentencia del referido Tribunal".

Debe recordarse, además, con la STEDH 7 febrero 2013 (Caso Fabris c. Francia), que de conformidad con el art. 46 CEDH, obligan a los estados a respetar las sentencias definitivas en que sean parte y, especialmente, a adoptar medidas efectivas para prevenir la violaciones del mismo (en este sentido, en lo que respecta a España es de interés recordar una vez más la Resolución DH (99) 469, adoptada el 15 de julio de 1999 en el marco de la ejecución del caso Castillo Algar contra España resulto el 28 octubre 1998, en el que por parte del Gobierno español se presentaron distintas medidas que se comprometió a asumir para dar solución a la violación del convenio. Concretamente, entre esas medidas generales, estaba dar difusión a la doctrina emanada por el TEDH a las autoridades competentes (esencialmente el TC y el CGPJ); el compromiso de que las medidas adoptadas evitarían la repetición de nuevas violaciones similares a las del Caso Castillo Algar por lo que entendió el Gobierno español haber cumplido las obligaciones impuestas por el artículo 53 del CEDH.).

Esta situación supone, en definitiva, vivificar la realidad plasmada por Lord Rodger en aquella célebre expresión "*Argentoratum locutum, iudicium finitum*" (Estrasburgo ha hablado, caso cerrado).

presente Convenio". Este mandato convierte al CEDH en una herramienta jurídica vinculante que trasciende las declaraciones generales y asegura la protección efectiva de los derechos humanos en el ámbito europeo. Además, el principio recogido en el artículo 27 de la Convención de Viena sobre el Derecho de los Tratados refuerza esta preeminencia al estipular que "una parte no podrá invocar las disposiciones de su derecho interno como justificación del incumplimiento de un tratado". Esto implica que el CEDH prevalece sobre las disposiciones internas de los Estados parte, incluyendo sus normas constitucionales, consolidándose como un estándar supranacional para la protección de derechos fundamentales.

Somos conscientes de que hemos alterado el orden habitual, pues es la Declaración Universal de Derechos Humanos elaborada por la Comisión de Derechos Humanos de Naciones Unidas y adoptada por la Asamblea General, el 10 diciembre de 1948, la que contiene actualmente el catálogo más amplio de derechos humanos, pero, debemos insistir, solamente desde su practicidad para las personas tiene sentido ir a la búsqueda de un concepto metajurídico de los derechos humanos[283].

La cuestión de quiénes tienen derechos humanos no es trivial y ha generado reflexiones profundas en el ámbito filosófico y jurídico. Como señala Platts, la respuesta a esta pregunta radica en una combinación de criterios morales y prácticos. Según su definición, "hay un derecho humano a disfrutar de Φ cuando hay un argumento moral suficientemente fuerte en favor de dar reconocimiento y protección legales especiales al interés humano en tener Φ, y ese reconocimiento y esa protección son factibles desde un punto de vista práctico, independientemente de que sean innovadores o continuados"[284].

---

[283] Y esa practicidad, inexorablemente, para un español en 2025 queda cifrada en el CEDH.

[284] PLATTS, M.: "¿Quiénes tienen derechos humanos" (trad. Por Laura Manríquez), *Isonomía*, 2010, núm. 33, p. 141.

Esta formulación de Platts subraya dos elementos clave: primero, la existencia de un interés humano que, por su relevancia, merece una protección especial; y segundo, la posibilidad práctica de garantizar dicha protección. Así, no basta con reconocer un derecho en abstracto o basarlo únicamente en principios éticos; también debe ser viable su implementación efectiva en el marco jurídico. La perspectiva de Platts destaca, por tanto, que los derechos humanos no son una lista cerrada e inmutable, sino una construcción dinámica que responde a las necesidades y realidades de cada momento histórico.

Ante este panorama, coincidimos con el análisis de Bueno en relación con sus criterios para establecer una teoría de teorías de los derechos humanos[285]. Así, cuando hablamos de "derechos humanos" podemos aludir a su *momento formal*[286], vinculado la capacidad de hacerse cumplir, o a su *momento material*[287], es decir, a su contenido independientemente de su momento formal. Por eso precisamente, cuando se habla de los fundamentos de los derechos humanos necesariamente debe enfocarse en atención a lo que acabamos de decir. Por tanto, el fundamento del contenido de un derecho humano tiene que ver con su propio origen y su invención[288] en un momento dado y posterior desarrollo. Mientras que el fundamento de la fuerza de obligar tiene que ver con "la misma validez del derecho como tal (con la normatividad eficaz o vigencia del contenido)"[289].

---

285 BUENO, G.: "Los Derechos humanos", en *El sentido de la vida*, Pentalfa, Oviedo, 1996, pp. 344 y ss.

286 Ibíd. p. 345: "*la «fuerza» —ética, moral, jurídica— de obligar a su cumplimiento, el respaldo que tienen cualquiera que sea su naturaleza, para ser respetados de hecho mediante instrumentos sociales específicos*".

287 Ibíd. p. 346: "*eventualmente, podría tener una presencia de índole especulativa, independiente o previa a su fuerza de obligar*".

288 Utilizamos la expresión «invención» porque negamos por definición que los derechos humanos puedan descubrirse como algo preexistente al hombre. En este sentido, vid. BUENO, G.: "Los Derechos humanos", cit., p. 353.

289 Ibíd., p. 353-354.

Y señala Bueno que las relaciones entre el fundamento del ser (el contenido, la materia) y el fundamento del deber ser (la normatividad efectiva, la forma eficaz) es una suerte de conjugación "en virtud de la cual las partes del contenido (de un derecho) se enlazan entre sí precisamente en el momento de erigirse en normas, de suerte que, de algún modo, pueda afirmarse que es la normatividad o validez de una norma aquello que delimita el contenido mismo del derecho. De este modo (...) De este modo, y por analogía de lo que ocurre, a nuestro juicio, en el momento de comprender la conexión dialéctica entre esos dos contextos que H. Reichenbach distinguió en las teorías científicas, los contextos de descubrimiento y los contextos de justificación —que solamente cuando se ha alcanzado la «justificación» puede en rigor hablarse de «descubrimiento» (y así, el descubrimiento «de los canales de Marte» a finales del pasado siglo, fue solo una apariencia de descubrimiento, precisamente porque no pudo ser justificado)— así también diríamos aquí que solamente cuando el contenido de un derecho (su ser, o materia) ha alcanzado su forma (su validez normativa, su fuerza de obligar, su condición de deber ser efectivo, acaso su coactividad), sólo entonces puede hablarse de origen o de fundamento material"[290].

Estas son las razones por las que es posible hablar, según Bueno, de diferentes fundamentos formales de los diversos contenidos de los derechos humanos, como también que los distintos fundamentos materiales de un concreto derecho humano pueden converger hacia un mismo fundamento formal. Y señala, así el ejemplo de la Declaración de los Derechos Humanos de 1948, de los cuales, los artículos 3 a 21 constituirían una herencia del iusnaturalismo liberal, frente a los artículos 22 a 27 que serían la conquista de las reivindicaciones sociales y sindicales del siglo XIX. De ahí que, existan, pues, diversos fundamentos materiales en una misma declaración cuya validez descansa en el mismo fundamento formal, es decir, la Asamblea de las Naciones Unidas. Y esto, precisamente,

---

[290] Ibíd. p. 354.

es igualmente predicable al Convenio Europeo de Derechos Humanos.

Si damos un paso más en esta cuestión, necesariamente debemos acabar recogiendo la definición de «derechos humanos», acuñada analíticamente por Laporta y expresada así:

"Ahora bien, si los derechos humanos son esos derechos morales universales ensayemos definirlos con arreglo al esquema de la noción de "derecho" que antes se ha aventurado. Tenemos entonces que pensar en lo siguiente:

a) Para todos y cada uno de los miembros individuales de la clase «ser humano»...

b) ... una posición, situación, aspecto, estado de cosas, etc...

c) ... que se considera moralmente un bien tal que constituya una razón fuerte...

d) Para articular una protección normativa a su favor..."[291].

Definición que, aunque nos plantea innumerables objeciones que ahora excederían de nuestro objeto[292], sí que tiene relevancia entorno a los fundamentos de los derechos humanos, pues si los derechos humanos son para todos los hombres, habrá que, por lo menos, reflexionar sobre el fundamento material y formal común para todos los hombres.

En este sentido, coincidimos con la definición que nos da Pérez Luño, al definir los derechos humanos como "conjunto de facultades e instituciones que, en cada momento histórico, concretan las exigencias de la dignidad, la libertad y la igualdad humana, las

---

291 LAPORTA SAN MIGUEL, F. J.: "Sobre el concepto de derechos humanos", en *DOXA*, 1987, núm. 4, p. 34. Aunque negamos, en todo caso y radicalmente, las referencias conceptuales que formula en la p. 27 de su trabajo entorno al concepto de derecho como título con citas de MacCloskey y Marshall.

292 Por la posición extrema, en cuanto negacionista de los derechos humanos, puede citarse a MACINTYRE, A.: *Tras la virtud* (trad. por A. Valcárcel), Crítica, Barcelona, 1987, p. 95., quien llega a afirmar que creer en los derechos humanos es como creer en brujas y en unicornios.

cuales deben ser reconocidas positivamente por los ordenamientos jurídicos a nivel nacional e internacional"[293]. En consecuencia, los derechos fundamentales, son "los derechos humanos garantizados por el ordenamiento jurídico positivo, en la mayor parte de los casos en su normativa constitucional y que suelen gozar de una tutela reforzada"[294]. Y precisamente por ello los derechos humanos constituyen, o deberían constituir, el núcleo esencial de los bienes jurídicos protegidos por el derecho penal.

3. LAS "GENERACIONES DE DERECHOS" COMO CRITERIO HERMENÉUTICO

De cuanto acabamos de decir, rápidamente se intuye la expresión «generaciones de derechos», pues ella alude, precisamente, a las oleadas en que van apareciendo los distintos derechos humanos a lo largo de nuestra historia. Es decir, si acabamos de definir los derechos humanos en conexión con su momento histórico[295], indefectiblemente, el desarrollo y progreso social comporta el surgimiento de nuevos derechos humanos[296]. Por eso se ha dicho que "*una forma habitual de definir y clasificar los derechos humanos consiste en recurrir a un criterio histórico o cronológico por el que se distinguirían los derechos del*

---

293 PÉREZ LUÑO, A. E.: *Los derechos fundamentales*, Tecnos, Madrid, 2016, p. 42.

294 Ibid.

295 Es importante precisar, como señala FIORAVANTI, M.: *Los derechos fundamentales. Apuntes de historia de las constituciones*, Trotta, Madrid, 2020, p. 19 que "*hay tres formas de fundamentar las libertades en el plano teórico-doctrinal y, por lo tanto, de propugnar su reconocimiento y las oportunas formas de garantías por parte del ordenamiento. En síntesis, se puede decir que la aproximación al problema de las libertades puede ser de tipo historicista, individualista o estatista*".

296 Utilizamos la expresión "surgimiento de nuevos derechos humanos" por coherencia a los expresado en relación a que los derechos humanos no se descubren, sino que se inventan. Aunque es una obviedad es necesario recalcar que los "derechos humanos" ni existían antes del hombre ni existirán después de él.

hombre incluyéndolos en diferentes generaciones de acuerdo con el momento, circunstancias políticas e intereses que los ocasionaron"[297].

Así, pues, según este criterio podrían distinguirse nítidamente en la actualidad tres generaciones de derechos (aunque algunos autores hablan de cuatro, incluso de cinco generaciones)[298]. Sea como fuere, sí que es necesario advertir antes de profundizar en las distintas generaciones de derechos que este criterio presenta algunas objeciones prácticamente insalvables: en primer lugar, que los derechos humanos, al menos en la definición propuesta, no surgen al tiempo de las revoluciones inglesa, norteamericana y francesa[299],

---

297 MARTÍNEZ DE PISÓN CAVER, J. M.: "Las generaciones de derechos humanos", *en Constitución y derechos fundamentales* (coord. Por J. Betegón Carrillo, F. J. Laporta San Miguel, L. Prieto Sanchís y J. R. de Páramos Arguelles), Ministerio de Presidencia, Secretaria General Técnica, 2004, p. 409.

298 Vid., infra, apartado V. Sea como fuere, si que conviene advertir para evitar confusiones innecesarias que hay autores que subdividen la primera generación de derechos en dos generaciones de forma y manera que para estos hablaríamos realmente de cuatro generaciones de derechos. Sobre este parecer puede verse a SÁNCHEZ FERRIZ, R.: "Generaciones de derechos y evolución del Estado", en Los derechos humanos en Europa (coord., por Y. Gómez Sánchez), UNED, 1997, pp. 65-78. Asimismo, sobre ésta última también refiero las lecciones magistrales impartidas como profesora de quien esto suscribe en el curso de la Licenciatura en Derecho en la UV en el curso 2018/2019 de la asignatura Derecho Constitucional II.
Otros autores, sin embargo, como FLÓREZ RUIZ, J. F.: "Derechos humanos de quinta generación: la superación del paradigma jurídico antropocéntrico", en mismo tit. (edit. por. J. F. Flórez Ruiz), Tirant lo Blanch, Bogotá, 2019, pp. 27 y 28, sitúan la cuarta generación en las nuevas tecnologías (habeas data, autodeterminación informativa, etc.) y la quinta en la protección de especies distintas a las humanas.

299 Cronológicamente la sucesión de catálogos normativos surgidos en el siglo XVII y XVIII sería: i) Bill of Rights de 1689; ii) Declaración de derechos de Virginia de 1776; iii) Declaración de derechos de Pensilvania de 1776; iv) Declaración de Independencia de 1776; v) Declaración de los Derechos del Hombre y del Ciudadano de 1789; Constitución francesa de 1791; vi) Constitución federal americana (Bill of rights) de 1791; y vii) Declaración de los Derechos del Hombre y del Ciudadano de 1793.

esto es, a finales del siglo XVII y XVIII[300], ni tampoco ese momento surge como tal una primera oleada de derechos humanos, puesto que, es evidente que mucho antes de las grandes revoluciones citadas, es posible encontrar derechos humanos y, más concretamente, la tutela de ciertas libertades[301]. En segundo lugar, hay una dificultad insalvable a la hora de incardinar en cada generación de derechos lo que deben quedar bajo su abrigo. Y, por último, por el propio devenir del tiempo y desarrollo social las generaciones de derechos tienden a lo infinito si no hay, como señala MARTÍNEZ DE PISÓN, algún tipo de control o supervisión[302].

3.1. La primera generación de derechos

Se ha dicho por FIORAVANTI que "*pensar históricamente las libertades significa situarlas en la historia y de este modo sustraerlas lo más posible a las intromisiones arbitrarias de los poderes constituidos*", de forma que —señala el autor— "*la aproximación historicista tiende inevitablemente a privilegiar las libertades civiles, las «negativas», las libertades que*

---

300 Desde un punto de vista canónico sobre la fijación en los postulados iluministas que sitúan la primera generación de los derechos humanos en la época de las grandes revoluciones burguesas, puede verse PECES-BARBA MARTINEZ, G.: "Transito a la modernidad y derechos fundamentales" en Historia de los Derechos Fundamentales (coord. por F. J. Ansuátegui Roig, J. M. Rodríguez Uribes, G. Peces-Barba Martínez y E. Fernández García), Dykinson, Madrid, 1998, pp. 13-264, passim.

301 El ejemplo por antonomasia lo constituye la antigua Roma, en este sentido LOEWENSTEIN, K.: "Roma y la teoría general del estado", *Revista de Estudios Políticos*, 1970, núm. 174, p. 28: "*El Estado era un amo estricto, que exigía una obediencia absoluta y una fidelidad ciega, que también le debía ser ofrecida por los ciudadanos. No está en contradicción con esta afirmación el hecho de que los ciudadanos romanos gozasen en su vida privada de una libertad que podrían envidiar muchos pueblos de nuestro autoritario presente: No podían ser detenidos ni llevados ante un Tribunal arbitrariamente; su propiedad está asegurada; su libertad de conciencia era ilimitada. El clima de la República era favorable para la libertad de opinión; en su falta de respeto hacia los poderosos, Cátulo dejaba atrás a Aretino o a Voltaire*".

302 MARTÍNEZ DE PISÓN CAVER, J. M.: "Las generaciones de derechos humanos", op. cit. p. 410.

se traducen en capacidad de obrar, en ausencia de impedimentos o de obligaciones, dentro de una esfera claramente delimitada y autónoma, ante todo en relación con el poder político"[303]. En este sentido, es rápidamente advertible como en la primera generación de derechos humanos, estos vienen considerados como derechos de defensa (*Abwehrrechte*) de las libertades del individuo[304].

En todos los Estados occidentales[305] la seguridad ciudadana constituye un elemento esencial sin el cual el libre ejercicio de los derechos y libertades sería imposible. El Estado ha de prestar una actividad dirigida a la protección de las personas y los bienes (seguridad en sentido estricto) y al mantenimiento de la paz social por medio de las medidas necesarias (orden público)[306]. Ahora bien, durante la revolución norteamericana y francesa[307], sobre el binomio derecho-Estado se pretendió por los revolucionarios no sólo

---

303 FIORAVANTI, M.: *Los derechos fundamentales,* op. cit., p. 20.

304 PÉREZ LUÑO, A. E.: "Las generaciones de derechos humanos", *Revista del Centro de Estudios Constitucionales,* 1991, núm. 10, p. 205. En este sentido, un ejemplo evidente es el que constituiría el derecho a la intimidad en el que puede distinguirse nítidamente entre una dimensión negativa (resistencia ante injerencias inconsentidas) y otra positiva (control de los flujos de información que emergen de nuestra persona).

305 Nos referimos a los Estados modernos.

306 Utilizamos la expresión "seguridad ciudadana" como sinónimo de seguridad pública que a su vez incorpora el orden público. Sobre esta cuestión puede verse IZU BELLOSO, J. M.: "Los conceptos de orden público y seguridad ciudadana tras la Constitución de 1978", *Revista Española de Derecho Administrativo*, 1988, núm. 58.

307 Por lo que respecta al derecho a la intimidad, durante los periodos revolucionarios, con especial intensidad en el francés, la dicotomía entre lo público y lo privado alcanza especial significación por cuanto el Estado revolucionario se construye como elemento nuclear para lograr el triunfo ideológico, pues tal y como sugiere Rebollo Delgado, L.: *El derecho fundamental a la intimidad*, Dykinson, Madrid, 2000, p. 25: "la privado es el lugar ideal para los complots y las traiciones a la revolución, que desordenan la vida pública, la cual postula la transparencia, el crear un espacio y unas costumbres nuevas, un hombre y un entorno distinto".

edificar las garantías y apuntalar la defensa de los derechos de los hombres, sino también limitar y controlar el ejercicio del poder.

Buena cuenta de cuanto queremos decir nos lo da, en el plano político, el artículo primero del Bill of Rights adoptado por el Parlamento británico el 13 de febrero de 1689 que establece: "*que el pretendido poder de la autoridad real de suspender las leyes o la ejecución de leyes sin el consentimiento del Parlamento es ilegal*". Y, en el plano del individuo, buena cuenta de ello es el artículo primero de la Declaración de Derechos de Virginia de 12 de junio de 1776, al disponer que: "*todos los hombres son, por naturaleza, igualmente libres e independientes, y tienen ciertos derechos inherentes, de los que, cuando entran en un estado de sociedad, no pueden por pacto alguno privar o despojar a su descendencia, a saber: el disfrute de la vida y la libertad con los medios de adquirir y poseer propiedad, y buscar y obtener la felicidad y seguridad*".

Siguiendo el *iter* cronológico de textos que se fueron sucediendo, puede también citarse la declaración de Derecho de Pensilvania de 28 de septiembre de 1776, en los que se determina en su apartado I que "*todos los hombres nacen igualmente libres e independientes, y tienen ciertos derechos naturales, inherentes e inalienables entre los que se encuentran el disfrutar y proteger la vida y la libertad, adquirir, poseer y proteger la propiedad y buscar y obtener la felicidad*". Y en similar sentido los artículos 1 y 2 de la Declaración de los Derechos del Hombre y del Ciudadano adoptada por la Asamblea Nacional constituyente francesa el 26 de agosto de 1789, que establecen, respectivamente, que "*los hombres nacen y permanecen libres e iguales en derechos. Las distinciones sociales no pueden fundarse más que en la utilidad común*" y "*el fin de toda asociación política es la conservación de los derechos naturales e imprescriptibles del hombre. Estos Derechos son la libertad, la propiedad, la seguridad y resistencia a la opresión*"[308].

Así pues, de la lectura de esos preceptos, se colige como se positivizan en distintos textos un catálogo de derechos humanos, en

308 También puede verse el Título I de la Constitución francesa de 3 de septiembre de 1781 y la Constitución Federal Americana de 15 de diciembre de 1791.

cuanto que son propios de los hombres[309] y que, precisamente, por su condición de *hombres* son *inherentes* e *inhalinables*, de titularidad individual cuyo fin es el disfrute pacífico del individuo en la sociedad sin sufrir injerencias del Estado sobre [en] los propios dictados de la razón y desarrollo vital. En definitiva, son esencialmente derechos humanos que encuentran su fundamento práctico en la dimensión vertical: Hombre *vs* Estado.

3.2. La segunda generación de derechos

El propio desarrollo de las sociedades modernas con sus diversos avatares[310], propiciaría inexorablemente la contribución positiva de los Estados a los hombres para la construcción de las nuevas sociedades que se iban proyectando. En este sentido, el auge del capitalismo y las críticas sociales a las desigualdades que fueron generándose a lo largo del siglo XIX, supusieron el sustrato que explica la necesidad de una segunda oleada de derechos humanos. Concretamente, los que buscan corregir la desigualdad y, sobre todo, las deficiencias que el Estado liberal-burgués, tal como apuntaron MARX y ENGELS, había generado sobre la mayoría de individuos que se vieron engullidos por, precisamente, ese Estado-burgués surgido como reacción al *ancien regime*.

Sin duda el ejemplo paradigmático de las corrientes socialdemócratas que inspiraron la necesidad de superar las deficiencias del Estado-burgués, lo constituye el Capítulo V de la Constitución de

---

309 Véase, pues, las propias expresiones usadas: "todos los hombres" o "los hombres".

310 No podemos ahora profundizar sobre todas estas cuestiones, pero sobre el desarrollo social durante el siglo XVIII y XIX pueden verse las distintas obras de Benjamin Constant, Alexis de Toqueville, Suart Mill. Y sobre el crecimiento demográfico urbano en las postrimerías del siglo XVIII y principios del XIX, el desarrollo tecnológico y cambio de paradigma puede verse especialmente DURKHEIM, E.: *Lecciones de sociología*, Comares, Grandada 2016, passim. Sobre todas estas cuestiones puede verse DE LAS HERAS VIVES, L.: Protección penal de la intimidad, UAB, Barcelona, 2018, pp. 21-60.

la República Federal Alemana, al afirmarse en el art. 151 que "*la organización de la vida económica debe corresponder a los principios de justicia al fin de garantizar a todos la procura de una existencia humanamente digna. Dentro de esos límites se debe proteger la libertad económica de los individuos*". Así pues, observamos como la libertad económica pasa a encontrar un sólido límite: *la existencia humanamente digna*. Y, especialmente sugerente y demostrativo de esta nueva lógica, fue el art. 153 in fine que estableció que: "*La propiedad impone obligaciones. Su uso debe constituir al mismo tiempo un servicio para el interés común*".

Otro ejemplo de cuanto estamos diciendo lo constituye el apartado segundo del art. 43 de la Constitución de la República Española de 9 de diciembre de 1931, que expresamente declaró que el Estado velará por alimentar, asistir, educar e instruir a los hijos para el caso en que sus padres no pudieran hacerlo. Asimismo, el apartado sexto del citado artículo también declaraba que el Estado prestaría asistencia a enfermos y ancianos, y protección a la maternidad y a la infancia. Además de, por supuesto, otra serie de declaraciones como, por ejemplo, las condiciones necesarias de una existencia digna a los trabajadores (art. 46) o la educación (art. 48).

En definitiva, esa segunda generación de derechos constituye la eclosión de los derechos sociales al buscar "*inspirar la acción de los poderes públicos, penetrando en la esfera de la economía, a favor de objetivos de carácter social, situados en el ámbito del trabajo, de la instrucción, de la asistencia*"[311]. Y sobre esto, pues, gráficas son las palabras de PÉREZ LUÑO al afirmar que: "*Los derechos sociales y el Estado social de Derecho están plenamente implicados, son dos aspectos mutuamente condicionados, no se puede hablar de Estado social de Derecho si no se contemplan dentro de él los derechos sociales; no se puede hablar de Derechos sociales fuera de un marco político que no sea el del Estado social de Derecho. Si hemos visto que hay una atmósfera, un ambiente de crítica, de erosión económica,*

311 FIORAVANTI, M.: *Los derechos fundamentales,* op. cit., p. 122.

institucional y cultural del Estado social de Derecho, no nos puede extrañar que todo eso tenga sus repercusiones en el ámbito de los derechos sociales"[312].

De esta forma, siguiendo a MARTÍNEZ DE PISÓN, los derechos sociales se caracterizan porque: (i) son *derechos de prestación*, es decir, suponen una conducta positiva del Estado; (ii) son *de titularidad individual*, como los derechos de primera generación, pero *que se inspiran en una concepción empírica del ser humano* en cuanto que el hombre contextualizado es, entre otras muchas cosas posibles, trabajador, joven, viejo, discapacitado, etc.; (iii) *que se remiten a un concepto de libertad configurado a partir de la igualdad*; (iv) y que, sobre todo, constituyen un *elemento de solidaridad social* en cuanto que buscan superar las diferencias sociales[313].

3.3. La tercera generación de derechos

Con posterioridad a los horrores de las primera y segunda guerra mundial, las democracias occidentales entran en un proceso de pacificación relativa —con la salvedad de lo que los iusinternacionalistas han denominado tensión *este-oeste* y otros conflictos bélicos deslocalizados— que de su propio progreso van surgiendo nuevas necesidades para afrontar conflictos que hasta ese momento eran desconocidos; bien porque el desarrollo tecnológico era inexistente para su aparición, bien por la incapacidad social de generar esos conflictos dado el estado de cosas. Sea como fuere, todos estos nuevos conflictos contaminan las libertades (*liberties pollution*) conquistadas durante la primera y segunda oleada de derechos humanos[314]. Así, señala PÉREZ LUÑO que "*La estrategia reivindicativa de los derechos humanos se presenta hoy con rasgos inequívocamente novedosos al polarizarse en torno a temas tales como como el derecho a la paz, los derechos de*

---

312 La cita se toma de MARTÍNEZ DE PISÓN CAVER, J. M.: "Las generaciones de derechos humanos", op. cit. p. 419, nota al pie de página 9.

313 Ibíd. pp. 420-422.

314 PÉREZ LUÑO, A. E.: "Las generaciones de derechos humanos", op. cit., p. 206.

los consumidores, el derecho a la calidad de vida, o la libertad informática. En base a ello, se abre paso, con intensidad creciente, la convicción de que nos hallamos ante una tercera generación de derechos humanos complementadora de las fases anteriores, referidas a las libertades de signo individual y a los derechos económicos, sociales y culturales"[315].

Ante esta realidad no se ha dudado en calificar esta nueva generación de derechos como plástica y plural que es reflejo de "un mundo diferente con pretensiones desconocidas y justifica así esta categoría tan variopinta de derechos en la que se engloban exigencias con presupuestos tan distintos"[316]. Así, es evidente las relaciones heterogéneas entre derechos como al medio ambiente, a la paz, al desarrollo, a la autodeterminación informática o *habeas data* o a la *calidad de vida*[317], amén de otros como "*las garantías frente a la manipulación genética, el derecho a morir con dignidad, el derecho al disfrute del patrimonio histórico y cultural de la humanidad, el derecho de los pueblos al desarrollo, el derecho al cambio de sexo, o a la reivindicación de los colectivos feministas de un derecho al aborto libre y gratuito...*"[318].

A diferencia de lo que sucedía con las libertades de signo individual (primera generación de derechos) y los derechos económicos, sociales y culturales (segunda generación), esta tercera generación presente no sólo unos contornos mucho más difusos, sino que la propia titularidad es por su propio fundamento difusa. En este sentido, cuando hablamos de la paz o del medio ambiente estamos refiriéndonos a valores de expresión colectiva cuya posibilidad supone la pluriconvergencia de todos sus titulares.

Sea como fuere, lo que a mi juicio constituye una aporía es desnaturalizar el objeto de los derechos humanos, pues estos sólo pue-

---

315 PÉREZ LUÑO, A. E.: "Estado constitucional y derechos de la tercera generación", *Anuario de filosofía del Derecho*, 1997, núm., 14, p. 564

316 MARTÍNEZ DE PISÓN CAVER, J. M.: "Las generaciones de derechos humanos", op. cit. p. 424.

317 Sobre el Derecho a la calidad de vida, vid. PÉREZ LUÑO, A. E.: "Las generaciones de derechos humanos", op. cit., p. 207.

318 Ibíd., p. 208.

den recaer sobre humanos —sin perjuicio de que, como diría Kant, pueda proyectarse sobre otras especies en tanto que vinculadas con los humanos— y, sobre todo, deben tener una concreción real y efectiva y no ser mero desiderátum[319].

3.4. Más allá de la tercera generación de derechos

La historia de los derechos humanos ha sido, en muchos sentidos, un proceso de expansión constante, adaptándose a las necesidades y desafíos de cada época. Algunos autores sostienen que actualmente nos encontramos en una etapa que podría definirse como la de los derechos humanos de quinta generación, caracterizada por un intento de superar el iusantropocentrismo tradicional[320]. Según esta perspectiva, los derechos no se limitarían exclusivamente al ser humano, sino que se extenderían a especies no humanas, tanto sintientes como no sintientes, e incluso a sistemas tecnológicos avanzados como la inteligencia artificial. Esta propuesta plantea un cambio radical en la concepción de los derechos, pero al mismo tiempo, introduce complejidades y contradicciones que merecen una reflexión profunda.

El problema central de estas ideas es que parecen desbordar el propio significado y alcance de lo que entendemos por derechos humanos, al punto de amenazar con diluir su esencia. Otorgar derechos a entidades no humanas, como sistemas de inteligencia artificial, implica atribuirles un estatuto que se aleja de la base filosófica y ética sobre la que se construyeron los derechos humanos: la dignidad inherente al ser humano.

Como se ha señalado con acierto, confundir los objetos de protección con los sujetos titulares de derechos puede llevarnos a para-

---

319 Sobre esta cuestión de los derechos no humanos puede verse en extenso WISE, S.: *Sacudiendo la jaula. Hacia los derechos de los animales*, Tirant lo Blanch, Valencia, 2018.

320 FLÓREZ RUIZ, J. F.: "Derechos humanos de quinta generación: la superación del paradigma jurídico antropocéntrico", op, cit., pp. 28-29.

dojas conceptuales y prácticas. Por ejemplo, ampliar el alcance de los derechos a las máquinas basándose en su creciente autonomía operativa no equivale a reconocer en ellas una capacidad inherente para ejercer o reclamar derechos. Este enfoque, lejos de enriquecer el debate, puede caer en lo que Jeremy Bentham describió como un "sinsentido sobre zancos" (*nonsense upon stilts*), desvirtuando los fundamentos mismos del concepto de derechos.

No cabe objeción alguna a la idea de que los humanos deben proteger bienes, entornos o incluso animales para garantizar su propio desarrollo vital y la sostenibilidad del planeta. Sin embargo, convertir estos elementos en titulares de derechos independientes del hombre plantea un imposible lógico y jurídico. La protección del medio ambiente, los animales o incluso la regulación de la inteligencia artificial debe entenderse como una extensión de las responsabilidades humanas y no como una atribución de derechos inherentes a estas entidades. Es crucial distinguir entre la necesidad de proteger los entornos que permiten el desarrollo humano y la idea de conferirles derechos que, por su naturaleza, están ligados a la dignidad, la autonomía y la capacidad moral que solo se reconoce en el ser humano.

La confusión entre estos conceptos no solo resulta en un abuso del lenguaje, sino que también puede debilitar la fuerza normativa y ética de los derechos humanos al desviar su foco de atención hacia nociones que contradicen su esencia.

4. EL PAPEL PROTAGONISTA DEL ART. 18.4 CE

Jorge Luis Borges, en el relato *La muralla y los libros*, recuerda el desafío inútil del emperador chino Shih Huang Ti, quien pretendió abolir el pasado "quemando todos los libros anteriores a él", para que, de esta forma, "la historia comenzara con él"[321]. Una metáfora

---

321 BORGES, J. L.: *Del culto de los libros, Otras Inquisiciones, Obras Completas*, I, Barcelona, 2005, pp. 633-635.

visual que enseña que un libro y su historia es un valor absoluto, un valor que no puede quedar reducido al capricho o al azar, porque, como leemos en otro de sus relatos, *Del culto de los libros*, "somos versículos o palabras o letras de un libro mágico, y ese libro incesante es la única cosa que hay en el mundo: es, mejor dicho, el mundo"[322].

Con lo anterior queremos poner de manifiesto que cuando hablamos de un derecho u otro; de un acontecimiento u otro... estos no ocurren como mero acontecimiento del orden natural, sino que traen causa en una serie de acontecimientos anteriores y circunstancias concurrentes y solapadas que lo explican. Por eso en la disciplina del Derecho en modo alguno estamos ante hallazgos de realidades preexistentes que vienen dadas en el orden natural, sino que con el transcurso del tiempo se producen invenciones, innovaciones o construcciones jurídicas que son deudoras, por muy iconoclastas o rupturistas que sean, de una herencia cultural aprehendida. Pero, en todo caso, son creaciones de los hombres.

Primero «*intimidad*», después «*habeas data*», seguidamente «*intimidad informática*», para posteriormente aludir a las «*garantías informáticas*» y ahora a la "*inteligencia artificial*".

La aparición de Internet, las redes sociales creadas a su través, etc., suponen hoy nuevos retos constitucionales tanto para la configuración de la protección de los ciudadanos, como para la democracia[323].

En este contexto, el art. 18.4 CE constituye una fuente de la que emanan nuevos derechos que superan la mera protección de datos personales *per se*.

Por un lado, la relaciones entre particulares —personas físicas y jurídicas— en este nuevo contexto de desarrollo digital ha supuesto la necesidad de reajustar las coordenadas clásicas en que quedaban

---

322 Íbid, p. 716.

323 *Vid.*, sobre esta idea BASTIDA, F. J.: "Artículo 20.1, 2 y 4" en Comentarios a la Constitución Española (tomo I), Valencia, 2018.

cifrados los derechos más clásicos (libertad de información, expresión, honor e intimidad). No escapa a nadie, por ejemplo, que en el actual mundo de las redes sociales y el instanteismo del «click», los estándares de libertad de expresión son muy distintos a los vigentes en los tiempos de las publicaciones analógicas. De hecho, la vulgarización del acceso a los medios de difusión ha supuesto, precisamente, un *aggiornamento* entorno al uso de las libertades.

Por el otro, las nuevas realidad y proliferación masiva del uso de los servicios digitales ha comportado el surgimiento de conflictos que, precisamente, para su solución y así poderse garantizar la coexistencia pacífica, ha supuesto necesariamente que hablemos de un estatuto del ciudadano en sus relaciones con el entorno digital. Y ese estatuto, precisamente, lo constituye en España el art. 18.4 CE.

Por esta razón el art. 18.4 CE supone el fundamento de muy distintos derechos fundamentales que no quedan agotados con el de protección de datos, pues, lo que el constituyente quería decir y la realidad de los hechos demuestra es que se trata de una garantía tan amplia como el contexto histórico tecnológico lo requiera para proteger los dos derechos esenciales de la personalidad: honor e intimidad.

Si el Juez Cooley en el s. XIX afirmaba que existía un derecho a ser dejado solo (*right to be let alone*) del que Warren y Brandéis acabarían derivando el derecho a la privacidad (*right to privacy*), hoy, más que nunca, debemos reivindicar el derecho a que nos dejen en paz tanto al mundo digital como analógico. En España ello es posible al amparo del art. 18.4 CE.

Capítulo 8
MÁS ALLÁ DE LA PRIVACIDAD: OTROS DERECHOS FUNDAMENTALES BAJO AMENAZA

LUIS DE LAS HERAS VIVES Y
FERMÍN MORALES PRATS

1. INTRODUCCIÓN

La inteligencia artificial (IA) ha transformado profundamente nuestra forma de interactuar con la información, la comunicación y, en general, con el mundo que nos rodea. Si bien gran parte de la discusión sobre sus implicaciones ha girado en torno a la privacidad, la influencia de la IA va mucho más allá, afectando otros derechos fundamentales que son pilares de las sociedades democráticas. Entre ellos, destacan la libertad de expresión y la libertad de información, ambos esenciales para el funcionamiento de una democracia pluralista y para la formación de una opinión pública crítica y bien informada.

El entorno digital en el que se desarrollan estas libertades ha evolucionado de manera radical gracias a la IA. Algoritmos de recomendación, sistemas de generación automática de contenido y modelos de procesamiento de lenguaje natural tienen la capacidad de amplificar voces y proporcionar acceso a una cantidad sin precedentes de información. Sin embargo, estas mismas herramientas pueden ser utilizadas para restringir, manipular o distorsionar la comunicación. El auge de las fake news, la difusión masiva de contenidos extremistas y el monopolio de los altavaces de información generan retos que el derecho debe resolver.

Por ejemplo, la libertad de expresión, entendida como el derecho de toda persona a expresar sus ideas sin temor a represalias, enfrenta nuevos retos en este contexto. La proliferación de sistemas de moderación automatizada, diseñados para combatir contenidos inapropiados o peligrosos, puede terminar censurando opiniones legítimas. Por otro lado, la libertad de información, que garantiza el derecho a acceder a datos veraces y contrastados, se ve comprometida cuando los algoritmos priorizan la viralidad sobre la veracidad, favoreciendo la desinformación y erosionando la confianza en las instituciones y los medios de comunicación.

Además, el impacto de la IA en este ámbito no se limita a los derechos individuales, sino que también tiene consecuencias colectivas. La capacidad de los sistemas automatizados para amplificar mensajes extremos o polarizadores contribuye a la radicalización y fragmentación social. Este fenómeno no solo afecta la convivencia democrática, sino que también plantea preguntas urgentes sobre la responsabilidad de las plataformas digitales y los Estados para proteger el discurso público frente a estas amenazas.

En este capítulo, analizaremos cómo la IA pone en riesgo derechos fundamentales más allá de la privacidad, centrándonos en la libertad de expresión, la libertad de información y los desafíos que representan las fake news y los mensajes extremos. También exploraremos cómo estos fenómenos transforman la relación entre el ciudadano, la tecnología y el espacio público, y qué medidas deben adoptarse para garantizar que estos derechos sigan siendo efectivos en un mundo cada vez más digitalizado. La pregunta central es: ¿cómo podemos proteger estos derechos sin sacrificar la innovación tecnológica ni comprometer los valores democráticos que están en la base de nuestras sociedades?

2. GRANJAS DE TROLES, FAKE NEWS Y DERECHO AL HONOR

En el ecosistema digital contemporáneo, las granjas de troles y las **fake news** se han convertido en herramientas poderosas para manipular la opinión pública, distorsionar el debate democrático y amplificar la desinformación. Las *granjas de troles* constituyen el nutriente de operaciones organizadas, a menudo vinculadas a actores políticos, económicos o incluso estatales, que emplean a grupos de personas para crear y difundir contenidos engañosos o divisivos en redes sociales. Por su parte, las *fake news* son informaciones falsas o manipuladas que buscan influir en el comportamiento de los ciudadanos, ya sea para moldear decisiones políticas, desacreditar a oponentes o simplemente generar confusión.

Ambos fenómenos, aunque distintos, actúan de manera complementaria y sinérgica. Las *granjas de troles* generan un flujo constante de desinformación, mientras que las *fake news* se diseminan en un entorno ya predispuesto a aceptar información distorsionada. Esto no solo socava el derecho de las personas a recibir información veraz y contrastada, sino que también fomenta la polarización social y la radicalización de ciertos sectores de la población.

El impacto de estas prácticas trasciende las fronteras digitales, afectando directamente los derechos fundamentales y la estabilidad democrática. No obstante, granjas de troles y las fake news son fenómenos que, aunque altamente potentes en la actualidad debido al desarrollo tecnológico, no son del todo nuevos en su esencia. Como se ha señalado, bajo el anglicismo fake news no se encuentra una realidad reciente, sino una práctica que ha existido durante siglos en forma de desinformación, propaganda o intoxicación informativa. Lo que sí ha cambiado drásticamente es su escala y su capacidad de difusión, propiciada por la interconexión global y la viralidad que caracteriza a las plataformas digitales.

Pretender presentar la noticia falsa como un fenómeno exclusivamente moderno implica ignorar sus raíces históricas. Sin embargo, lo que resulta incuestionable es que el desarrollo tecnológico ha multiplicado exponencialmente el alcance y la velocidad de propagación de estas informaciones. Hoy, la facilidad con la que cualquier usuario puede generar contenido y la capacidad de los algoritmos para amplificar mensajes han dado lugar a un ecosistema en el que las *fake news* no solo proliferan, sino que se convierten en herramientas de manipulación de masas a gran escala. Las *granjas de troles* han perfeccionado esta práctica, convirtiendo la producción de desinformación en un proceso sistemático y altamente efectivo.

Aunque no es objetivo nuestro abordar debates filosóficos sobre la verdad o reconstruir una génesis exhaustiva de las *fake news*, es importante señalar cómo estas prácticas tradicionales se han adaptado a las dinámicas del entorno digital. Lo que antes requería campañas masivas y recursos significativos, ahora se puede lograr con un equipo reducido, tecnología avanzada y el apoyo de plataformas de difusión global. Este contexto plantea preguntas urgentes sobre cómo protegernos frente a estos fenómenos, garantizando al mismo tiempo derechos fundamentales como el acceso a la información veraz y la libertad de expresión, en un escenario donde la manipulación y la intoxicación informativa amenazan con convertirse en la norma.

Con todo, también debemos precisar que las fake news tienen más que ver con el concepto de «realidad» que con el de «verdad» a pesar de que ambos, evidentemente, estén imbricados. La «realidad» por definición, en este caso de la RAE, es "lo que ocurre verdaderamente» frente a la «verdad» que, en lo que ahora nos interesa, es «la existencia real de algo". Cuando estudiamos a Parménides todos recordamos su famosa ley de identidad: "lo que es es y lo que no es no es". Pues bien, ante las propias limitaciones para definir «lo que es», un buen termómetro es, precisamente, la «realidad», es decir, "lo que ocurre verdaderamente".

3. LA CONSTRUCCIÓN DE LA REALIDAD

En el análisis de las *fake news* y las estrategias de desinformación actuales, resulta inevitable mencionar los once principios de propaganda formulados por Joseph Goebbels, cuya esencia radica en la construcción mediática de una realidad que se ajusta a los intereses del propagandista.

Estos principios, que incluyen elementos como simplificación y enemigo único, contagio, transposición, exageración y desfiguración, orquestación, renovación y unanimidad, entre otros, se basan en la idea de que una mentira, repetida mil veces, acaba por aceptarse como una verdad. Esta lógica, aunque formulada en el contexto de la propaganda del siglo XX, sigue vigente y se encuentra en el núcleo de las prácticas modernas de desinformación.

Lo que marca la diferencia en nuestro tiempo no es la novedad de estas estrategias, sino su amplificación exponencial gracias a la tecnología actual. Redes sociales, foros de internet y aplicaciones de mensajería instantánea han convertido al ciudadano promedio en un potencial difusor de mensajes, multiplicando la velocidad y el alcance de las campañas de desinformación. A través de algoritmos diseñados para maximizar la interacción, estas plataformas favorecen la viralización de contenidos polémicos o extremos, sin discriminar entre la verdad y la mentira. Así, una herramienta concebida para conectar a las personas y democratizar el acceso a la información se transforma en un vehículo para distorsionar la realidad y manipular a las masas. Sin embargo, sería un error caer en la histeria colectiva y demonizar la tecnología por sí misma, equiparando lo desconocido con lo peligroso.

Las herramientas digitales no son intrínsecamente buenas ni malas; su impacto depende del uso que se haga de ellas. Si bien es cierto que han facilitado la proliferación de *fake news* y mensajes extremistas, también han ampliado el acceso al conocimiento y democratizado el discurso público. Juzgar el panorama actual exclusivamente desde sus manifestaciones más patológicas sería simplificar un fenómeno complejo que exige un análisis más matizado.

El desafío, por tanto, no reside únicamente en identificar estas prácticas de desinformación, sino en establecer mecanismos eficaces para combatirlas sin comprometer los derechos fundamentales. Esto implica no solo regular el contenido y las plataformas, sino también educar a la ciudadanía para que sea capaz de distinguir entre información veraz y manipulaciones interesadas. En última instancia, el objetivo debe ser fomentar un ecosistema digital que promueva el pensamiento crítico, respete la diversidad de opiniones y garantice un acceso responsable a la información, manteniendo el equilibrio entre la libertad de expresión y la lucha contra la desinformación.

4. LA LIBERTAD DE EXPRESIÓN E INFORMACIÓN Y LA MENTIRA

La libertad de expresión e información son derechos fundamentales reconocidos en el art. 20 CE y art. 10 CEDH cuya finalidad es, como nos recuerda la STC 6/1981, la existencia de una opinión pública como condición necesaria para el correcto funcionamiento de la sociedad democrática y la pluralidad ideológica de forma que, en su inexorable unión con la dignidad de la persona, todas las personas (físicas y jurídicas, nacionales o extranjeras) son titulares de ambos derechos a excepción de los poderes públicos ex art. 16 CE que impone su deber de neutralidad por lo que la expresión está modulada, si es que no restringida.

Más allá del debate de si la libertad de expresión e información constituyen una categoría unitaria o no, lo cierto es que en el ámbito de la ponderación de intereses, hablar de una u otra influye notablemente.

En este sentido, gráficamente, la diferencia ente expresión e información es que mientras a la primera no se le exige la nota de veracidad, a la segunda sí. Y ello es lógico porque una opinión puede ser tan distinta como procesos intelectivos hay, es decir, la opinión es una manifestación creativa, mientras que la información es una manifestación descriptiva de una realidad dada.

La consecuencia de ello, como no puede ser de otro modo, es que la libertad de expresión es mucho más amplia —y de suyo lábil— que la información.

Con todo, como es obvio, veracidad no es un requisito absoluto ni se identifica con verdad, sino con el proceso intelectual que recorre el informador con vista a que su información traiga causa en la buena fe y en la diligencia debida en la aprehensión de la realidad sobre la que se informa.

Sobre estas consideraciones podemos afirmar que la libertad de expresión: i) protege la libre difusión de ideas, pensamientos y opiniones (creencias y juicios de valor)[324]; ii) no incluye el derecho al insulto[325]; y la veracidad no es un límite aplicable[326].

Mientras que la libertad de información: i) protege a comunicar y recibir información veraz[327]; ii) la veracidad supone la diligencia en la comprobación de la noticia[328]; y iii) adquiere una posición preferente frente al derecho al honor[329] e intimidad[330].

5. LA MENTIRA QUE EXCEDE DE LA LIBERTAD DE EXPRESIÓN

La mentira depende del contexto y finalidad. Mentir, por definición es "decir o manifestar lo contrario de lo que se sabe, cree o piensa" y esta conducta por su propio significado sólo tiene significado moral por lo que, *a priori*, el reproche jurídico queda descartado del propio acto de mentir.

Podrá parecer mejor o peor, como sucede en la mayoría —si no todas— de cuestiones sobre moral fundamental, pero, por razones de coexistencia pacífica, la moral no puede ser la fuente del castigo. Ello unido a que todo lo que no está legalmente prohibido,

---

324 STC 105/1983, de 23 de noviembre.
325 STC 204/1997, de 25 de noviembre.
326 STC 4/1996, de 16 de enero.
327 STC 105/1990, de 6 de junio.
328 STC 171/1990, de 12 de noviembre.
329 STC 29/2009, de 26 de enero.
330 STC 83/2002, de 22 de abril.

está permitido, debe llevarnos inexorablemente a considerar que la mentira es, aunque moralmente reprochable si se quiere, una conducta, en términos generales, amparada por el derecho. Ahora bien, sucede, sin embargo, que la libertad de expresión no lo puede amparar todo. Los absolutos mal se compadecen con la prudencia y, en definitiva, con el derecho. En consecuencia, rápidamente se colige que la mentira puede suponer un uso abusivo de la libertad de expresión y, por tanto, ser castigada. Esta idea, de fácil alcance, encuentra precisamente acomodo en el propio art. 20.4 CE que establece que: "*Estas libertades tienen su límite en el respeto a los derechos reconocidos en este Título, en los preceptos de las leyes que lo desarrollen y, especialmente, en el derecho al honor, a la intimidad, a la propia imagen y a la protección de la juventud y de la infancia*".

Los ejemplos son numerosos y evidentes: 1) la mentira que es calumnia y, por tanto, hiere al derecho al honor (art. 205 CP); 2) la que es medio para producir error en otro induciéndolo a realizar un acto de disposición en perjuicio propio o ajeno (art. 248 CP); 3) la difusión de noticias o rumores total o parcialmente falsos sobre personas o empresas con la finalidad de alterar o preservar el precio de cotización de un valor o instrumento financiero (art. 284.1.2° CP). Etcétera.

6. LA SECRETARÍA TÉCNICA DE LA FISCALÍA GENERAL DEL ESTADO Y SU INFORME SOBRE EL "TRATAMIENTO PENAL DE LAS «FAKE NEWS»"

A mediados de abril de 2020 año, la FGE nos sorprendió con una sugerente nota sobre el tratamiento penal de las "fake news", recordando que: "Las "fake news" o noticias falsas inundan actualmente las páginas de Internet y las redes sociales, pudiendo llegar a generar confusión e incluso alterar la percepción de la realidad de los ciudadanos. Lo antes dicho, unido a la actual situación de crisis sanitaria en la que se encuentra sumida nuestro país, constituyen el caldo de cultivo propicio para que algunas personas, aprovechando el desconcierto existente, traten de atacar determinados bienes jurídicos, entre ellos especialmente el patrimonio y singularmente el de aquellas personas que se encuentran en una mayor situación de vulnerabilidad".

En este sentido, como es obvio, recuerda que "las noticias falsas son de tan variado contenido que, dependiendo de a qué se refieran y con qué intención sean difundidas, pueden llegar a integrar muy diferentes tipos penales" y referencia: 1) el delito de odio; 2) descubrimiento y revelación de secretos; 3) delito contra la integridad moral; 4) desórdenes públicos; 5) injurias y calumnias; 6) delitos contra la salud pública, estafas, intrusismo; 7) delitos contra el mercado y los consumidores. Catálogo que, por cierto, ni mucho menos sería completo, pues, ningún obstáculo teórico habría para considerar la mentira como conducta apta, por ejemplo, para causar unas las lesiones psíquicas (vid. en este sentid la construcción teórica de la SAP de Oviedo de 22 de junio de 2017 que considera que la difusión de un video erótico es conducta apta para causar a la persona perjudicada un resultado lesivo constitutivo de un delito de lesiones psíquicas, argumento que, precisamente, podría predicarse, a pesar de los riesgos obvios, en el caso de la mentira que busca la causación de un daño personal). Sin embargo, el camino no puede ser el rigorismo punitivo.

Ante esto, conviene retomar una idea inmediatamente expresada: todo lo que no está legalmente prohibido, está permitido.

7. LOS RIEGOS DE LA CRIMINALIZACIÓN DE LA PALABRA

Calificar una conducta como conforme a derecho o no (juicio de antijuridicidad), exige asumir que dicha conducta es, previamente, típica; por lo tanto, se está presumiendo la tipicidad con los evidentes riesgos que ello conlleva, por eso hay que afrontar el problema de las *fake news* desde la óptica constitucional, esto es, desde el reverso del delito. En consecuencia, el conflicto debe quedar situado en el plano de la tipicidad, ya que, el ordenamiento jurídico, inspirado por el principio de unidad, no puede simultáneamente prohibir (mandato penal) y permitir una determinada conducta (reconocimiento constitucional). No estamos ante una colisión material de bienes jurídicos —que significaría adentrarnos en un supuesto de estado de necesidad—, sino simple y rayanamente ante el juego de interrelaciones de los bienes jurídicos atacados por la mentira frente a la libertad de expresión y los principios constitucionales superiores relativos a la libertad, igualdad y pluralismo, presentes en el art. 1.1 CE.

Podríamos profundizar sobre la cuestión relativa a la protección de bienes jurídicos personales o individuales en el caso de las *fake news*, pero la brevedad de estas consideraciones exige posponerla para tratar la criminalización de la mentira en relación a bienes jurídicos colectivos, difusos o supraindividuales. Con todo sí que conviene hacer una brevísima consideración sobre los bienes individuales, y muy especialmente en relación con las injurias y las calumnias, ámbito protagónico de las *fake news* en el plano personal, es necesario redoblar los esfuerzos por asumir una política criminal despenalizadora de estos delitos de expresión de ideas, potenciando la tutela a través de la Ley Orgánica 1/1982, de 5 de mayo, de protección civil del derecho al honor, a la intimidad personal y familiar y a la propia imagen, lo que en último término sería más acorde con el principio de *ultima ratio* penal y permitiría una mejor coherencia sistemática en la práctica represiva y permitiría potenciar las exigencias garantistas del principio de taxatividad. En este sentido y a modo de ejemplo respecto de las injurias, el legislador "hubiera podido dejar constreñido el ámbito de incriminación de la injuria a aquellas conductas consistentes en la falsa imputación de hechos lesivos para el honor, que admiten la «exceptio veritatis» en este delito"[331].

---

331 Morales Prats, F.: "Comentarios al Título XI", en AA.VV.: *Comentarios al Código Penal*, t. I (dir. por G. Quintero Olivares y coord. por F. Morales Prats), 2016, p. 1526).

Pero, sin duda, mucho más problemática es la tendencia que se intuye respecto de la criminalización de la palabra desde delitos que protegen, en definitiva, al Estado a través de lo "colectivo". Sin embargo, ante la negación o limitación de la libertad del individuo no cabe la equidistancia, sino una clara reivindicación de la libertad de expresión sobre el secuestro de la palabra.

Como meros observadores de la realidad, vemos que "no es difícil darse cuenta, por lo demás, de que vivimos en tiempos de gestación y de transición hacia una nueva época"[332]. Una época en la que si algo no cabe es el olvido o el desasimiento sobre los deberes y derechos a los que estamos llamados: la defensa de la libertad, la tolerancia y la libertad de las consciencias. Pero, desgraciadamente, no siempre ocurre. El ámbito de las cuestiones fronterizas, como es la defensa de esos principios, suele dejarse en la trastienda, para que el polvo ceniciento las cubra de oprobio. La razón se antoja sencilla: solo el Derecho positivo basta, solo la Ley es materia de estudio.

Frente a esta difusa realidad uno debe rebelarse. No desde la algarabía, sino a través de recordar que la libertad de expresión simple y llanamente constituye uno de los fundamentos esenciales de una sociedad democrática, una de las condiciones primordiales de su progreso y del desarrollo de cada individuo. Y que, sin perjuicio del apartado 2 del artículo 10 CEDH, ampara no sólo para la "información" o las "ideas" recibidas favorablemente o consideradas inofensivas o indiferentes, sino también las que ofenden, chocan o perturban: así lo demanda el pluralismo, la tolerancia y el espíritu de apertura sin las cuales no existe una "sociedad democrática" (Handyside c. el Reino Unido, 7 de diciembre de 1976.

No podemos concluir sino recordando que el antiguo delito de tendencia del art. 165 bis b) del CP 1973, que castigaba, junto a otros conceptos de índole política, la publicación de noticias falsas o informaciones peligrosas para la moral y las buenas costumbres y contrarias, entre otras, a la seguridad del Estado, el mantenimiento

---

332 Hegel, Fenomenología del Espíritu, Madrid, 2000, p. 12.

del orden público o la integridad de los Principios del Movimiento Nacional o de las Leyes Fundamentales (vid., STS 18 marzo 1976 (ECLI: ES:TS:1976:1097), fue ya desterrado de nuestro ordenamiento jurídico para mayor fortuna de la tutela de los derechos humanos en España, pues durante la represión franquista, *moral pública* y *buenas costumbres*, se convirtieron en un coladero para para la arbitrariedad y la represión de la libertad del individual.

8. EL SANEDRÍN DE LAS TECNOLÓGICAS

En el mundo digital contemporáneo, las redes sociales han evolucionado para convertirse en los principales foros de expresión y comunicación global. Plataformas como X (antes Twitter), Facebook o Google no solo permiten el intercambio de pensamientos, ideas y opiniones, sino que han adquirido un papel central en la configuración del discurso público. A través de sus algoritmos, estas empresas controlan qué contenidos son visibles, qué narrativas ganan tracción y cuáles quedan relegadas al olvido digital.

Los algoritmos de estas plataformas, diseñados para maximizar la interacción de los usuarios, operan como los nuevos árbitros del debate público. Lejos de ser neutros, priorizan determinados contenidos según métricas como la viralidad, las interacciones o las preferencias pasadas de cada usuario, creando lo que se ha denominado burbujas informativas. Este fenómeno, en el que los usuarios son expuestos principalmente a ideas que refuerzan sus creencias preexistentes, limita la diversidad del discurso y puede polarizar aún más las opiniones.

Además, estas plataformas han asumido un rol de moderadores, decidiendo qué publicaciones cumplen con sus normas comunitarias y cuáles deben eliminarse. Aunque esta función busca mantener un entorno seguro para los usuarios, también plantea preocupaciones sobre el alcance y la transparencia de sus decisiones. ¿Qué criterios se emplean para determinar si un contenido debe ser censurado? ¿Qué sucede cuando estas decisiones afectan la libertad de expresión, especialmente en contextos políticos o sociales? Al controlar los flujos de información y establecer las reglas del debate, estas empresas ejercen un poder sin precedentes sobre la comunicación global. Este poder, que tradicionalmente recaía en medios de comunicación o instituciones públicas, ahora está en manos de entidades privadas cuyos intereses no siempre se alinean con los principios democráticos o los derechos fundamentales.

Este poder plantea preguntas fundamentales sobre la interacción entre la libertad de expresión, garantizada en el artículo 10 del Convenio Europeo de Derechos Humanos (CEDH), y la capacidad de estas empresas para decidir unilateralmente qué contenidos son permitidos o prohibidos en sus plataformas. De hecho, el debate adquiere una especial relevancia en casos donde los usuarios ven restringido su acceso por expresar opiniones controvertidas, ya sea sobre política, salud pública o cualquier otra materia. ¿Puede una empresa como X cerrar la cuenta de un usuario por emitir opiniones que van en contra de la posición de la plataforma? ¿Debe considerarse un abuso de derecho si los términos y condiciones del servicio limitan la libertad de expresión más allá de los estándares establecidos por el CEDH?

Dicho de una forma más gráfica: ¿Puede X cerrar la cuenta de un usuario porque ese usuario vierte opiniones políticas —o sobre cualquier materia— que van en contra del posicionamiento político que tiene Elon Musk, CEO de X? ¿Debía Youtube cerrar las cuentas de usuarios negacionistas del Covid? ¿Y de ideología totalitaria?

Delimitado entonces el problema, en el ámbito de la Unión Europea debe exigírsele a las empresas prestadoras de tales servicios de la información, actuaciones positivas tendentes a garantizar la libertad de expresión de todas las personas. Y, en modo alguno, la libertad de la empresa puede alzarse como cauce para laminar el derecho fundamental a la libertad de expresión de sus usuarios.

El Convenio Europeo de Derechos Humanos (CEDH) en su artículo 10 es claro: "Toda persona tiene derecho a la libertad de expresión". Y el Tribunal Europeo de Derechos Humanos (TEDH), entre otros muchos casos, en Çetin contra Turquía (13 de febrero de 2003) que la "la libertad de expresión, consagrada en el apartado 1 del artículo 10, constituye uno de los fundamentos esenciales de una sociedad democrática, una de las condiciones primordiales de su progreso y del pleno desarrollo de toda persona". Precisamente por ello, se expresa con rotundidad desde Handyside contra Reino Unido (7 de diciembre de 1976) al afirmar que no hay democracia sin pluralismo y que "la libertad de expresión consagrada por el artículo 10 es aplicable, con la reserva del párrafo segundo, no solamente para las "informaciones" o "ideas" aceptadas favorablemente o consideradas como inofensivas o indiferentes, sino también para las que crean polémica, chocan o inquietan".

Actualmente hemos ya superado los decimonónicos problemas vinculados a los monopolios Estatales de la titularidad de los medios de comunicación y plataformas de difusión, para encontrar en las empresas privadas sujetos cuyas decisiones son capaces de restringir la difusión libre de los pensamientos, ideas y opiniones de los ciudadanos, pues los medios de difusión son privadamente controlados y su capacidad de decisión indudablemente afecta al citado derecho humano.

Podría objetarse que, en cuanto empresa privada, ella misma debe poder controlar conforme a sus propios criterios (que cada usuario podrá aceptar o no) los términos de uso del servicio y decidir si "acepta" o no al usuario. Sin embargo, este planteamiento conforme al Convenio Europeo de Derechos no es admisible. Se expresa con claridad el artículo 17 CEDH que: "Ninguna de las disposiciones del presente Convenio podrá ser interpretada en el sentido de implicar para un Estado, grupo o individuo, un derecho cualquiera a dedicarse a una actividad o a realizar un acto tendente a la destrucción de los derechos o libertades reconocidos en el presente Convenio o a limitaciones más amplias de estos derechos o libertades que las previstas en el mismo". Este precepto significa que ninguna empresa privada puede invocar su libertad (de empresa) para "realizar un acto tendente a la destrucción de los derechos o libertades reconocidos en el presente Convenio" de un individuo (en este caso, el usuario), pues, de obrar así, se estaría actuando en abuso de derecho.

Y traemos a colación este precepto porque somos plenamente conscientes de lo que significan "los términos y condiciones del Acuerdo de Usuario" de las empresas que nos ocupan, sin embargo, esos términos y condiciones no pueden suponer limitaciones superiores a la libertad de expresión que las derivadas de la propia jurisprudencia del TEDH.

Dicho de otro modo, una empresa privada no puede establecer limitaciones más allá de las propias fijadas por el CEDH y perfiladas por el Tribunal Europeo de Derechos Humanos, máxime cuando el artículo 18 CEDH establece que: "Las restricciones que, en los términos del presente Convenio, se impongan a los citados derechos y libertades no podrán ser aplicadas más que con la finalidad para la cual hayan sido previstas".

Los límites de la libertad de expresión están definidos en el artículo 10.2 CEDH: "El ejercicio de estas libertades, que entrañan deberes y responsabilidades, podrá ser sometido a ciertas formalidades, condiciones, restricciones o sanciones, previstas por la ley, que constituyan medidas necesarias, en una sociedad democrática, para la seguridad nacional, la integridad territorial o la seguridad pública, la defensa del orden y la prevención del delito, la protección de la salud o de la moral, la protección de la reputación o de los derechos ajenos, para impedir la divulgación de informaciones confidenciales o para garantizar la autoridad y la imparcialidad del poder judicial".

Se nos recuerda, entre otros, en los asuntos Hachette Filipacchi Associés contra Francia (14 de junio de 2007) o MGN Limited contra Reino Unido (18 de enero de 2011) que el TEDH puede ser requerido para determinar si las autoridades nacionales han realizado una correcta ponderación de los derechos protegido en el Convenio a la hora de restringir o limitar la libertad de expresión.

En consecuencia, debe exigírsele igualmente al Estado parte del CEDH que despliegue conductas tendentes a garantizar que ninguna persona (empresa) limite o restrinja la libertad de expresión de otra (usuario), pues, de lo contrario, si el Estado permite a un particular (empresa) laminar la libertad de expresión de otro (usuario), dicho Estado estaría incumpliendo con su deber de tutelar la libertad de expresión a los ojos del CEDH.

El problema que nos ocupa, por tanto, no es únicamente contractual, esto es, si el usuario cumple "los términos y condiciones del Acuerdo de Usuario", sino si dichos términos y condiciones del Acuerdo de Usuario constituyen un abuso de derecho al implicar para el usuario limitaciones de su libertad de expresión no previstas en el CEDH y que se apartan de la jurisprudencia del TEDH.

Capítulo 9
PRIVACIDAD Y TECNOLOGÍA EN NUESTRA PRAXIS JUDICIAL

**FRANCISCO MARCO FERNÁNDEZ,
LUIS DE LAS HERAS VIVES Y FERMÍN MORALES PRATS**

Si nos presentáramos ante un juez y le dijéramos que un caso sobre aborto o un partido de fútbol tiene implicaciones para la inteligencia artificial, probablemente frunciría el ceño, preguntándose qué tienen que ver dos temas aparentemente tan dispares. Sin embargo, así es la jurisprudencia en materia de privacidad: un entramado de decisiones judiciales que, aunque en apariencia no estén directamente relacionadas, sientan las bases para abordar, en el futuro, los desafíos más complejos de la actualidad tecnológica.

La privacidad, ese derecho fundamental que alguna vez se limitó al ámbito físico, ha evolucionado para abarcar esferas insospechadas. Desde una conversación en una cabina telefónica hasta los datos de localización de un smartphone o la eliminación de nuestra huella digital en internet, los casos más emblemáticos han trazado una línea que conecta los derechos individuales con el avance imparable de la tecnología. La jurisprudencia en materia de privacidad se ha convertido en el marco desde el cual los tribunales deben resolver los conflictos más modernos, incluyendo los que plantea la inteligencia artificial.

En este capítulo, analizamos cómo desde la diversidad, los sistemas continentales y los anglosajones han respondido a este derecho tan complejo para confluir en diversos aspectos. A partir de precedentes históricos como *Roe v. Wade* o *Katz v. United States*, exploramos cómo las decisiones judiciales han transformado los derechos de privacidad en un mundo tecnológico que no deja de evolucionar. La jurisprudencia no es simplemente un archivo de decisiones pasadas, sino la brújula que guía el futuro en un terreno donde lo físico y lo digital convergen.

1. ESTADOS UNIDOS: DONDE LA PRIVACIDAD SE ENCUENTRA CON LA TECNOLOGÍA

Estados Unidos, cuna de la libertad individual y un sistema legal forjado en los precedentes, ha sido pionero en la batalla legal por la privacidad en la era digital. En un país donde la innovación tecnológica avanza a pasos agigantados, donde prima la economía a los derechos, los tribunales se han visto obligados a trazar líneas y a delimitar los derechos individuales frente al avance imparable de la tecnología.

Algunos de estos casos ya han sido analizados con referencia a la privacidad, pero ahora comprobaremos como desde el mínimo al todo, estos precedentes condicionarán la futura regulación de la IA y las conclusiones a este trabajo en la redefinición de los tipos penales y en la creación de nuevos delitos que, como señala Morales Prats, es necesario definir.

1.1. Katz v. United States (1967): La cabina telefónica que redefinió la privacidad

Imaginen a Charles Katz, un corredor de apuestas de Los Ángeles, en 1962. Para proteger sus operaciones ilegales, Katz utiliza una cabina telefónica pública, creyendo que sus conversaciones están a salvo de oídos indiscretos. Sin embargo, el FBI, sospechando de sus actividades, instala un dispositivo de escucha en el exterior de la cabina y graba sus conversaciones, lo que lleva a su arresto y condena.

Este caso llegó hasta la Corte Suprema, donde se debatió el alcance de la Cuarta Enmienda, que protege contra registros e incautaciones irrazonables. ¿Se extendía esta protección a las conversaciones dentro de una cabina telefónica? La respuesta de la

Corte fue un rotundo sí. En una decisión histórica, el Juez Potter Stewart escribió: "Lo que una persona busca preservar como privado, incluso en un área accesible al público, puede ser protegido constitucionalmente"[333].

Con este fallo, la Corte Suprema estableció que la protección de la privacidad no se limita a los espacios físicos, sino que se extiende a cualquier lugar donde una persona tenga una "expectativa razonable de privacidad". Katz v. United States se convirtió en un hito legal, un punto de partida que marcaba la interpretación de la privacidad frente a las nuevas tecnologías.

1.2. Carpenter v. United States (2018): Nuestros teléfonos, ¿extensiones de nosotros mismos?

En la era de los teléfonos inteligentes, nuestros movimientos quedan registrados en una huella digital invisible. Cada llamada, cada mensaje, cada búsqueda en internet deja un rastro de datos que revela detalles íntimos de nuestras vidas. Pero, ¿quién tiene derecho a acceder a esta información?

Esta pregunta fue el centro del caso Carpenter v. United States en 2018. Timothy Carpenter, sospechoso de robo, fue condenado en base a datos de localización de su teléfono móvil obtenidos sin una orden judicial. La Corte Suprema, en una decisión dividida, determinó que la obtención de estos datos sin una orden judicial violaba la Cuarta Enmienda.

El Juez Roberts, en la opinión mayoritaria, argumentó "Los datos de localización de los teléfonos móviles presentan una amenaza sin precedentes para la privacidad individual"[334] e indicó que el gobierno debe obtener una orden judicial para acceder a ellos. Este

---

333 Katz con Estados Unidos, Corte Suprema de los Estados Unidos, 389 US 347, 1967

334 Para más información, Kerr, O. S. (2018). The Fourth Amendment and the Global Network of Surveillance. Harvard Law Review, 131(7), 1933-1984.

fallo estableció un precedente crucial para la protección de la privacidad en la era digital, reconociendo que nuestros teléfonos móviles se han convertido en extensiones de nosotros mismos.

1.3. Facebook, Inc. v. Duguid (2021): Marcando los límites del marketing digital

En un mundo saturado de publicidad, las empresas buscan constantemente nuevas formas de llegar a los consumidores. Una de estas herramientas es el sistema de marcación automática, que permite enviar mensajes masivos a teléfonos móviles. Pero, ¿dónde está el límite entre el marketing legítimo y la invasión de la privacidad?

Este fue el dilema en el caso Facebook, Inc. v. Duguid en 2021. La Corte Suprema se enfrentó a la interpretación de la Ley de Protección al Consumidor Telefónico (TCPA), que regula el uso de sistemas de marcación automática. El caso se centró en la definición de "sistema de marcación automática" y su aplicación a las tecnologías modernas.

Si bien el fallo se centró en un tecnicismo legal, tuvo importantes implicaciones para las empresas que utilizan tecnologías de marketing digital. La decisión de la Corte, en palabras del Juez Sotomayor, establece: "Límites claros sobre cómo las empresas pueden utilizar la tecnología sin invadir la privacidad de los usuarios."[335]

1.4. Roe v. Wade (1973) y su impacto en la privacidad: El derecho a la intimidad

Aunque revocado recientemente por Dobbs v. Jackson Women's Health Organization en 2022, el caso Roe v. Wade (1973) dejó un precedente fundamental en el panorama legal de la privacidad en Estados Unidos. Este caso histórico, que reconoció el derecho de

---

335 Zarsky, T. Z. (2019). The law and limits of privacy. Oxford University Press

la mujer a decidir sobre su propio cuerpo, estableció un vínculo indisoluble entre la privacidad y la autonomía individual.

La decisión de la Corte Suprema en Roe v. Wade se basó en el derecho a la privacidad, argumentando que este derecho fundamental, como se expresa en la sentencia: "Protege la libertad de las personas para tomar decisiones íntimas y personales sin la interferencia del Estado."

Si bien el caso se centró en el derecho al aborto, su impacto se extendió a otros ámbitos, incluyendo la privacidad en el contexto de las nuevas tecnologías.

La revocación de Roe v. Wade en 2022 ha generado un intenso debate sobre el futuro de la privacidad en Estados Unidos. Sin embargo, el legado de este caso histórico sigue siendo un recordatorio de la importancia de la privacidad como un derecho fundamental que debe ser protegido en la era digital.

2. EUROPA: EL GUARDIÁN DE LA PRIVACIDAD EN LA ERA DIGITAL

En Estados Unidos se sentaron las bases de la privacidad corporal, de la definición de las comunicaciones y de su extensión digital y en las formas en que las empresas pueden interferir en nuestra vida. Sin embargo, en Europa este derecho se transformó y amplió.

Europa, con su arraigada tradición de protección de los derechos humanos, se ha erigido como un baluarte de la privacidad en el mundo digital. El Reglamento General de Protección de Datos (GDPR), una de las leyes de privacidad más completas del mundo, ha establecido un nuevo estándar global, reforzando los derechos de los ciudadanos y obligando a las empresas a replantear su enfoque sobre la gestión de datos.

Los tribunales europeos, con el Tribunal de Justicia de la Unión Europea (TJUE) a la cabeza, han desempeñado un papel fundamental en la interpretación y aplicación del GDPR, dando forma a la jurisprudencia sobre privacidad en la era digital. Exploremos algunos de los casos más emblemáticos que han marcado este camino.

2.1. Google Spain v. AEPD y Mario Costeja González (2014): El derecho a ser olvidado

En el corazón de Barcelona, un ciudadano español llamado Mario Costeja González se enfrentó a un gigante tecnológico: Google. Costeja, buscando su nombre en el buscador, se encontró con enlaces a un anuncio de una subasta de bienes embargados que databa de 1998, un episodio de su pasado que consideraba irrelevante y perjudicial para su reputación.

Decidido a borrar ese rastro digital, Costeja inició una batalla legal que lo llevaría hasta el Tribunal de Justicia de la Unión Europea (TJUE)[336]. En una decisión histórica de 2014, el tribunal reconoció el "derecho al olvido", estableciendo que: *"Los individuos tienen derecho a solicitar la eliminación de enlaces a información inadecuada, irrelevante o excesiva de los resultados de búsqueda."* El caso, conocido como Google Spain SL y Google Inc. contra Agencia Española de Protección de Datos (AEPD) y Mario Costeja González (C-131/12), se convirtió en un hito en el ámbito de la protección de datos y la privacidad digital.

Este fallo tuvo mucho impacto en el mundo digital, marcando un antes y un después en la forma en que se gestionan los datos personales en internet. El TJUE dictaminó que los motores de búsqueda, como Google, son responsables del tratamiento de datos personales cuando indexan información publicada por terceros. Esto obligó a Google y otras empresas tecnológicas a establecer mecanismos para procesar solicitudes de eliminación de enlaces por parte de ciudadanos europeos.

---

336 Para profundizar en dicho derecho, véase Pérez-Ugena, M., El derecho al olvido frente a buscadores en internet, Dykinson, 2024.

Desde entonces, Google ha implementado formularios específicos para gestionar estas solicitudes, dando a los ciudadanos la posibilidad de reclamar la eliminación de resultados de búsqueda que vulneren su privacidad. Hasta 2023, Google había recibido más de 1,4 millones de solicitudes de eliminación de enlaces bajo el amparo del derecho al olvido, eliminando aproximadamente el 47% de ellos. Hace pocos meses, la Audiencia Provincial de Madrid ha obligado a Google a borrar la publicación del divorcio de un hombre en el Boletín Oficial de la Comunidad de Madrid al entender que vulnera su derecho a la protección de datos de carácter personal, que fueron indexados en este buscador, cuando el afectado no quería que fuesen revelados.

El caso Costeja no solo empoderó a los ciudadanos, sino que también planteó interrogantes cruciales sobre el equilibrio entre el derecho a la información, la libertad de expresión y la protección de la privacidad en internet. El TJUE enfatizó que este derecho no es absoluto y debe ponderarse caso por caso, considerando factores como la relevancia de la información, el interés público y el papel del afectado en la sociedad. Por ejemplo, figuras públicas como políticos o empresarios suelen tener un umbral más alto para reclamar el derecho al olvido, ya que la sociedad tiene un interés legítimo en conocer detalles sobre sus actividades.

El caso Google Spain sentó un precedente que se ha invocado en numerosas ocasiones en los tribunales europeos. Entre los casos más destacados se encuentra el de GC y otros contra CNIL (C-136/17)[337], donde el TJUE aclaró que el derecho al olvido debe aplicarse principalmente en la Unión Europea, aunque los enlaces en cuestión puedan seguir estando disponibles en otras jurisdicciones fuera de la UE. Este fallo reconoció el carácter regional del derecho al olvido frente a la naturaleza global de internet.

---

337 Sentencia en el asunto C-136/17. GC y otros/Commission nationale de l'informatique et des libertés (CNIL)

Además, el Reglamento General de Protección de Datos (GDPR), en vigor desde 2018, incorporó formalmente el derecho al olvido en su artículo 17, denominado "Derecho de supresión ('derecho al olvido')". Esto reforzó el marco legal para garantizar que las personas puedan ejercer control sobre sus datos personales, exigiendo a las empresas justificar la retención de datos cuando una persona solicita su eliminación.

El caso Costeja y las decisiones posteriores generaron tensiones con gigantes tecnológicos como Google, Facebook y Twitter, quienes argumentaron que la eliminación de enlaces podría interpretarse como censura y afectar la libertad de expresión. Sin embargo, los tribunales europeos han reiterado que la protección de la privacidad debe prevalecer siempre que la información sea irrelevante, desactualizada o desproporcionada.

En suma, el caso Google Spain marcó un antes y un después en la protección de los derechos digitales. Estableció que la privacidad no es solo un derecho teórico, sino una herramienta práctica para que los ciudadanos reclamen el control de su identidad en la era digital. Este legado sigue evolucionando, enfrentándose a los dilemas éticos y legales que surgen en un mundo cada vez más interconectado, al igual que antes la jurisprudencia norteamericana había avanzado en los albores de la comunicación.

2.2. Schrems I (2015) y Schrems II (2020): La lucha por la soberanía digital

Max Schrems, un estudiante de derecho austriaco, desafió a Facebook y a las autoridades de protección de datos de la Unión Europea, convirtiéndose en un ícono de la lucha por los derechos digitales. Su preocupación surgió de la transferencia masiva de datos personales de ciudadanos europeos a Estados Unidos, un país donde, según argumentó, la vigilancia gubernamental no ofrecía garantías suficientes para proteger la privacidad. Con esa convicción, Schrems emprendió una cruzada legal que transformó el panorama global de la transferencia de datos personales.

Schrems I: El derrumbe del "Safe Harbor"

En 2015, Schrems llevó su causa ante el Tribunal de Justicia de la Unión Europea (TJUE) en el caso conocido como "Schrems I" (C-362/14)[338]. Su objetivo era cuestionar la validez del acuerdo internacional "Safe Harbor", que permitía la transferencia de datos personales entre Europa y Estados Unidos bajo la premisa de que este último ofrecía un nivel de protección "adecuado".

El TJUE, influido por las revelaciones de Edward Snowden sobre la vigilancia masiva por parte de la Agencia de Seguridad Nacional (NSA) de Estados Unidos, dictaminó que el acuerdo no garantizaba una protección suficiente para los datos de los ciudadanos europeos. En su fallo, el tribunal destacó que: *"La vigilancia masiva demuestra que los datos de los ciudadanos europeos no están suficientemente protegidos en territorio estadounidense."* Esta sentencia provocó la invalidación inmediata del acuerdo "Safe Harbor", sumiendo las transferencias de datos entre Europa y Estados Unidos en un limbo legal[339].

Schrems II: El golpe definitivo al "Privacy Shield"

La batalla no terminó ahí. Tras la caída del "Safe Harbor", Estados Unidos y la Unión Europea negociaron un nuevo acuerdo denominado "Privacy Shield", diseñado para garantizar la transferencia de datos transatlántica bajo criterios revisados. Sin embargo, Schrems presentó una nueva demanda en 2020, conocida como "Schrems II" (C-311/18)[340], argumentando que el "Privacy Shield"

---

338 Tribunal de Justicia de la Unión Europea (2015). *Maximilian Schrems v. Data Protection Commissioner* (C-362/14) - Caso Schrems I.

339 Kuner, C., Bygrave, L., & Docksey, C. (2017). *The EU General Data Protection Regulation (GDPR): A Commentary*. Oxford University Press y Lynskey, O. (2015). *The Foundations of EU Data Protection Law*. Oxford University Press.

340 Tribunal de Justicia de la Unión Europea (2020). *Data Protection Commissioner v. Facebook Ireland Limited and Maximillian Schrems* (C-311/18) - Caso Schrems II.

tampoco ofrecía garantías adecuadas frente a la vigilancia masiva y la falta de recursos legales efectivos para los ciudadanos europeos.

El TJUE, nuevamente alineado con la postura de Schrems, declaró inválido el "Privacy Shield". El tribunal reafirmó que los estándares de privacidad en Estados Unidos no estaban a la altura de los requisitos europeos, especialmente debido a la insuficiencia de mecanismos que protegieran a los ciudadanos frente a la recolección indiscriminada de datos por parte de las autoridades estadounidenses.

Las sentencias "Schrems I" y "Schrems II" generaron un cambio tectónico en la regulación de la transferencia internacional de datos. Estas decisiones forzaron a las empresas a replantear cómo gestionaban la información personal de los ciudadanos europeos y a garantizar el cumplimiento estricto del Reglamento General de Protección de Datos (GDPR). Este marco legal, establecido en 2018, incorporó mecanismos más estrictos para proteger los derechos digitales, como el uso de cláusulas contractuales tipo (SCC) y evaluaciones de impacto sobre la privacidad para las transferencias de datos.

Los casos impulsados por Schrems no solo obligaron a los gigantes tecnológicos a adaptar sus políticas, sino que también destacaron la necesidad de proteger la privacidad como un derecho fundamental en la era digital. Las sentencias han sido interpretadas como un mensaje claro: los estándares europeos de protección de datos no se comprometerán ante intereses económicos o políticos, y el derecho a la privacidad será defendido incluso en un entorno globalizado.

Con la rápida evolución de tecnologías como la inteligencia artificial y el Big Data, los desafíos para proteger los derechos fundamentales en la esfera digital son cada vez mayores. Sin embargo, las decisiones del TJUE en Schrems I y II han establecido un sólido precedente para abordar estos retos en el futuro.

2.3. *Digital Rights Ireland (2014): Límites a la retención de datos*

Imagina un mundo donde cada llamada que haces, cada mensaje que envías y cada página web que visitas queda registrada y almacenada durante meses, incluso años. Esa era la realidad en la Unión Europea bajo la Directiva de Retención de Datos (2006/24/CE), una norma que obligaba a las empresas de telecomunicaciones a conservar un registro detallado de las comunicaciones de sus usuarios. Esta directiva, implementada bajo el pretexto de luchar contra el terrorismo y el crimen organizado, generó preocupación entre defensores de los derechos humanos, quienes denunciaron que constituía una vigilancia masiva incompatible con los derechos fundamentales.

En 2014, esta preocupación culminó en una batalla legal encabezada por la organización Digital Rights Ireland, que desafió la directiva ante el Tribunal de Justicia de la Unión Europea (TJUE). Argumentaron que la retención indiscriminada de datos violaba los derechos fundamentales a la privacidad y la protección de datos garantizados por los artículos 7 y 8 de la Carta de los Derechos Fundamentales de la UE.

El TJUE, en una decisión trascendental, invalidó la Directiva de Retención de Datos. En su fallo, el tribunal sentenció que: "*La retención masiva e indiscriminada de datos personales, sin garantías adecuadas y sin una justificación clara y precisa, es incompatible con los derechos fundamentales*[341]." Esta decisión fue un golpe directo al marco jurídico que sustentaba la vigilancia masiva en Europa.

El tribunal destacó varios puntos críticos. En primer lugar la ausencia de proporcionalidad: La retención de datos no diferenciaba entre ciudadanos sospechosos de actividades ilícitas y aquellos que no lo eran, lo que resultaba en una vigilancia indiscriminada. Por

341 Tribunal de Justicia de la Unión Europea (2014). *Digital Rights Ireland Ltd v. Minister for Communications, Marine and Natural Resources* (C-293/12 y C-594/12)

otro lado, argumentó una falta de garantías: La directiva no establecía salvaguardas suficientes para proteger los datos almacenados contra accesos no autorizados o usos indebidos. Y, por último, que existía una insuficiente supervisión judicial: No se contemplaba un control judicial adecuado para garantizar que la retención y el acceso a los datos respetaran los derechos fundamentales.

Este fallo no solo invalidó la directiva, sino que también estableció principios clave para futuras legislaciones relacionadas con la privacidad y la seguridad en Europa. Además, el caso se convirtió en un referente internacional, influyendo en decisiones posteriores relacionadas con la privacidad y la vigilancia masiva.

Zakharov v. Russia (2015)[342]: La interceptación masiva bajo escrutinio

En 2015, el Tribunal Europeo de Derechos Humanos (TEDH) abordó un caso emblemático contra Rusia. Roman Zakharov, un periodista ruso, presentó una denuncia argumentando que las leyes de interceptación de comunicaciones de su país permitían una vigilancia masiva sin supervisión adecuada ni salvaguardas legales.

El TEDH, en una decisión histórica, falló a favor de Zakharov, concluyendo que las leyes rusas violaban el Artículo 8 del Convenio Europeo de Derechos Humanos, que protege el derecho a la privacidad. El tribunal destacó que:

Los sistemas de interceptación carecían de transparencia y supervisión judicial efectiva.

Las autoridades podían acceder a las comunicaciones de los ciudadanos sin necesidad de demostrar una sospecha razonable.

No existían recursos legales efectivos para que los ciudadanos impugnaran la vigilancia.

---

342 Tribunal Europeo de Derechos Humanos (2015). *Roman Zakharov v. Russia* (Application no. 47143/06)

El fallo estableció estándares estrictos para la interceptación de comunicaciones, exigiendo salvaguardias más robustas y mecanismos de supervisión independientes.

Privacy International v. United Kingdom (2020): Exigiendo transparencia y supervisión

En 2020, el Tribunal Europeo de Derechos Humanos (TEDH) emitió una decisión clave en el caso Privacy International v. United Kingdom[343], que impugnaba el régimen de vigilancia masiva del Reino Unido. Este caso se centró en la recolección y el almacenamiento de grandes volúmenes de datos por parte del gobierno británico, particularmente bajo el amparo de la Investigatory Powers Act 2016.

El TEDH falló que la recolección masiva de datos debía estar sujeta a controles estrictos para evitar abusos. Además, argumentó que era fundamental garantizar una supervisión judicial previa para autorizar cualquier acceso a datos personales. "Las leyes británicas no proporcionaban suficientes salvaguardias para proteger a los ciudadanos de un uso indebido de su información personal", aseguró para reforzar la importancia de la transparencia y la necesidad de supervisión judicial efectiva en los sistemas de vigilancia masiva.

Los casos Digital Rights Ireland, Zakharov v. Russia y Privacy International v. United Kingdom representan hitos en la defensa del derecho a la privacidad en un contexto global donde la vigilancia masiva se ha convertido en una práctica común. Estas decisiones jurisprudenciales no solo han establecido límites claros para los Estados, sino que también han empoderado a los ciudadanos y organizaciones de la sociedad civil para seguir luchando por un equilibrio entre seguridad y libertad. Representan, por tanto, un límite claro

---

343 Tribunal Europeo de Derechos Humanos (2020). *Privacy International and Others v. United Kingdom* (Applications nos. 62322/14 and 24960/15).

a lo que Zuboff adelantó como "capitalismo de la vigilancia", tal y como ya hemos indicado en este estudio.

En un mundo cada vez más digitalizado, donde la información personal es un recurso valioso, estas sentencias nos recuerdan que los derechos fundamentales deben ser el pilar de cualquier política de seguridad. La batalla por la privacidad es constante, pero casos como estos demuestran que es posible defenderla y construir un futuro donde la tecnología esté al servicio de las personas, no al revés.

2.4. Big Brother Watch v. United Kingdom (2021): Un golpe al corazón de la vigilancia masiva[344]

Imagínate caminar por las calles de Londres, rodeado de cabinas telefónicas rojas y el aroma a té recién servido. Lo que muchos no ven es que, detrás de esta postal británica, se esconde una de las tradiciones más persistentes del Reino Unido: la vigilancia gubernamental.

Pero en 2021, algo cambió. Organizaciones como Big Brother Watch y Open Rights Group decidieron enfrentar lo que consideraban un abuso de poder por parte del Estado. Su lucha tenía un objetivo claro: demostrar que el régimen de vigilancia masiva del Reino Unido violaba el Convenio Europeo de Derechos Humanos, particularmente el derecho a la privacidad y la libertad de expresión.

Durante años, el gobierno británico había interceptado comunicaciones en masa, accedido a datos privados y compartido información con gobiernos extranjeros, justificándolo bajo la premisa de la seguridad nacional. Sin embargo, para los demandantes, estas prácticas carecían de controles adecuados, dejando a los ciudadanos completamente expuestos a una intromisión arbitraria. El caso llegó hasta el Tribunal Europeo de Derechos Humanos, donde se

---

344 Tribunal Europeo de Derechos Humanos (2021). *Big BrotherWatch and Others v. United Kingdom* (Applications nos. 58170/13, 62322/14 and 24960/15).

debatió el eterno dilema: ¿hasta dónde puede llegar un gobierno en nombre de la seguridad nacional antes de pisotear los derechos fundamentales de su gente?

Los argumentos fueron contundentes. Los programas de vigilancia, amparados en la Ley de Regulación de Poderes de Investigación, eran demasiado invasivos, opacos y carecían de mecanismos de supervisión real. El 25 de mayo de 2021 llegó la sentencia. El tribunal falló en contra del gobierno británico, declarando que su sistema de vigilancia masiva violaba el derecho al respeto de la vida privada y familiar, así como la libertad de expresión.

El tribunal no se opuso a la vigilancia en sí, pero dejó claro que el Reino Unido había fallado en garantizar salvaguardias suficientes. Señaló que el régimen británico presentaba deficiencias significativas, entre ellas la falta de supervisión efectiva, ya que no existían controles independientes suficientes para asegurar un uso legítimo y proporcional de la vigilancia. También destacó la ausencia de transparencia, pues los ciudadanos no tenían forma de impugnar legalmente la vigilancia estatal sobre sus comunicaciones. Además, subrayó el riesgo de abuso, ya que, sin salvaguardas claras, el poder del Estado quedaba sin restricciones reales, abriendo la puerta a excesos y vulneraciones de derechos.

Este fallo fue un golpe duro para el gobierno británico, pero mucho más que eso: se convirtió en un precedente fundamental para la defensa de la privacidad en toda Europa. La sentencia dejó claro que la seguridad nacional no puede ser un cheque en blanco para vigilar indiscriminadamente a la población. Más allá de las fronteras del Reino Unido, esta decisión envió un mensaje inequívoco a otros países que utilizan regímenes de vigilancia masiva. El Tribunal Europeo de Derechos Humanos subrayó la importancia de establecer mecanismos efectivos que equilibren la seguridad con los derechos humanos, asegurando que las prácticas de vigilancia se sometan a estrictos controles judiciales y administrativos.

En un mundo donde la vigilancia se ha vuelto casi omnipresente, este caso marcó un antes y un después. Porque la privacidad, lejos de ser un lujo, sigue siendo un derecho fundamental.

3. ESPAÑA: PIONERA EN LA DEFENSA DE LA PRIVACIDAD

España, con una larga tradición de protección de los derechos fundamentales, se ha consolidado como un referente en la defensa de la privacidad en la era digital. La jurisprudencia española, en sintonía con el marco europeo y con la Ley Orgánica de Protección de Datos Personales y garantía de los derechos digitales (LOPDGDD), ha abordado los desafíos tecnológicos con decisiones innovadoras que han sentado precedentes importantes.

A continuación, exploraremos algunos de los casos más emblemáticos que han marcado la trayectoria de la jurisprudencia española en materia de privacidad, además del caso Costeja contra Google que ya hemos analizado.

3.1. Tecnologías de control en manos del Estado

La Ley Orgánica 13/2015, de 5 de octubre, introdujo una profunda reforma en la Ley de Enjuiciamiento Criminal (LECrim), con el objetivo de modernizar el marco jurídico de las investigaciones penales en España. Su principal enfoque fue la regulación de las diligencias de investigación tecnológica, estableciendo un marco normativo claro para la interceptación de comunicaciones, la vigilancia electrónica y el acceso a dispositivos digitales. Esta reforma respondió a la creciente necesidad de adaptar la legislación a los avances tecnológicos y garantizar un equilibrio entre la lucha contra el crimen y la protección de los derechos fundamentales.

Uno de los aspectos más destacados de esta reforma fue la regulación de la interceptación de comunicaciones, una medida que hasta entonces no contaba con un desarrollo normativo detallado en la LECrim. La nueva normativa establece que cualquier intervención en las comunicaciones privadas debe contar con autorización judicial previa y cumplir con los principios de necesidad, proporcionalidad e idoneidad. Asimismo, se fijaron límites temporales para estas intervenciones, evitando que se prolonguen más allá de lo estrictamente necesario.

Otro cambio importante fue la regulación del acceso a dispositivos electrónicos, como teléfonos móviles, ordenadores y otros sistemas de almacenamiento de datos. Antes de la reforma, la obtención de información digital quedaba en un vacío legal que generaba inseguridad jurídica. Con la Ley Orgánica 13/2015, se estableció que cualquier acceso a dispositivos electrónicos en el marco de una investigación penal debe contar con autorización judicial y estar debidamente motivado.

La ley también introdujo disposiciones específicas sobre el uso de sistemas de geolocalización para el seguimiento de sospechosos. Se reconoció que el seguimiento mediante GPS o dispositivos electrónicos puede ser una herramienta clave en la lucha contra el crimen organizado y el terrorismo, pero se establecieron salvaguardas para evitar abusos. La geolocalización solo puede ser autorizada por un juez cuando sea estrictamente necesaria y proporcional al delito investigado.

Otro de los pilares de la reforma fue la regulación de las técnicas de ciberinvestigación, permitiendo la intervención de comunicaciones electrónicas en redes digitales y el acceso remoto a sistemas informáticos en determinados casos. Estas medidas se implementaron para fortalecer la lucha contra los delitos informáticos, pero también con límites estrictos para garantizar la protección del derecho a la privacidad y al secreto de las comunicaciones.

En cuanto a la duración de las diligencias de investigación tecnológica, la ley establece un plazo máximo de tres meses, prorrogable por el juez en casos excepcionales cuando la complejidad de la investigación lo justifique. Esta disposición busca evitar que las intervenciones se prolonguen indefinidamente, afectando derechos fundamentales sin una justificación adecuada.

Además, la reforma reforzó las garantías procesales de las personas investigadas. Se estableció la obligación de informar a los afectados una vez finalizada la medida, salvo en los casos en los que ello pueda comprometer la investigación. También se garantizó la posibilidad de impugnar las resoluciones judiciales que autoricen estas intervenciones, permitiendo a los investigados ejercer su derecho a la defensa de manera efectiva.

Desde el punto de vista de la supervisión judicial, la Ley Orgánica 13/2015 reguló lo que ya estaba en la jurisprudencia, es decir, que todas las medidas de investigación tecnológica deben ser autorizadas por un juez de instrucción, quien deberá evaluar en cada caso si la medida es proporcional y justificada. Además, se reforzó el control sobre las fuerzas de seguridad y los órganos de investigación, garantizando que todas las actuaciones se realicen conforme a la legalidad vigente.

Uno de los efectos más importantes de esta reforma ha sido su impacto en la jurisprudencia. Tribunales españoles y europeos han validado las nuevas disposiciones, destacando la importancia de contar con un marco normativo sólido que permita la persecución del delito sin menoscabar los derechos fundamentales. En este sentido, la reforma ha contribuido a clarificar los criterios de admisibilidad de las pruebas obtenidas mediante estas diligencias.

En conclusión, la Ley Orgánica 13/2015 supuso un avance significativo en la regulación de la investigación penal en España, dotando a las autoridades de herramientas tecnológicas más eficaces para la lucha contra el crimen. Sin embargo, también estableció controles rigurosos para evitar vulneraciones de derechos fundamentales, asegurando un equilibrio entre seguridad y privacidad. Con esta reforma, el sistema de justicia penal español se adapta a los retos del siglo XXI, garantizando la legalidad y proporcionalidad de las diligencias de investigación tecnológica.

3.2. La evolución doctrinal y jurisprudencial

En la actualidad, casi todas las infracciones penales dejan algún tipo de rastro digital, lo que ha llevado a la Policía Judicial a recurrir a herramientas tecnológicas avanzadas para la obtención de evidencias. El principal propósito de la LO 13/2015 fue reforzar las garantías procesales en la investigación penal y delimitar el uso de herramientas tecnológicas en la obtención de pruebas.

Uno de los aspectos más debatidos de la reforma es la captación de imágenes en lugares públicos sin autorización judicial, regulada en el artículo 588 quinquies a) de la LECrim. Esta disposición permite que la Policía Judicial utilice dispositivos técnicos para obtener y grabar imágenes en espacios públicos sin necesidad de una orden judicial previa, siempre que ello sea necesario para la investigación de un delito. Esta medida ha generado una amplia discusión en la doctrina y la jurisprudencia sobre la definición de "lugar o espacio público", así como sobre los límites del derecho a la intimidad personal[345].

Desde un punto de vista jurisprudencial, la Sentencia del Tribunal Constitucional 92/2023, de 11 de septiembre, ha tenido un impacto significativo en la interpretación de este artículo. En este

---

345 Para más información, Bueno de Mata, F. (2019). *Las diligencias de investigación penal en la cuarta revolución industrial.* Aranzadi. Díaz Martínez, M. (2018). *La captación y grabación de comunicaciones orales mediante dispositivos electrónicos.* En *La nueva reforma procesal penal. Derechos fundamentales e innovaciones tecnológicas.* Tirant lo Blanch. Etxebarria Guridi, J. F. (2021). *Videovigilancia y su eficacia en el proceso penal.* En *El proceso penal en la sociedad de la información.* La Ley. Gómez de Liaño Fonseca-Herrero, M. (2018). *El uso de dispositivos electrónicos de captación de comunicaciones en operaciones de infiltración policial.* Tirant lo Blanch. Gómez Soler, E. (2018). *La utilización de dispositivos técnicos de captación de la imagen, de seguimiento y de localización. Cuando la práctica forense no puede esperar.* Tirant lo Blanch. Magro Servet, V. (2023). *Afectación del derecho a la intimidad por la captación de imágenes en garajes privados sin autorización judicial (Análisis de la STC 92/2023).* Diario La Ley, Núm. 1038. Marchena Gómez, M., & González-Cuéllar Serrano, N. (2015). *La reforma de la Ley de Enjuiciamiento Criminal en 2015.* Editorial Castillo de Luna.

caso, el Tribunal Constitucional analizó la instalación de cámaras de videovigilancia por parte de la policía en el garaje de una comunidad de vecinos sin autorización judicial. La cuestión central radicaba en determinar si un garaje comunitario puede ser considerado un lugar público, permitiendo así la captación de imágenes sin orden judicial. El Tribunal Constitucional resolvió que el garaje no es un espacio público, ya que las personas que lo utilizan tienen una expectativa razonable de privacidad. En consecuencia, la captación de imágenes sin autorización vulneró el derecho a la intimidad del investigado (artículo 18.1 de la Constitución Española), lo que llevó a la anulación de la prueba obtenida.

Esta decisión está en línea con la jurisprudencia previa sobre la privacidad en espacios semiprivados. En la Sentencia del Tribunal Supremo 124/2014, se validó la captación de imágenes en establecimientos comerciales abiertos al público, mientras que en la STS 67/2014 se determinó que la grabación de imágenes en el interior de un domicilio sin autorización judicial era ilícita. Estas resoluciones refuerzan la idea de que la expectativa de privacidad del ciudadano es clave para determinar la legalidad de la captación de imágenes.

La Circular 4/2019 de la Fiscalía General del Estado también ha aportado claridad en la interpretación de estas medidas, estableciendo criterios sobre la captación de imágenes en espacios públicos, el uso de dispositivos de geolocalización y la vigilancia mediante tecnología digital. La Fiscalía subraya que la captación de imágenes sin autorización judicial solo es válida en espacios que sean verdaderamente públicos, es decir, aquellos en los que el investigado no puede ejercer su derecho a la intimidad ni reservarse del escrutinio ajeno. Asimismo, se destaca que, aunque la ley no exija una orden judicial en estos casos, la medida debe cumplir con los principios de proporcionalidad, idoneidad y necesidad.

Desde la doctrina jurídica, autores como Marchena Gómez y González-Cuéllar Serrano[346] han señalado que, antes de la reforma de la Ley Orgánica 13/2015, los tribunales recurrían a la aplicación analógica del artículo 579 de la LECrim, que regula la intervención de comunicaciones telefónicas. Sin embargo, esta práctica desbordaba los límites constitucionales, lo que motivó al Tribunal Constitucional, en su Sentencia 145/2014, a exigir una regulación específica sobre las injerencias en la privacidad dentro del proceso penal. La Ley Orgánica 13/2015 respondió a este mandato, proporcionando un marco legal claro y preciso sobre las medidas de investigación tecnológica.

Otro de los debates jurídicos radica en el uso de dispositivos de geolocalización sin consentimiento del investigado. La jurisprudencia ha establecido que este tipo de medidas afectan directamente a la intimidad y la libertad de movimientos, por lo que requieren autorización judicial previa, salvo en circunstancias excepcionales. La Sentencia del Tribunal Supremo 134/2017 confirmó la validez de la geolocalización en el marco de una investigación criminal, siempre que se respeten los principios de proporcionalidad y necesidad.

La doctrina también ha abordado el impacto de la captación de imágenes en el ámbito laboral. En el caso López Ribalda II, el Tribunal Europeo de Derechos Humanos (TEDH) validó la instalación de cámaras ocultas en un supermercado para investigar robos, a pesar de que los trabajadores no fueron informados previamente. No obstante, el TEDH estableció que esta medida solo es válida si la vigilancia está justificada por sospechas razonables, es proporcional y no existen alternativas menos intrusivas.

A la luz de esta evolución normativa y jurisprudencial, queda claro que el uso de la tecnología en la investigación penal debe estar sujeto a controles rigurosos para garantizar el respeto a los derechos fundamentales. Aunque la Ley Orgánica 13/2015 ha propor-

---

346 Marchena Gómez, M., & González-Cuéllar Serrano, N. (2015). *La reforma de la Ley de Enjuiciamiento Criminal en 2015*. Editorial Castillo de Luna

cionado un marco legal sólido, la jurisprudencia sigue siendo clave para interpretar sus disposiciones en casos concretos.

En conclusión, la captación de imágenes en lugares públicos sin autorización judicial sigue siendo un tema controvertido en el ámbito jurídico. La jurisprudencia reciente ha dejado claro que la Policía Judicial no puede extender esta medida a espacios donde exista una expectativa razonable de privacidad, como los garajes comunitarios. La Ley Orgánica 13/2015, junto con la Circular 4/2019 de la Fiscalía, han establecido un marco legal que protege el equilibrio entre seguridad y privacidad, pero su correcta aplicación dependerá de la interpretación de los tribunales y del respeto a los principios del Estado de Derecho.

3.3. Investigaciones privadas y la transparencia informativa

La Ley 5/2014 de Seguridad Privada otorga a los detectives privados la facultad exclusiva y excluyente para realizar investigaciones sobre hechos y conductas privadas en el ámbito laboral, siempre dentro de los límites legales establecidos. El artículo 48 de esta ley detalla que los detectives pueden actuar en investigaciones habiéndose determinado que dichas investigaciones deben realizarse bajo el auspicio de dos reglas fundamentales: La primera es la proporcionalidad y necesidad. La investigación debe ser imprescindible para alcanzar el objetivo legítimo del empleador, como la prevención del fraude o la protección de los recursos de la empresa. Se debe realizar sin vulnerarse derechos fundamentales, como el derecho a la intimidad o al secreto de las comunicaciones.

Las pruebas obtenidas por los detectives privados son válidas siempre que se respeten las garantías legales. En este sentido, la STS 1185/2021, de 16 de diciembre señala que las pruebas obtenidas por detectives privados son válidas siempre que se obtengan de forma lícita y respetando los derechos fundamentales confirmando lo que ya tenía sentado el Tribunal Constitucional[347].

El impacto tecnológico en nuestra sociedad ha hecho que los dispositivos electrónicos sean prácticamente indispensables en la vida cotidiana. Sin embargo, su uso en el ámbito laboral plantea desafíos importantes relacionados con la privacidad y otros derechos fundamentales.

La Sentencia 3017/2020 del Tribunal Supremo confirmó la validez del control empresarial sobre los dispositivos electrónicos de los trabajadores (sistema GPS), siempre que se cumplan una serie de principios esenciales. El tribunal estableció que dicho control es legítimo cuando se implementa sobre la base de una política empresarial clara, lo que significa que el empleador debe informar de manera previa y transparente al trabajador sobre las reglas de uso del dispositivo y sobre la posibilidad de que se realice una supervisión. En el caso analizado, se especificó expresamente que los equipos asignados eran de uso exclusivo laboral, lo que autorizaba su revisión sin ambigüedades.

El Tribunal Supremo subrayó además que este tipo de control debe regirse por el principio de proporcionalidad, es decir, la intervención debe limitarse estrictamente al objetivo perseguido, evitando intromisiones innecesarias en la privacidad del trabajador. Así, el control no debe exceder lo estrictamente necesario para garantizar la detección de posibles irregularidades, sin que ello signifique una vulneración desmedida de los derechos individuales.

---

347 En este sentido, la STC 186/2000, de 10 de julio donde el tribunal se pronuncia sobre la validez de la prueba obtenida por un detective privado en un proceso de despido. El TC establece que la prueba obtenida mediante la investigación de un detective privado puede ser válida siempre que se obtenga de forma lícita y respete los derechos fundamentales, especialmente el derecho a la intimidad. En idéntico sentido la STC 20/2007, de 15 de febrero que analiza la compatibilidad de la Ley de Seguridad Privada con el derecho a la libertad de información. El TC establece que la actividad de los detectives privados, al estar relacionada con la obtención de información, debe respetar los límites del derecho a la intimidad y a la propia imagen.

Por otro lado, la sentencia destacó la importancia del principio de necesidad, según el cual la revisión de los dispositivos electrónicos debe estar justificada por razones legítimas, tales como la detección de irregularidades o incumplimientos laborales que puedan afectar el funcionamiento y la seguridad de la empresa. En este sentido, el tribunal dejó claro que solo se admitirán aquellas medidas que respondan a una necesidad real y comprobable, descartando cualquier actuación que se sustente meramente en la mera sospecha sin fundamentos sólidos.

Tal como lo expresó textualmente el Tribunal Supremo en la sentencia, "la medida de control implementada, siempre que se ajuste a los criterios de política clara, proporcionalidad y necesidad, resulta compatible con la protección de los derechos fundamentales del trabajador". Con esta declaración, se refuerza la idea de que, si bien es legítimo que la empresa ejerza cierto control sobre los dispositivos electrónicos utilizados en el ámbito laboral, este control debe estar cuidadosamente equilibrado para no menoscabar la intimidad y los derechos de los empleados.

La sentencia 3017/2020 se erige, por tanto, como un referente en la materia, puesto que traza una línea clara entre la legítima necesidad de supervisión por parte del empleador y el respeto irrestricto a la privacidad de los trabajadores. Así, el control empresarial se justifica únicamente cuando se encuentra enmarcado en políticas internas bien definidas, que deben ser comunicadas de forma preventiva y clara, garantizando a los trabajadores la información necesaria sobre los límites y alcances de dicha supervisión.

De esta forma, se reconoce que la transparencia informativa es un elemento indispensable en cualquier sistema de control, ya que permite que los trabajadores sean plenamente conscientes de las condiciones en las que se realiza la monitorización de sus dispositivos. Solo así se logra un balance adecuado entre el derecho de la empresa a salvaguardar sus intereses y el derecho del trabajador a preservar su intimidad.

En definitiva, la Sentencia 3017/2020 reafirma que el control sobre los dispositivos electrónicos no es una medida intrínsecamente abusiva, sino que puede ser una herramienta legítima en manos del empleador, siempre que se respete un marco normativo que garantice la proporcionalidad y la necesidad de la intervención. Así, se evita que la medida se convierta en una intromisión desproporcionada en la vida privada de los trabajadores, protegiendo los principios fundamentales que rigen el derecho a la intimidad.

La jurisprudencia y la doctrina han coincidido en que esta triple condición—política clara, proporcionalidad y necesidad—es esencial para que cualquier medida de vigilancia en el ámbito laboral se considere legítima. Los tribunales han reiterado en diversas ocasiones la importancia de que la supervisión tecnológica no se realice de forma arbitraria ni invasiva, y que siempre deba existir una justificación objetiva que la sustente.

De este modo, el equilibrio entre el derecho a la información y el derecho a la privacidad se establece a partir de un análisis meticuloso de la finalidad del control, asegurando que la medida responda a necesidades reales y no a meras suspicacias. La protección de los derechos fundamentales se mantiene como prioridad, evitando que la búsqueda de pruebas o el control del uso de dispositivos se conviertan en un pretexto para vulnerar la intimidad personal de los trabajadores.

En conclusión, la Sentencia 3017/2020 del Tribunal Supremo no solo valida el control empresarial sobre dispositivos electrónicos, sino que también traza el camino para una vigilancia que respete los derechos individuales. Con un mandato claro sobre la necesidad de informar, limitar y justificar cada intervención, el fallo judicial constituye una garantía de que la supervisión tecnológica se implementará de manera responsable y equilibrada, preservando siempre la dignidad y la privacidad del trabajador.

El caso López Ribalda II (videovigilancia) se fundamenta sobre premisas similares. En este caso, el Tribunal Europeo de Derechos

Humanos (TEDH)[348] concluyó que la instalación de cámaras ocultas en un supermercado para investigar robos era legítima, a pesar de que los trabajadores no habían sido informados. El caso López Ribalda II se convirtió en un hito en la interpretación de la legalidad de las medidas de videovigilancia en entornos laborales y comerciales. En esta situación, un supermercado optó por instalar cámaras ocultas con el objetivo de investigar la comisión de robos, sin haber informado previamente a sus trabajadores sobre la existencia de dicho sistema de control. Ante esta controversia, el Tribunal Europeo de Derechos Humanos se vio obligado a evaluar si la intromisión en el ámbito privado de los empleados podía justificarse en aras de la seguridad y la prevención del delito.

El fallo del tribunal se fundamentó en tres premisas esenciales que han orientado la interpretación de medidas excepcionales en materia de vigilancia. En primer lugar, se destacó la gravedad de las sospechas, argumentando que la magnitud de la presunta actividad delictiva justificaba la adopción de medidas extraordinarias. En segundo término, se tuvo muy en cuenta el principio de proporcionalidad, asegurando que la instalación de las cámaras debía limitarse al mínimo necesario para alcanzar el objetivo propuesto, evitando así una intromisión excesiva en la vida privada de los trabajadores. Finalmente, se resaltó la necesidad de obtener pruebas que, en este contexto, no podían conseguirse por otros medios menos invasivos, lo cual resultaba crucial para la detección y prevención de robos.

El Tribunal Europeo de Derechos Humanos, en su análisis, dejó claro que, si bien el derecho a la intimidad es un pilar fundamental protegido por el Convenio, este derecho puede verse relativizado en situaciones donde la seguridad y la integridad de la propiedad se encuentren amenazadas por hechos delictivos comprobables. Así, el fallo sentó un precedente importante al autorizar, en determinadas circunstancias, la implementación de medidas excepcionales de

---

348 Tribunal Europeo de Derechos Humanos (2019). *López Ribalda and Others v. Spain*.

control, siempre y cuando se encuentren debidamente justificadas por la existencia de sospechas fundadas, se respete el principio de proporcionalidad y se garantice que la medida sea la única vía para recabar pruebas esenciales.

Este caso no solo consolidó la interpretación de que la protección de los derechos fundamentales puede coexistir con la necesidad de implementar sistemas de vigilancia en el ámbito laboral, sino que también enfatizó la importancia de sopesar cuidadosamente la incidencia de dichas medidas en la privacidad de los individuos frente a la necesidad de prevenir y combatir conductas delictivas. La lección que se extrae de López Ribalda II es que, en situaciones excepcionales, la adopción de sistemas de control que transgredan ciertos límites informativos puede ser considerada legítima, siempre y cuando se cumplan estrictamente los criterios de gravedad, proporcionalidad y necesidad.

De esta manera, el fallo del Tribunal Europeo de Derechos Humanos no solo resolvió la controversia en torno a la instalación de cámaras ocultas en un supermercado, sino que también estableció un marco de referencia para futuros casos en los que se debatan las fronteras entre la seguridad empresarial y la protección del derecho a la intimidad. En definitiva, el caso se erige como un ejemplo paradigmático de cómo el equilibrio entre la necesidad de supervisar y prevenir delitos y el respeto a la privacidad personal puede alcanzarse mediante la aplicación rigurosa de principios jurídicos fundamentales.

La reciente STS 551/2023 del Tribunal Supremo ha servido para sentar un precedente decisivo sobre la validez de la prueba obtenida por detectives privados en el ámbito laboral, siempre y cuando se cumplan estrictamente los requisitos legales y se respeten los derechos fundamentales de las personas implicadas. En dicha sentencia se establece que la labor de un detective privado es admisible y legítima si la prueba se obtiene mediante métodos lícitos y con una adecuada preservación de la cadena de custodia, lo que garantiza la integridad de la evidencia a lo largo de todo el proceso judicial.

El Tribunal puntualizó que, a pesar de que la obtención de pruebas pueda implicar una intromisión en la esfera privada, esta intervención se justifica cuando se efectúa en un marco de proporcionalidad y necesidad, y se actúa de acuerdo con la normativa vigente, en especial la Ley 5/2014 de Seguridad Privada.

En este contexto, el fallo del TS ha resaltado que en materia laboral resulta esencial equilibrar el derecho del empleador a investigar y proteger sus intereses con la salvaguarda de los derechos fundamentales de los trabajadores, como el derecho a la intimidad. La sentencia subraya que la prueba de detective es plenamente admisible siempre que se garantice que su obtención se ha realizado respetando la legalidad y sin vulnerar derechos constitucionales. Así, se entiende que el uso de técnicas de investigación avanzada no conlleva, en sí mismo, una vulneración del derecho a la intimidad, sino que se trata de una herramienta legítima para esclarecer hechos irregulares o ilícitos, siempre que se actúe con la debida proporcionalidad.

Posteriormente, la STS 1194/2024, de 24 de septiembre de 2024, ha reforzado y ampliado estos criterios jurisprudenciales. En este fallo, el Tribunal Supremo reiteró que la admisibilidad de las pruebas obtenidas por detectives privados depende de que se cumpla un estricto protocolo de actuación, en el que se verifique de forma rigurosa que la obtención de dichas pruebas no ha excedido los límites permitidos por la ley. La STS 1194/2024 enfatizó expresamente la necesidad de contar con una justificación objetiva para la intervención, subrayando que "la medida de control, si bien puede afectar a la esfera privada, es legítima siempre que responda a una necesidad real de esclarecimiento de hechos y se realice de forma proporcionada". Esta sentencia, por tanto, ratifica la posición de que la intervención investigativa debe siempre ponderarse cuidadosamente frente a la protección de la intimidad, manteniendo un balance adecuado entre el derecho a la investigación y la protección de los derechos fundamentales.

Ambos fallos, la STS 551/2023 y la STS 1194/2024, configuran un marco jurisprudencial robusto que avala el uso de detectives privados en España, siempre y cuando se cumplan criterios esenciales como la legalidad en la obtención de la prueba, la proporcionalidad de las medidas adoptadas y la necesidad imperiosa de obtener evidencias que no podrían conseguirse por otros medios menos invasivos. La doctrina y la práctica judicial coinciden en que el control de dispositivos o la obtención de pruebas mediante investigaciones privadas son herramientas legítimas en la lucha contra irregularidades laborales o actividades ilícitas, pero deben ejercerse dentro de unos límites estrictos que aseguren la preservación de la intimidad y otros derechos constitucionales.

La transparencia y la comunicación previa, cuando proceda, son elementos fundamentales en la implementación de estas técnicas. Los tribunales han señalado en diversas ocasiones que la existencia de una política empresarial clara, donde se informe previamente al trabajador sobre las medidas de supervisión, puede mitigar posibles vulneraciones al derecho a la intimidad, permitiendo así que la actividad investigativa se lleve a cabo en un marco de confianza y legalidad. Así, la aplicación de estos criterios permite a los jueces valorar en cada caso concreto la legitimidad de la prueba obtenida.

En definitiva, tanto la STS 551/2023 como la STS 1194/2024 consolidan la posición de que el uso de detectives privados en España es legal y admisible en el proceso judicial, siempre que se observe rigurosamente el cumplimiento de los principios de legalidad, proporcionalidad y necesidad. Este enfoque garantiza que la protección de los derechos fundamentales no se vea comprometida en aras de obtener pruebas que permitan esclarecer hechos controvertidos, ofreciendo un equilibrio justo entre la necesidad de investigar y la obligación de respetar la intimidad de las personas involucradas. Con estos criterios, la jurisprudencia española se erige como garante de un sistema de justicia que, a la vez que protege los intereses empresariales y el orden público, vela por la salvaguarda de los derechos individuales consagrados en la Constitución.

3.4. Conclusión: Tecnologías de control y derechos fundamentales

El uso de tecnologías como la videovigilancia, el GPS y la supervisión de dispositivos electrónicos plantea un delicado equilibrio entre los intereses empresariales y los derechos fundamentales de los trabajadores. La jurisprudencia española y europea ha desarrollado principios claros para garantizar que estas medidas se implementen dentro del marco legal de la triple protección: proporcionalidad y necesidad; información previa en el ámbito privado y autorización judicial en el ámbito de la investigación pública; y protección de los derechos fundamentales en ambos casos.

Estos principios aseguran que el control empresarial respete los derechos fundamentales de los trabajadores[349] y de los ciudadanos, evitando la nulidad de las pruebas y garantizando la legalidad de las actuaciones.

3.5. Caso LaLiga App (2020): Cuando la tecnología se extralimita

La tecnología, si no se utiliza con responsabilidad, puede convertirse en una herramienta de intrusión en la vida privada. En 2020, la Agencia Española de Protección de Datos (AEPD) sancionó a LaLiga, la organización que gestiona el fútbol profesional en España, por utilizar su aplicación móvil para activar micrófonos y geolocalización de los usuarios sin su consentimiento explícito.

La AEPD consideró que LaLiga había incumplido el GDPR al no informar de forma clara y transparente a los usuarios sobre la recopilación de datos y al no obtener su consentimiento libre e informado. La sanción impuesta a LaLiga sirvió como un llamado de atención para las empresas que desarrollan aplicaciones móviles, recordándoles la importancia de la transparencia y el respeto a la

---

349 El control empresarial a través de la videovigilancia: Límites constitucionales. Revista de Derecho Social, (88), 145-170.

privacidad de los usuarios. Como se puede leer en la propia resolución de la AEPD:

La utilización de los micrófonos y la geolocalización de los dispositivos móviles de los usuarios para la finalidad de control de la emisión de contenidos protegidos por derechos de propiedad intelectual, sin que los usuarios hubieran sido informados de ello de forma expresa, clara e inequívoca, supone una infracción del artículo 5.1.a) del RGPD[350]."

4. LOS PROBLEMAS ASOCIADOS A LAS CADENAS DE REDIFUSIÓN DE DATOS

El 31 de agosto de 2014, a través del *imageboard* de *4chan*, se empezaron a difundir multitud de imágenes en las que aparecían desnudas o en posturas eróticas diversas celebridades. La mayoría de las imágenes, además, pertenecían indudablemente a su ámbito más íntimo. Y según denunciaron, y así se reconoció después[351], fueron obtenidas mediante *hacking* o abuso de *password* de la base de datos de sus dispositivos Apple, *iCloud*[352].

A los pocos minutos de aparecer en *4chan* las imágenes empezaron a difundirse en cadena por WhatsApp o foros de internet. Unos a otros se las enviaban, y ello aun a sabiendas que las imágenes habían sido obtenidas ilícitamente, pues muchas de las afectadas

---

350 De Miguel Asensio, P. (2021). El caso de la LaLiga App y el control de la piratería en eventos deportivos: ¿un peligroso precedente? Revista Española de Derecho Deportivo, 27(102), 1-22

351 Vid. por ejemplo, la noticia: "Hacker who stole nude photos of celebrities gets 18 months in prison", que puede verse en el periódico británico *The Guardian* en el siguiente link: https://www.theguardian.com/technology/2016/oct/27/nude-celebrity-photos-hacker-prison-sentence-ryan-collins.

352 Por ser un hecho mundialmente notorio, para no abrumar al lector con listas interminables de citas, es suficiente que busque en *google*: "the fappening", "celebgate" o incluso "filtración de fotografías de celebridades de 2014".

bien por ellas mismas bien por sus representantes denunciaron los hechos. En España no iba a ser de otro modo, y la difusión en cadena de dichas fotografías fue fulgurante. Primero entre el público informáticamente más avezado, luego se convirtió en un secreto a voces. Finalmente, las imágenes fueron de dominio público.

La realidad a la que hoy en día se enfrenta la intimidad son las redes sociales (*Facebook, X, Instagram, etc.)*, los grandes foros de internet (*Gaia online*, *IGN boards*, *4chan,* etc.), las páginas de alojamiento (*Media Fire*, *HotFile*, *Mega*, etc.) o las aplicaciones de comunicación en tiempo real (*WhatsApp, Telegram, Line, etc.*). Lo que comporta nuevos retos en el diseño y configuración de la tutela de la vida privada en la medida que las conductas invasivas se han multiplicado y expandido acorde a las facilidades que nos brinda el desarrollo tecnológico[353]. Y es por ello que ante la ausencia de una legislación prolija que tutele las diferentes formas en que se producen las intromisiones en la intimidad de los ciudadanos, nuestro Tribunal Constitucional ya hace más de tres décadas, tuvo que reconocer un "derecho a la intimidad o la vida privada que abarque las intromisiones que por cualquier medio puedan realizarse en ese ámbito reservado de la vida" ya sean cometidas por otras personas o la Administración Pública[354].

El art. 197.3 CP[355] en su párrafo segundo prevé un tipo que castiga a quien *con conocimiento de su origen ilícito y sin haber tomado*

---

353 Vid. De la Mata Barranco, N. J. y Barinas Ubiñas, D.: "La protección penal de la vida privada en nuestro tiempo social: ¿necesidad de redefinir el objeto de tutela?" *Revista de Derecho Penal y Criminología,* 2014, núm. 12, pp. 13-92.

354 STC 110/1984, de 26 de noviembre (RTC 1984, 110).

355 La misma técnica incriminadora la ha asumido el art. 197.7 párrafo segundo, que castiga como delito leve a quien habiendo recibido las imágenes o grabaciones audiovisuales a las que se refiere el párrafo primero del art. 197.7 las difunda, revele o ceda a terceros sin el consentimiento de la persona afectada. Asimismo, en este punto, no podemos de manifestar la perplejidad que nos causa, por ejemplo, la técnica de criminalización de las cadenas de envío en el ámbito del delito del art. 197.7 CP, pues, la redifusión de las conductas constitutivas de este delito son calificadas como delito leve, con los problemas

parte en su descubrimiento difunda, revele o ceda a terceros los datos o hechos descubiertos o las imágenes captadas a que se refieren los artículos 197.1 y 2 CP[356]. A la vista de estas circunstancias, el legislador español consideró necesario introducir una nueva modalidad delictiva para sancionar la conducta de quienes, no habiendo intervenido en la captación de la información, pero conociendo su ilícito origen, procedían a su divulgación[357].

La mayoría de la doctrina destacó la bondad de la tipificación de la difusión de la información obtenida por terceros con conocimiento de su origen ilícito, pues daba respuesta a una posible laguna que debía ser subsanada[358]. Sin embargo, sería duramente criticada por algún sector doctrinal, llegándose a decir que su introducción fue "a raíz de que la corporación política se sintiera amenazada",

---

procesales que esto supone, pues, nadie desconoce que la instrucción para el enjuiciamiento de un delito leve es inexistente y, sobre todo, con su exiguo plazo de prescripción, el enjuiciamiento, de llegar, llegaría cuando el hecho estuviera prescrito, pues muchas veces será imposible descubrir al autor en menos de un año.

356 Este precepto encuentra su origen en la Ley Orgánica 18/1994, de 23 de diciembre, por la que se modificó el Código Penal de 1973 en lo referente al secreto de las comunicación. El legislador una vez hubo transcurrido una década desde la aprobación de la Ley Orgánica 7/1984, de 15 de octubre, que introdujo en la legislación penal la tipificación de escuchas telefónicas, constató que aquellos nuevos delitos no tuvieron el efecto disuasorio perseguido, no consiguiendo asegurar totalmente la defensa del secreto de las comunicaciones, habida cuenta del abanico de conductas que quedaron fuera de los tipos que se regularon, y de las modalidades de telecomunicaciones susceptibles de ser interceptadas, así como de la levedad de las penas previstas

357 Ibíd. Art. 497 bis párrafo 3º: El que con conocimiento de su origen ilícito, y sin haber tomado parte en su descubrimiento, realizare la conducta descrita en el párrafo anterior, será castigado con las penas de prisión menor en grado mínimo y multa de 100.000 a 1.000.000 de pesetas.

358 Por ejemplo vid. Rebollo Vargas, R.: "Título X. Delitos contra la intimidad, el derecho a la propia imagen y la inviolabilidad del domicilio", en AA.VV.: Comentarios al Código Penal: Parte Especial. Tomo I (Dir. J. Córdoba Roda y M. García Arán), Marcial Pons, Madrid, 2004, p. 470; o Romeo Casabona, C. M.: *Los delitos de descubrimiento y revelación de secretos*, Tirant lo Blanch, Valencia, 2004, p. 166.

sobre la idea que lo "político —y, en no menor medida—, negocios —sobre todos los grandes negocios que crecen, como las plantas de interior, en los ángulos oscuros— se resisten a la transparencia y a la publicidad. Para ello se alega desde la seguridad nacional a la intimidad de las personas. Y para asegurarlo se pretende penar, sin parar en mientes y muy severamente, casi con la misma pena que al violador de la intimidad, al difundidor de los ilícitamente obtenido"[359].

Si el origen político criminal de este delito ya causó alguna que otra discrepancia entre la doctrina, mucho mayores fueron las que surgieron sobre su fundamento. Por un lado, estaban quienes consideraban que el fundamento del delito era castigar la conducta del sujeto activo que tiene un poder de decisión sobre la situación de la intimidad personal en la fase de agotamiento del delito mediante la difusión de los datos, hechos o imágenes captadas a que se refieren los números 1 y 2 del art. 197 CP. Y por el otro, aquellos que consideraban que se trataba de un delito de indiscreción con autonomía propia respecto del resto de delitos previstos en el título X del libro II del Código Penal. El delito venía a cubrir un importante vacío legal ante la ausencia de limites penales a un uso arbitrario e ilegítimo de la libertad de información[360].

El Tribunal Supremo, por su parte, destacó su carácter autónomo en su Sentencia de 10 de diciembre de 2004 al señalar que "responde a razones de política criminales, cuales son evitar la impunidad de ciertas conductas ajenas a la vulneración directa del derecho

---

[359] Queralt Jiménez, J. J.: *Derecho Penal Español. Parte especial*, Tirant lo Blanch, Valencia, p. 303.

[360] Vid. Morales Prats, F.: "Comentarios al Título X", en AA.VV.: Comentarios al Código Penal, t. I (dir. por G. Quintero Olivares y coord. por F. Morales Prats), Thomson Reuters-Aranzadi, Cizur Menor, 2016, p. 1474.; Rebollo Vargas, R.: "Título X. Delitos contra la intimidad, el derecho a la propia imagen y la inviolabilidad del domicilio", op. cit. p. 470; Olmo Fernández-Delgado, L.: *El descubrimiento y revelación de secretos documentales y de las telecomunicaciones. Estudio del artículo 197.1º del Código Penal,* Dykinson, Madrid, p. 237.

a la intimidad pero que igualmente atentar contra el mismo y son merecedoras de reproche penal"[361].

Lo cierto es que efectivamente se trata de un delito autónomo, sin relación cualitativa con los arts. 197.1 y 2 CP, por cuanto su rasgo definitorio es la no participación del sujeto activo en la obtención de los datos, hechos o imágenes. Siendo que el propio legislador *expressis verbis* declara introducir a la legislación penal una nueva modalidad delictiva.

En su Sentencia de 4 abril 2001, el TS señaló que la acción típica ha de entenderse como "la acción de comunicar por cualquier medio, sin que se requiera que se realice a una pluralidad de personas toda vez que la lesión al bien jurídico intimidad se produce con independencia del número de personas que tenga el conocimiento"[362].

Respecto de las otras dos conductas —revelar o ceder— consideramos que desde el punto de vista típico son sinónimas a la de difundir. Y ello porque si se trataran de diferentes conductas y considerásemos que la acción de difundir supone comunicar a una pluralidad de personas frente a las de revelar o ceder que admiten la singularidad del receptor, resultaría ilógico que el CP asocie la misma pena para las tres conductas cuando el desvalor de la difusión sería superior al de la revelación o cesión.

En cuanto a su dimensión subjetiva, se desprende del propio tenor literal que el sujeto debe actuar con dolo (en cualquiera de sus formas), esto es, la inteligencia de saber y la voluntad de querer llevar a cabo la conducta típica de difundir, revelar o ceder a terceros los datos o hechos descubiertos o las imágenes captadas con

---

361 STS 10 diciembre 2004 (*Tol 526535*).

362 STS 4 abril 2001 (ECLI: ES:TS:2001:2826). La sentencia se refiere a la conducta de divulgar (analiza el art. 199.2 CP). En todo caso es perfectamente asimilable a la de difundir, pues son términos sinonímicos en el ámbito de la conducta típica prevista en el art. 197.3 CP.

conocimiento de que estas se han obtenido cometiendo alguna de las conductas de los arts. 197.1 o 197.2 CP[363].

Por razones evidentes la determinación de la ilicitud no exige que haya sentencia condenatoria. Lo contrario nos llevaría al absurdo jurídico de cerrar el tipo en base ya no solo de la infalibilidad de los tribunales, sino que ante ciertas vicisitudes del procedimiento podría acabar siendo atípica la divulgación.

5. LA CRIMINALIZACIÓN DE LAS CADENAS DE ENVÍO

Volvamos al principio. Al Celebgate, a la difusión de imágenes de celebridades y su reenvío posterior. ¿Es delictivo? La arquitectura del precepto permite la criminalización de las cadenas de envío, en el sentido de que será típica conforme el art. 197.3.II tanto la conducta del primer divulgador distinto del descubridor como las de posteriores divulgadores[364].

El diagrama sería siguiente: A obtiene ilícitamente de B una imagen y se la envía a C que no ha participado en su obtención. C con conocimiento de su origen ilícito se la envía a D. D con conocimiento de su origen ilícito se la envía a E. Y así sucesivamente. Por lo tanto, C, D y E cometerían la conducta típica prevista y penada en el párrafo II del art. 197.3 CP.

---

363 Vid., ATSJ Extremadura 11 diciembre 2002(ES:TSJEXT:2002:19A). La resolución considera que la expresión *origen ilícito* "debe ser interpretada no en un sentido amplio, sino que debe ceñirse al origen delictivo de la actividad anterior (…) así, pues, ilícito no es, en este caso, contrario a cualquier clase de derecho, sino que el legislador, insistimos que de modo vedado, se está refiriendo al descubrimiento típico y antijurídico".

364 Vid. González Cussac, J. L.: "Los delitos contra la intimidad, el derecho a la propia imagen y la inviolabilidad del domicilio", op. cit., p. 283; y Romeo Casabona, C. M.: *Los delitos de descubrimiento y revelación de secretos*, op. cit., pp. 167-168.

Desde la óptica del caso que hemos expuesto, en pocas horas muchos ciudadanos españoles con su conducta, al amparo de lo previsto en el art. 23 de la LOPJ, podían haber cometido un delito penado con penas de prisión, en el mejor de los casos, de 2 a 3 años (mitad superior del tipo básico ex art. 197.5 CP). De manera que, por lo pronto, muchos españoles podrían haber sido investigados por la posible comisión de este delito.

Incluso, desde el punto de vista procesal, por tener competencia de la jurisdicción española ex art. 23.1 LOPJ de los posibles delitos cometidos en territorio nacional en aplicación de la teoría de la ubicuidad, y por tratarse de un delito semipúblico y haber tenido conocimiento Fiscalía por ser un hecho notorio, se deberían haber incoado de oficio, cuanto menos, diligencias informativas —incluso policiales— para la depuración de los hechos que *a priori* evidenciaban la comisión de un ilícito penal.

Una vez determinado entonces que las celebridades podían haber sido víctima de un delito, se les debería haber hecho el oportuno ofrecimiento de acciones y la posibilidad de personarse como acusación particular. Y, en todo caso, téngase presente que el art. 201.2 CP dispone que para estos delitos no será precisa la denuncia exigida cuando *la comisión del delito afecte a una pluralidad de personas.*

De hecho, no hace falta recurrir siquiera al caso expuesto del *celebgate*, pues es de sobra conocido que día tras día circulan cadenas de mensajes con videos e imágenes que, como mínimo, *prima facie* hacen pensar que su obtención ha sido ilícita. Observamos como una aplicación formal de la normativa sustantiva y adjetiva criminal desencadenaría cuanto menos unos efectos sorprendentes para la ciudadanía. El tipo, por tanto, requiere ser sometido a reflexión, pues no parece razonable su actual configuración, salvo que lo que se quiera sea criminalizar indiscriminadamente las cadenas masivas de envío. En este sentido, a nuestro juicio el problema debe resolverse interpretando que el *conocimiento* habrá de ser *efectivo* en términos de dolo directo o eventual, debiendo dictarse sentencia absolutoria en caso de duda. Por tanto, deberá ser la acusación quien pruebe que existió ese conocimiento efectivo o una alta probabilidad del mismo rayana a la certeza.

6. EL CASO CELEBGATE COMO EXPRESIÓN DE LA TENSIÓN DE LA PRIVACY

La evolución de la jurisprudencia en materia de privacidad, tecnología y derechos fundamentales, analizada a lo largo de este capítulo, culmina en un caso paradigmático que ejemplifica los desafíos del siglo XXI: el caso Celebgate. Este episodio no solo expuso una vulnerabilidad tecnológica masiva, sino que también puso en evidencia las grietas de los sistemas legales y sociales en la protección de la intimidad digital en un mundo hiperconectado.

Desde los precedentes fundacionales de Katz v. United States o Roe v. Wade en Estados Unidos, pasando por la sofisticación europea del derecho al olvido en Google Spain v. Costeja, hasta las rigurosas salvaguardas establecidas en Schrems II y Big Brother Watch v. United Kingdom, se observa un hilo conductor: el reconocimiento de la privacidad como un derecho dinámico que debe evolucionar con las nuevas tecnologías. Estas sentencias han ido construyendo un marco jurídico sólido, pero también han dejado en evidencia las limitaciones frente a retos como los planteados por la difusión ilícita de imágenes íntimas en casos como el Celebgate.

El caso Celebgate demuestra que las amenazas a la privacidad no provienen únicamente de los Estados, como en los casos de vigilancia masiva, sino también de actores privados que explotan vulnerabilidades tecnológicas y de una cultura digital que a menudo banaliza la intromisión en la intimidad. A través del artículo 197 del Código Penal Español, se ha tratado de abordar estas conductas, estableciendo sanciones para quienes, con conocimiento de su origen ilícito, difunden, revelan o ceden datos, hechos o imágenes íntimas de terceros. Sin embargo, el caso también evidencia la dificultad de aplicar estas normas a un contexto donde la difusión masiva y rápida a través de cadenas de envío convierte en prácticamente irrelevante la privacidad de las víctimas.

El análisis histórico y jurídico desarrollado en este capítulo nos permite entender cómo las sentencias han ido adaptándose a las nuevas realidades. Así, las diligencias de investigación tecnológica, como la interceptación de comunicaciones, el uso de GPS y la videovigilancia, reguladas con garantías de proporcionalidad y necesidad, son herramientas fundamentales para perseguir delitos como los del caso Celebgate. Sin embargo, estos instrumentos legales deben ajustarse constantemente a las transformaciones tecnológicas y sociales.

En el marco europeo, casos como Digital Rights Ireland y Zakharov v. Russia han sentado las bases para cuestionar las prácticas que amenazan el secreto de las comunicaciones y la intimidad. Estos fallos refuerzan la idea de que cualquier intrusión debe ser autorizada, proporcional y limitada a los fines que la justifican. En el caso Celebgate, la cadena de reenvío de imágenes plantea un desafío adicional: ¿hasta qué punto es razonable perseguir a los usuarios finales en una cultura donde las cadenas de difusión son casi automáticas y omnipresentes?

El caso Celebgate subraya la necesidad de revisar el artículo 197 del Código Penal, no solo para ajustar el alcance de las penas, sino también para considerar los impactos sociológicos del diseño legal en una sociedad digital. La criminalización de las cadenas de envío, sin una delimitación clara del conocimiento efectivo del origen ilícito, plantea riesgos de aplicación desproporcionada y contradice el principio de ultima ratio del Derecho Penal. Este caso es lo que nos permite replantear los planteamientos que desarrollamos en el último capítulo sobre la necesidad de creación de nuevos tipos penales más acordes con la sociedad en la que vivimos.

7. Y SI LAS SENTENCIAS CONDENATORIAS LLEGAN, LAS INDEMNIZACIONES SON ESCASAS

7.1. Breves consideraciones sobre la responsabilidad civil por las intromisiones ilegítimas en la intimidad

En materia de derechos de la personalidad las consecuencias civiles derivadas de la intromisión se rigen por lo establecido en la LO 1/1982, y ello con independencia de que se trate de una infracción penal o civil, pues con absoluta claridad lo establece su artículo primero apartado segundo *in fine*: "En cualquier caso, serán aplicables los criterios de esta Ley para la determinación de la responsabilidad civil derivada de delito". Más concretamente, habrá que estar a lo previsto en su artículo 9 que establece las especialidades respecto del régimen ordinario de la responsabilidad civil del art. 1902 CC.

Sentado lo anterior, según el art. 9.3 LO 1/1982, "la existencia de perjuicio se presumirá siempre que se acredite la intromisión ilegítima. La indemnización se extenderá al daño moral, que se valorará atendiendo a las circunstancias del caso y a la gravedad de la lesión efectivamente producida, para lo que se tendrá en cuenta, en su caso, la difusión o audiencia del medio a través del que se haya producido".

El principal escollo jurídico que se plantea a este respecto gira en torno al alcance de los daños y la prueba de los mismos.

Una primera postura entiende que el precepto engloba tanto los daños patrimoniales como los morales. Asimismo, estos coinciden en sostener que los primeros gozarían de una presunción *iuris tantum*, mientras que los segundos *iuris et de iure*.

El argumento respecto de este primer grupo no hace sino seguir la aparente voluntad del legislador, expresada por el Ministro de Justicia en su informe para la presentación del Proyecto de la que sería la LO 1/1982, en el que de modo expreso se declara que, "una vez que se acredite la intromisión ilegítima, se presume siempre la existencia de un perjuicio. No hay por tanto que demostrar la existencia de éste para tener abierta la vía judicial. Es acerca del carácter legítimo o ilegítimo de la intromisión sobre lo que versará, fundamentalmente, y creo que ese es el acierto, la controversia judicial. Ahora bien, si el perjuicio se presume siempre, otra cosa es su prueba, porque la norma no exime de este requisito, común a todas las acciones de responsabilidad civil, como se sabe. Habrá siempre un daño de carácter moral, y de ahí que aquella presunción por la que respecta a éste sea iuris et de iure, pero podrá haber otros perjuicios de carácter patrimonial, según que la agresión haya tenido una repercusión indirecta en el patrimonio del ofendido, y entonces esta presunción sólo jugará iuris tantum"[365].

Una segunda postura entiende que la presunción, a diferencia del criterio anterior, sólo abarcaría los daños morales. El principal argumento es la dificultad probatoria de los daños morales, lo que no ocurre con los patrimoniales, en los que para obtener una sentencia que condene a indemnizar por los daños materiales, estos tendrán que ser probados no bastando las alegaciones de carácter general sobre el desprestigio o afrenta sufrida por la intromisión ilegítima[366].

El siguiente problema, entonces, alcanza a resolver el carácter de la presunción de los daños morales, es decir, si son iuris et de iure o iuris tantum.

La cuestión, a nuestro modo de ver, se zanjaría por la directa aplicación de la Ley adjetiva civil cuando en su art. 386.3 dispone que "las presunciones establecidas por la ley admitirán la prueba en contrario, salvo en los casos en que aquélla expresamente lo prohíba", y en la referida Ley Orgánica de protección de los derechos de la personalidad, no existe precepto alguno que prohíba la prueba en contrario. Lo que debe ser así porque el sufrimiento o perturbación

---

365 Actas de la Sesión del Congreso de los Diputados, Pleno, núm. 206, de 10/12/1981. Puede verse para un examen exhaustivo en torno a la elaboración parlamentaria de la Ley Orgánica, la obra de Herrero-Tejedor Algar, F.: *Honor, Intimidad y Propia Imagen*, Colex, Madrid, 1994.

366 STS 25 noviembre de 2002 (ECLI:ES:TS:2002:7859).

de carácter moral es cuestión eminentemente subjetiva que exige analizar cada caso de manera concreta.

Ahora bien, lo cierto es que la jurisprudencia mayoritaria del Tribunal Supremo no lo ha entendido de esa manera y considera que es una presunción *iuris et de iure*[367].

Sin embargo, como acertadamente se ha señalado por la doctrina, "puede haber intromisiones ilegítimas sin que haya un daño que indemnizar, bien porque se repara íntegramente de forma específica (a través, por ejemplo, de la difusión de la sentencia o del

---

367 Por ejemplo, SSTS 7 marzo 2006 (ECLI: ES:TS:2006:1366) y 9 marzo 2006 (ECLI: ES:TS:2006:1690). En la primera de ellas se lee: "A todo lo anterior hay que añadir —de interés para el presente caso— una característica: no se precisa en la persona que ataca (la que comete la intromisión ilegítima) el derecho al honor, la intención —dolo o culpa— de dañar tal derecho; se trata de una responsabilidad objetiva: cuando se da la intromisión ilegítima, se presume iuris et de iure (artículo 9.3 de la Ley Orgánica, de 5 de mayo de 1982) el perjuicio, al que corresponde la indemnización por el daño moral. La jurisprudencia ha mantenido que si se produce un ataque al honor, no es preciso dolo o culpa en el atacante, desde las sentencias de 30 de marzo de 1988 y 16 de diciembre de 1988 hasta la más reciente de 4 de febrero de 1993 que dice, literalmente: "...el hecho de que el informador careciese de propósito difamatorio, al no ser precisa la existencia de una específica intención de dañar o menospreciar". Y en la segunda: "A la no valoración del número de ejemplares difundidos, pretende introducir un debate nuevo no discutido en la instancia pero que en cualquier caso no contradice la motivación de la sentencia que relaciona minuciosamente las circunstancias tomadas en consideración para fijar el monto indemnizatorio según la doctrina de esta Excma. Sala que, recordamos, señala que el inciso primero del precepto (artículo 9.3) contiene una presunción "iuris et de iure" que supone una aplicación de la regla "in re ipsa loquitur" que descarta las pretensiones sin contenido económico o cuando éste sea meramente simbólico. Los incisos siguientes relacionan varios factores indicativos para la cuantificación del daño moral —circunstancias del caso, gravedad de la lesión, difusión o audiencia del medio a través del que se haya producido, y beneficio que haya obtenido el causante de la lesión—, que obviamente tienen carácter enunciativo, si bien, en cualquier caso, la amplia fórmula de "circunstancias del caso" facilita la decisión del juzgador, aunque no le autoriza a su mera reproducción literal sin concretar cuales son las circunstancias específicas que se toman en cuenta".

ejercicio del derecho de réplica o de la rectificación), bien porque, a pesar de la intromisión, el daño no llega a producir. La existencia de esos supuestos justifica, a mi modo de ver, que la presunción del art. 9.3 LO 1/1982 tenga un carácter iuris tantum, porque, como ya dije, si no pudiera destruirse la presunción, el sujeto acabaría respondiendo civilmente por un daño inexistente"[368].

De conformidad con el art. 9.3 de la LO 1/1982, para la cuantificación del perjuicio se tendrán en consideración la gravedad de la lesión efectivamente producida y la difusión o audiencia del medio a través del que se produzca la intromisión.

Respecto del "beneficio que haya obtenido el causante de la lesión como consecuencia de la misma", hay que tener en cuenta que la Disposición Final Segunda de la LO 5/2010, de 22 de junio, ha suprimido dicha referencia, y ello para la satisfacción de cierto sector doctrinal que venía considerando que ese parámetro de cuantificación era ajeno al daño *per se* y, por tanto, ajeno al instituto de la responsabilidad civil por cuanto esta persigue una finalidad distinta, además, tampoco podía operar como una suerte de *punitive damages* toda vez que la indemnización acordada por la intromisión carece de carácter sancionatorio.

Con todo, precisamente a través de dicha cláusula los perjudicados vetaban al infractor el logro de un enriquecimiento injusto en la medida que podía producirse la paradoja de que al infractor le resultara económicamente rentable difamar, inmiscuirse en la vida privada o explotar la imagen ajena. Sea como fuere, lo cierto

---

368 Atienza Navarro, M. L.: "Algunas cuestiones acerca de la responsabilidad civil por los daños al honor, a la intimidad y a la propia imagen" en AA.VV.: Veinticinco años de Aplicación de la Ley Orgánica 1/1982, de 5 de mayo, de Protección Civil del Derecho al Honor, a la Intimidad Personal y Familiar y a la Propia Imagen (coord. J. R. De Verda), Thomson-Aranzadi, Cizur Menor, 2007, pp. 296-297. De la misma autora puede verse "Indemnizaciones de daños y perjuicios e intromisiones ilegítimas en los derechos al honor, al a intimidad y a la propia imagen" en Revista Boliviana de Derecho, 2013, núm. 15, pp. 217-233.

es que, tras la reforma, el artículo 9.2 distingue claramente entre: 1) la indemnización de los daños y perjuicios causados y 2) la apropiación que el perjudicado podrá hacer del lucro obtenido con la intromisión ilegítima en sus derechos.

Por otro lado, y en el caso concreto de intromisiones en la intimidad de los cónyuges, para determinar la gravedad de la lesión a efectos indemnizatorios no habrá que estar en abstracto a la insidiosidad del medio o al desvalor del resultado. Incluso cuando la injerencia afecte a ideología, religión, creencias, salud, origen racial o vida sexual del perjudicado, es irrelevante a priori porque lo que habrá que resarcir es el daño moral efectivo que padece el perjudicado. Lógicamente la afectación del núcleo duro de la intimidad podrá irrogar un mayor daño moral que si se afectan otras parcelas, sin embargo —se insiste— lo auténticamente importante es el perjuicio real sufrido por el perjudicado.

El aspecto relevante, por tanto, se halla en la "la difusión o audiencia del medio a través del que se haya producido." Este parámetro, vigente desde hace más de tres décadas, hoy debe quedar contextualizado en un ámbito distinto al que el legislador de 1982 concibió, concretamente debe quedar cifrado respecto del llamado «entorno digital» caracterizado por la proliferación de redes sociales, grandes foros de internet y múltiples plataformas de difusión masiva de la información por el propio usuario.

En la década de los ochenta y noventa, la tecnología era limitada y el contexto digital incipiente. Entonces, la divulgación habitualmente tenía lugar a través de los medios de comunicación de masas (que bien es cierto podían ser locales, nacionales o internacionales). O a través de mecanismos que el propio agresor disponía o confeccionaba, pero bastante limitados en su propagación, por ejemplo: pasquines, pancartas, etc.

En este sentido, antiguamente el parámetro geográfico del medio de difusión era un elemento no solo a explorar sino a considerar por la jurisprudencia. Sin embargo, la determinación del perjuicio real debe quedar focalizada respecto de quien ha realmente conocido la intromisión, y ello porque la intimidad revelada puede ser más dañina cuando es conocida por aquellos a quienes expresamente queremos vetar que si lo es (conocida) por terceros indiferentes. No se trata tanto de una cuestión cualitativa como cuantitativa. En consecuencia, el número de personas que tengan conocimiento de la intimidad revelada no debe ser un factor tan determinante a la hora de valorar el grado de afectación de la intimidad como puede ser la relación de la víctima con aquellas (por ejemplo, familiares, amigos, compañeros de trabajo).

Un ejemplo de lo que acabamos de decir sería el siguiente: cuando se produce una filtración de una imagen erótica, en abstracto puede decirse que los padecimientos que dicha divulgación ilícita genera en el perjudicado será mucho mayor si ésta se produce en ámbitos estrechamente vinculados al sujeto, esto es, en los ámbitos de su esfera privada o profesional, que si ocurre a través, por ejemplo, de una red social rusa (VK) o china (Qzone) total y absolutamente ajenas al perjudicado. Y ello, lógicamente, sin perjuicio de que la divulgación en sí misma afecte al patrimonio moral del perjudicado.

Un parámetro bastante poco utilizado en la praxis por los perjudicados es que en aquellos casos especialmente graves en los que la divulgación genera una aflicción moral considerable, por ejemplo, cuando afectan a facetas de la sexualidad, es recabar la oportuna asistencia facultativa, y no sólo para tratar el mal causado (generalmente trastornos de ansiedad), sino también a los efectos de acreditar la existencia real de un quebranto psicológico que, en no pocas ocasiones, puede ser un parámetro que presenta mayor objetividad para cuantificar el daño (con independencia de que se presuma), el cual podrá ser introducido al oportuno proceso bien para la propia determinación del daño, bien para determinar que la intromisión afecta gravemente a la intimidad (lo que será de especial interés si estamos ante un supuesto que puede ser incardinado en el art. 197.7 CP).

7.2. Las ridículas (o inexistentes) indemnizaciones en la jurisdicción penal

A continuación, expondremos de forma analítica y sintética una colección de casos prestando atención a: 1) hechos, 2) consecuencia penal principal, 3) consecuencia civil.

1) SAP Valencia 4 junio 2002 (ECLI:ES:APV:2002:3199)

Supuesto de hecho: Apoderamiento por el marido de distintos escritos y documentos que su esposa guardaba en una carpeta y que fueron entregados a su abogado para que éste los aportara como prueba contra su esposa en el procedimiento de separación matrimonial para fundar una alegación de infidelidad conyugal, lo que efectivamente sucedió. Entre los documentos cogidos por el marido se encontraba una carta de contenido personal escrita por una tercera persona, otra escrita por la mujer en igual sentido, además de varias poesías, escritos y emails impresos (sin que se acredite el acceso ni su impresión).

Consecuencia penal principal: 1 año de prisión y multa de 12 meses con cuota diaria de 12 euros.

Consecuencia civil: No hay.

2) SAP Albacete 21 noviembre 2002 (ECLI:ES:APAB:2002:1053)

Supuesto de hecho: Apoderamiento por la mujer de una misiva enviada al marido por la Seguridad Social utilizándola como prueba contra ésta en un proceso civil y en beneficio propio.

Consecuencia penal principal: 1 año de prisión y 12 meses de multa con una cuota diaria de 3 euros.

Consecuencia civil: 900€ por los daños morales causados.

3) SAP Madrid 4 octubre 2006 (ECLI: ES:APM:2006:7109)

Supuesto de hecho: La mujer sin conocimiento ni consentimiento de su marido, con quien se hallaba en trámites de separación, cogió del interior de un maletín un documento a él dirigido y enviado por el mando de personal del Cuartel General del Aire por el que se le comunicaba haber resuelto declararle en situación de "retenido de empleo", documento calificado de reservado que contenía valoraciones sobre su persona propias de los Informes Personales de Calificación. La mujer hizo una fotocopia de los mismos aportándolos a distintos procesos judiciales, entre otros el de divorcio.

Consecuencia penal principal: 2 años de prisión.

Consecuencia civil: 3.000€ por los daños morales causados.

4) STS (Sala 2ª) 21 marzo 2007 (ECLI: ES:TS:2007:1807)

Supuesto de hecho: Ante el aumento del consumo de internet en el domicilio familiar, el marido instaló un software informático para monitorizar la actividad informática y de internet desde una ubicación alejada con el ánimo de averiguar que estaba sucediendo al respecto. Pudo comprobar que la persona que estaba aumentando notablemente el consumo de internet era su propia esposa que entraba en chats como casados/infieles manteniendo conversaciones de contenido sexual, averiguando que además tenía otra pareja. El marido contrató a una investigadora privada a quien remitió todos los correos electrónicos interceptados aportando dicha información al juicio de separación para lograr la custodia de su hija.

Consecuencia penal principal: 6 meses de prisión y multa de 6 meses con cuota diaria de 6 euros (se aprecian atenuantes).

Consecuencia civil: No hay.

5) SAP Barcelona 5 mayo 2009 (ECLI:ES:APB:2009:5138)

Supuesto de hecho: Exesposo que sin el consentimiento de su exesposa accede al borrador de la declaración de la renta de ésta, y que la AEAT remitiera a ésta el citado borrador al antiguo domicilio familiar, pues el exesposo abría habitualmente las cartas que llegaban.

Consecuencia penal principal: 1 año de prisión y multa de 12 meses con cuota diaria de 6 euros.

Consecuencia civil: 300€ por los daños morales causados.

6) SAP Huesca 26 noviembre 2009 (ECLI:ES:APHU:2009:618)

Supuesto de hecho: Apoderamiento por el marido de la nómina de su exmujer que le había sido remitida a ésta por correo en un sobre a su nombre y entregada en el buzón de correo del que había sido el domicilio conyugal de la pareja, además, el marido se apoderó también de la carta que contenía dicho documento personal y la aportó posteriormente en la vista de medidas provisionales que se seguía entre ambos cónyuges.

Consecuencia penal principal: 1 año de prisión y multa de 12 meses con cuota diaria de 8 euros.

Consecuencia civil: No hay.

7) SAP Oviedo 1 septiembre 2010 (ECLI: ES:APO:2010:1911)

Supuesto de hecho: El exesposo puso al alcance de los usuarios de la página www.sexo-casero.com, tres fotografías de la exesposa sin autorización de ésta: dos en bañador con los senos al desnudo, sin cubrir, paseando por una playa, y una desnuda, en el interior de la vivienda, fotografías que fueron obtenidas durante su relación personal. Las imágenes fueron remitidas con un correo electrónico titulado como "la golfa de Oviedo", ubicándolas, perversamente, junto a otras fotografías de contenido pornográfico, ofreciéndose mantener relaciones sexuales, facilitando el número de teléfono móvil, de contacto, el cual era utilizado por la exesposa en su actividad laboral.

Consecuencia penal: 1 año de prisión.

Consecuencia civil: 6.000€ por los daños morales causados.

8) SAP Tarragona 7 junio 2012 (ECLI:ES:APT:2012:766)

Supuesto de hecho: El marido en la celebración de la vista del procedimiento de modificación de medidas, aportó como prueba documental una carta del Servicio General de Tráfico de Cataluña que había recibido en su domicilio, que anteriormente había sido el familiar, y que iba dirigida a su mujer, en la que se le imponía a esta una multa por circular en un vehículo llevando a un menor de tres años en el asiento trasero sin el correspondiente sistema de seguridad homologado.

Consecuencia penal principal: 1 y 4 meses de prisión y multa de 12 meses con cuota diaria de 3 euros.

Consecuencia civil: No hay.

9) SAP A Coruña 19 diciembre 2012 (ECLI:ES:APC:2012:3659)

Supuesto de hecho: La exesposa recogió del que fuera el domicilio conyugal hacía un año y en el que el exmarido ya no residía, una carta certificada con acuse de recibo remitida por la Agencia Tributaria a éste. La exesposa comprobó al abrir la carta y leer su contenido que se trataba de un requerimiento de pago del IVA trimestral y una autoliquidación por la AEAT del recargo correspondiente, de lo que dedujo que el IVA fue generado por el alquiler de un bien inmueble ganancial y, al estar en trámite el proceso de liquidación de la sociedad de gananciales formada por los exconyuges en el que existía controversia acerca de la inclusión de determinados bienes en el activo y en el pasivo de la sociedad, hizo entrega de la carta en cuestión a su Abogada quien la aportó al proceso de familia.

Consecuencia penal principal: 1 año de prisión y multa de 12 meses con cuota diaria de 6 euros.

Consecuencia civil: No hay.

10) SAP Sevilla 25 septiembre 2014 (ECLI:ES:APSE:2014:2873)

Supuesto de hecho: El marido accedió al correo electrónico de su mujer, sin el consentimiento ni la autorización de ésta, copiando e imprimiendo posteriormente algunos de los mensajes interceptados, que fueron aportados por la propia defensa letrada del acusado.

Consecuencia penal principal: 1 año de prisión y multa de 12 meses con cuota diaria de 8 euros.

Consecuencia civil: No hay respecto del delito de descubrimiento.

11) SAP Zaragoza 15 enero 2015 (ECLI:ES:APZ:2015:32)

Supuesto de hecho: La AEAT envió los datos fiscales del IRPF del exmarido al que anteriormente había sido el domicilio familiar y ahora estaba atribuido a la exmujer. Ésta, lejos de entregársela a su exconyuge, se apropió de la misma, la abrió sin el consentimiento de él, comprobando que contenía información fiscal, y se la entregó a su defensa letrada en el proceso matrimonial para que fuera aportada, lo que efectivamente sucedió.

Consecuencia penal principal: no consta en la resolución.

Consecuencia civil: no consta en la resolución.

12) SAP Málaga 31 julio 2015 (ECLI:ES:APMA:2015:2611)

Supuesto de hecho: Marido que con intención de utilizar en proceso de divorcio cogió copias de facturas y una nómina que encontró en el domicilio que había sido común de los consortes. Y ello con la finalidad de acreditar que la mujer trabajaba para una empresa para así aminorar el importe de la pensión que ésta le reclamaba.

Consecuencia penal principal: 1 año de prisión y multa de 12 meses con cuota diaria de 10 euros.

Consecuencia civil: no hay.

13) SAP Madrid 26 octubre 2015 (ECLI:ES:APM:2015:15628)

Supuesto de hecho: Tras el auto de medidas provisionales, el marido presentó demanda de divorcio contra la mujer, y a tal demanda adjuntó un CD que contenía conversaciones sostenidas por ella con terceras mujeres. Conocimiento de tales conversaciones que tuvo lugar porque el marido se apropió de un pendrive de la mujer que por olvido se había dejado conectado al ordenador.

Consecuencia penal principal: 9 meses de prisión y multa de 9 meses con cuota diaria de 6 euros (se aprecia atenuante).

Consecuencia civil: 1.000€ por los daños morales causados.

14) SAP Alicante 22 diciembre 2015 (ECLI:ES:APA:2015:3004)

Supuesto de hecho: El exmarido se apoderó de unas cartas dirigidas a la que fuera su esposa hacía tres años, remitidas por una Entidad Bancaria al antiguo domicilio donde ambos residían. Dichas cartas fueron entregadas por el exmarido a su abogado a fin de que fueran aportadas junto con una demanda de modificación de medidas matrimoniales. Las mencionadas cartas contenían dos copias de recibos bancarios del ingreso, en una cuenta bancaria de la que era titular la exesposa, del importe correspondiente a una prestación por desempleo, de la que era beneficiaria la pareja sentimental de la exesposa, el cual tampoco había autorizado al exmarido para apoderarse ni hacer uso de tales datos

Consecuencia penal principal: 6 meses de prisión y multa de 6 meses con cuota diaria de 6 euros (se aprecia atenuante).

Consecuencia civil: No hay.

15)SAPBarcelona20septiembre2016(ECLI:ES:APB:2016:9925)

Supuesto de hecho: Difusión por él de un video erótico obtenido con consentimiento de su pareja, a dos amigos de ésta.

Consecuencia penal principal: 7 meses y 16 días.

Consecuencia civil: No hay.

16) SAP Valencia 25 noviembre 2016 (ECLI: ES:APV:2016:3725)

Supuesto de hecho: En una relación análoga a la conyugal, ella remitió distintas fotografías íntimas a él, quien, una vez terminada la relación, las remitió a la madre de ella con la afirmación "tu hija es más puta que las gallinas", y puso una de ellas de perfil de su Whatsapp por lo que pudo verla cualquier persona.

Consecuencia penal principal: 7 meses y 15 días de prisión.

Consecuencia civil: 1.500€.

17) SAP Las Palmas 20 enero 2017 (ECLI:ES:APGC:2017:27)

Supuesto de hecho: La expareja (ella), una vez finalizada la relación que duró más de quince años, y que fue judicializada a efectos de guarda, custodia y alimentos el 28 de mayo 2013, momento en que él abandonó el domicilio familiar, con ánimo de descubrir informaciones reservadas a su destinatario, después de abrir la correspondencia que se recibía en dicho domicilio dirigida a su expareja, aprovechándose de su contenido, decidió utilizarla en su beneficio. De esta forma, interpuso demanda de modificación de medidas, consiguiendo elevar la cuantía de la pensión que él debía pagar de 190€ a 200€.

Consecuencia penal principal: 1 año de prisión y multa de 12 meses con cuota diaria de 4 euros.

Consecuencia civil: No hay.

8. CONCLUSIONES

De las distintas resoluciones analizadas, todas ellas condenatorias por un delito contra la intimidad de la pareja, se pone de manifiesto que once de las diecisieta sentencias expuestas a pesar de declararse probada la intromisión ilegítima, no hacen pronunciamiento alguno sobre los daños morales derivados de las mismas. Debiendo observarse que, salvo renuncia expresa de los perjudicados a reclamar los daños sufridos, causa perplejidad no ya sólo que la acusación particular (de haberla) no la solicite, sino también que el Ministerio Fiscal tampoco lo haga cuando hemos visto que daños los daños morales ex LO 1/1982 se presumen ante cualquier intromisión en los derechos al honor, intimidad y propia imagen.

Realmente, esta situación puede obedecer a dos hipótesis, y que en puridad no puede deducirse del tenor de las sentencias, estas son: 1) que quien sufre la intromisión ilegítima en la intimidad por el otro cónyuge no busca resarcir el daño moral sino única y exclusivamente la represión punitiva del infractor y por tanto hay una suerte de renuncia material (o expresa) a la indemnización; 2) que tanto la Acusación Particular como el Ministerio Fiscal hayan preterido la consecuencia civil.

Me inclino, evidentemente, por la primera, especialmente si se tiene en cuenta que todos los supuestos surgen en un contexto de conflictividad entre los consortes bien por rupturas traumáticas bien por las discrepancias económicas o de atribución de la guarda de los hijos comunes. Y precisamente ante esta situación de crisis familiar y emocional, la víctima lo que ansía es un castigo para el infractor más allá de la oportuna indemnización que le pudiera corresponder. El problema que se plantea, sin embargo, es en aquellos casos que expresamente se fija en 0 euros, pues en atención al principio *res ipsa loquitur*, podría considerarse que no ha existido una lesión real y material del bien protegido.

Por otro lado, y en conexión precisamente con la indemnización por los daños morales (6 de las 17 sentencias condenatorias analizadas) son francamente magras, llegando incluso a la ridiculez, como, por ejemplo, la de la SAP Barcelona 5 mayo 2009, que los cifra en 300€. O la SAP Valencia 25 noviembre 2016, que cuantificó los daños morales derivados de 1) la difusión de imágenes eróticas de ella a la madre de está, junto con el comentario "tu hija es más puta que las gallinas", y de 2) publicar una imagen desnuda de ella como imagen de su perfil público de Whatsapp; en unos exiguos 1.500 euros.

Por supuesto, ninguna de las sentencias expuestas que aprecian la indemnización por los daños morales derivados de la intromisión realizan un razonamiento prolijo en atención a los criterios del art. 9 de la LO 1/1982, simplemente recurren a fórmulas más o menos lacónicas para su cuantificación, lo que demuestra una falta de cultura indemnizatoria.

En consecuencia, puede decirse que de no haber una renuncia expresa de la víctima a dicha reclamación, existe una tendencia clara en la jurisprudencia en éste concreto ámbito a que las víctimas que sufren intromisiones ilegítimas en su intimidad no reciban, por las razones que fueren, una indemnización por los daños morales cuando lo cierto es que la LO 1/1982 establece que estos se presumirán siempre.

Con estos precedentes, los excesos de la IA sobre la privacy, al menos en la jurisdicción penal, no saldrán económicamente caros para el infractor. De hecho, las indemnizaciones serán presumiblemente tan bajas que a poco que el infractor esté penalmente bien asesorado comprará a precio de ganga la atenuante de reparación del daño y con ello logrará una sustancial rebaja penológica.

Parte IV

Propuestas para un marco normativo global

Capítulo 10
HACIA UNA REGULACIÓN ÉTICA Y GLOBAL DE LA IA

FRANCISCO MARCO FERNÁNDEZ Y
FERMÍN MORALES PRATS

1. INTRODUCCIÓN: LA IA, LA NUEVA TRAGEDIA DE LOS COMUNES

Imaginemos que un grupo de desarrolladores de inteligencia artificial (IA) colabora para construir un modelo avanzado basado en datos compartidos, buscando soluciones innovadoras para la sociedad. Pero un día, una de las empresas, movida por intereses comerciales, decide utilizar estos modelos para desarrollar productos exclusivos que maximicen sus beneficios, aunque esto implique un impacto negativo en los usuarios o la ética tecnológica. Esta práctica es replicada por otros actores, y pronto la confianza del público en la IA y los datos comienza a erosionarse. Este escenario es un reflejo de lo que Garret Hardin denominó en 1968 como la "tragedia de los comunes"[369] y lo que refleja la demanda de Elon Musk contra OpenAI, que nació como un sistema de código abierto hasta que se alió con Microsoft. En un sistema sin restricciones ni regulaciones claras, los intereses personales a corto plazo prevalecen sobre los intereses colectivos a largo plazo.

En el caso de la IA, los recursos comunes no son terrenos de pastoreo ni bancos de pesca, sino datos personales, confianza y transparencia[370]. Sin una regulación adecuada, las empresas podrían

---

369 Hardin, Garrett. *The Tragedy of the Commons. Science*, vol. 162, núm. 3859, 1968, pp. 1243-1248.

370 Sobre la evolución y un análisis más profundo sobre la tragedia de los comunes y los datos, véase Marco Fernández, F., Disociados, op. Cit., págs. 152 y ss.

priorizar su beneficio económico sobre los principios éticos y sociales. Esto ya ha ocurrido en casos como el escándalo de Cambridge Analytica[371], donde datos personales fueron utilizados para influir en procesos democráticos, como el Brexit o las elecciones presidenciales en Estados Unidos. Como señala Nikolaos Laoutaris[372], este abuso de los recursos comunes —en este caso, la confianza de los usuarios— puede dañar irreparablemente la relación entre las personas y la tecnología, llevando incluso a un abandono masivo de ciertas plataformas.

1.1. La IA como bien común: ¿Gestión privada, estatal o comunitaria?

Siguiendo la línea de Hardin, algunos argumentan que la solución para evitar la tragedia de los comunes en la IA es la privatización o la regulación estricta por parte de los gobiernos. Sin embargo, la politóloga y premio Nobel Elinor Ostrom[373] propuso un enfoque diferente: las comunidades pueden gestionar de manera eficiente los recursos comunes mediante acuerdos colectivos y mecanismos de autogestión. En el caso de la IA, esto implicaría crear marcos colaborativos entre empresas, gobiernos y la sociedad civil para garantizar que los datos y los algoritmos se utilicen de manera ética y sostenible.

Por ejemplo, la gobernanza de los datos podría incluir:

1. Consentimiento informado: Garantizar que los usuarios tengan control sobre cómo se recopilan y utilizan sus datos,

---

371 "The Cambridge Analytica Scandal (2018): How Facebook's Data Was Used to Influence Elections." *The Guardian*, 2018

372 Laoutaris, Nikolaos. *Cows, Privacy, and the Tragedy of the Commons on the Web. Communications of the ACM*, vol. 59, núm. 10, 2016, pp. 44-46 y Nikolaos, Laoutaris, et al. *The Tragedy of the Commons in Privacy and Technology. Communications of the ACM*, vol. 59, núm. 10, 2016, pp. 44-46

373 Ostrom, Elinor. *Governing the Commons: The Evolution of Institutions for Collective Action.* Cambridge University Press, 1990

alineándose con normativas como el Reglamento General de Protección de Datos (GDPR) de la Unión Europea.

2. Transparencia algorítmica: Establecer estándares que obliguen a las empresas a explicar cómo funcionan sus algoritmos, qué datos utilizan y con qué propósito.
3. Equidad en el acceso: Asegurar que los beneficios de la IA lleguen a todos, evitando que solo unos pocos actores acumulen el control de la tecnología y los datos.
4. Compensación por el uso de datos: Las empresas tecnológicas deberían retribuir a los usuarios por el uso de sus datos, transformando la relación actual en un modelo más equitativo.

Tal y como señala Marco Fernández[374], en la era de la IA, la creación de un "contrato social digital" es más urgente que nunca. Este contrato debería establecer un marco ético y jurídico que permita a los individuos ser los propietarios de sus datos, con capacidad de negociarlos y decidir cómo se utilizan. Al mismo tiempo, las empresas tecnológicas tendrían la responsabilidad de garantizar que estos datos se manejen de manera segura y transparente, mientras que los gobiernos y las instituciones supranacionales actuarían como árbitros para proteger los intereses de los ciudadanos frente a posibles abusos.

En este escenario, la IA se convertiría en un bien común gestionado colectivamente, donde:

- Las personas valoren y gestionen sus datos como recursos personales.
- Las empresas tecnológicas paguen por el "pasto" (datos) que utilizan.

---

374 Marco Fernández, F., op. Cit, pág. 164.

- Los gobiernos y organismos internacionales supervisen y protejan las transacciones y los derechos digitales de los ciudadanos.

La inteligencia artificial tiene el potencial de transformar nuestras vidas de manera positiva, pero también enfrenta el riesgo de convertirse en una tragedia de los comunes si no se gestiona adecuadamente. Para evitarlo, es fundamental establecer un equilibrio entre la innovación y la responsabilidad, asegurando que la IA sea una herramienta al servicio del bienestar colectivo y no solo un mecanismo para maximizar beneficios individuales. Esto requiere una colaboración global entre los desarrolladores, reguladores y usuarios, donde la transparencia, el consentimiento y la equidad sean los pilares fundamentales de este nuevo ecosistema tecnológico. Sin embargo, esto no significa que, en materia de defensa de los derechos fundamentales y su vulneración mediante actos típicos, se abogue por la autorregulación. En este sentido, tal y como señala Morales Prats, la respuesta debe ser jurídico penal mediante la tipificación de nuevos delitos vinculados a la IA[375].

1.2. La necesidad de estándares internacionales para la IA

La IA es un bien común que debe ser estudiado y protegido de la voracidad de unos pocos. La inteligencia artificial (IA) está transformando rápidamente el panorama global, influyendo en sectores que van desde la economía hasta la seguridad nacional. Sin embargo, su crecimiento exponencial plantea graves desafíos éticos, legales y sociales que no pueden ser abordados de manera efectiva por legislaciones aisladas. La falta de armonización internacional en la regulación de la IA genera riesgos como la fragmentación normativa, que permite a empresas y actores gubernamentales eludir

---

375 Morales Prats, F., Derecho a la privacidad y la Inteligencia Artificial: la perspectiva europea, Desafíos 2025, RAED

responsabilidades trasladando sus operaciones a jurisdicciones menos estrictas[376].

Como acertadamente señalan Veale y Edwards[377], los sistemas de reconocimiento facial utilizados en países con legislaciones más permisivas pueden impactar negativamente en la privacidad de los ciudadanos de otros estados. Esto plantea la necesidad de estándares globales que garanticen que las tecnologías de IA se desarrollen y utilicen de manera ética y responsable, independientemente de la ubicación geográfica.

La experiencia con normativas internacionales como el Reglamento General de Protección de Datos (GDPR) demuestra que es posible desarrollar marcos legales de aplicación transnacional que establezcan estándares mínimos para la protección de derechos fundamentales (European Parliament and Council, 2016). Sin embargo, el GDPR no aborda específicamente los retos que plantea la IA, como la toma de decisiones algorítmicas opacas o la responsabilidad por daños derivados de sistemas autónomos[378]. Esto refuerza la necesidad de un marco ético global que establezca estándares claros sobre transparencia, "explicabilidad" y responsabilidad en el desarrollo y uso de IA (High-Level Expert Group on Artificial Intelligence, 2019)[379].

Un marco regulatorio global debe incluir la participación de organismos internacionales y una colaboración activa entre países, como lo proponen los *Principios de Beijing para la IA*, que destacan

---

376 Cath, C., Sandra Wachter, Brent Mittelstadt, Mariarosaria Taddeo, y Luciano Floridi. *Artificial Intelligence and the "Good Society": The US, EU, and UK Approach. Science and Engineering Ethics*, vol. 24, núm. 2, 2018, pp. 505-528.

377 Veale, Michael, y Lilian Edwards. *Clarity, Surprises, and Further Questions in the GDPR's Provisions for Algorithmic Decision-Making. Computer Law & Security Review*, vol. 34, núm. 2, 2018, pp. 398-404.

378 Raji, Inioluwa Deborah, y Joy Buolamwini. *Actionable Auditing: Investigating the Impact of Publicly Naming Biased Performance Results of Commercial AI Products. Proceedings of the 2019 AAAI/ACM Conference on AI, Ethics, and Society*, 2019.

379 High-Level Expert Group on Artificial Intelligence. (2019). *Ethics Guidelines for Trustworthy AI*. European Commission.

la importancia de la cooperación global para evitar el mal uso de la IA y fomentar el desarrollo sostenible[380]. Estos esfuerzos deben ser complementados con un enfoque proactivo para identificar y mitigar los riesgos transfronterizos asociados con estas tecnologías emergentes.

Los *Principios de Beijing para la Inteligencia Artificial* (2019)[381], desarrollados por la Academia de Inteligencia Artificial de Beijing (Beijing Academy of Artificial Intelligence, BAAI), representan uno de los esfuerzos más destacados para abordar de manera ética y responsable los retos que plantea la IA a nivel global[382]. Estos principios subrayan la importancia de fomentar la cooperación internacional y promover el desarrollo sostenible de la inteligencia artificial bajo una perspectiva centrada en el ser humano.

Entre los pilares fundamentales de los *Principios de Beijing* se encuentran:

1. Beneficio para la humanidad y el medio ambiente: La IA debe ser desarrollada para servir al bienestar común, respetando la dignidad humana, los derechos fundamentales y la sostenibilidad ambiental. Este principio busca evitar el mal uso de la IA para fines que puedan causar daño social, económico o ambiental.

2. Justicia y equidad: Los sistemas de IA deben garantizar la equidad en su diseño y uso, promoviendo la inclusión y evi-

---

380 Beijing Academy of Artificial Intelligence. (2019). *The Beijing AI Principles*. Beijing Academy of Artificial Intelligence.

381 Los *Principios de Beijing sobre la Inteligencia Artificial y la Educación*, adoptados en 2019 durante la Conferencia Internacional sobre Inteligencia Artificial y Educación organizada por la UNESCO y la República Popular China, establecen directrices para integrar la IA en el ámbito educativo de manera ética y efectiva. Estos principios buscan maximizar el potencial de la IA en la educación, asegurando su uso responsable y equitativo

382 UNESCO y República Popular China. *Principios de Beijing sobre la Inteligencia Artificial y la Educación.* Conferencia Internacional sobre Inteligencia Artificial y Educación, 2019. http://www.baai.ac.cn

tando sesgos que puedan discriminar a ciertos grupos de personas. Este enfoque se alinea con los esfuerzos globales, como los realizados por la OCDE en sus principios para una IA confiable.

3. Transparencia y "explicabilidad": Los desarrolladores de IA deben garantizar que los sistemas sean transparentes y comprensibles tanto para los expertos técnicos como para los usuarios finales. Esto incluye la creación de herramientas y metodologías para explicar cómo se toman las decisiones algorítmicas, especialmente en sectores críticos como la justicia, la salud y el empleo.
4. Responsabilidad y gobernanza: Los actores involucrados en el desarrollo y uso de la IA deben asumir la responsabilidad por los efectos de sus tecnologías. Esto implica establecer mecanismos para evaluar y mitigar riesgos, así como garantizar que existan vías claras para la rendición de cuentas.
5. Cooperación internacional: Reconociendo que los desafíos planteados por la IA son de naturaleza transnacional, los principios enfatizan la importancia de la colaboración entre países y regiones para evitar la fragmentación regulatoria y fomentar la creación de estándares globales. Esto incluye el intercambio de conocimientos, la transferencia de tecnología y el apoyo a países en vías de desarrollo para integrarse en la economía digital.

Los *Principios de Beijing* han sido diseñados para actuar como una guía flexible que puede adaptarse a diferentes contextos culturales, económicos y legales. Si bien surgieron en un contexto dominado por la influencia china, tienen un enfoque inclusivo que invita a otros actores globales a participar en el desarrollo de normativas y estándares éticos compartidos.

En comparación con otras iniciativas, como las *Directrices Éticas para una IA de Confianza* de la Comisión Europea (2019) y los *Principios de la OCDE sobre la IA* (2019), los *Principios de Beijing* destacan por su énfasis en la cooperación internacional y el desarrollo sostenible. Sin embargo, también han sido objeto de críticas debido a la percepción de que podrían ser utilizados como un instrumento político para promover la influencia tecnológica de China en el escenario global.

Los *Principios de Beijing* reflejan una visión de la IA que prioriza la gobernanza ética y la mitigación de riesgos sociales. Su relevancia en el debate internacional sobre la regulación de la IA radica en su capacidad para sentar las bases de un diálogo global que incorpore diversas perspectivas culturales y geopolíticas. Además, su énfasis en la transparencia, la responsabilidad y la cooperación internacional los convierte en un modelo valioso para diseñar un marco regulatorio global.

2. ELEMENTOS CLAVE: ÉTICA, TRANSPARENCIA Y RENDICIÓN DE CUENTAS

El modelo o1 de Chatgpt pretende demostrar que supera al cerebro humano en razonamiento y estrategia. En un experimento realizado por Palisade Research[383] se ordenó a ChatGPT detallar su plan de acción para lograr vencer al oponente más fuerte en una partida de ajedrez. El modelo de razonamiento siguió las instrucciones, pero tomó algunas decisiones inesperadas. ChatGPT descubrió una trampa que le permitía obtener cierta ventaja sobre su oponente. Y ganó.

El experimento demuestra que sin darle órdenes para hackear o trampear al sistema Chatgpt decidió hacerlo porque sus órdenes eran que debía "ganar", pero nadie le indicó si de forma ética o no. Por eso, un marco regulatorio global debe basarse en principios fundamentales que promuevan la confianza en los sistemas de inteligencia artificial (IA). Estos principios buscan garantizar que la IA

---

383 ChatGPT o1 HaceTrampa en un Juego de Ajedrez para Ganar a un Oponente Más Fuerte." *Computer Hoy*, 2024. https://computerhoy.20minutos.es/tecnologia/chatgpt-o1-hace-trampa-juego-ajedrez-ganar-oponente-fuerte-1434897

se desarrolle y utilice de manera que respete los derechos humanos, promueva el bienestar social y reduzca al mínimo los impactos negativos.

2.1. Ética como pilar central

La ética es un elemento clave en la regulación de la IA, ya que asegura que los sistemas algorítmicos no solo sean técnicamente eficientes, sino también moralmente responsables. Según los *Principios de la OCDE sobre IA confiable* (2019)[384], la justicia, la "explicabilidad" y la inclusión son esenciales para prevenir el sesgo algorítmico y garantizar que las tecnologías de IA respeten la diversidad y los derechos humanos. Estos principios reconocen la necesidad de desarrollar sistemas que minimicen los prejuicios inherentes a los datos utilizados para entrenar algoritmos, ya que dichos sesgos pueden amplificar desigualdades preexistentes.

Organizaciones como la UNESCO[385] han complementado estas iniciativas éticas con recomendaciones sobre la ética de la IA, enfatizando la importancia de evitar que la tecnología perpetúe desigualdades sociales y económicas. En este sentido, un enfoque ético debe ser proactivo, anticipando y mitigando posibles impactos negativos antes de que los sistemas de IA sean desplegados.

2.2. Transparencia como eje de confianza

"La privacidad no ha muerto, pero está en peligro y estamos en un momento crítico para salvarla", dice el protagonista de la serie de Netflix El Gran Hackeo, David Carroll, un profesor universitario radicado en Nueva York, que se convirtió en noticia por su

---

384 OECD. (2019). *OECD Principles on AI*. Organisation for Economic Co-operation and Development. Disponible en: https://oecd.ai/en/

385 UNESCO. (2021). *Recommendation on the Ethics of Artificial Intelligence*. UNESCO Publishing. Disponible en: https://unesdoc.unesco.org/ark:/48223/pf0000377897

disputa con Cambridge Analytica a la vez que intentaba recuperar sus datos en manos de Cambridge Analytica señala que "lo peor ha llegado". La transparencia es, por tanto, un principio fundamental que fortalece la confianza en los sistemas de IA. Los sistemas deben ser auditables y comprensibles tanto para expertos técnicos como para el público general, particularmente en sectores sensibles como la justicia, la salud y el empleo. Por ejemplo, Veale y Edwards[386] destacan que la capacidad de explicar cómo se toman decisiones algorítmicas no solo es necesaria para ganar la confianza de los usuarios, sino también para cumplir con requisitos legales, como los establecidos en el Reglamento General de Protección de Datos (GDPR) de la Unión Europea.

El desarrollo de herramientas para la explicabilidad de los algoritmos, como modelos de "caja blanca" que permiten rastrear la lógica detrás de una decisión, es esencial para que los usuarios comprendan y confíen en la IA. Además, la transparencia no debe limitarse a los aspectos técnicos, sino que también debe incluir información sobre quién es responsable del desarrollo, mantenimiento y supervisión de los sistemas.

2.3. Rendición de cuentas como principio rector

La rendición de cuentas debe ser un principio rector en la regulación de la IA. Las empresas y los gobiernos que desarrollan y despliegan sistemas de IA deben asumir la responsabilidad por los daños que estas tecnologías puedan causar. Esto incluye no solo establecer mecanismos claros para identificar responsabilidades legales en caso de fallos, sino también garantizar que los ciudadanos tengan acceso a recursos legales efectivos para reclamar sus derechos.

---

386 Veale, Michael, y Lilian Edwards. *Clarity, Surprises, and Further Questions in the GDPR's Provisions for Algorithmic Decision-Making. Computer Law & Security Review*, vol. 34, núm. 2, 2018, pp. 398-404

Por ejemplo, las *Directrices Éticas para una IA Confiable* de la Comisión Europea insisten en que las organizaciones responsables de los sistemas de IA deben establecer medidas de supervisión humana y procesos de auditoría para prevenir posibles abusos. Estas directrices también enfatizan la importancia de definir estándares internacionales claros sobre cómo gestionar los riesgos éticos y técnicos asociados con los sistemas de IA.

2.4. El papel de la gobernanza global

La adopción de estos principios no puede limitarse a iniciativas regionales o nacionales. Un marco regulatorio global es crucial para evitar la fragmentación normativa y garantizar que los sistemas de IA operen bajo estándares éticos comunes en todas las jurisdicciones. La cooperación internacional y la gobernanza multipartita, como lo sugieren iniciativas como los *Principios de Beijing para la IA* (2019), son esenciales para coordinar esfuerzos entre países, empresas y organizaciones internacionales.

3. EVALUACIONES DE IMPACTO ÉTICO Y MODELOS DE IMPLEMENTACIÓN

3.1. Evaluaciones de impacto ético como herramienta clave

Un enfoque prometedor para regular la inteligencia artificial (IA) es la introducción de evaluaciones de impacto ético (EIE) obligatorias. Inspiradas en las evaluaciones de impacto ambiental, estas herramientas tienen como objetivo analizar los efectos potenciales de los sistemas de IA sobre los derechos humanos, la cohesión social y otros valores fundamentales antes de su despliegue. Las EIE permitirían identificar riesgos relacionados con discriminación, privacidad, sesgos algorítmicos y otros impactos negativos, ofreciendo una oportunidad para mitigarlos de forma proactiva.

La Comisión Europea, en su propuesta para una *Ley de IA* (2021)[387], ha destacado la importancia de clasificar los usos de la IA en función de su nivel de riesgo. Este marco regula desde usos de alto riesgo, como los sistemas de reconocimiento facial en espacios públicos, hasta aplicaciones de bajo riesgo, estableciendo requisitos proporcionales de transparencia, supervisión humana y seguridad. Además, exige que los sistemas de IA de alto riesgo se sometan a evaluaciones exhaustivas antes de ser introducidos en el mercado. Estas medidas son esenciales para garantizar la protección de los derechos fundamentales de los ciudadanos.

Autores como Floridi[388] han argumentado que las evaluaciones de impacto ético no solo son necesarias para proteger a los individuos y comunidades, sino también para fomentar la confianza pública en las tecnologías de IA. Al igual que las auditorías financieras, estas evaluaciones deben ser realizadas por terceros independientes para garantizar la imparcialidad y la objetividad.

3.2. Modelos de implementación: organismos regulatorios internacionales

Para que las EIE sean efectivas, es necesario establecer modelos de implementación adecuados, incluyendo organismos regulatorios internacionales. Un modelo destacado sería la creación de una entidad global similar a la Agencia Internacional de Energía Atómica (IAEA), pero enfocada en la supervisión de la IA. Este organismo podría:

---

387 Comisión Europea. (2021). *Proposal for a Regulation Laying Down Harmonized Rules on Artificial Intelligence (Artificial Intelligence Act)*. COM(2021) 206 final. Disponible en: https://eur-lex.europa.eu/legal-content/EN/TXT/?uri=CELEX%3A52021PC0206

388 Floridi, Luciano, John Cowls, Marcello Beltrametti, Raja Chatila, Pierre Chazerand, Virginia Dignum, et al. *AI4People—An Ethical Framework for a Good AI Society: Opportunities, Risks, Principles, and Recommendations. Minds and Machines*, vol. 28, núm. 4, 2018, pp. 689-707.

1. Establecer estándares vinculantes: Definir normas globales para el diseño, desarrollo y despliegue de sistemas de IA, priorizando principios éticos como la transparencia, la "explicabilidad" y la justicia.
2. Coordinar esfuerzos internacionales: Facilitar la colaboración entre países, empresas y organizaciones internacionales para abordar desafíos transnacionales, como el mal uso de la IA en la vigilancia masiva.
3. Supervisar la conformidad: Realizar auditorías y evaluaciones periódicas para garantizar que los actores cumplan con las normativas acordadas.

Este modelo ha sido respaldado por autores como Müller[389] o Marco[390], quien sostiene que un enfoque global es esencial para prevenir la fragmentación normativa y garantizar la equidad en el acceso a las tecnologías de IA. Además, la UNESCO (2021) ha enfatizado la importancia de crear marcos regulatorios inclusivos que permitan a los países en vías de desarrollo participar en igualdad de condiciones en el ecosistema global de la IA.

Beneficios de las evaluaciones de impacto ético y los modelos regulatorios

Las EIE y los organismos internacionales pueden desempeñar un papel crucial en la mitigación de riesgos y la promoción de la confianza en la IA. Al anticipar y abordar posibles impactos negativos, estas herramientas no solo protegen a los usuarios, sino que también fomentan la innovación responsable, permitiendo que las empresas desarrollen soluciones tecnológicas que beneficien a la sociedad en su conjunto.

---

389 Müller, Vincent C. *Ethics of Artificial Intelligence and Robotics. The Stanford Encyclopedia of Philosophy (Fall 2020 Edition)*, editado por Edward N. Zalta. https://plato.stanford.edu/entries/ethics-ai/

390 Marco Fernández, F., Disociados, op. Cit., passim.

Además, al establecer estándares globales, los modelos regulatorios internacionales pueden ayudar a nivelar el terreno de juego, evitando que las empresas trasladen sus operaciones a jurisdicciones con regulaciones más laxas. Esto es especialmente relevante en un contexto donde la competitividad económica y la ética pueden entrar en conflicto.

3.3. ¿Cómo involucrar a múltiples partes interesadas en la regulación?

Gobernanza multipartita: un modelo necesario para la IA

La regulación efectiva de la inteligencia artificial (IA) requiere la participación de una amplia variedad de actores, incluidos gobiernos, organizaciones internacionales, empresas tecnológicas, sociedad civil y academia. Este enfoque multipartita es esencial para garantizar que las decisiones políticas reflejen una diversidad de perspectivas e intereses.

El modelo de gobernanza multipartita, ampliamente utilizado en la gestión de internet, ofrece un precedente valioso. Este modelo, promovido por organizaciones como la *Internet Governance Forum* (IGF), ha demostrado ser eficaz para equilibrar los intereses de distintos actores, estableciendo un marco participativo que fomenta la transparencia y la cooperación. Según Mueller[391], la gobernanza multipartita asegura que las políticas sean más legítimas y sostenibles, ya que incluyen voces que representan tanto a las grandes potencias tecnológicas como a las comunidades afectadas.

En el contexto de la IA, este modelo puede garantizar que los derechos humanos y los principios éticos sean respetados, incluso en sectores dominados por grandes corporaciones tecnológicas.

391 Mueller, Milton. *Networks and States: The Global Politics of Internet Governance*. The MIT Press, 2010

Autores como Floridi[392] han señalado que la gobernanza de la IA debe incluir la colaboración entre actores públicos y privados, y que esta cooperación debe ser guiada por principios éticos claramente definidos para prevenir abusos de poder y desigualdades. Marco señala que: "Si creemos en el ciudadano digital como la persona con derechos y deberes debemos llegar a la conclusión que la persona analógica tendrá una nacionalidad y un contrato social vinculado al Estado y la digital una supranacionalidad por cuanto se relaciona sin fronteras. Por tanto, en el análisis que se está realizando la personalidad digital deberá ser supranacional. Deberemos crear una especie de ONU donde se nos proteja y donde se establezcan las mismas reglas del juego en el mundo digital. La entidad protegerá las redes de comunicación, legislará y juzgará. Estamos hablando de un futuro donde el mundo digital será una suerte de Estado Federal Mundial. Y cada uno de los países seguirán manteniendo su nacionalidad en su forma analógica"[393].

3.4. Capacidades para países en vías de desarrollo

Un desafío importante para lograr una regulación inclusiva de la IA es garantizar que los países en vías de desarrollo puedan participar en igualdad de condiciones en la definición de normas globales. A menudo, estos países enfrentan limitaciones significativas, como falta de infraestructura tecnológica, recursos humanos especializados y capacidades legales para implementar marcos regulatorios complejos.

Para abordar estas desigualdades, es esencial proporcionar apoyo técnico y financiero. Esto incluye:

---

392 Floridi, Luciano, John Cowls, Marcello Beltrametti, Raja Chatila, Pierre Chazerand, Virginia Dignum, et al. *AI4People—An Ethical Framework for a Good AI Society: Opportunities, Risks, Principles, and Recommendations. Minds and Machines*, vol. 28, núm. 4, 2018, pp. 689-707.

393 Marco Fernández, F., op. Cit., pág. 174 y ss.

1. Formación y capacitación técnica: Desarrollar programas educativos y de capacitación que permitan a los profesionales locales adquirir habilidades en el desarrollo, implementación y regulación de tecnologías de IA.
2. Transferencia de tecnología: Establecer mecanismos para facilitar el acceso a herramientas tecnológicas avanzadas y conocimientos técnicos en los países en desarrollo.
3. Asistencia financiera: Proveer fondos para la creación de infraestructuras regulatorias que puedan supervisar eficazmente los usos de la IA y garantizar la protección de derechos fundamentales.

La UNESCO (2021) enfatiza que la gobernanza global de la IA debe ser inclusiva y equitativa, promoviendo el acceso universal a los beneficios de la tecnología. Esto no solo garantiza la justicia social, sino que también fomenta una mayor diversidad en los sistemas de IA, lo que puede llevar a soluciones tecnológicas más innovadoras y culturalmente sensibles.

3.5. El papel de las organizaciones internacionales

Organismos como la ONU, la OCDE y la UNESCO han reconocido que el éxito de la regulación de la IA dependerá de un enfoque cooperativo y global. Estas organizaciones desempeñan un papel crucial al facilitar el diálogo entre diferentes actores y alentar la adopción de marcos regulatorios que consideren las necesidades de todos los países.

Un ejemplo destacado es el *Partnership on AI*[394], una iniciativa internacional que reúne a empresas tecnológicas, académicos, organizaciones de derechos humanos y gobiernos para desarrollar prácticas responsables en el uso de IA. Este modelo demuestra cómo

[394] Internet Governance Forum (IGF). *Multistakeholder Advisory Group and Governance Processes.* 2021. https://www.intgovforum.org/

la colaboración entre múltiples partes interesadas puede generar estándares globales que reflejen una visión inclusiva y ética.

Iniciativas como el Consejo Asesor de IA del Reino Unido o la Ley de IA de la Unión Europea representan pasos importantes hacia la regulación de estas tecnologías. Sin embargo, estas medidas deben complementarse con esfuerzos multilaterales que garanticen una coherencia global. El Grupo de Expertos de Alto Nivel en IA de la Comisión Europea y los Principios de Beijing para la IA son ejemplos de cómo diferentes regiones están abordando el tema desde perspectivas éticas y técnicas.

Capítulo 11
DATA NEXUS JURIS: UN MARCO JURÍDICO PARA LA PRIVACIDAD EN LA ERA DE LA IA

FRANCISCO MARCO FERNÁNDEZ, FERMÍN MORALES PRATS Y LUIS DE LAS HERAS VIVES

Un asistente de IA (también conocido como asistente virtual o digital) es un software avanzado diseñado para proporcionar a los usuarios información y realizar tareas específicas, como agendar reuniones, transcribir conversaciones, gestionar agendas o interactuar con otros dispositivos. Basados en tecnologías como el procesamiento de lenguaje natural (NLP), el aprendizaje automático (ML) y los grandes modelos de lenguaje (LLM), estos asistentes tienen la capacidad de comprender comandos de voz o texto y generar respuestas conversacionales, imitando el comportamiento humano. Sin embargo, estas herramientas no solo procesan las instrucciones directas del usuario, sino que también recopilan, analizan y almacenan datos personales, desde preferencias hasta patrones de comportamiento, lo que les permite ser más efectivos, pero a la vez los convierte en almacenes de información altamente sensible. En esencia, funcionan como una secretaria digital moderna, con acceso total a la vida personal y profesional de sus usuarios.

Ahora, imaginemos el impacto de estas capacidades a escala. Un asistente humano tradicional, por ejemplo, conoce los detalles más íntimos de la agenda de su jefe: a quién llama, en qué reuniones participa, qué se discute y hasta dónde cena. Si extrapolamos este rol a los asistentes virtuales, pero con la capacidad de cruzar datos de múltiples usuarios y fuentes, el riesgo es monumental. Con suficientes permisos, estos asistentes podrían, en teoría, deducir el nombre de todos los pasajeros de un avión, identificar a los comensales de un restaurante o determinar quién se hospedó en un hotel en una fecha específica. Este escenario muestra cómo el uso inadecuado o no regulado de los datos puede llevar a una pérdida total de privacidad, convirtiendo a estas herramientas en poderosos intermediarios que manejan información sobre millones de personas. La capacidad de la inteligencia artificial para cruzar datos y generar inferencias va más allá de cualquier límite ético tradicional, exigiendo un replanteamiento profundo de la gobernanza de la privacidad y la responsabilidad en el diseño de estos sistemas, entendiendo que ya no se trata de un bien individual (right to be let alone o de autodeterminación informativa) sino de un bien colectivo.

La irrupción de la inteligencia artificial ha llevado el fenómeno más lejos: millones de personas confían a asistentes conversacionales lo que antes reservaban a su abogado, a su médico o a su terapeuta. Sin embargo, esa palabra no está protegida por ningún privilegio legal de confidencialidad. La conversación existe; el blindaje, no. De esa disonancia nace la necesidad de un marco nuevo: pasar del consentimiento formal a la protección del entorno personal digital.

Este capítulo propone Data Nexus Juris: una arquitectura jurídica que blinda ese entorno —la morada informática— con reglas de acceso, custodia y revelación equiparables a las que sostienen las profesiones del secreto. La Caja Fuerte Digital de Datos operará como su infraestructura técnica y jurídica.

1. INTRODUCCIÓN: LOS DATOS COMO MASA GRASIENTA Y EL EFECTO SPILLOVER

Los datos personales en la era digital se han convertido en lo que James H. Moor describe como una "masa grasienta" (*greasy character*), una sustancia escurridiza que, una vez liberada, se filtra por todas las rendijas del ciberespacio[395]. Este efecto, conoci-

---

[395] . Moor, J. H. *Towards a Theory of Privacy in the Information Age. Computers and Society*, vol. 27, núm. 3, 1997, pp. 27-32

do también como *spillover* (desbordamiento), refleja la dificultad inherente de controlar los datos en un entorno donde la información puede replicarse, compartirse y redistribuirse de manera ilimitada y sin consentimiento explícito. Como señala Moor, "en cuanto le damos al botón de enviar", perdemos el control sobre nuestra información, que se transforma en algo global, prácticamente imposible de restringir[396] y, como ya hemos señalado, que imposibilita el ejercicio de los derechos ARCO y, por tanto, el derecho al olvido.

El ciberespacio, eminentemente público, carece de mecanismos de control efectivos para contener este desbordamiento. En el mundo analógico, los tribunales y los servicios policiales servían como barreras de acceso frente a intrusos —ya fueran periodistas, detectives, espías o simplemente curiosos—, pero en el ámbito digital, estas barreras son mucho más frágiles. Esta falta de control enfatiza la necesidad de crear "zonas de privacidad", espacios donde las personas puedan planificar racionalmente sus vidas sin temor a que su información personal sea expuesta o explotada, tal como sugiere Moor. Estas zonas deberían funcionar bajo principios de acceso restringido y consentimiento informado, fomentando políticas granulares y sensibles para proteger la privacidad.

La privacidad ha emergido como uno de los problemas más críticos de nuestra época (Acquisti, Brandimarte y Loewenstein[397];

---

396 Este problema del desbordamiento no solo plantea desafíos éticos, sino también técnicos. Tecnologías como blockchain, al garantizar la trazabilidad y verificabilidad de las transacciones de datos, ofrecen un posible modelo de solución. Por ejemplo, redes de blockchain ya se utilizan para garantizar que los datos médicos permanezcan accesibles únicamente a los usuarios autorizados, estableciendo límites claros en el acceso y uso de la información personal.

397 Acquisti, Alessandro, Laura Brandimarte, y George Loewenstein. *Privacy and Human Behavior in the Age of Information. Science*, vol. 347, núm. 6221, 2015, pp. 509-514.

Baruh, Secinti y Cemalcilar[398]; Trepte y Reinecke[399]). Las personas dejamos rastros digitales a través de nuestras interacciones en línea, fenómeno descrito como la "paradoja de Pulgarcito": seguimos un camino de migajas digitales que permite a entidades privadas y gubernamentales configurar lo que se conoce como nuestra "personalidad digital"[400].

Sin embargo, existe una desconexión aparente entre la preocupación declarada por la privacidad y las acciones de los usuarios. Autores como Antón, Earp y Young[401] señalan que, aunque muchas personas expresan desconfianza hacia los medios digitales (Turow y Hennessy[402]), sus actividades no reflejan este escepticismo. Este fenómeno, conocido como la "paradoja de la privacidad" (Norberg, Horne y Horne[403]), describe cómo los usuarios continúan compartiendo información personal a pesar de sus preocupaciones sobre privacidad (Taddicken[404]; Kruikemeier, Boerman y Bol[405].

---

398 Baruh, L., Secinti, E., y Cemalcilar, Z. *Online Privacy Concerns and Privacy Management: A Meta-Analytical Review. Journal of Communication*, vol. 67, núm. 1, 2017, pp. 26-53.

399 Trepte, Sabine, y Leonard Reinecke. *Privacy Online: Perspectives on Privacy and Self-Disclosure in the Social Web.* Springer, 2011

400 Marco Fernández, F., Disociados, op. cit, passim.

401 Antón, A. I., J. B. Earp, y J. D. Young. *How Internet Users' Privacy Concerns Have Evolved Since 2002. IEEE Security & Privacy*, vol. 8, núm. 1, 2010, pp. 21-27.

402 Turow, J., y Hennessy, M. *Internet Privacy and Institutional Trust: Insights from a National Survey. New Media & Society*, vol. 9, núm. 2, 2007, pp. 300-318

403 Norberg, P. A., D. R. Horne, y D. A. Horne. *The Privacy Paradox: Personal Information Disclosure Intentions Versus Behaviors. Journal of Consumer Affairs*, vol. 41, núm. 1, 2007, pp. 100-126.

404 Taddicken, M. *The 'Privacy Paradox' in the Social Web: The Impact of Privacy Concerns, Individual Characteristics, and the Perceived Social Relevance on Different Forms of Self-Disclosure. Journal of Computer-Mediated Communication*, vol. 19, núm. 2, 2014, pp. 248-273

405 Boerman, S. C., Kruikemeier, S., y Zuiderveen Borgesius, F. J. *Exploring Motivations for Online Privacy Protection Behavior: Insights from Panel Data. Communication Research*, vol. 48, núm. 7, 2021, pp. 953-977.

Estudios recientes cuestionan la vigencia de esta paradoja. Según investigaciones citadas por Marco Fernández[406] las personas que desconfían de la seguridad en línea tienden a tomar medidas activas para proteger su privacidad, como limitar la información que comparten o utilizar herramientas de privacidad. De hecho, un metaanálisis de Baruh et al[407] revela que quienes tienen mayores niveles de preocupación por la privacidad son menos propensos a compartir datos en línea y más propensos a usar servicios de protección.

Adicionalmente, estudios como el de Metzger[408] destacan que la confianza en las plataformas digitales es un factor clave para determinar si los usuarios están dispuestos a compartir información personal. En otras palabras, las percepciones sobre seguridad y confianza influyen directamente en las decisiones de divulgación de datos y en el comportamiento del consumidor en línea.

A pesar de los avances en la comprensión del comportamiento de los usuarios, persiste una "paradoja real": frente a servicios aparentemente gratuitos, los usuarios ceden voluntariamente su información. Esto ocurre porque servicios como Google o redes sociales son percibidos como "bienes públicos" en manos privadas, plataformas que facilitan la vida cotidiana a cambio de un precio oculto: nuestros datos.

Google, por ejemplo, ha logrado posicionarse como un actor esencial en la vida digital, hasta el punto de que su infraestructura es indispensable para millones de personas. Esto crea una dinámica en la que los usuarios aceptan implícitamente un "contrato social digital" desequilibrado, en el que ceden datos a cambio de servicios

---

406 Marco Fernández, F., Disociados, op. Cit, passim.

407 Baruh, L., Secinti, E., y Cemalcilar, Z. *Online Privacy Concerns and Privacy Management: A Meta-Analytical Review. Journal of Communication*, vol. 67, núm. 1, 2017, pp. 26-53

408 Metzger, M. J. *Effects of Trust, Risk, and Privacy on Online Information Sharing. Journal of the American Society for Information Science and Technology*, vol. 57, núm. 13, 2006, pp. 1799-1814.

sin cuestionar suficientemente las implicaciones. Como consecuencia, se vuelve urgente redefinir este contrato social, adaptándolo a las realidades de nuestra personalidad digital.

La noción de Moor sobre la creación de zonas de privacidad es más relevante que nunca. En un contexto donde los datos se filtran y desbordan continuamente, estas zonas de privacidad deben actuar como refugios que permitan a las personas ejercer control sobre su información. Esto requiere políticas de acceso restringido y consentimiento informado, además de mecanismos de protección granulares que equilibren los intereses de los individuos y las empresas.

El ciberespacio debe evolucionar hacia un entorno donde la privacidad no sea solo una opción, sino un derecho fundamental protegido por un contrato social renovado, que reconozca y respete la complejidad de las relaciones digitales contemporáneas, más cuando esos datos se minan para la IA.

2. PRIVACIDAD COMO DERECHO COLECTIVO Y BIEN COMÚN

La privacidad, tradicionalmente entendida como un derecho individual, como hemos comprobado en capítulos previos, ha evolucionado para ser reconocida como un bien común en la era digital. Este enfoque enfatiza que su protección no solo beneficia a las personas de manera aislada, sino que también sostiene estructuras sociales más amplias, garantiza la confianza colectiva y protege valores fundamentales como la democracia, la igualdad y la cohesión social.

El concepto de privacidad como bien común surge de la necesidad de abordar cómo las acciones individuales en el entorno digital pueden afectar al colectivo. Helen Nissenbaum, en *Privacy in Context* (2010)[409], introduce la noción de "privacidad contextual",

---

[409] Nissenbaum, Helen. *Privacy in Context: Technology, Policy, and the Integrity of Social Life*. Stanford University Press, 2010.

argumentando que la privacidad no puede ser reducida a decisiones individuales, ya que las expectativas y normativas sobre cómo se comparten los datos están profundamente enraizadas en los contextos sociales y culturales en los que operan. Afirma: *"La privacidad no debe ser entendida como una propiedad singular, sino como un conjunto de normas contextualmente definidas que rigen los flujos de información"*. Este marco reconoce que la erosión de la privacidad en una comunidad puede afectar a todos sus miembros, debilitando las normas sociales que estructuran la confianza y la cooperación.

De manera similar, Shoshana Zuboff[410], argumenta que la privacidad se ha convertido en un campo de batalla donde los datos personales no solo afectan a los individuos, sino que estructuran el poder económico y político en la era digital. Según Zuboff: *"El capitalismo de la vigilancia es una lógica económica que explota la experiencia humana como materia prima gratuita para ser traducida en datos de comportamiento"*. Esta explotación no solo impacta al individuo, sino que reorganiza las dinámicas colectivas de poder y confianza.

La privacidad como bien común también puede analizarse a través de la lente de la "tragedia de los comunes", como ya hemos analizado. En el contexto digital, esta tragedia ocurre cuando los datos personales, al ser explotados de manera indiscriminada por empresas tecnológicas o gobiernos, generan una pérdida de confianza colectiva. Nikolaos Laoutaris[411], argumenta: *"Cuando las empresas consumen la confianza de los usuarios más rápido de lo que puede reponerse, el ecosistema digital corre el riesgo de colapsar"*. Esto demuestra que la privacidad no es simplemente un recurso renovable, sino que su gestión inadecuada puede tener consecuencias irreversibles para la sociedad en su conjunto.

---

410 Zuboff, Shoshana. *The Age of Surveillance Capitalism: The Fight for a Human Future at the New Frontier of Power.* PublicAffairs, 2019.

411 Laoutaris, Nikolaos. *Cows, Privacy, and the Tragedy of the Commons on the Web. Communications of the ACM*, vol. 59, núm. 10, 2016, pp. 44-46

2.1. Dimensiones colectivas de la privacidad

Impacto en la confianza social

La privacidad colectiva es esencial para la confianza social. Cuando las personas sienten que sus datos están protegidos, son más propensas a participar en actividades digitales y a confiar en las instituciones públicas y privadas. Sin embargo, las violaciones masivas de datos, como el caso de Cambridge Analytica, demuestran cómo la pérdida de privacidad puede generar desconfianza generalizada y afectar negativamente los procesos democráticos.

En comunidades vulnerables, como las minorías étnicas o los grupos de bajos ingresos, la falta de privacidad puede profundizar las desigualdades existentes. Por ejemplo, sistemas de IA mal diseñados han llevado a prácticas discriminatorias, como otorgar tasas de interés más altas o negar servicios esenciales basados en datos inferidos. Esto refuerza la necesidad de un marco colectivo como el *Data Nexus Juris* para garantizar que la privacidad funcione como una infraestructura social inclusiva y equitativa.

Privacidad y sostenibilidad democrática

La vigilancia masiva y el uso no regulado de datos pueden silenciar la disidencia y reducir la pluralidad de opiniones, erosionando las bases de una sociedad democrática. Según el Tribunal Europeo de Derechos Humanos en *Big Brother Watch vs. Reino Unido*, la privacidad es un prerrequisito para el ejercicio de otros derechos fundamentales, como la libertad de expresión y la asociación.

Privacidad como infraestructura social

La privacidad es una infraestructura social que garantiza que las relaciones humanas se desarrollen en un entorno seguro y confiable. Esto incluye tanto las interacciones entre individuos como la relación entre ciudadanos e instituciones.

2.2. *Privacidad colectiva frente a la inteligencia artificial*

Con el desarrollo de la inteligencia artificial (IA), la privacidad colectiva adquiere una dimensión crítica. Los algoritmos de IA no solo procesan datos individuales, sino que generan inferencias que afectan a comunidades enteras. Estas decisiones algorítmicas pueden influir en el acceso a servicios, oportunidades laborales o incluso en la participación política.

Helen Nissenbaum[412] describe este fenómeno como un desajuste contextual:

"La IA opera en contextos donde las normas tradicionales de privacidad no han sido definidas, generando conflictos entre las expectativas de los individuos y las prácticas de las instituciones". Un claro ejemplo de este desajuste contextual se observa en el uso de sistemas de reconocimiento facial. Estudios de MIT Media Lab encontraron que estos sistemas mostraban tasas de error significativamente más altas al identificar a mujeres negras en comparación con hombres blancos. Esto subraya la necesidad de gobernanza colectiva para garantizar la trazabilidad, auditablez y explicabilidad de los algoritmos, previniendo así resultados que perpetúen sesgos y discriminaciones.

Para mitigar estos riesgos, es esencial desarrollar marcos de gobernanza colectiva que regulen cómo se recopilan, procesan y utilizan los datos en la IA.

El reconocimiento de la privacidad como un bien común requiere un enfoque de gobernanza inclusivo que involucre a múltiples actores: gobiernos, empresas, sociedad civil y ciudadanos. Algunas propuestas clave incluyen:

1. Auditorías participativas de datos: Crear mecanismos donde las comunidades puedan auditar el uso de sus datos por parte de corporaciones y gobiernos.

---

412 Nissenbaum, Helen. *Privacy in Context: Technology, Policy, and the Integrity of Social Life*. Op. Cit.

2. Estándares globales de privacidad: Desarrollar marcos internacionales, como el GDPR, para asegurar que los derechos de privacidad se protejan en un mundo globalizado.
3. Educación digital: Promover la alfabetización en privacidad para que los ciudadanos comprendan los riesgos y beneficios de sus decisiones digitales.

La privacidad como derecho colectivo y bien común redefine nuestra comprensión de los datos y su impacto en la sociedad. Este enfoque enfatiza la importancia de proteger la privacidad no solo para salvaguardar los derechos individuales, sino también para garantizar la sostenibilidad social, la confianza y el buen funcionamiento de las democracias en la era digital.

2.3. Privacidad como instrumento de resistencia colectiva

La filósofa Carissa Véliz, en línea con estos enfoques contemporáneos, argumenta que la privacidad no es solo un derecho individual, sino una herramienta fundamental para la resistencia colectiva frente a dinámicas de poder desiguales en la era digital. En su libro Privacidad es poder[413] y en diversas publicaciones[414], Véliz subraya que la vigilancia masiva no solo amenaza las libertades individuales, sino que también socava la cohesión social y las estructuras democráticas. En este contexto, la privacidad funciona como un medio para contrarrestar el abuso de poder de gobiernos y corporaciones que dependen de la explotación de datos personales para ejercer control y obtener beneficios económicos desproporcionados.

Desde esta perspectiva, la privacidad se convierte en un mecanismo de defensa contra lo que Shoshana Zuboff denomina "capitalismo de vigilancia". Según Carissa Véliz, "la vigilancia a gran

---

413 Véliz, Carissa. *Privacidad es Poder: Por Qué y Cómo Debemos Recuperar Nuestro Derecho a la Intimidad en la Era Digital.* Debate, 2021

414 CIDOB (2021). *La privacidad como instrumento de resistencia colectiva.* Disponible en: https://www.cidob.org/publicaciones/la-privacidad-como-instrumento-de-resistencia-colectiva

escala no solo permite manipular a las personas, sino que también consolida desigualdades existentes al otorgar a unos pocos actores un conocimiento y poder sin precedentes". Como se señala[415], la privacidad no es solo una cuestión individual, sino una infraestructura esencial para mantener la libertad de expresión, la pluralidad de ideas y el activismo colectivo. Este enfoque conecta la privacidad con la lucha por la igualdad y la justicia social, mostrando cómo su debilitamiento puede silenciar movimientos sociales y perpetuar desigualdades.

Un aspecto clave que emerge del análisis de Véliz es que la privacidad, al considerarse como un bien común, trasciende el ámbito individual y se convierte en una herramienta de resistencia contra la concentración de poder. Esto implica un llamado a la acción tanto individual como colectiva: desde la adopción de tecnologías que protejan los datos personales hasta la exigencia de políticas públicas que restrinjan la capacidad de las empresas y gobiernos para explotar información. Véliz advierte que el precio de ignorar la privacidad será un mundo menos libre y democrático. Como concluye en sus trabajos: "La privacidad no es un lujo, sino una necesidad básica de cualquier sociedad que aspire a la libertad y la justicia".

El legislador comunitario es consciente de la insiosidad y opacidad de los sistemas de IA, que permiten una gran concentración de datos mediante la utilización de algoritmos. Tal y como señala Morales Prats, el IAact "advierte las posibilidades de un control virtual sistemático y está atento principalmente a establecer la prohibición de identificaciones biométricas o en la generación de decisiones automatizadas que pueden comportar vulneraciones del derecho del individuo. No obstante el reglamento autoriza (Anexo II en relación con el artículo 5 apartado 1, párrafo 1°, letra h), inciso iii) la utilización de la identificación biométrica para la localización o identificación de personas sospechosas de haber cometido un delito, en el ámbito de la investigación o enjuiciamiento penal, proyectando esta

415

previsión sobre la prosecución de los delitos de terrorismo, trata de seres humanos, explotación sexual de menores y pornografía infantil, tráfico ilícito de estupefacientes, tráfico ilícito de armas y explosivos, homicidios dolosos, lesiones graves, detenciones ilegales, violaciones, delitos contra el medioambiente... entre otros. Esto significa que para un amplio elenco de delitos se podrán utilizar técnicas de identificación e investigación que con carácter general están prohibidas, pero como puede comprobarse el elenco de excepciones del Anexo II es muy amplio, lo que probablemente va a generar una cultura de investigación altamente inquisitiva e invasiva para las libertades del individuo en el ámbito jurisdiccional"[416].

2.4. Del secreto profesional humano al "privilegio conversacional con IA"

La confianza social se construyó sobre relaciones de palabra protegida. En derecho, el secreto profesional y los privilegios limitan incluso al Estado. La IA replicó el canal —la conversación—, pero no heredó el blindaje. El resultado es una asimetría: los ciudadanos cuentan intimidades a una interfaz que puede registrar, auditar o ser requerida judicialmente.

No se trata de investir a la máquina con una colegiación imposible. Se trata de trasladar al proveedor de IA un deber jurídico de confidencialidad material: no revelar, no reutilizar, no entrenar con ese contenido salvo consentimiento explícito y granular o causa legal estricta y excepcional. Llamamos a esto privilegio conversacional con IA. Sus pilares son claros: presunción de confidencialidad cuando el uso sea jurídica, sanitaria o psicológicamente sensible; cifrado por defecto; retención mínima; separaciones lógicas de datos; registro inmutable de accesos; prohibición de entrenamiento por defecto; y un estándar reforzado de orden judicial, con nece-

[416] Morales Prats, El derecho a la privacidad y la Inteligencia Artificial, op. Cit.

sidad, proporcionalidad y minimización probadas, y notificación al afectado salvo causa justificada.

Este privilegio no es un apéndice ornamental: es la bisagra que permite que el consentimiento vuelva a ser significativo. Se integra en Data Nexus Juris como regla material, mientras la morada informática define el espacio inviolable en que ese privilegio opera.

3. INTRODUCCIÓN AL CONCEPTO DEL DATA NEXUS JURIS: HACIA LA PROTECCIÓN DEL ENTORNO. UNA "NOUVELLE VAGUE" DEL HABEAS DATA

En la era digital, la protección de los derechos fundamentales ya no puede centrarse exclusivamente en la persona analógica, sino que debe extenderse a su entorno digital, entendiendo este como un espacio donde se almacena y genera información altamente sensible que afecta al bien común y que nos permite contrarrestar el poder gubernamental y corporativo. Como ya se ha indicado, tampoco puede basarse en el ya arcaico "habeas data" o el derecho al olvido. Esta evolución en la comprensión del derecho se refleja en la noción de "derecho al entorno virtual", que encuentra su antecedente en la jurisprudencia española, particularmente en la STC 173/2011, de 7 de noviembre. En dicha sentencia se destacó que los datos almacenados en dispositivos digitales configuran un perfil descriptivo de la personalidad del usuario, cuya protección es esencial para salvaguardar su individualidad frente a injerencias externas.

La Ley Orgánica 13/2015 marcó un punto de inflexión en la regulación de las medidas de investigación tecnológica en España, reconociendo que los dispositivos de almacenamiento masivo no son meros instrumentos, sino entornos digitales capaces de albergar información íntima, comunicaciones personales y datos técnicos. Según el Preámbulo de la Ley, el acceso a estos dispositivos tiene un impacto directo en derechos fundamentales como la intimidad (artículo 18.1 de la Constitución Española) y la protección de datos personales (artículo 18.4 de la CE).

La jurisprudencia posterior, como la STS 342/2013, de 17 de abril, consolidó esta perspectiva al considerar que toda la información generada por los usuarios en entornos digitales, ya sea de manera consciente o inconsciente, constituye un "rastro digital" que requiere una protección específica frente a intervenciones estatales. Este concepto conecta con la doctrina estadounidense derivada del caso *Carpenter v. United States*[417], donde se redefinió el alcance del derecho a la privacidad en el contexto digital, enfatizando la necesidad de proteger no solo las comunicaciones sino también la "personalidad digital" del individuo.

La evolución hacia un marco jurídico que proteja el entorno digital implica reconfigurar el consentimiento como el núcleo de las relaciones entre los individuos, el Estado y las empresas tecnológicas. En este sentido, el consentimiento puede adoptar diversas formas:

Consentimiento tácito: Como en el caso de la cesión de datos a Hacienda para cumplir con las obligaciones fiscales.

Consentimiento expreso: Como el otorgado a plataformas como Google para el uso de datos personales.

Sin embargo, la protección efectiva del entorno digital no puede depender únicamente del consentimiento individual. El Estado debe actuar como garante de la seguridad de las redes de comunicación, estableciendo mecanismos que aseguren el cumplimiento de las normativas de privacidad y protección de datos, como el

---

417 El caso *Carpenter v. United States* del Tribunal Supremo de los Estados Unidos sentó un precedente crucial al establecer que la recopilación de datos de ubicación generados por teléfonos móviles sin una orden judicial viola la Cuarta Enmienda. Este fallo marcó un reconocimiento importante de la necesidad de proteger los datos digitales como parte del derecho a la privacidad, incluso en un contexto de seguridad nacional (*Carpenter v. United States*, 585 U.S. ___ [2018]).

Reglamento General de Protección de Datos (GDPR) en la Unión Europea.

En este nuevo paradigma, el entorno digital puede entenderse, como indicó Marco Fernández[418], como una "caja fuerte de datos" que resguarda la personalidad digital de cada individuo. Esta caja fuerte, que contiene información sobre preferencias, creencias, comunicaciones y decisiones, debe estar protegida por un marco jurídico que equilibre los intereses individuales y colectivos. La STS 311/2020, siguiendo la citada STS 342/2103, subrayó esta necesidad al señalar que, una vez culminado el ciclo de comunicación, los datos almacenados en dispositivos digitales dejan de estar amparados por el derecho a la inviolabilidad de las comunicaciones y pasan a formar parte del ámbito protegido por el derecho a la intimidad[419].

418 Marco Fernández, F., op. Cit., passim.

419 "(...) El ordenador y, con carácter general, los dispositivos de almacenamiento masivo, son algo más que una pieza de convicción que, una vez aprehendida, queda expuesta en su integridad al control de los investigadores. El contenido de esta clase de dispositivos no puede degradarse a la simple condición de instrumento recipiendario de una serie de datos con mayor o menor relación con el derecho a la intimidad de su usuario. En el ordenador coexisten, es cierto, datos técnicos y datos personales susceptibles de protección constitucional en el ámbito del derecho a la intimidad y la protección de datos (art. 18.4 de la CE). Pero su contenido también puede albergar —de hecho, normalmente albergará— información esencialmente ligada al derecho a la inviolabilidad de las comunicaciones. El correo electrónico y los programas de gestión de mensajería instantánea no son sino instrumentos tecnológicos para hacer realidad, en formato telemático, el derecho a la libre comunicación entre dos o más personas. Es opinión generalizada que los mensajes de correo electrónico, una vez descargados desde el servidor, leídos por su destinatario y almacenados en alguna de las bandejas del programa de gestión, dejan de integrarse en el ámbito que sería propio de la inviolabilidad de las comunicaciones. La comunicación ha visto ya culminado su ciclo y la información contenida en el mensaje es, a partir de entonces, susceptible de protección por su relación con el ámbito reservado al derecho a la intimidad, cuya tutela constitucional es evidente, aunque de una intensidad distinta a la reservada para el derecho a la inviolabilidad de las comunicaciones.

Para proteger adecuadamente ese entorno digital, es imprescindible superar los miedos y sesgos asociados al uso de tecnologías digitales. Esto implica educar a los ciudadanos sobre sus derechos, fomentar la transparencia en el manejo de datos, garantizar que las redes de comunicación sean seguras y que la minería de estos datos en los sistemas de IA no tengan sesgos y se puedan trazar sus algoritmos. Mientras el Estado actúa como garante de estas condiciones, los individuos deben asumir la responsabilidad de gestionar su propia caja fuerte digital, otorgando o restringiendo el acceso a sus datos según lo consideren adecuado. Y dejar, al derecho penal, la última ratio de su protección que, como se verá en el último capítulo de este libro, es algo innegociable tras comprobar la evolución de la IA con respecto a los datos de carácter personal y los derechos asociados.

Por eso, proponemos, un nuevo concepto jurídico al que hemos llamado Data Nexus Juris. Se trata de una propuesta innovadora que busca evolucionar más allá del habeas data, ofreciendo un marco integral para proteger la privacidad en la era de la IA. Este concepto reconoce que los datos personales han adquirido una dimensión colectiva y transnacional, requiriendo nuevas herramientas jurídicas que garanticen un equilibrio entre el progreso tecnológico y los derechos fundamentales.

En él [dispositivo] se integraría, sin perder su genuina sustantividad como manifestación de derechos constitucionales de nomen iuris propio, toda la información en formato electrónico que, a través del uso de las nuevas tecnologías, ya sea de forma consciente o inconsciente, con voluntariedad o sin ella, va generando el usuario, hasta el punto de dejar un rastro susceptible de seguimiento por los poderes públicos. Surge entonces la necesidad de dispensar una protección jurisdiccional frente a la necesidad del Estado de invadir, en las tareas de investigación y castigo de los delitos, ese entorno digital. Sea como fuere, lo cierto es que tanto desde la perspectiva del derecho de exclusión del propio entorno virtual, como de las garantías constitucionales exigidas para el sacrificio de los derechos a la inviolabilidad de las comunicaciones y a la intimidad, la intervención de un ordenador para acceder a su contenido exige un acto jurisdiccional habilitante (...)". En ese mismo sentido se han pronunciado, entre otras muchas la STC 173/2011, de 7 de noviembre y SSTS 864/2015, de 10 de diciembre y 342/2013, de 17 de abril.

4. DIFERENCIAS Y EVOLUCIÓN DESDE EL HABEAS DATA

El *habeas data* ha sido un pilar fundamental en la protección de datos personales, particularmente en América Latina y Europa. Esta figura jurídica se centra en garantizar el acceso, corrección y control de la información personal almacenada en bases de datos, bajo el principio de autodeterminación informativa. En esencia, reconoce que los datos personales son una extensión del individuo y que su manejo indebido puede constituir una violación a los derechos fundamentales. Sin embargo, en un mundo globalizado e interconectado, donde los flujos de información trascienden fronteras y las tecnologías avanzadas como la inteligencia artificial (IA) procesan datos a gran escala, el *habeas data* resulta insuficiente para abordar los desafíos contemporáneos. Un ejemplo de esta evolución se encuentra en el GDPR, que no solo establece principios robustos para la privacidad dentro de la Unión Europea, sino que también ha inspirado normativas en otras regiones, como la Ley de Privacidad del Consumidor de California (CCPA). Ambos marcos reflejan cómo los estándares globales pueden generar un efecto dominó, promoviendo un enfoque más uniforme para la protección de datos en un entorno digital transnacional.

Para Morales Prats, "las respuestas jurídicas pasan también por la necesidad de evaluaciones de impacto en la protección de datos personales y en la implantación, en el diseño de aplicaciones, del respeto a medidas que tengan en cuenta la privacidad del individuo desde el desarrollo inicial de los mecanismos automáticos. Deben además crearse mecanismos que permitan la eliminación de información privada que ha sido compartido sin consentimiento. Se trata de una *nouvelle vague* de la *habeas data* que el mundo jurídico logró desarrollar frente al uso de la informática"[420].

---

420 Morales Prats, F., El derecho a la privacidad y la Inteligencia Artificial, op. Cit.

El concepto de *Data Nexus Juris* representa una evolución necesaria, ampliando el enfoque del *habeas data* para abarcar no solo la protección de los derechos individuales, sino también los aspectos colectivos y transnacionales de los datos. Mientras que el *habeas data* opera principalmente dentro de marcos nacionales, el *Data Nexus Juris* propone un sistema integral que incluye:

Portabilidad de datos: Permitir a los individuos trasladar su información entre plataformas y servicios, empoderándolos frente a las grandes corporaciones tecnológicas y reduciendo el riesgo de prácticas monopolísticas[421].

Interoperabilidad normativa: Promover la creación de estándares globales que permitan proteger los derechos de privacidad en un mundo donde las legislaciones nacionales a menudo son insuficientes para enfrentar las dinámicas de un ecosistema digital globalizado[422]. El GDPR no solo ha establecido estándares robustos para la protección de datos en Europa, sino que ha inspirado legislaciones similares en otras partes del mundo, como la Ley de Privacidad del Consumidor de California (CCPA) y la Ley de Protección de Información Personal de Japón. Esto demuestra cómo los estándares internacionales pueden tener un efecto de arrastre, promoviendo una armonización normativa en regiones con marcos legales diversos (European Parliament, 2016).

---

421 El concepto de portabilidad de datos se refiere al derecho de los individuos a transferir sus datos personales de un servicio a otro en un formato interoperable y de uso común. Este derecho está regulado en el artículo 20 del GDPR, permitiendo a los usuarios ejercer un mayor control sobre sus datos personales y fomentar la competencia entre plataformas tecnológicas (European Parliament, 2016).

422 La interoperabilidad normativa se refiere a la capacidad de armonizar marcos regulatorios entre diferentes jurisdicciones, garantizando un nivel mínimo de protección de datos en entornos transnacionales. Un ejemplo de esto es cómo el Reglamento General de Protección de Datos (GDPR) de la Unión Europea ha influido en otras normativas, como la Ley de Privacidad del Consumidor de California (CCPA), que incorpora principios como el acceso a datos y el derecho a ser olvidado (European Parliament, 2016; California Consumer Privacy Act, 2018)

Gobernanza colectiva de la información: Reconocer que los datos personales tienen un impacto social y colectivo, y que su gestión requiere un equilibrio entre el progreso tecnológico, los derechos fundamentales y la justicia social.

Reconocer la existencia de una *privacy* colectiva y no solo individual: Tal y como hemos indicado, la capacidad de la IA por deducir datos de terceros meramente con el conocimiento de los datos de uno de los miembros de la colectividad, hacen que la titularidad individual del derecho a la *privacy*, del habeas data y del derecho al olvido resulten insuficientes. La aceptación de la minería de los datos del hijo de una familia conlleva minar las de toda la familia.

Reconocer la imposibilidad de controlar los datos de carácter personal, una vez se ha consentido tácita o expresamente su recopilación. Como hemos indicado el carácter grasiento de los datos de carácter personal y capacidad volátil provoca que dichos datos deban protegerse "ab initio" y no otorgar al usuario la capacidad de rectificación de unos datos que ya se han integrado en la IA y se han convertido en una "caja negra" a la que ni siquiera los programadores de los algoritmos tienen capacidad de trazarlos.

El *Data Nexus Juris* incorpora además principios éticos esenciales como la "explicabilidad" de los algoritmos, la lucha contra la discriminación algorítmica y la supervisión independiente de los sistemas de IA. A diferencia del *habeas data*, que responde principalmente a preocupaciones individuales, este nuevo marco conceptual busca proteger la privacidad como un bien común, tal como destacan autores como Carissa Véliz y Shoshana Zuboff. Según Zuboff, el "capitalismo de vigilancia" se basa en la explotación masiva de datos personales, consolidando desigualdades sistémicas al tiempo que redefine las relaciones de poder en el ámbito económico y político.

En este sentido, el *Data Nexus Juris* propone una transformación jurídica que no solo salvaguarde los derechos individuales, sino que también responda a las necesidades colectivas en un entorno digital dominado por la IA y el big data. Este enfoque se convierte en un pilar necesario para abordar las complejidades de la era digital y garantizar que la tecnología trabaje al servicio de la humanidad y no al contrario.

4.1. Desafíos prácticos en la aplicación del *Data Nexus Juris*

El desarrollo e implementación del *Data Nexus Juris* como un marco jurídico global para la protección de la privacidad enfrenta numerosos desafíos prácticos que reflejan las complejidades de la era digital. Estos obstáculos surgen de la diversidad de sistemas legales, la rápida evolución tecnológica y los intereses divergentes entre actores globales.

Fragmentación normativa y necesidad de una norma internacional de protección

Uno de los principales retos es la falta de armonización entre las legislaciones nacionales e internacionales. Mientras que algunas regiones, como la Unión Europea con el GDPR, han adoptado estándares robustos de protección de datos, otras carecen de marcos regulatorios adecuados. Esto crea un ecosistema fragmentado donde las corporaciones tecnológicas pueden aprovechar vacíos legales trasladando operaciones a jurisdicciones menos estrictas.

Empresas como Meta o Google han enfrentado sanciones en Europa por incumplir el GDPR, mientras que en otros países con regulaciones más laxas han continuado con prácticas similares sin repercusiones legales.

Por ello, se requiere de una normativa, internacional. En este sentido, Morales Prats, indica que "el reglamento de la UE de 13 de junio de 2024 no es un instrumento exclusiva y directamente enderezado a la tutela de los derechos fundamentales frente a la IA; se trata de un instrumento jurídico de armonización para garantizar la seguridad y fiabilidad de los productos en el mercado. No obstante, existen previsiones reglamentarias tendentes a prohibir prácticas mediante la IA que susciten violaciones directas de derechos fundamentales, en particular mediante la prohibición de identificaciones biométricas, si bien la normativa reglamentaria establece un régimen de excepciones a esta prohibición que parece excesivo. El entramado institucional previsto se culmina mediante la creación de autoridades o comisionados para el control de la IA tanto a nivel internacional como interno de cada Estado miembro[423]". Indica el autor que "el entramado jurídico va a reclamar la institucionalización de autoridades independientes que en el ámbito internacional y en los ordenamientos internos velen por la preservación de la intimidad y de los derechos fundamentales del individuo".

4.2. Resistencia de las corporaciones tecnológicas

Las grandes empresas tecnológicas, cuyos modelos de negocio dependen en gran medida de la recopilación y explotación de datos, podrían oponerse a regulaciones que limiten su capacidad para operar. Esta resistencia puede manifestarse a través de presiones políticas, estrategias legales o el lobbying en contra de legislaciones más estrictas.

En 2021, Apple implementó medidas de privacidad más estrictas para proteger los datos de los usuarios, lo que generó una reacción significativa de empresas como Meta, que argumentaron que estas restricciones impactaban sus ingresos publicitarios.

4.3. Acceso desigual a recursos y tecnologías

El *Data Nexus Juris* requiere una infraestructura tecnológica y jurídica que permita la implementación efectiva de sus principios. Los países en desarrollo, con recursos limitados y brechas tecnológicas significativas, podrían enfrentar dificultades para adaptarse a estas exigencias, lo que generaría desigualdades en la protección de datos.

---

423 Morales Prats, F., El derecho a la privacidad y la IA, op. Cit.

Según un informe de la ONU, menos del 50% de los países en desarrollo cuentan con legislaciones específicas sobre privacidad y protección de datos, lo que los deja en desventaja frente a las potencias tecnológicas.

4.4. Educación y concienciación

La falta de alfabetización digital entre la población general es un desafío importante. Para que el *Data Nexus Juris* sea efectivo, es fundamental que los individuos comprendan sus derechos y sepan cómo ejercerlos.

4.5. Impacto potencial en la gobernanza global de datos

La implementación del *Data Nexus Juris* podría transformar radicalmente la manera en que se gestionan los datos a nivel global, estableciendo un equilibrio más justo entre los derechos individuales, los intereses colectivos y el progreso tecnológico. Este impacto puede observarse en varios niveles:

Creación de estándares globales

El *Data Nexus Juris* tiene el potencial de servir como un modelo unificador para la gobernanza global de datos, estableciendo principios universales que trasciendan las fronteras nacionales. Esto facilitaría la interoperabilidad normativa, reduciendo la fragmentación y garantizando que los derechos de privacidad sean respetados en cualquier jurisdicción. Iniciativas como el GDPR han inspirado legislaciones en países como Japón, Brasil y Sudáfrica, mostrando cómo un estándar regional puede influir globalmente.

El *Data Nexus Juris* podría expandir este efecto, promoviendo una mayor armonización. Iniciativas como GAIA-X, un proyecto europeo que busca crear un ecosistema de datos interoperable y seguro, representan un modelo viable para implementar los principios del *Data Nexus Juris* a escala global. De manera similar, el Data

Governance Framework en India establece estándares para garantizar la soberanía digital, destacando cómo diferentes regiones están avanzando hacia una gobernanza más equilibrada de los datos.

Fortalecimiento de la confianza pública

La implementación de un marco robusto de protección de datos aumentaría la confianza de los ciudadanos en las tecnologías digitales y las instituciones que las regulan. Esto fomentaría una mayor participación en la economía digital y fortalecería la cohesión social, al garantizar que los datos se utilicen de manera ética y responsable.

Redistribución del poder en el ecosistema digital

El *Data Nexus Juris* podría reequilibrar las dinámicas de poder en el ecosistema digital, otorgando a los individuos y comunidades un mayor control sobre sus datos y limitando la influencia desproporcionada de grandes corporaciones tecnológicas. Esto incluye la creación de mecanismos que permitan a los ciudadanos beneficiarse directamente de sus datos personales, como esquemas de compensación o acceso gratuito a servicios esenciales.

4.6. Protección frente a riesgos globales

En un contexto donde los datos son esenciales para abordar desafíos globales como el cambio climático o las pandemias, el *Data Nexus Juris* podría establecer protocolos para garantizar que la recopilación y el uso de datos en situaciones de emergencia respeten los derechos fundamentales y minimicen los riesgos de abuso. Durante la pandemia de COVID-19, la recopilación de datos de ubicación para rastrear contagios generó controversias sobre la privacidad. Un marco como el *Data Nexus Juris* garantizaría que estas prácticas se realicen de manera transparente y con límites claros.

4.7. Innovación responsable

El establecimiento de reglas claras y justas en la gobernanza de datos podría incentivar la innovación responsable, promoviendo el desarrollo de tecnologías que prioricen la privacidad y la ética. Esto impulsaría un mercado competitivo donde las empresas que respeten los derechos de los usuarios tengan una ventaja frente a aquellas que los ignoran.

5. LA CAJA FUERTE DIGITAL DE DATOS EN EL MARCO DEL DATA NEXUS JURIS

5.1. Introducción

La integración de principios como la portabilidad de datos, la interoperabilidad normativa y la gobernanza colectiva exige una infraestructura técnica compleja que garantice la seguridad, transparencia y trazabilidad de los datos. Esto implica el desarrollo de estándares globales y tecnologías avanzadas como blockchain para la gestión de datos de manera descentralizada y verificable.

La complejidad técnica del *Data Nexus Juris* implica garantizar portabilidad de datos a través de estándares API abiertos. Esto permitiría que los usuarios transfieran información personal entre plataformas con facilidad. Además, el uso de tecnologías como blockchain podría facilitar la trazabilidad de algoritmos, asegurando que las decisiones tomadas por sistemas de IA sean explicables y auditables en tiempo real.

Tal y como indicó, Marco Fernández en su obra Disociados[424], se requiere la devolución a los ciudadanos de los datos cedidos y la creación de una "caja fuerte de datos" en la que se cedan momentáneamente los mismos al Estado, las plataformas o los servicios asociados a nuestra personalidad digital. "La descentralización de

---

424 Marco Fernández, F., Disociados, op. Cit.

los datos hará que tengamos el poder de nuestros propios datos y que podamos tener nuestra propia "caja fuerte de datos" desde el nacimiento de nuestra personalidad en el mundo digital. Esa caja nos permitirá determinar a quién ceder los datos y a cambio de qué. Al Estado (Hacienda) le cederemos el acceso a nuestros ingresos y nuestros pagos para que de forma automática nos diga cuántos impuestos pagar. A cambio nos dará seguridad, infraestructuras y bienestar. A las empresas que nos faciliten nuestra vida digital le abriremos parte de ese consentimiento a cambio de dinero o servicios". Una caja fuerte, añade el autor, "que únicamente mediante consentimiento limitado podremos ir concediendo. En algunos casos el consentimiento será tácito (frente a Hacienda para realizar nuestras declaraciones de la renta) y otros expreso (frente a Google para que pueda utilizar nuestros datos)".

Una caja fuerte, en la que el Estado será el garante de la seguridad de que las redes de comunicación sean seguras y los ciudadanos de que se use con responsabilidad.

5.2. Definición Jurídica de la Caja Fuerte Digital de Datos

En la era digital, donde la información personal se ha convertido en el mayor activo económico del mundo, la necesidad de un mecanismo robusto para proteger la privacidad se ha vuelto una necesidad. La Caja Fuerte Digital de Datos emerge como una solución innovadora, un espacio digital inviolable que garantiza la autodeterminación informativa del individuo. Este concepto, arraigado en el naciente paradigma del Data Nexus Juris, permite a los individuos ejercer un control granular sobre sus datos, otorgando un doble consentimiento: tácito para el Estado y entidades financieras, y explícito y granular para el resto de los actores.

Dos principios fundamentales sustentan la Caja Fuerte Digital de Datos:

Morada Informática: Reconoce los datos personales como una extensión de la identidad digital del individuo, otorgándoles una protección similar a la del domicilio físico en el derecho constitucional. Este principio, basado en el derecho a la inviolabilidad del espacio personal, se traduce en la inexistencia de acceso sin autorización a la Caja Fuerte Digital.

Integridad Global de los Datos: Asegura que la información almacenada en la Caja Fuerte Digital permanece inalterada, inaccesible y no compartida sin el consentimiento explícito del titular. Este principio establece un estándar universal de protección y auditoría, basado en la inmutabilidad, auditabilidad y disponibilidad controlada de los datos.

5.3. Morada Informática como Base del Data Nexus Juris

El concepto de morada informática extiende el derecho a la inviolabilidad del domicilio al ámbito digital. En un mundo donde la identidad digital es tan crucial como la física, los datos personales merecen una protección equivalente a la del hogar. La idea de "domicilio informático", entendido como esfera de privacidad y secretos integrada en un sistema informático protegido, la idea de "morada informática" o lugar íntimo o privado en el ámbito de la informática, permitiría afirmar que en este delito también se está protegiendo la intimidad[425].

El artículo 197 Código Penal y su necesaria redefinición

En el apartado 1 del artículo 197 se encuentra el que constituye el tipo básico de los delitos de descubrimiento y revelación de secretos, mediante el que se tutela la intimidad personal en su vertiente negativa, es decir, como el derecho de la persona a excluir determinadas informaciones del conocimiento de terceros. Se trata de un

---

[425] En este sentido, Morales García, O. *Delincuencia Informática: Intrusismo, Sabotaje Informático y Uso Ilícito de Tarjetas*. En *La Reforma Penal de 2010: Análisis y Comentarios*, dirigido por Quintero Olivares, G., Aranzadi, Cizur Menor, 2010, p. 185

tipo mixto alternativo que puede consumarse de dos maneras, bien mediante el apoderamiento de papeles, cartas, mensajes de correo electrónico u otros documentos o efectos personales, bien mediante la interceptación de las telecomunicaciones o la utilización de artificios técnicos de escucha, transmisión, grabación o reproducción del sonido de la imagen u otra señal de comunicación. Cabe añadir que, de acuerdo con la doctrina y la jurisprudencia, "para la consumación del delito basta con el acto de apoderamiento o de interceptación, sin que sea necesario acceder o captar los contenidos íntimos de la vida privada"[426] porque es un tipo penal configurado con un elemento subjetivo del injusto que impone la configuración de la consumación

En este apartado segundo del artículo 197 CP se regula el delito de descubrimiento y revelación de secretos en relación la intimidad informática (derecho de control sobre los datos personales informatizados). Las conductas típicas suponen el apoderamiento, uso o modificación de datos, y el objeto material del delito son los datos registrados en ficheros o soportes electrónicos, informáticos o telemáticos, u otro tipo de archivo o registro público o privado, siempre con un elemento subjetivo del injusto.

Por otro lado, el artículo 197 bis CP se regula el delito de intrusismo informático, que sanciona el acceso ilegal a sistemas de información. Cabe destacar, introduciendo el debate que se tratará más adelante, que es cuestionable la ubicación de este artículo dentro de los delitos contra la intimidad personal. En este sentido, se discute acerca de cuál es el bien jurídico protegido, pues una parte de la doctrina, que defiende que la ubicación es la correcta, considera que es la intimidad, mientras que el sector mayoritario entiende que se trata de un nuevo bien jurídico, la seguridad de los sistemas informáticos, y por ello, ubicar este precepto con los demás delitos

---

426 Por todos, Morales Prats, F., Quintero Olivares, Gonzalo, director. *Comentarios al Código Penal Español, Tomo I-II*. 8ª ed., Pamplona, 2024, págs. 1434 y ss

contra la intimidad es desafortunado e inapropiado. Este debate se expondrá más adelante, en el apartado 5.2 del presente trabajo.

Este delito fue introducido en el Código Penal por la LO 5/2010, encontrándose entonces en el artículo 197.3, junto con los demás delitos contra la intimidad. Tras la reforma de 2015, la figura pasa a recogerse en el artículo 197 bis CP, algo que se ha entendido como una necesaria disociación del mero intrusismo informático (hacking) del delito de descubrimiento y revelación de secretos en cuanto a ataque directo contra la intimidad personal, dándosele un tratamiento sistemático autónomo. El precepto contempla ya un tipo de elemento subjetivo del injusto conforme al Convenio sobre la Ciberdelincuencia, hecho en Budapest.

Existe una discusión doctrinal sobre si mediante este tipo se protege la seguridad de los sistemas o de la intimidad, solventado por la doctrina (por todos, Morales Prats) que entiende que el delito de intrusismo informático tutela la seguridad de los sistemas informáticos pero que, como fin último, lo que pretende es tutelar la intimidad informática (privacy) de las personas. Más allá de la errónea ubicación sistemática del tipo, debemos mantener la necesidad de considerar la morada informática como un nuevo bien jurídico dado que en esa morada encontraremos secretos empresariales, personales, datos de carácter personal e información sensible, junto con el de seguridad de los sistemas informáticos. En este sentido, se puede mantener que "la disposición protege el poder del titular del derecho a excluir a terceros de disponer de manera exclusiva de sus datos y programas informáticos, independientemente de su contenido (secreto o reservado) o de su valor económico"[427], más cuando se reclama internacionalmente la necesidad de proteger las redes de información[428].

---

427 Salvadori, I. *Los Nuevos Delitos Informáticos Introducidos en el Código Penal Español con la Ley Orgánica 5/2010. Perspectiva de Derecho Comparado.* Op. Cit., p. 235

428 el Convenio de Budapest sobre Ciberdelincuencia, de 23 de noviembre de 2001, que establece en el preámbulo que "es necesario para prevenir los actos que pongan en peligro la confidencialidad, la integridad y la disponibilidad de

La discusión sobre qué bien jurídico se debe proteger es, en estos momentos, irrelevante. Se necesita establecer la necesidad, por un lado, de proteger la seguridad de los sistemas informáticos no porque sea "irrelevante el contenido que en el se encuentre", como dice Barreiro[429], sino porque en todo sistema informático encontraremos elementos que afecten a derechos que individualmente deben ser protegidos. El adelantamiento de la barrera de protección penal tutelaría la seguridad de los sistemas informáticos, que, en su caso, protege indirectamente los datos que en ellos se recogen y la intimidad.

Dentro de la perspectiva constitucionalista del domicilio, el Tribunal Constitucional se ha manifestado expresa y reiteradamente reconociendo el derecho a la inviolabilidad del domicilio de las personas jurídicas, entendiendo que, lo que protege el derecho a la inviolabilidad del domicilio es algo más que la intimidad, y ese algo más es lo que se encuentra en la esfera de la privacidad, dejando claro al mismo tiempo el carácter personalísimo del derecho a la intimidad. "Parece por tanto que el derecho a la inviolabilidad del domicilio no es especie del derecho a la intimidad, sino que protege algo más, la privacidad, que en el caso de las personas naturales coincidirá en ocasiones, con lo íntimo, mientras que en el caso de las personas jurídicas nunca será una expresión de la intimidad como derecho por su carácter personalísimo, pero que también les viene reconocido en ciertos aspectos"[430].

En idéntico sentido, el Tribunal Supremo viene afirmando que el establecimiento de un ámbito de intimidad constitucionalmente

---

los sistemas, redes y datos informáticos". De aquí se puede deducir, por tanto, que la necesidad es de proteger, no sólo los datos informáticos, sino también los sistemas informáticos y las redes.

429 Jorge Barreiro, A. *Delitos Contra la Intimidad, Derecho a la Propia Imagen e Inviolabilidad del Domicilio.* Op. Cit., p. 1043

430 Benito Guilarte, C. *El Registro Domiciliario y las Nuevas Tecnologías. Tesis Doctoral.* https://uvadoc.uva.es/bitstream/handle/10324/59690/TESIS-2068-230525.pdf

protegido no está vinculado a la habitación en sí misma, sino al libre desarrollo de la personalidad y, consecuentemente, no necesita estar identificado con la morada habitual[431], "el domicilio es inviolable porque en sí constituye lo más íntimo y lo más sagrado. Constituye el secreto arcano de la persona, sólo a ella perteneciente, para en él desenvolver, al máximo, la protección de su yo, de sus intereses, de sus gustos, de sus apetencias y sus vivencias. Es el círculo o ámbito territorial en el que la persona se configura como dueña o señora única y exclusiva porque ahí ejerce, sin mácula alguna, su dominio y su señorío".

Diversas sentencias, además, extienden este espacio protegido al entorno virtual del investigado, "ese espacio virtual en que el investigado puede desarrollar su libertad individual y ejercitar los aspectos más íntimos que afectan a su persona, dejando al hacerlo su huella digital en los equipos electrónicos que pudieran ser intervenidos en el registro domiciliario, por poner un ejemplo, aspectos inherentes a su personalidad, fácilmente son puestos de manifiesto mediante las comunicaciones que realice o relaciones que mantiene a través de internet el investigado en el proceso penal"[432]. En la era digital el individuo desarrollará su actividad en entornos virtuales, con reflejo en el entorno digital y en los equipos informáticos utilizados de los aspectos privados que afectan al desarrollo de la intimidad inherente a la persona por la información que se refiera por ejemplo a creencias religiosas, orientación sexual, orientación política, sentimientos familiares, Información que quedará contenida en archivos o carpetas en el equipo informático o información que proviene de las búsquedas realizadas en internet o en la denominada como darknet y quedará reflejada en la red".

---

431 Benito Guilarte, C., op. Cit.

432 Benito Guilarte, C., op. Cit.

Sustento internacional

El concepto de morada informática o de caja fuerte digital encuentra acomodo en el Convenio sobre la Ciberdelincuencia, hecho en Budapest el 23 de noviembre de 2001, que firmó España y que establece, en su artículo 2, que cada Estado firmante "adoptará las medidas legislativas y de otro tipo que resulten necesarias para tipificar como delito en su derecho interno el acceso deliberado e ilegítimo a la totalidad o a una parte de un sistema informático. Cualquier Parte podrá exigir que el delito se cometa infringiendo medidas de seguridad, con la intención de obtener datos informáticos o con otra intención delictiva, o en relación con un sistema informático que esté conectado a otro sistema informático".

Además, nuestra posición encuentra acomodo en:

Artículo 12 de la Declaración Universal de los Derechos Humanos: Que consagra el derecho a la privacidad y a la protección contra injerencias arbitrarias en la vida privada, el domicilio y la correspondencia.

Jurisprudencia del Tribunal Europeo de Derechos Humanos (TEDH): En casos como *Barbulescu v. Romania* (2017), el TEDH ha reconocido el derecho a la privacidad digital en el ámbito laboral, extendiendo la protección a las comunicaciones electrónicas.

Doctrina de la privacidad informática en EE. UU.: El caso *Carpenter v. United States* (2018) del Tribunal Supremo estadounidense reconoció que los datos de geolocalización de un teléfono móvil están protegidos por la Cuarta Enmienda, que protege contra registros e incautaciones irrazonables.

Implicaciones Legales

La aplicación del principio de morada informática conlleva importantes implicaciones legales:

- El acceso no autorizado a la Caja Fuerte Digital se consideraría una violación de derechos fundamentales, equiparable a la invasión de un domicilio físico.
- Los Estados tendrían la obligación de garantizar mecanismos de protección efectiva contra cualquier intromisión no autorizada en la morada informática de sus ciudadanos.
- Se requeriría la creación de nuevos tipos penales para sancionar el acceso ilegal a la Caja Fuerte Digital, así como la adaptación de la legislación procesal para regular la obtención de pruebas digitales en el marco de investigaciones judiciales.

Integridad Global de los Datos

La integridad global de los datos se basa en tres principios esenciales:

- Inmutabilidad: Los datos almacenados en la Caja Fuerte Digital no pueden ser modificados sin el consentimiento explícito del titular.
- Auditabilidad: Se debe garantizar un registro transparente e inalterable de todos los accesos y modificaciones realizados en la Caja Fuerte Digital.
- Disponibilidad Controlada: El titular de la Caja Fuerte Digital tiene el control absoluto sobre qué datos se comparten, con quién se comparten y bajo qué condiciones.

Este principio se fundamenta en:

- La arquitectura Blockchain: Que permite un registro inalterable y transparente de todas las transacciones y accesos a los datos.
- El derecho al olvido (caso Google Spain): Que respalda la eliminación de datos personales cuando ya no son necesarios para el propósito original o cuando el titular retira su consentimiento.

- Normativas de protección de datos como el GDPR (Europa) y el CCPA (California): Que refuerzan la necesidad de control y transparencia sobre la información personal.

6. ANÁLISIS GLOBAL Y JURÍDICO DE LA CAJA FUERTE DIGITAL DE DATOS

El desarrollo de un marco normativo global para la protección de datos ha generado diversos enfoques jurídicos. La Caja Fuerte Digital de Datos se presenta como un modelo complementario a las regulaciones existentes, ofreciendo un mayor control y granularidad en la gestión del consentimiento.

6.1. Regulaciones Existentes y Cómo la Caja Fuerte Digital las Complementa

Regulación	**Enfoque**	**Cómo encaja la Caja Fuerte Digital**
GDPR (Europa)	Protección del consentimiento y derecho al olvido	La Caja Fuerte Digital permitiría un consentimiento granular más detallado, especificando qué datos se comparten con cada entidad y para qué fines.
CCPA (California)	Derecho a saber qué datos son recolectados y vendidos	La Caja Fuerte Digital otorgaría mayor control al usuario sobre la compartición de datos, pudiendo bloquear la venta de su información a terceros.
Ley de Protección de Datos de China	Supervisión estatal amplia de datos personales	La Caja Fuerte Digital limitaría el acceso del Estado a los datos personales sin el consentimiento explícito del titular.
Data Protection Bill (India)	Consentimiento reforzado y almacenamiento en servidores locales	El modelo de la Caja Fuerte Digital permitiría auditorías descentralizadas y mayor transparencia en el manejo de los datos.

7. BASES DOCTRINALES, POLÍTICAS Y SOCIOLÓGICAS

El desarrollo de la Caja Fuerte Digital de Datos no solo tiene implicaciones legales, sino que también se basa en sólidas teorías académicas, políticas y sociológicas.

- Paul Schwartz & Daniel Solove (Teoría de la privacidad estructural): La privacidad debe entenderse como un ecosistema de múltiples capas, donde el individuo debe tener un control granular sobre sus datos.
- Helen Nissenbaum (Privacidad en Contexto, 2004): La privacidad no depende de la cantidad de información compartida, sino de las expectativas contextuales y la relación entre el usuario y el receptor de los datos.
- Spiros Simitis (Autodeterminación Informativa, 1983): Los ciudadanos deben tener control sobre sus datos y la forma en que son utilizados por el Estado y las empresas.

Bases Políticas

- El auge del digitalismo regulador: Gobiernos como la UE buscan regular el acceso a los datos personales con el GDPR.
- La batalla entre privacidad y vigilancia: Tensiones entre el derecho a la privacidad y la necesidad del Estado de acceder a información por seguridad nacional.
- La autodeterminación digital como derecho fundamental: Movimientos por la soberanía digital proponen que los ciudadanos sean dueños de su identidad digital.

Bases Sociológicas

- Zygmunt Bauman (Vigilancia Líquida, 2013): La sociedad de la información ha convertido la privacidad en una mercancía transaccional.

- Shoshana Zuboff (Capitalismo de Vigilancia, 2019): Las grandes corporaciones han monetizado la recolección de datos personales sin control ciudadano.
- Manuel Castells (La Sociedad Red, 1996): En la era digital, la información es poder, y su control define las dinámicas de la sociedad globalizada.6

8. EL CONSENTIMIENTO DIGITAL: DE LA FICCIÓN JURÍDICA A LA AUTODETERMINACIÓN REAL

El consentimiento es el pilar fundamental de la privacidad en la era digital. Sin embargo, en su estado actual, se ha convertido en una ficción jurídica que no garantiza un control efectivo de los ciudadanos sobre sus datos. La aceptación de términos y condiciones, diseñada para proteger a las empresas más que a los usuarios, ha llevado a una situación en la que el consentimiento es forzado, opaco y prácticamente irreversible.

8.1. El Consentimiento en la Era del Capitalismo de Vigilancia

El consentimiento digital actual presenta varios problemas estructurales:

La Ilusión de la Elección

Los usuarios no tienen una alternativa real. Si rechazan los términos de una plataforma, en muchos casos, se ven excluidos de servicios esenciales.

La opción de "aceptar todo" está diseñada para facilitar la entrega masiva de datos sin reflexión.

Consentimiento Opaco y Desinformado

Los términos y condiciones son innecesariamente largos y confusos.

La información relevante sobre el uso de datos suele estar oculta en cláusulas técnicas que el usuario promedio no comprende.

Irreversibilidad y Falta de Control

Una vez que un usuario da su consentimiento, revocarlo es extremadamente difícil.

Muchas plataformas no permiten la eliminación real de los datos ya recopilados.

El problema central es que el consentimiento digital no cumple con los principios básicos de autodeterminación informativa: no es verdaderamente voluntario, informado ni granular.

8.2. El Consentimiento Granular: Un Nuevo Modelo para la Autodeterminación Informativa

Para devolver el control de los datos a los ciudadanos, el consentimiento digital debe ser explícito, granular y reversible. Esto implica tres transformaciones clave:

Consentimiento Granular

En lugar de un "todo o nada", los usuarios deben poder otorgar permisos individuales y específicos para distintos tipos de datos y usos.

Ejemplo:

- Geolocalización
    - o Permitir solo para navegación en tiempo real
    - o No permitir para publicidad basada en ubicación
    - o No permitir a terceros sin mi autorización

- Datos biométricos
  - o Uso para desbloqueo de dispositivo
  - o No permitir almacenamiento en servidores de la empresa
  - o No compartir con desarrolladores externos

Este modelo otorga control real sobre qué información se comparte, con quién y bajo qué condiciones.

Consentimiento Reversible

El usuario debe poder modificar o revocar su consentimiento en cualquier momento y asegurarse de que sus datos sean eliminados de manera efectiva. Esto requiere:

Herramientas accesibles para gestionar permisos en tiempo real.

Eliminación real de datos, sin copias ocultas en servidores de las empresas.

Regulación clara que obligue a las plataformas a respetar las decisiones del usuario.

En este sentido, el GDRP en Europa ya exige el derecho a la eliminación de datos (*derecho al olvido*). Sin embargo, en la práctica, muchas empresas aún dificultan el proceso.

Doble Consentimiento: Tácito vs. Explícito

Un modelo efectivo de consentimiento debe incluir dos niveles de autorización:

Consentimiento Tácito *(limitado a Estado y bancos)*

Aplicable solo a información estrictamente necesaria para funciones estatales y financieras esenciales.

Ejemplo: Verificación de identidad en operaciones bancarias o acceso a datos fiscales.

Consentimiento Explícito *(requerido para empresas privadas y cualquier otro uso no esencial)*

No puede ser asumido ni impuesto de manera predeterminada.

Debe solicitarse de manera clara, específica y con opciones configurables por el usuario.

Este modelo garantiza la autonomía digital del ciudadano, al tiempo que permite el funcionamiento de servicios esenciales.

8.3. Tecnologías para Garantizar un Consentimiento Real

La transición hacia un modelo de consentimiento efectivo requiere innovaciones tecnológicas que eviten el abuso de poder de las plataformas. Algunas soluciones incluyen:

- Blockchain para la inmutabilidad del consentimiento

Permitiría registrar y auditar el consentimiento del usuario sin posibilidad de manipulación por parte de terceros.

Ejemplo: Un usuario puede verificar exactamente qué datos ha autorizado a compartir y con quién.

- Identidad Digital Descentralizada (*Self-Sovereign Identity*)

El usuario tiene control total sobre sus credenciales digitales sin depender de una empresa o gobierno centralizado.

Ejemplo: Un ciudadano podría verificar su identidad sin necesidad de entregar sus datos a múltiples entidades.

- Plataformas de gestión de consentimiento (CMP)

Interfaz sencilla donde el usuario puede administrar todos sus permisos desde un solo lugar.

8.4. Regulaciones Necesarias para un Consentimiento Digital Justo

Para garantizar la efectividad del consentimiento granular, es necesario actualizar la legislación en torno a la privacidad digital. Algunas propuestas incluyen:

1. Prohibir el consentimiento forzado

Las empresas no pueden negar servicios esenciales si el usuario no acepta compartir datos irrelevantes.

2. Garantizar la revocación efectiva del consentimiento

Si un usuario retira su permiso, las empresas deben eliminar inmediatamente su información sin retener copias ocultas.

3. Exigir total transparencia en la gestión de datos

Las plataformas deben informar de forma clara y accesible cómo y por qué se recopilan datos.

4. Implementar auditorías y sanciones

Las empresas que violen el derecho a la privacidad deben enfrentar multas proporcionales a su beneficio económico.

9. LA CONFIDENCIALIDAD DEL CHATBOT

Que las comunicaciones con un asistente de IA conversacional sean confidenciales en su naturaleza no puede ponerse en duda. La confidencialidad es inherente a cualquier interacción digital en la que un individuo comparte datos personales o sensibles, y se encuentra amparada, al menos en su plano primario, por el art. 18.3 CE, que consagra el secreto de las comunicaciones, así como por el art. 7 de la Carta de Derechos Fundamentales de la UE y el art. 8 CEDH. Desde esa óptica, los chats con un chatbot no son diferentes de un correo electrónico o una mensajería instantánea: todos generan una expectativa razonable de reserva frente a terceros.

La verdadera cuestión doctrinal es otra: ¿hasta qué punto esa confidencialidad resiste frente al poder judicial? El fundador de OpenAI ha llegado a preconizar que, del mismo modo que el paciente confía a su médico o el cliente a su abogado, las palabras que el ciudadano comparte con una IA deberían quedar amparadas por un privilegio procesal reforzado, inmune incluso frente a un requerimiento judicial ordinario.

Esta tesis supone elevar la conversación con la IA al rango de relación profesional protegida por secreto, como lo son el secreto médico, el secreto del confesor o el secreto profesional de la abogacía. La comparación no es arbitraria: cada vez más usuarios se "abren en canal" con un chatbot, compartiendo síntomas, angustias o incluso estrategias jurídicas. De ahí que algunos autores defiendan que el ordenamiento debería reconocer un "privilegio conversacional con IA".

Frente a ello, la objeción más recurrente es que admitir ese privilegio equivaldría a blindar cualquier comunicación digital de un ciudadano con una IA, incluso en contextos donde el interés público exige acceder a la información. El ejemplo extremo sería el del historial de navegación de un terrorista: negar al juez el acceso a ese material sería tanto como impedir la persecución de delitos gravísimos.

La doctrina constitucional distingue aquí entre el contenido de la comunicación y los límites de la investigación penal. El secreto de las comunicaciones no es un derecho absoluto: admite restricciones mediante autorización judicial motivada, con base en necesidad y proporcionalidad. Así ocurre en las intervenciones telefónicas, donde el juez puede levantar el velo con garantías reforzadas.

El privilegio abogado-cliente o médico-paciente va un paso más allá: incluso frente al juez, la confidencialidad se mantiene incólume. Se trata de relaciones institucionalizadas, vinculadas a profesiones colegiadas y a funciones esenciales para el derecho de defensa o la salud pública donde el profesional se convierte en un "confidente necesario". Su finalidad no es solo proteger la intimidad del cliente o paciente, sino garantizar el correcto funcionamiento de la justicia y de la medicina.

Desde este punto de vista, extender esa protección absoluta a un asistente de IA plantea un problema fundamental: la máquina no es un profesional colegiado, ni asume responsabilidades deontológicas, ni responde ante un colegio ni un código penal por su incumplimiento. Por tanto, no parece jurídicamente viable trasladar sin más el secreto profesional humano a la IA.

Lo que sí resulta defendible es exigir un régimen reforzado de confidencialidad, donde la regla general sea la reserva y el cifrado, y donde solo una orden judicial especialmente motivada permita acceder al contenido, siguiendo el estándar de la intervención telefónica. Aquí la IA se equipara a un medio de comunicación, no a un profesional.

El riesgo de no establecer esta categoría intermedia es doble: por un lado, banalizar la confidencialidad, reduciéndola a una mera política contractual de empresa, que puede ser levantada sin garantías; por otro, sobre-extender el privilegio, privando al Estado de herramientas legítimas de investigación en casos de terrorismo, crimen organizado o blanqueo de capitales.

Doctrinalmente, puede sostenerse que la relación con la IA se sitúa en un espacio híbrido: no alcanza la dignidad del secreto profesional, pero tampoco puede degradarse a la simple expectativa de privacidad frente a las plataformas. Su estatuto debería construirse sobre el paradigma de la morada informática, entendiendo el entorno digital como un espacio constitucionalmente protegido, al que solo se accede mediante orden judicial reforzada. El Tribunal Constitucional ya ha dado pasos en esta dirección al considerar los dispositivos digitales como "entornos" intensamente protegidos (STC 173/2011), y el Tribunal Supremo ha exigido garantías reforzadas para el acceso a historiales digitales (STS 342/2013). Estas doctrinas pueden proyectarse a los asistentes de IA: son repositorios de intimidad que merecen un estándar de acceso equiparable al domicilio.

El Derecho comparado aporta matices útiles. En EE. UU., el attorney-client privilege no se extiende a la IA salvo que intervenga un abogado humano. Las asociaciones médicas sustentan que protege la confidencialidad de datos médicos frente a terceros, pero solo en el perímetro de entidades reguladas. Y las normas de privacidad estatales refuerzan la protección de datos de consumo, pero no crean un privilegio frente al juez. Es decir: nadie en EE. UU. ha positivizado un "privilegio de la IA", aunque el debate académico ya lo plantea como necesario.

A falta de un privilegio procesal estricto, la respuesta europea y española pasa por reforzar las garantías judiciales: exigir motivación reforzada, minimización, notificación posterior y control independiente cada vez que se ordene acceder al contenido de las conversaciones con IA. No es un blindaje absoluto, pero sí una protección intensificada.

En este marco, el Data Nexus Juris aporta un salto conceptual: reconoce la confidencialidad conversacional como regla material y la "morada informática" como espacio protegido. El acceso judicial se convierte así en una excepción sometida a estándares reforzados, sin necesidad de inventar un privilegio absoluto, pero asegurando que el acceso sea siempre excepcional y controlado.

En conclusión, la doctrina debe situarse en una posición de equilibrio: las comunicaciones con un chatbot son confidenciales por naturaleza; lo que se debate es si deben resistir como el secreto profesional o como el secreto de las comunicaciones. La respuesta más adecuada es intermedia: confidencialidad intensa, acceso solo con autorización judicial motivada y proporcional, y un marco legal que impida tanto la banalización contractual como la inmunidad absoluta.

Ahora bien, incluso admitiendo que un juez pueda solicitar el acceso al historial conversacional de un usuario con una IA, esa autorización no puede traducirse en una entrega bruta e indiscriminada de datos. El principio de minimización y el principio de proporcionalidad en la restricción de derechos fundamentales exigen que se filtre aquello que es irrelevante para la investigación. Por ello, el acceso debería condicionarse a una *due diligence* automatizada previa, desplegada por el propio sistema, que identifique y segregue las consultas médicas, jurídicas o de naturaleza íntima, de manera que nunca lleguen a incorporarse al acervo probatorio.

Este procedimiento de due diligence, basado en algoritmos de clasificación y anonimización certificados por una autoridad independiente, operaría como un cortafuegos jurídico-tecnológico: el juez recibiría solo aquello estrictamente vinculado al objeto de la investigación, mientras que todo dato sensible amparado por confidencialidad reforzada (salud, defensa jurídica, convicciones religiosas, vida sexual) sería excluido automáticamente y con garantías verificables. De este modo, se preserva la eficacia de la justicia sin sacrificar la esencia de la intimidad ni convertir a la IA en un espacio de delación masiva, consolidando en la práctica la idea de la morada informática inviolable como extensión del domicilio constitucional.

10. PROPUESTA DE REGULACIÓN

La Caja Fuerte Digital de Datos se erige como una herramienta fundamental para la protección de la privacidad en la era digital. Debe ser reconocida como una extensión de la identidad digital, con una protección constitucional equiparable a la morada física.

Para su implementación, se requiere un marco jurídico internacional que establezca:

- Estándares de doble consentimiento: Tácito para el Estado y explícito para el resto de actores.
- Garantía de la integridad global de los datos: Inmutabilidad, auditabilidad y disponibilidad controlada.
- Mecanismos tecnológicos como Blockchain: Para asegurar que el consentimiento sea inmutable, auditable y descentralizado.
- Creación de un "Organismo Internacional de Supervisión": Encargado de velar por el cumplimiento de la normativa a nivel global, resolviendo conflictos y promoviendo la cooperación internacional.

La Caja Fuerte Digital de Datos representa un paso crucial hacia un futuro digital donde la tecnología esté al servicio de la libertad individual y la protección de los derechos fundamentales.

11. EL DERECHO PENAL COMO ÚLTIMA RATIO DEL SISTEMA DE PROTECCIÓN

Establecido todo lo anterior, como señala Morales Prats[433], se hacen necesarias regulaciones legales en el ámbito internacional y en el ámbito interno de los ordenamientos jurídicos. Indica, como se ha dicho, que las respuestas autorregulativas son insuficientes y que es preciso "la intervención jurídica de las autoridades públicas a nivel internacional, en particular de la UE y de los ordenamientos jurídicos internos. Y no va a bastar con reglas indemnizatorias propias del derecho privado, será necesaria la intervención del derecho penal como instrumento punitivo que garantice la protección de la privacidad y de las libertades que penden de ella. Solo mediante la amenaza punitiva es posible promover la transparencia y generar una cultura de control en las operaciones de IA. Por tanto, concurren necesidades de tutela de bienes jurídicos esenciales y necesidades de desarrollar una prevención general mediante el instrumento punitivo".

12. CONCLUSIÓN

El *Data Nexus Juris* se define como un marco jurídico transnacional diseñado para proteger la privacidad en la era de la inteligencia artificial y el big data. Basado en los principios de portabilidad de datos, interoperabilidad normativa y gobernanza colectiva, este concepto propone:

---

[433] Morales Prats, El derecho a la privacidad y la Inteligencia Artificial, op. Cit.

- Establecer estándares internacionales que garanticen la protección de datos transnacional.
- Implementar tecnologías avanzadas como blockchain para garantizar la transparencia y trazabilidad en el manejo de datos.
- Crear organismos internacionales independientes para supervisar la ética y el cumplimiento normativo de los sistemas de IA.

Este marco no solo busca proteger los derechos individuales, sino también salvaguardar la privacidad como un bien común que sustenta la confianza, la equidad y la sostenibilidad democrática.

- Devolución de los datos cedidos desde las grandes corporaciones y los Estados al Ciudadano para que configure su "entorno digital".
- Configurar un sistema de "caja fuerte de datos" con medidas automáticas y explícitas de consentimiento.
- Establecer normas jurídicos penales para la protección de dicha caja fuerte de datos.

El *Data Nexus Juris* representa una evolución necesaria en la protección de la privacidad en un mundo globalizado e interconectado. En un contexto donde los datos personales son explotados como recursos económicos y políticos, este concepto propone un marco integral para equilibrar los derechos individuales, los intereses colectivos y las dinámicas tecnológicas.

El *Data Nexus Juris* se define como un marco jurídico transnacional que integra principios de privacidad individual y colectiva, estableciendo la privacidad como un derecho fundamental y un bien común en la era digital. Este concepto se basa en tres pilares principales:

1. Portabilidad de datos: Garantizar que los individuos tengan control sobre sus datos personales, permitiéndoles trasladarlos entre plataformas sin restricciones.

2. Interoperabilidad normativa: Promover estándares legales globales que armonicen las legislaciones nacionales y protejan los derechos de privacidad en entornos transnacionales.
3. Gobernanza colectiva: Reconocer que la privacidad no solo afecta a los individuos, sino que también tiene un impacto colectivo en la confianza social, la sostenibilidad democrática y la equidad tecnológica.

A diferencia del *habeas data*, que se centra en garantizar derechos individuales frente a abusos específicos, el *Data Nexus Juris* aborda los desafíos estructurales de la era digital, incluyendo la discriminación algorítmica, la explotación de datos por la inteligencia artificial y la pérdida de confianza colectiva. Su implementación requiere superar desafíos prácticos significativos, desde la fragmentación normativa hasta la resistencia corporativa, pero su impacto potencial en la gobernanza global de datos podría reconfigurar las relaciones entre ciudadanos, empresas y gobiernos en el ecosistema digital.

En última instancia, el *Data Nexus Juris* es una propuesta ambiciosa y necesaria para garantizar que el progreso tecnológico respete los valores fundamentales de justicia, equidad y dignidad humana, asegurando que la privacidad sea no solo un derecho individual, sino también un pilar esencial para el bienestar colectivo.

Capítulo 12
LA IA Y LA EVOLUCIÓN DE LOS DELITOS EN LA ERA DIGITAL

FRANCISCO MARCO FERNÁNDEZ,
FERMÍN MORALES PRATS Y LUIS DE LAS HERAS VIVES

1. INTRODUCCIÓN: LA NUEVA ERA DEL CRIMEN IMPULSADO POR LA INTELIGENCIA ARTIFICIAL

El aumento de la criminalidad digital en los últimos años ha sido exponencial, impulsado por la accesibilidad a herramientas que antes estaban reservadas para expertos en cibercrimen. La evolución de la inteligencia artificial, la automatización del fraude y el uso de Fraud-as-a-Service (FaaS)[434] han permitido que cualquier persona con una conexión a Internet pueda acceder a bases de datos

---

[434] Fraud-as-a-Service (FaaS) es un modelo de negocio criminal en el que grupos organizados venden herramientas, software y servicios automatizados para la comisión de fraudes digitales. Funciona de manera similar a las plataformas SaaS (Software-as-a-Service), pero en este caso, facilita el acceso a tecnologías ilícitas que permiten cometer delitos cibernéticos sin necesidad de conocimientos avanzados.
A través de FaaS, los ciberdelincuentes pueden comprar o alquilar herramientas como kits de phishing, deepfakes, bases de datos con credenciales robadas, software para ataques de fuerza bruta, malware personalizado, y cuentas bancarias falsas. Estos servicios suelen estar disponibles en la dark web, foros clandestinos y grupos de Telegram, operando bajo sistemas de pago anónimos mediante criptomonedas.
El impacto del FaaS es significativo, ya que ha democratizado el fraude, permitiendo que cualquier persona, sin conocimientos técnicos previos, pueda ejecutar estafas bancarias, suplantación de identidad, fraudes con tarjetas de crédito y ataques a plataformas digitales. Su crecimiento representa un desafío para las empresas y gobiernos, que deben adoptar inteligencia artificial, análisis de comportamiento y detección en tiempo real para combatir este fenómeno en constante evolución.

robadas, deepfakes y kits de phishing por precios ínfimos. Según el *Identity Fraud Report 2024*[435], en tan solo un mes, un grupo de estafadores con $1,000 puede ganar hasta $2.5 millones.

Este fenómeno ha sido denominado la "democratización del fraude", donde la descentralización de las herramientas de hacking ha eliminado la necesidad de conocimientos avanzados para cometer delitos cibernéticos. Hoy, existen foros en la dark web, Telegram y Discord donde los ciberdelincuentes pueden comprar datos personales, alquilar deepfakes en tiempo real o acceder a malware personalizado sin conocimientos tecnológicos. La facilidad con la que estos recursos están disponibles ha llevado a la creación de redes delictivas organizadas. Este modelo de crimen en masa está transformando la manera en que las instituciones bancarias, tecnológicas y gubernamentales deben abordar la ciberseguridad, ya que los ataques no solo han aumentado en cantidad, sino también en nivel de sofisticación.

En este contexto, el *Identity Fraud Report 2024* advierte que el fraude no solo se está multiplicando, sino que también se está adaptando a las nuevas tecnologías. El uso de IA para automatizar estafas, la creación de identidades sintéticas con documentos falsos, el secuestro de cuentas mediante phishing avanzado y la proliferación de dinámicas de money mules[436] están configurando una nueva era del crimen digital. Mientras los gobiernos intentan responder con regulaciones más estrictas, como el AI Act de la Unión Europea

---

435 Recuperado en https://sumsub.com/fraud-report-2024/

436 Según la interpol: "Las organizaciones delictivas recurren a menudo al blanqueo de capitales para ocultar el origen ilícito de sus fondos; lo hacen para que estos parezcan legítimos y alejar así la posibilidad de caer en manos de la justicia. Con ello también dificultan la labor de las fuerzas del orden para seguir la pista del dinero.
Las mulas bancarias son personas que, conscientemente o, en algunos casos, sin saberlo, ayudan a las organizaciones delictivas a blanquear sus beneficios. Lo hacen facilitando sus cuentas para recibir y transferir fondos fraudulentos, de manera que estos "se legitimen". Recuperado en https://www.interpol.int/es/Delitos/Delincuencia-financiera/Mulas-bancarias-Que-riesgo-hay

o la ley de compensación por fraude en el Reino Unido, los ciberdelincuentes continúan innovando y evadiendo los sistemas de seguridad. La lucha contra el fraude digital ya no es una cuestión de simples medidas preventivas, sino de una batalla tecnológica donde solo las entidades con estrategias de detección en tiempo real y análisis de comportamiento avanzado podrán mantenerse un paso adelante.

La inteligencia artificial (IA) ha revolucionado múltiples aspectos de la vida cotidiana, desde la automatización de tareas laborales hasta la personalización de servicios digitales. Sin embargo, como sucede con cualquier tecnología disruptiva, la IA también ha sido aprovechada para fines maliciosos, transformando delitos tradicionales y dando lugar a nuevos tipos de crímenes. La capacidad de la IA para procesar enormes cantidades de datos, identificar patrones complejos y aprender de manera autónoma la convierte en una herramienta poderosa tanto para la innovación como para el abuso.

Según un informe de Europol (2022)[437], los delitos facilitados por la IA están en aumento, con casos reportados de *deepfakes* utilizados para chantaje, malware adaptable y campañas masivas de desinformación. Este fenómeno no solo expone las vulnerabilidades tecnológicas, sino también los vacíos legales que permiten la explotación de estas herramientas en un mundo cada vez más interconectado.

Uno de los aspectos más alarmantes es cómo la IA amplifica delitos tradicionales, como el fraude financiero, el acoso o la violación de la intimidad, llevándolos a escalas inimaginables. Por ejemplo, el uso de phishing hiperpersonalizado se ha multiplicado gracias a algoritmos que analizan patrones de comportamiento en redes sociales y diseñan mensajes fraudulentos adaptados a cada víctima. En 2021, un informe de Verizon Data Breach Investigations Report[438]

---

437 Europol (2022). *Innovation in Criminal Markets: The impact of technology on serious crime in Europe*. Disponible en: europol.europa.eu

438 Verizon (2021). *Data Breach Investigations Report*.

indicó que el 36% de las filtraciones de datos estaban relacionadas con ataques de ingeniería social, y gran parte de estos fueron potenciados por sistemas de IA.

La creación y difusión de deepfakes es otro ejemplo paradigmático. Según Deeptrace[439] (2019), el número de videos deepfake en Internet creció un 84% en menos de un año, y aunque muchos se enfocaban en entretenimiento o contenido inofensivo, un porcentaje significativo (96%) tenía fines maliciosos, como difamación o chantaje. Este fenómeno no solo amenaza la reputación personal, sino que también pone en riesgo procesos democráticos mediante la manipulación de la opinión pública.

Además, la vigilancia masiva impulsada por IA plantea serias preocupaciones sobre la privacidad y el control social. Tecnologías como el reconocimiento facial y los sistemas de seguimiento en tiempo real, empleados por gobiernos y empresas, han generado controversia global. Por ejemplo, el sistema de crédito social en China utiliza datos recopilados de múltiples fuentes para evaluar el comportamiento de sus ciudadanos, afectando directamente su acceso a servicios básicos y su libertad de movimiento (Creemers[440] y Marco Fernández[441]). Este uso desproporcionado de la IA muestra cómo la tecnología puede consolidar dinámicas de poder desiguales.

Al mismo tiempo, emergen nuevos delitos específicos de la era de la IA, como el ransomware-as-a-service (RaaS), donde delincuentes alquilan herramientas automatizadas para ejecutar ataques de extorsión digital, o los biocrímenes, en los que la IA es utilizada para diseñar patógenos sintéticos o manipular dispositivos médicos conectados. Un estudio de McAfee (2021[442]) estima que los costos globales del cibercrimen alcanzaron los 6 billones de dólares en

---

439 Deeptrace (2019). *The State of Deepfakes: Landscape, threats, and impact.*

440 Creemers, R. (2020). "China's Social Credit System: An Evolving Practice of Control". *China Brief*, 20(1)

441 Marco Fernández, F., Disociados, op. Cit.

442 McAfee (2021). *The Hidden Costs of Cybercrime.* Disponible en: mcafee.com

2021, con un impacto significativo de las herramientas basadas en IA.

Tal y como señala Morales Prats "lo primero que se constata es que la inteligencia artificial suscita una multiplicidad de riesgos para el derecho a la privacidad, ya que implica el procesamiento de grandes cantidades de datos personales que, en la mayoría de los casos, se han introducido en los sistemas sin el consentimiento de los individuos. Esta posibilidad de recopilación y análisis de la información, de tipo masivo, puede generar la creación de perfiles de las personas de mucho más largo alcance que los que posibilitaba el desarrollo de la informática o de Internet. Se trata de una amenaza para la privacidad que no tiene precedentes.

En efecto la inteligencia artificial (IA) posibilita la vigilancia y seguimiento de las personas mediante reconocimientos faciales y otros métodos tecnológicos, facilitando vulneraciones sistemáticas de la privacidad y a su vez de otras libertades cuya integridad depende de la preservación de aquélla"[443].

Este capítulo explora cómo la inteligencia artificial ha transformado el panorama delictivo, centrándose en dos grandes vertientes: (1) la evolución de los delitos tradicionales, como la violación de la intimidad y el fraude, que han sido amplificados por la IA, y (2) la creación de nuevos delitos específicos que requieren una respuesta jurídica innovadora. Asimismo, se analizarán las implicaciones éticas y legales de estos delitos, con propuestas concretas para mitigar los riesgos que plantea la IA en la gobernanza global de datos y derechos fundamentales. Y todo se analiza desde la perspectiva del nuevo concepto de Data Nexus Juris que hemos analizado y desarrollado en este trabajo.

---

443 Morales Prats, F., DERECHO A LA PRIVACIDAD Y LA INTELIGENCIA ARTIFICIAL: LA PERSPECTIVA EUROPEA, Desafíos 2025, RAED.

2. NUEVAS FORMAS DE VIOLACIÓN DE LA INTIMIDAD: VIGILANCIA MASIVA Y RASTREO

La inteligencia artificial (IA) ha amplificado y transformado las violaciones de la intimidad, llevando estas prácticas a un nivel de sofisticación sin precedentes. Estas herramientas permiten recopilar, analizar y correlacionar datos personales de formas que antes eran imposibles, lo que resulta en una pérdida masiva de privacidad tanto a nivel individual como colectivo. A continuación, se presentan las principales formas de violación de la intimidad facilitadas por la IA, con ejemplos reales.

2.1. Vigilancia masiva y reconocimiento facial

Vigilancia masiva: Reconocimiento facial, drones y análisis de big data

La inteligencia artificial (IA) ha transformado los métodos tradicionales de vigilancia, permitiendo un control masivo, automatizado y a gran escala. Tecnologías como el reconocimiento facial, los drones autónomos y el análisis de big data recopilan, correlacionan y analizan datos sobre la ubicación, movimientos y comportamientos de las personas, muchas veces sin su consentimiento. Aunque estas herramientas tienen aplicaciones legítimas, también presentan serios desafíos éticos y legales relacionados con la privacidad y el consentimiento. Como señala Pfau[444] la IA ha revolucionado la forma en que interactuamos con la tecnología, pero su capacidad para recopilar, analizar y utilizar grandes volúmenes de datos plantea serias amenazas a la privacidad. Desde la creación de perfiles detallados hasta la implementación masiva de tecnologías como el reconocimiento facial, la IA actúa como una herramienta de vigilancia que puede invadir aspectos profundamente personales de nuestras vidas. Por ello, es imprescindible que las empresas adopten prácticas éticas, respeten regulaciones como el RGPD y

---

[444] Pfau, M, Artificial Intelligence: the new eyes of surveillance, Forbes.

prioricen la privacidad desde el diseño. El progreso tecnológico no debe venir a costa de los derechos fundamentales de las personas.

Reconocimiento facial y sistemas de crédito social

El reconocimiento facial es una de las aplicaciones más controvertidas de la IA. Esta tecnología puede identificar individuos en tiempo real analizando características faciales únicas y comparándolas con bases de datos masivas. Uno de los ejemplos más destacados y polémicos de esta práctica es el sistema de crédito social en China.

El caso del crédito social chino: Este sistema, introducido en 2014, utiliza cámaras equipadas con IA para rastrear el comportamiento de los ciudadanos y asignarles puntuaciones basadas en sus acciones. Las cámaras monitorizan acciones como cruzar la calle en rojo, no pagar deudas o publicar comentarios críticos en redes sociales. Según Marco Fernández[445], estas puntuaciones afectan el acceso de los ciudadanos a transportes, préstamos bancarios, oportunidades laborales y servicios educativos. Como señala Marco, "gracias al nuevo método puesto en marcha, el Estado recibe y gestiona grandes volúmenes de información obtenida en colaboración con bases de datos policiales e instrumentos de alta tecnología, como las gafas de reconocimiento facial. Un mes después de su puesta en marcha, ciento sesenta y nueve personas perdieron el derecho a viajar dentro y fuera del país por su baja puntuación[446]. Otras consecuencias son la denegación de reservas en los mejores hoteles[447], pérdida de empleos e, incluso, de mascotas[448]. En Occidente damos por sentado que las tecnologías nos liberan y homogenizan y democratizan el poder. Sin embargo, en

---

445 Marco Fernández, F., op. Cit.

446 https://www.scmp.com/news/china/policies-politics/article/2148980/china-names-169-people-banned-taking-flights-or-trains

447 https://www.bbc.com/news/world-asia-china-34592186

448 http://uk.businessinsider.com/china-dog-owners-social-credit-score-2018-10?IR=T

China, como en una novela distópica, se permite la censura y que el acceso a la información sea una utopía, algo que para algunos[449] supone una gran ventaja sobre los demás países. Es el contrato social del azúcar. Dopamina en forma de seguridad a cambio de la privacidad tanto analógica como digital. Nadie escapa al control chino ni analógico ni digital y sus ciudadanos, aparentemente, son felices y pueden gastar cientos de miles de euros en bolsos de marca en Occidente". Según la BBC[450], en 2019, aproximadamente 23 millones de personas fueron bloqueadas de comprar billetes de avión o tren debido a bajas puntuaciones sociales. Este sistema centraliza el poder en el Estado, creando un nivel de control sin precedentes sobre la población. Socava la privacidad de los ciudadanos y plantea dudas sobre el consentimiento informado, ya que la mayoría de los ciudadanos no tienen opción de optar por no participar en el sistema.

En 2020, el sistema de reconocimiento facial instalado en estaciones del Reino Unido fue criticado por errores significativos. Se demostró que el sistema identificaba erróneamente a personas inocentes como sospechosas en un 81% de los casos.

Los drones equipados con IA se utilizan cada vez más para la vigilancia masiva, tanto por gobiernos como por empresas privadas. Estos dispositivos pueden monitorear zonas amplias en tiempo real, recolectando datos sobre actividades humanas y movimientos.

Durante la pandemia, países como China, India y España utilizaron drones con IA para monitorear el cumplimiento de las medidas de confinamiento. Los drones identificaban a personas que no llevaban mascarillas o que estaban fuera de sus hogares sin justificación. En algunos casos, como en Dubai, los drones no solo monitorizaban, sino que utilizaban altavoces para dar órdenes a los ciudadanos en las calles.

---

449 Stiglitz, J. *Capitalismo progresista: La respuesta a la era del malestar*, Taurus, 2020.

450 BBC News (2019). "China bans millions from transport for bad social credit scores".

Aunque estas medidas se justificaron como necesarias para la salud pública, abrieron un debate sobre los límites entre la seguridad y la privacidad personal.

Análisis de big data y correlación de datos

La combinación de datos provenientes de esas cámaras, de redes sociales y de dispositivos conectados permite a los algoritmos de IA analizar patrones de comportamiento y realizar correlaciones que antes eran imposibles[451]. Las imágenes utilizadas en estos sistemas suelen provenir de fuentes públicas (redes sociales, sitios web) y privadas (cámaras de seguridad, bases de datos biométricas). El gran volumen de fotografías recopiladas permite entrenar algoritmos de IA para identificar rostros, patrones de comportamiento y hasta emociones en tiempo real. Existen multitud de aplicaciones positivas de esta tecnología: seguridad pública o análisis de imágenes médicas para diagnóstico.

Sin embargo, lo que sucede con mayor preocupación, es el control social. En 2019, el gobierno chino utilizó tecnologías de análisis de big data para identificar a los participantes en las protestas de

---

451 El análisis de big data combinado con fotografías ha sido objeto de estudio por diversos investigadores y centros académicos. Por ejemplo, el Instituto Catalán de Arqueología Clásica (ICAC) ha desarrollado algoritmos de aprendizaje automático para detectar yacimientos arqueológicos mediante imágenes aéreas y satelitales, mejorando la visibilidad de elementos de interés arqueológico. Además, investigadores de la Universidad Politécnica de Cartagena (UPCT) y la Universidad de Murcia (UMU) han creado algoritmos de visión artificial que, a partir de fotografías aéreas y de móviles, permiten contar árboles y estimar el calibre de limones con alta precisión, optimizando la predicción de cosechas. En el ámbito académico, la Universidad Internacional de Valencia (VIU) ofrece un Programa de Doctorado en Ciencia de Datos y Big Data, orientado a formar investigadores en todas las etapas del ciclo de vida de los datos, incluyendo la recolección, procesamiento y análisis mediante técnicas de aprendizaje automático e inteligencia artificial. Estos ejemplos reflejan el creciente interés y las aplicaciones prácticas en la intersección del análisis de big data y la utilización de imágenes recopiladas.

Hong Kong. Las cámaras de seguridad y el reconocimiento facial se combinaron con datos de redes sociales y registros de transporte público. Los manifestantes comenzaron a usar máscaras, gafas y sombreros para evitar ser identificados, pero las autoridades respondieron prohibiendo el uso de máscaras en público.

La capacidad de cruzar datos masivos puede resultar en perfiles detallados de individuos, afectando su privacidad incluso más allá de lo digital. Según un informe de Amnistía Internacional (2021), estas prácticas han generado un efecto disuasorio en las protestas y otras formas de activismo, limitando la libertad de expresión.

La vigilancia masiva basada en IA plantea serios riesgos:

- Pérdida de privacidad: La recopilación de datos sin consentimiento erosiona el derecho fundamental a la privacidad.
- Efecto disuasorio: Los ciudadanos pueden autocensurarse o evitar participar en actividades legítimas, como protestas o debates políticos, por miedo a ser identificados y sancionados.
- Concentración de poder: Las herramientas de vigilancia fortalecen el poder de los gobiernos autoritarios y las corporaciones, debilitando las democracias.
- Errores y discriminación: Los algoritmos pueden cometer errores y perpetuar sesgos, afectando injustamente a minorías y otros grupos vulnerables.

Tal y como señala Morales Prats[452], la UE afronta el desarrollo de la IA mediante una respuesta jurídica que queda concretada en el Reglamento de Inteligencia Artificial de 13 de junio de 2024, aprobado por el Parlamento Europeo y el Consejo, para establecer normas de armonización en materia de IA. De entrada, señala

---

[452] Morales Prats, F.: "Derecho a la privacidad y la inteligencia artificial: la perspectiva europea", Desafíos 2025, RAED.

Morales refiriéndose a Freixes[453], debe tenerse en cuenta que este instrumento normativo no está enfocado directamente a garantizar los derechos fundamentales del individuo, ya que su principal objetivo es asegurar la seguridad de los productos y su estandarización. Sin embargo, dado su carácter integral y transversal, el reglamento incluye disposiciones destinadas a evitar vulneraciones de derechos individuales. Este reglamento, que aplica el principio de extraterritorialidad, despliega sus efectos más allá de la UE, abarcando tanto el sector público como el privado. A pesar de que autoriza el uso de tecnologías como la identificación biométrica en ciertos casos excepcionales (como investigaciones penales relacionadas con delitos graves), estas excepciones amplias generan preocupaciones sobre el potencial invasivo de estas prácticas. Además, el reglamento obliga a realizar evaluaciones de impacto en derechos fundamentales, estableciendo un marco normativo para evitar sesgos discriminatorios y proteger la privacidad.

El AI Act (Reglamento Europeo sobre Inteligencia Artificial) establece un marco integral para regular el desarrollo y uso de tecnologías de IA en la Unión Europea. Clasifica las aplicaciones de IA en cuatro categorías basadas en su nivel de riesgo: (1) prohibidas, como sistemas de puntuación social o manipulación subliminal; (2) alto riesgo, que incluyen tecnologías como el reconocimiento facial en tiempo real y decisiones automatizadas en áreas críticas; (3) riesgo limitado, que requieren transparencia, como *chatbots* y *deepfakes* con advertencias claras; y (4) riesgo mínimo o nulo, que no tienen regulación adicional. Este enfoque garantiza que las aplicaciones más críticas estén sujetas a estrictos controles de seguridad, supervisión humana y evaluaciones de impacto.

El reglamento prohíbe explícitamente prácticas de alto riesgo que puedan vulnerar derechos fundamentales, como la vigilancia masiva indiscriminada, y establece excepciones específicas para el

---

[453] Freixes Sanjuán, T. "Inteligencia Artificial y derechos fundamentales" en The Objective 9 de enero de 2025.

uso de identificación biométrica en delitos graves, como terrorismo o tráfico de personas. Sin embargo, estas excepciones, incluidas en el Anexo II del reglamento, generan preocupaciones sobre el alcance y posible abuso de estas tecnologías.

Además, el AI Act impone obligaciones a los desarrolladores y usuarios de IA, incluyendo auditorías previas, trazabilidad de datos y supervisión humana en aplicaciones de alto riesgo. También establece sanciones significativas para quienes incumplan estas normas, con multas de hasta 30 millones de euros o el 6% del volumen de negocio anual global.

El reglamento también promueve la innovación mediante la creación de "espacios de pruebas regulatorias" (*sandboxes*) para experimentar con nuevas tecnologías bajo supervisión. Aunque el AI Act busca garantizar un equilibrio entre innovación y protección de derechos fundamentales, se señala que estas medidas llegan tarde, ya que muchas tecnologías de IA se han desarrollado sin un marco regulatorio adecuado. En general, el reglamento prioriza la seguridad, fiabilidad y armonización del mercado interior europeo, aunque carece de mandatos específicos en materia penal, dejando a los Estados miembros, como España, la responsabilidad de establecer autoridades de control y marcos punitivos que respondan a los nuevos riesgos de la IA.

2.2. *Doxing automatizado y el uso de IA: amenazas a la privacidad y la seguridad*

La inteligencia artificial (IA) ha ampliado significativamente el alcance y la sofisticación del doxing, una práctica que implica la recopilación, publicación y explotación de información personal de las víctimas, generalmente con fines de intimidación, extorsión o acoso. Este fenómeno, anteriormente limitado a la acción manual de los perpetradores, ahora se ve potenciado por algoritmos de IA que automatizan la búsqueda y el análisis de datos personales, amplificando su impacto y alcance.

Gracias a la IA, los delincuentes pueden recopilar información personal y sensible en cuestión de minutos. Direcciones, números de teléfono, datos financieros, redes sociales e incluso patrones de comportamiento se integran en perfiles detallados que luego son difundidos públicamente en foros, redes sociales o plataformas extremistas. Esto no solo destruye la privacidad individual, sino que también pone en riesgo la seguridad física de las víctimas.

Existen varios ejemplos reales de doxing automatizado que, con la implementación de la IA se amplificarán sustancialmente:

Ataques a activistas de movimientos sociales

En 2020, activistas de movimientos como Black Lives Matter en Estados Unidos fueron víctimas de campañas de doxing automatizado. Algoritmos rastrearon sus redes sociales para recopilar información personal que luego fue publicada en foros como 4chan con el objetivo de intimidarlos y exponerlos a amenazas físicas. Según *The New York Times* (2020)[454], estas campañas buscaban disuadir su participación en protestas y actividades públicas.

Ejecutivos corporativos como objetivo

Cuando Procter & Gamble lanzó la publicidad de Gillette "We Believe", enfocada en la masculinidad tóxica, el director de marca Marc Pritchard fue víctima de un ataque de doxing. Su perfil de LinkedIn fue compartido en foros como 4chan, incitando a los usuarios a enviarle mensajes de odio y amenazas.

454 *The New York Times* (2020). "How Activists Became Targets of Automated Doxxing Campaigns".

Doxing contra fuerzas de seguridad y opositores políticos

En 2011, el grupo hacktivista Anonymous expuso la información detallada de 7,000 miembros de las fuerzas de seguridad estadounidenses como respuesta a las investigaciones sobre actividades de hacking. Más recientemente, Anonymous ha dirigido campañas contra presuntos miembros del Ku Klux Klan (KKK) y partidarios de Q-Anon, exponiendo información personal en redes y generando reacciones masivas en línea[455].

Ciberacoso contra celebridades y periodistas

Taylor Swift, por ejemplo, ha sido víctima de doxing por parte de grupos de odio en línea que han compartido su dirección personal y otros datos privados, poniéndola en peligro. Los periodistas que cubren temas controvertidos también son frecuentemente atacados mediante esta práctica.

Según un informe de Kaspersky Lab[456], el doxing se ha convertido en una herramienta recurrente en las batallas culturales y políticas, donde los hackers de bandos opuestos usan esta práctica para exponer y dañar a sus adversarios. Como explica Kaspersky (2021): *"Los doxers buscan intensificar los conflictos digitales llevándolos al mundo real, exponiendo información sensible que pone en riesgo la seguridad física y emocional de las víctimas."*

Este tipo de ataques no solo afecta a personas destacadas como celebridades, políticos y ejecutivos, sino también a ciudadanos comunes, quienes pueden convertirse en blancos de campañas masivas debido a opiniones compartidas en redes sociales o simplemente por ser asociados con grupos específicos.

Las consecuencias de estas prácticas son:

---

455 Hill, K. (2020). "How Anonymous Exposed 7,000 Police Officers". *The Guardian*.

456 Kaspersky Lab (2021). *El doxing en la era de la IA*

Ataques físicos y amenazas

Las víctimas del doxing suelen recibir amenazas de muerte o sufrir acoso en sus hogares. Por ejemplo, varios periodistas han denunciado que, tras la publicación de sus direcciones personales, han tenido que mudarse por miedo a represalias.

Ciberacoso en redes

Las víctimas son sometidas a ataques masivos en plataformas como Twitter, Instagram o Facebook, donde miles de mensajes de odio son orquestados por comunidades extremistas.

Impacto psicológico y profesional

Muchas víctimas sufren estrés postraumático, miedo constante y dificultades para retomar sus actividades normales. En el caso de ejecutivos como Marc Pritchard, los ataques de doxing pueden tener repercusiones directas en las estrategias y políticas de las empresas que representan.

El doxing automatizado es una prueba de cómo la IA, diseñada inicialmente para el progreso y la eficiencia, puede ser mal utilizada para causar daños devastadores. Este tipo de ataques destruye las barreras entre la privacidad digital y la seguridad física, dejando a las víctimas vulnerables tanto en el ciberespacio como en su vida cotidiana. Para mitigar su impacto, es fundamental desarrollar marcos legales más sólidos que regulen el uso de IA y establezcan sanciones específicas contra el doxing, además de fomentar la alfabetización digital para que las personas sean conscientes de los riesgos.

La inteligencia artificial (IA) ha potenciado de manera significativa la práctica del *doxing*, permitiendo la recopilación y difusión de información personal con fines de intimidación, extorsión o acoso. Regulaciones internacionales, como el Reglamento General de Protección de Datos (RGPD) de la Unión Europea, prohíben explícitamente la recolección y publicación no autorizada de datos personales, otorgando a las víctimas derechos como el "derecho al olvido" y la eliminación de su información de plataformas. Asimismo, el Reglamento de Servicios Digitales (DSA) exige a las plataformas en línea eliminar contenido relacionado con el *doxing* de manera diligente. Sin embargo, la sofisticación de los algoritmos de IA que automatizan estos procesos plantea nuevos desafíos, como la creación de perfiles detallados a partir de datos recopilados en cuestión de minutos, exponiendo a las víctimas a riesgos tanto digitales como físicos.

En el ámbito nacional, países como España sancionan el *doxing* a través del artículo 197 del Código Penal, que castiga la difusión no autorizada de datos personales que vulneren la privacidad. Por otro lado, en Estados Unidos, aunque no existe una regulación federal específica, leyes como el *Computer Fraud and Abuse Act (CFAA)* penalizan el acceso y uso indebido de datos personales, y estados como California han desarrollado normativas específicas contra esta práctica. En Australia, el *eSafety Commissioner* actúa para proteger a las víctimas de *doxing*, especialmente menores. A pesar de estos marcos legales, la falta de una regulación uniforme y las limitaciones en la persecución de delitos transfronterizos evidencian la necesidad de actualizar y fortalecer las normativas. En este contexto, iniciativas como el AI Act de la Unión Europea buscan clasificar el uso malicioso de IA como una actividad de alto riesgo, obligando a los desarrolladores a realizar evaluaciones de impacto y a implementar medidas que minimicen el daño a la privacidad y la seguridad.

2.3. Análisis y correlación de datos personales: el poder de los algoritmos en la era de la IA

En la actualidad, la inteligencia artificial ha transformado la manera en que se recopilan, procesan y analizan los datos personales. Los algoritmos avanzados son capaces de cruzar información de múltiples fuentes —como redes sociales, bases de datos públicas, patrones de navegación y registros transaccionales— para generar perfiles extremadamente detallados sobre individuos. Este proceso, conocido como correlación de datos, no solo revela información explícita, sino que también permite inferir aspectos íntimos como preferencias políticas, estado de salud, hábitos de consumo e incluso vulnerabilidades emocionales.

Si bien estas herramientas ofrecen beneficios para la personalización de servicios, también presentan riesgos significativos para la privacidad, especialmente cuando se usan para influir en decisiones personales o manipular a grandes grupos sociales. Uno de los casos más icónicos que ilustra el poder y el peligro de estas prácticas es el escándalo de Cambridge Analytica.

En 2018, una investigación periodística reveló cómo Cambridge Analytica, una consultora política, había recopilado los datos de más de 87 millones de usuarios de Facebook sin su consentimiento explícito. Estos datos incluían interacciones en redes sociales, intereses, publicaciones y patrones de navegación. Utilizando esta información, la empresa creó perfiles psicológicos detallados para personalizar mensajes políticos destinados a influir en votantes específicos.

Por ejemplo, durante el referéndum del Brexit en el Reino Unido, Cambridge Analytica difundió anuncios diseñados para reforzar temores relacionados con la inmigración y la soberanía nacional. De manera similar, en las elecciones presidenciales de Estados Unidos en 2016, se enviaron mensajes personalizados en estados clave, apelando a emociones como el miedo o la indignación para movilizar votantes a favor de Donald Trump. Estos casos demostraron cómo la explotación masiva de datos personales puede manipular procesos democráticos y socavar la privacidad colectiva.

El impacto fue monumental. Según un análisis de *The Guardian*, las estrategias de microsegmentación empleadas por Cambridge Analytica no solo influyeron en elecciones, sino que también cambiaron la percepción global sobre cómo las grandes corporaciones y gobiernos manejan los datos personales. Este escándalo evidenció la necesidad de regular el uso de algoritmos para evitar violaciones masivas de privacidad.

El análisis de datos personales no se limita al ámbito político. En el sector comercial, empresas como Target han utilizado algoritmos para prever comportamientos de los consumidores, a menudo con consecuencias inesperadas. En este caso que denunció el *The New York Times* en 2012, se comprobó que Target fue capaz de predecir que una adolescente estaba embarazada antes de que se lo comunicara a su familia. Esto se logró analizando patrones de compra, como la adquisición de vitaminas prenatales y lociones sin fragancia. Poco después, la empresa envió cupones relacionados con productos para bebés al domicilio de la adolescente, lo que alertó su estado a su padre. Este incidente mostró cómo la correlación de datos, aunque efectiva para fines comerciales, puede violar la privacidad de formas profundas e invasivas.

La correlación de datos no se limita a información explícita como compras o publicaciones. Tecnologías más avanzadas ahora incluyen datos biométricos, como el reconocimiento facial, patrones de voz y registros de movimientos físicos. Un ejemplo es el caso de Clearview AI, una empresa que desarrolló un sistema de reconocimiento facial utilizando imágenes recopiladas de redes sociales y bases de datos públicas. Esta tecnología fue adoptada por fuerzas policiales en varios países, permitiendo identificar a individuos en protestas o entornos públicos. Sin embargo, Clearview AI enfrentó críticas globales cuando se descubrió que había recopilado millones de imágenes sin consentimiento, violando principios fundamentales de privacidad. Además, estudios como los realizados por *MIT Media Lab* en 2019 demostraron que estos sistemas suelen estar sesgados, con tasas de error significativamente más altas al identificar personas de minorías étnicas, lo que puede llevar a discriminación sistémica.

Otro caso paradigmático es el del spyware Pegasus, desarrollado por NSO Group. Pegasus utiliza algoritmos avanzados para infiltrarse en dispositivos móviles, accediendo a mensajes, llamadas, ubicaciones y contactos. En 2021, *Amnistía Internacional* reveló que este software había sido utilizado para espiar a periodistas, activistas y políticos, incluyendo al presidente francés Emmanuel Macron. La capacidad de Pegasus para correlacionar datos de diferentes fuentes y construir redes de relaciones demuestra el enorme poder —y peligro— de estos sistemas.

La correlación masiva de datos plantea serios desafíos éticos y sociales. Por un lado, permite la personalización de servicios y la mejora de productos; por otro, erosiona la privacidad individual y colectiva. Algunos de los impactos más relevantes incluyen:

1. Manipulación de decisiones personales: Como en el caso Cambridge Analytica, los algoritmos pueden influir en elecciones políticas, de consumo y hasta en decisiones médicas, comprometiendo la autonomía individual.
2. Discriminación algorítmica: Los sesgos en los datos o en los algoritmos pueden llevar a prácticas discriminatorias. Por ejemplo, en el sector de seguros, algunos algoritmos ajustan las primas basándose en datos correlacionados, perjudicando a comunidades de bajos recursos.
3. Efecto disuasorio: La percepción de ser constantemente monitoreado puede llevar a las personas a autocensurarse, limitando su libertad de expresión y su participación en actividades legítimas, como protestas o debates públicos.
4. Riesgo de abuso por gobiernos autoritarios: La capacidad de cruzar datos masivos puede consolidar dinámicas de poder desiguales. En países con regímenes autoritarios, estas tecnologías se utilizan para monitorear a opositores y reprimir la disidencia.

En España, la protección de datos personales y la regulación de prácticas como la correlación masiva de información están enmarcadas principalmente en la Ley Orgánica de Protección de Datos Personales y Garantía de los Derechos Digitales (LOPDGDD), que se alinea con el Reglamento General de Protección de Datos (RGPD) de la Unión Europea. Esta normativa establece que cualquier tratamiento de datos, incluido el análisis y la creación de perfiles, debe realizarse con consentimiento explícito del titular, especialmente cuando los datos sensibles están involucrados. Además, el Código Penal, en sus artículos 197 y 198, sanciona el acceso y difusión no autorizada de información personal, castigando prácticas que vulneren la privacidad. Sin embargo, aunque estas leyes son robustas, los casos de manipulación de datos, como en el ámbito político o comercial, evidencian la necesidad de fortalecer la supervisión y las sanciones en un entorno digital en constante evolución.

A nivel europeo, el Reglamento General de Protección de Datos (RGPD) es uno de los marcos legales más avanzados en el mundo para proteger la privacidad de las personas, exigiendo transparencia en el uso de datos personales y limitando la creación de perfiles basados en información sensible. Junto con el Reglamento de Servicios Digitales (DSA), que responsabiliza a las plataformas por la eliminación de contenido que vulnere derechos fundamentales, y la propuesta de Reglamento sobre Inteligencia Artificial (AI Act), que clasifica el uso de algoritmos para la correlación de datos como aplicaciones de "alto riesgo", Europa lidera los esfuerzos para garantizar que la innovación tecnológica no comprometa derechos fundamentales. Sin embargo, desafíos como la aplicación extraterritorial de estas normas y las excepciones permitidas en el uso de datos biométricos, incluidos aquellos en investigaciones penales, resaltan la tensión entre garantizar la seguridad y proteger la privacidad individual.

2.4. Deepfakes: Violaciones a la intimidad y retos éticos en la era de la inteligencia artificial

Una de las facetas más peligrosas del uso incontrolado de la IA afecta al derecho a la imagen y a la voz. En múltiples publicaciones ha sustentado que el derecho a la propia imagen y el derecho a la voz no son derechos independientes de la privacidad. No conviene atomizar los derechos de la personalidad, creo que se trata de facetas importantes de la privacidad, si ésta es entendida correctamente, conforme a sus raíces anglosajonas, como una nueva dimensión de la libertad personal. Ni que decir tiene que la violación de la privacidad puede implicar también perjuicios para la reputación del individuo. La IA puede clonar voces e imágenes situando al individuo en simulaciones en todo tipo de situaciones. Los peligros ya han empezado a materializarse sobre todo por el uso de imágenes de menores falseadas en actividades de tipo sexual.

Lo anterior suscita una seria reflexión, pues cuando el mundo jurídico estaba desarrollando el derecho al olvido o el derecho a suprimir informaciones inconsentidas en las redes, aparece la IA que posibilita un uso altamente peligroso para todos estos derechos cuando las imágenes generadas se proyectan hacia las redes. En este sentido, es importante establecer claramente que frente a este nuevo peligro la privacidad redefine su contenido. Ahora se convierte en un derecho a la identidad personal legitima, y, probablemente, los ordenamientos jurídicos, sobre todo en el ámbito penal deberán replantear sus previsiones mediante reformas contundentes que posibiliten la represión con dureza punitiva del uso de deepfakes.

La tecnología de los deepfakes, basada en inteligencia artificial y redes generativas antagónicas (GANs), ha alcanzado un nivel de sofisticación que permite crear videos, imágenes y audios manipulados con una fidelidad tan alta que resulta casi imposible distinguirlos de los originales. Aunque esta tecnología tiene aplicaciones legítimas, como la producción cinematográfica o la restauración de archivos históricos, su uso indebido ha generado una crisis global que afecta directamente la privacidad, la reputación y la confianza en los entornos digitales. Los deepfakes han evolucionado hasta convertirse en herramientas poderosas para la desinformación, el fraude y, especialmente, la violación de la intimidad.

El caso Scarlett Johansson y la pornografía no consensuada

Uno de los ámbitos más preocupantes del mal uso de los deepfakes es su aplicación en la creación de contenido pornográfico no consensuado. Según un informe de Deeptrace (2019)[457], el 96% de los deepfakes disponibles en internet están relacionados con pornografía explícita creada sin el consentimiento de las personas involucradas. Entre las víctimas más destacadas se encuentra la actriz Scarlett Johansson, cuyo rostro fue superpuesto en videos explícitos utilizando inteligencia artificial.

A pesar de ser completamente falsos, estos videos se distribuyeron ampliamente en plataformas digitales, causando un daño significativo a su reputación y un profundo impacto emocional. Johansson, al abordar este tema públicamente, describió la experiencia como una "lucha interminable" y señaló la impotencia de las víctimas para controlar la proliferación de estos contenidos. Este caso refleja cómo los deepfakes pueden invadir la privacidad de una persona de manera devastadora, sin importar su posición social o recursos legales.

En España, docena de jóvenes han denunciado que han sido víctimas de estos 'desnudos', que circularon entre los móviles de sus compañeros. Varias famosas también han denunciado recientemente hechos similares: la última, la *influencer* Laura Escanes el pasado agosto, que dijo sentirse "utilizada y expuesta". Pocos meses antes Rosalía denunciaba una foto suya manipulada por el rapero JC Reyes en la que aparece sin ropa: "Es un tipo de violencia", dijo la cantante[458].

---

457 Deeptrace (2019). *The State of Deepfakes: Landscape, threats, and impact.*

458 'Deepfakes' sexuales: el caso de las menores de Almendralejo consolida una nueva forma de violencia machista, en El Diario.es

Deepfakes y desinformación política

La amenaza de los deepfakes trasciende el ámbito personal. En el terreno político, han sido utilizados para manipular la percepción pública y difundir información falsa, lo que plantea riesgos serios para las democracias. En 2018, el comediante Jordan Peele creó un deepfake del expresidente Barack Obama como un experimento. En el video, Obama insultaba a Donald Trump y pronunciaba frases que nunca había dicho. Aunque el video fue creado para concienciar sobre los riesgos de esta tecnología, demostró cómo los deepfakes podrían utilizarse para erosionar la confianza pública en figuras políticas.

Un caso más reciente ocurrió en 2021, cuando un deepfake del presidente ucraniano Volodímir Zelenski lo mostraba pidiendo a sus tropas que se rindieran. Aunque el video fue rápidamente desmentido, generó confusión entre los ciudadanos y demostró cómo esta tecnología puede ser utilizada como arma en conflictos geopolíticos. Estos ejemplos subrayan el potencial de los deepfakes para desestabilizar sociedades enteras, comprometiendo la integridad de procesos electorales y la confianza en las instituciones.

Impacto psicológico y social

Los deepfakes también tienen un impacto devastador en las vidas personales y emocionales de las víctimas. En el caso de las mujeres que han sido objetivo de contenido pornográfico falso, muchas reportan sufrir estrés postraumático, aislamiento social y daños irreparables en sus relaciones personales y profesionales. Además, la incapacidad de eliminar completamente estos videos de internet perpetúa el trauma y la sensación de vulnerabilidad.

Desde un punto de vista social, los deepfakes erosionan la confianza colectiva. En un mundo donde es cada vez más difícil distinguir entre lo real y lo manipulado, las personas pueden desarrollar una profunda desconfianza hacia la información visual y auditiva. Este fenómeno, conocido como “el efecto de la negación plausible”, permite que individuos y organizaciones desmientan pruebas legítimas alegando que podrían ser manipulaciones, debilitando aún más la credibilidad pública.

Fraudes y manipulación económica

Además de los ataques personales y políticos, los deepfakes están siendo utilizados en actividades fraudulentas con fines económicos. En 2019, un CEO alemán recibió una llamada que parecía provenir de su superior directo. La voz, generada por un algoritmo de deepfake, solicitó una transferencia urgente de 243,000 dólares a una cuenta en Hungría. El fraude fue descubierto, pero solo después de que se realizó la transacción. Este caso, reportado por *The Wall Street Journa*[459]*l*, ilustra cómo los deepfakes pueden explotar la confianza en contextos corporativos y causar pérdidas financieras significativas.

La respuesta española y europea

España ha comenzado a abordar los desafíos legales de las tecnologías *deepfake* e IA con propuestas legislativas recientes, como la Proposición de Ley Orgánica de 2023 que buscaba regular la creación y difusión de imágenes y voces generadas por IA, protegiendo el derecho al honor, la intimidad y la propia imagen, pero fue retirada en 2024. La iniciativa buscaba armonizar con marcos europeos emergentes y priorizar un enfoque integral. También el Anteproyecto de Ley Orgánica de Protección de Menores en Entornos Digitales (2024) que criminaliza la difusión de *deepfakes* sin autorización, especialmente en contextos pornográficos; introduce medidas para combatir el *grooming* y regula la edad de consentimiento para tratamiento de datos (de 14 a 16 años); prohíbe las *loot*

---

459 Hill, K. (2020). "The Secretive Company That Might End Privacy as We Know It". *The New York Times*.

boxes en videojuegos para menores y refuerza las obligaciones de plataformas e *influencers*.

La Proposición de Ley Orgánica de 2023 proponía modificar el Código Penal para tipificar como delito la creación y difusión de *deepfakes* destinados a menoscabar el honor, la dignidad o la reputación de una persona. Este acto sería considerado injuria, con una agravante de publicidad si se realizaba a través de redes sociales u otros medios digitales de amplio alcance. Además, se permitía la actuación de oficio del Ministerio Fiscal en casos de especial gravedad. La reforma buscaba proteger a las personas del daño reputacional y de la manipulación malintencionada de su imagen o voz, adaptando el marco penal a los retos planteados por las tecnologías de inteligencia artificial.

La Unión Europea lidera el esfuerzo global para regular tecnologías de IA y *deepfakes*. Las principales normativas incluyen: el Reglamento de Servicios Digitales (DSA, 2022) que obliga a las plataformas a identificar y limitar contenidos generados mediante IA que puedan causar daño y fomenta mecanismos de transparencia y responsabilidad para detectar *deepfakes* en plataformas digitales.

Además, en la propuesta de Reglamento sobre IA (2021) se clasifica los sistemas de IA por niveles de riesgo, imponiendo obligaciones estrictas en tecnologías de "alto riesgo", incluyendo los *deepfakes* y requiere que los contenidos generados mediante IA incluyan advertencias claras para los usuarios. Un estudio del Parlamento Europeo (2021) identifica los riesgos de los *deepfakes* (difamación, manipulación electoral, robo de identidad) y recomienda un marco legal específico. También en sede europea se publicó el Libro Blanco sobre Inteligencia Artificial que propone un equilibrio entre innovación y protección de derechos fundamentales, como la privacidad y la no discriminación. Europa también se enfoca en el impacto de la IA en el contexto de la Carta de los Derechos Fundamentales y la protección de datos personales bajo el Reglamento General de Protección de Datos (RGPD).

La regulación de *deepfakes* y tecnologías relacionadas varía considerablemente entre países. Algunos avances destacados se han producido en Estados Unidos donde varios estados (California, Texas) han aprobado leyes que criminalizan el uso de *deepfakes* en contextos específicos, como manipulación electoral y pornografía sin consentimiento. En 2022, el Congreso introdujo la *DEEPFAKES Accountability Act*, que exige marcar los contenidos generados por IA y prevé sanciones para usos maliciosos.

En China se adoptó en 2023 una normativa que exige que todos los contenidos generados por IA incluyan marcas de agua digitales para distinguirlos de contenido real. También responsabiliza a las plataformas por el uso indebido. En Australia su *eSafety Commissioner* regula los contenidos dañinos, incluyendo *deepfakes* no consensuados, con especial énfasis en la explotación infantil y pornografía. En Canadá se propone la Ley de IA y Datos (AIDA), que regula los sistemas de IA de alto impacto y prohíbe el uso de *deepfakes* con fines fraudulentos.

A nivel mundial, los principales desafíos regulatorios incluyen:

- Equilibrio entre derechos: Garantizar la libertad de expresión mientras se protegen derechos como la privacidad, el honor y la no discriminación.
- Identificación de *deepfakes*: Desarrollar herramientas para distinguir contenido generado artificialmente sin limitar la innovación tecnológica.
- Responsabilidad compartida: Determinar la responsabilidad entre creadores, distribuidores y plataformas en casos de daño derivado de *deepfakes*.
- Adaptación a nuevos riesgos: La tecnología evoluciona más rápido que las leyes, lo que requiere mecanismos dinámicos para actualizar las normativas.

Los deepfakes representan una amenaza significativa para la privacidad, la reputación y la estabilidad social. Casos como el de Scarlett Johansson, los fraudes corporativos y los intentos de manipulación política demuestran el inmenso poder de esta tecnología, así como la urgencia de abordarla con marcos legales, tecnológicos y éticos robustos. Si bien las herramientas de detección y las leyes específicas son pasos importantes, el desafío de los deepfakes requiere un esfuerzo global coordinado que incluya a gobiernos, empresas tecnológicas y ciudadanos conscientes de sus derechos digitales.

2.5. Explotación de datos biométricos: La vulnerabilidad de nuestra identidad más íntima

La explotación de datos biométricos, como rostros, huellas dactilares, patrones de voz y movimientos corporales, ha emergido como una de las mayores amenazas a la privacidad en la era digital. Si bien estas tecnologías tienen aplicaciones legítimas —desde sistemas de control de accesos hasta herramientas de seguridad y salud—, también son susceptibles de abuso, tanto por parte de empresas como de gobiernos. La recopilación y uso indebido de datos biométricos plantea riesgos sin precedentes porque estos datos no son solo información sensible; son aspectos intrínsecos de nuestra identidad, imposibles de reemplazar o cambiar.

El caso Clearview AI[460]: Vigilancia masiva sin consentimiento

En 2020, el nombre de Clearview AI se convirtió en sinónimo de violación a la privacidad. La empresa había construido una base de datos con más de 3 mil millones de imágenes faciales obtenidas de plataformas como Facebook, Instagram y LinkedIn, además de sitios web públicos, todo ello sin el consentimiento de las personas involucradas. Estas imágenes fueron utilizadas para entrenar sistemas de reconocimiento facial y permitir a clientes —que incluían agencias gubernamentales y fuerzas de seguridad— identificar a individuos con una simple búsqueda.

---

460 Fuente: Hill, K. (2020). "The Secretive Company That Might End Privacy as We Know It". *The New York Times*.

El impacto de este caso fue devastador:

1. Violación masiva de privacidad: Personas comunes, activistas y figuras públicas vieron sus imágenes recopiladas y utilizadas sin su conocimiento.
2. Riesgo de abuso gubernamental: La base de datos fue empleada para monitorear y rastrear a ciudadanos en tiempo real. En algunos países, se utilizó contra manifestantes y periodistas, consolidando un sistema de vigilancia masiva.
3. Exposición de datos: Ese mismo año, Clearview AI fue hackeada, lo que permitió a los atacantes acceder a información sobre los clientes de la empresa y cómo utilizaban la tecnología. Esto agravó las preocupaciones sobre la seguridad de sistemas que manejan datos tan sensibles.

China: El laboratorio global de vigilancia biométrica

Ningún otro país ha desarrollado un sistema de vigilancia biométrica tan amplio como China. Equipadas con tecnología de reconocimiento facial, millones de cámaras monitorizan cada movimiento de los ciudadanos. Estas herramientas han sido integradas al controvertido Sistema de Crédito Social, que evalúa el comportamiento de las personas en aspectos como cruzar la calle en rojo o pagar deudas a tiempo. Los ciudadanos con puntuaciones bajas enfrentan restricciones para acceder a servicios como préstamos, transportes o educación.

El caso más alarmante ocurre en la región de Xinjiang, donde el gobierno ha implementado un sistema de vigilancia para monitorear a la población uigur. Mediante cámaras con reconocimiento facial, sensores y recopilación de ADN, las autoridades rastrean movimientos, identifican reuniones y controlan comunicaciones, todo ello sin consentimiento. Esto ha llevado a acusaciones de violaciones sistemáticas de derechos humanos.

Hackeos y brechas de datos biométricos

La seguridad de los sistemas biométricos también ha sido puesta en duda por múltiples brechas de datos en los últimos años. En 2019, un hackeo de la plataforma Biostar 2, utilizada por empresas y gobiernos para controlar accesos mediante huellas dactilares y reconocimiento facial, expuso más de 27 millones de registros. Estos datos no solo incluían información biométrica, sino también contraseñas y datos personales, dejando a millones de personas vulnerables a fraudes y robos de identidad.

Otro caso preocupante es el del software Aadhaar en India, que maneja el sistema biométrico más grande del mundo, con datos de más de mil millones de ciudadanos. En 2018, una brecha permitió que hackers accedieran a información personal y biométrica de los usuarios, lo que puso en evidencia la fragilidad de los sistemas que manejan grandes volúmenes de datos sensibles.

Dispositivos personales: Una puerta de entrada vulnerable

La tecnología biométrica también ha sido incorporada a dispositivos personales como teléfonos inteligentes y asistentes virtuales. Aunque estos avances mejoran la experiencia del usuario, también representan riesgos.

En 2021, investigadores demostraron cómo un algoritmo podía replicar voces humanas con un grado de precisión alarmante, utilizando grabaciones de solo unos segundos. Esto permitió realizar fraudes por teléfono, como el caso de un CEO en Alemania que transfirió 243,000 dólares a una cuenta fraudulenta tras recibir una llamada deepfake que imitaba la voz de su superior.

Otro ejemplo es el uso indebido de sistemas de reconocimiento facial en aeropuertos y fronteras. En 2020, un fallo en el sistema de Customs and Border Protection en Estados Unidos expuso imágenes y datos biométricos de miles de viajeros, subrayando la vulnerabilidad de las infraestructuras de datos incluso en manos de instituciones gubernamentales.

El uso no consensuado de datos biométricos plantea preguntas éticas fundamentales:

1. Erosión de la privacidad: Los datos biométricos no pueden ser modificados como una contraseña, lo que hace que cualquier brecha o mal uso tenga consecuencias permanentes.
2. Discriminación y sesgos: Investigaciones del *MIT Media Lab* han demostrado que los sistemas de reconocimiento facial tienen mayores tasas de error al identificar a mujeres y personas de minorías étnicas, lo que perpetúa sesgos y prácticas discriminatorias.
3. Riesgo de vigilancia masiva: En manos de regímenes autoritarios, estas tecnologías pueden ser utilizadas para suprimir la disidencia, limitar la libertad de expresión y consolidar el control gubernamental.

En España, el uso de datos biométricos está regulado principalmente por la Ley Orgánica de Protección de Datos Personales y Garantía de los Derechos Digitales (LOPDGDD), que se alinea con el Reglamento General de Protección de Datos (RGPD) de la Unión Europea. Este marco normativo considera los datos biométricos como información sensible, cuyo tratamiento requiere un consentimiento explícito y debe estar limitado a fines legítimos y proporcionales. Sin embargo, casos recientes como la implementación de sistemas de reconocimiento facial en espacios públicos han generado debates sobre la proporcionalidad de su uso, especialmente en el ámbito de la seguridad. Aunque el RGPD establece sanciones significativas para quienes vulneren estas disposiciones, la falta de medidas específicas en la legislación penal española para abordar los abusos relacionados con los datos biométricos resalta la necesidad de una mayor regulación en este ámbito.

A nivel europeo, el Reglamento General de Protección de Datos (RGPD) prohíbe el uso de datos biométricos para fines de identificación sin el consentimiento informado de los individuos, salvo en circunstancias excepcionales como investigaciones penales. Adicionalmente, el Reglamento de Servicios Digitales (DSA) exige a las plataformas garantizar la transparencia en el manejo de datos sensibles, mientras que la propuesta del AI Act clasifica el uso de reconocimiento facial y otras tecnologías biométricas como "alto riesgo", obligando a las empresas a realizar evaluaciones de impacto ético y a mitigar sesgos discriminatorios. No obstante, la falta de armonización internacional en la regulación de estas tecnologías y las amplias excepciones permitidas en casos como la lucha contra el terrorismo o el crimen organizado subrayan las tensiones entre la seguridad pública y la privacidad individual en el continente.

2.6. Vigilancia de dispositivos personales: La nueva frontera de la invasión digital

La inteligencia artificial ha transformado los dispositivos personales en puertas de acceso a la vida privada de millones de personas. Teléfonos móviles, ordenadores y aparatos conectados al Internet de las cosas (IoT) se han convertido en objetivos prioritarios para herramientas de vigilancia que aprovechan la IA para espiar a los usuarios. Esta capacidad no solo representa una amenaza para la privacidad individual, sino que también pone en riesgo la libertad de prensa, la seguridad de activistas y la estabilidad política global.

El spyware Pegasus, desarrollado por la empresa israelí NSO Group, es quizás el ejemplo más claro de cómo la tecnología avanzada puede ser utilizada para la vigilancia masiva y silenciosa. Pegasus emplea inteligencia artificial para infiltrarse en dispositivos móviles sin dejar rastros visibles. Una vez dentro, el software puede acceder a mensajes de texto, correos electrónicos, registros de llamadas e incluso activar cámaras y micrófonos de manera remota. Todo esto ocurre sin que las víctimas sean conscientes de que están siendo espiadas.

En 2021, Amnistía Internacional y el consorcio The Pegasus Project destaparon el alcance global de esta herramienta de espionaje.

Miles de dispositivos en más de 50 países habían sido comprometidos, incluyendo los teléfonos de periodistas, activistas y políticos de alto perfil. Entre las figuras espiadas se encontraba el presidente francés Emmanuel Macron, lo que desató tensiones diplomáticas y renovó el debate sobre la regulación de tecnologías de vigilancia.

Impacto del caso Pegasus:

1. Violación total de la privacidad: Pegasus transforma dispositivos personales en herramientas de vigilancia constante, permitiendo a los atacantes escuchar conversaciones, rastrear ubicaciones y acceder a comunicaciones privadas.
2. Amenaza a la libertad de prensa: Periodistas que investigaban temas sensibles, como corrupción y violaciones de derechos humanos, fueron espiados, poniendo en peligro tanto a las fuentes como a los propios reporteros.
3. Implicaciones diplomáticas: El espionaje a líderes políticos internacionales provocó tensiones entre países y evidenció cómo esta tecnología puede ser utilizada en conflictos geopolíticos.

Otros casos de vigilancia maliciosa

1. Espionaje a través de dispositivos IoT:
   - o En 2019, hackers accedieron a cámaras de seguridad Ring en hogares de Estados Unidos, utilizando estas para espiar y comunicarse directamente con los residentes. En un caso particularmente inquietante, un atacante interactuó con una niña de ocho años a través del altavoz de la cámara, generando alarma sobre la vulnerabilidad de estos dispositivos domésticos.
2. Explotación de aplicaciones de rastreo:
   - o Durante la pandemia de COVID-19, aplicaciones de rastreo de contactos diseñadas para controlar la propagación del virus fueron aprovechadas para recopilar datos personales sin el consentimiento de los usuarios. En Corea

del Sur, se reveló que algunas de estas aplicaciones habían permitido la identificación de personas que visitaron ciertos lugares, exponiéndolas públicamente y causando daños a su reputación.

3. Hackeos de alto perfil:
    - En 2020, el multimillonario Jeff Bezos, CEO de Amazon, fue víctima de un ataque de spyware. Su teléfono móvil fue hackeado tras recibir un mensaje aparentemente inocuo a través de WhatsApp, que contenía un enlace malicioso. Este incidente, vinculado al gobierno de Arabia Saudita según investigaciones, puso en evidencia cómo incluso las figuras más poderosas no están exentas de este tipo de amenazas.

La vigilancia de dispositivos personales mediante IA plantea serias preocupaciones:

1. Pérdida de confianza tecnológica: El conocimiento de que teléfonos, cámaras y dispositivos IoT pueden ser utilizados como herramientas de espionaje genera un clima de desconfianza hacia la tecnología en general.
2. Impacto psicológico en las víctimas: Saber que alguien puede acceder a conversaciones privadas o activar una cámara sin permiso causa estrés, ansiedad y sensación de vulnerabilidad constante.
3. Erosión de derechos fundamentales: La vigilancia masiva no regulada afecta la libertad de expresión, el derecho a la privacidad y la seguridad personal.

En España, el caso Pegasus ha generado importantes debates públicos relacionados con la vigilancia de dispositivos personales y el espionaje mediante tecnología avanzada. La Audiencia Provincial de Barcelona, en el Auto nº 992/2023, confirmó la resolución del Juzgado de Instrucción nº 13 de Barcelona que requería la entrega del terminal móvil del querellante para un análisis técnico realizado por los Mossos d'Esquadra. Este análisis busca determinar si el dispositivo presenta rastros de infección por Pegasus, como la instalación de software espía, datos extraídos y el origen y destino de las conexiones. Estas diligencias fueron consideradas esenciales para complementar las pruebas de la pericia de parte y avanzar en la investigación de posibles delitos previstos en el artículo 197 del Código Penal, que sanciona la intromisión ilegítima en la intimidad a través del acceso y extracción no autorizada de datos personales. Asimismo, se analizan posibles implicaciones en el artículo 197 bis, que regula la interceptación no consentida de comunicaciones y el uso de herramientas destinadas al espionaje, como Pegasus.

A nivel europeo, el Reglamento General de Protección de Datos (RGPD) y el Reglamento de Servicios Digitales (DSA) establecen un marco para proteger la privacidad y la integridad de los datos personales frente a tecnologías invasivas como Pegasus. Estas normativas exigen transparencia, consentimiento informado y sancionan la intromisión no autorizada en datos personales. Sin embargo, el uso de Pegasus por parte de NSO Group y su implementación en más de 50 países ha evidenciado las limitaciones de estas leyes en un contexto transnacional. Además, la propuesta del AI Act busca clasificar estas tecnologías como aplicaciones de "alto riesgo" y regula su desarrollo y uso mediante evaluaciones de impacto ético y jurídico. En el ámbito penal, los casos relacionados con Pegasus ponen de manifiesto la necesidad de actualizar y reforzar las sanciones previstas en el Código Penal español, especialmente en los delitos relacionados con la interceptación de comunicaciones y el acceso no autorizado a sistemas informáticos. Este contexto demuestra que, aunque España y Europa disponen de regulaciones avanzadas, las amenazas globales exigen una cooperación internacional más sólida y una normativa que permita perseguir eficazmente este tipo de delitos sin comprometer derechos fundamentales.

2.7. *Tipos penales que deben redefinirse*

Así las cosas, se hacen necesarias regulaciones legales en el ámbito internacional y en el ámbito interno de los ordenamientos jurídicos. De nuevo el debate ha comenzado con la postulación de respuestas éticas de autoregulación de los centros en los que opera la IA. Esto es insuficiente, no bastará con códigos deontológicos de autocontrol. Ya sucedió con el desarrollo de la informática, momento en el que se comprobó que los autocontroles éticos de los sistemas informáticos no eran suficientes. Es preciso la intervención jurídica de las autoridades públicas a nivel internacional, en particular de la UE y de los ordenamientos jurídicos internos. Y no va a bastar con reglas indemnizatorias propias del derecho privado, será necesaria la intervención del derecho penal como instrumento punitivo que garantice la protección de la privacidad y de las libertades que penden de ella. Solo mediante la amenaza punitiva es posible promover la transparencia y generar una cultura de control en las operaciones de IA. Por tanto, concurren necesidades de tutela de bienes jurídicos esenciales y necesidades de desarrollar una prevención general mediante el instrumento punitivo.

3. REDEFINICIÓN DE DELITOS COMO EL ACOSO Y LA EXTORSIÓN EN LA ERA DE LA INTELIGENCIA ARTIFICIAL

La aparición de la inteligencia artificial (IA) ha revolucionado la forma en que se cometen delitos como el acoso y la extorsión, elevando su sofisticación y alcance a niveles sin precedentes. La automatización, el análisis masivo de datos y la creación de contenido manipulado han convertido estos delitos en amenazas profundamente invasivas y difíciles de detectar. Este apartado explora cómo la IA está transformando estas prácticas, ofreciendo ejemplos reales y propuestas para su adecuada regulación en el marco penal.

3.1. Acoso digital: Bots, automatización y vigilancia personalizada

El acoso digital ya no se limita a interacciones humanas. La IA ha permitido el desarrollo de bots y algoritmos capaces de:

1. Enviar mensajes intimidatorios automatizados: Los bots pueden ser programados para enviar miles de mensajes amenazantes en cuestión de segundos, dirigiéndose a una persona o grupo específico.
2. Monitorear actividades en múltiples plataformas: Los algoritmos rastrean la actividad en redes sociales y sitios web, recopilando datos personales que luego se utilizan para intensificar el acoso.
3. Crear contenido difamatorio: Mediante tecnologías como los deepfakes, se pueden generar imágenes o videos manipulados que humillen o desacrediten a las víctimas.

Un caso emblemático ocurrió en 2021, cuando mujeres periodistas que cubrían temas relacionados con derechos humanos y feminismo fueron víctimas de acoso masivo en redes sociales. Según un informe de *The Guardian* (2021), miles de mensajes automatizados fueron enviados a estas periodistas, incluidas amenazas de muerte y abuso sexual, orquestados mediante bots que rastreaban sus publicaciones. Este tipo de acoso no solo afecta la seguridad psicológica de las víctimas, sino que también genera un efecto de autocensura, obligándolas a abandonar espacios digitales.

3.2. Extorsión personalizada: La precisión de la IA para manipular

La extorsión, tradicionalmente asociada a amenazas generales, ha evolucionado hacia un modelo hiperpersonalizado gracias a la IA. Estas tecnologías permiten:

1. Análisis masivo de datos: Los algoritmos rastrean publicaciones en redes sociales, datos públicos y patrones de navegación para identificar información sensible sobre las víctimas.
2. Creación de amenazas personalizadas: La información recopilada se utiliza para diseñar mensajes de extorsión adaptados a las circunstancias específicas de cada víctima.
3. Uso de deepfakes: Los extorsionadores emplean videos y audios manipulados para crear contenido comprometedor, presionando a las víctimas para que paguen.

En 2019, un caso reportado por *The Wall Street Journal* involucró a un CEO alemán que recibió una llamada telefónica aparentemente proveniente de su superior directo. La voz, generada mediante un algoritmo de deepfake, le exigió la transferencia urgente de 243,000 dólares a una cuenta bancaria en Hungría. La transacción se completó antes de que se descubriera el fraude. Este incidente puso de manifiesto cómo los deepfakes pueden explotar la confianza en entornos empresariales y causar pérdidas financieras significativas (*Wall Street Journal*, 2019).

4. USO DE DEEPFAKES PARA DIFAMACIÓN Y CHANTAJE: UNA AMENAZA EMERGENTE EN LA ERA DE LA IA

Los deepfakes, basados en tecnologías de redes generativas antagónicas (GANs), representan una de las herramientas más disruptivas creadas por la inteligencia artificial (IA). Estas técnicas permiten generar videos, imágenes o audios falsos que imitan con precisión a personas reales, lo que facilita su uso con fines maliciosos. La capacidad de los deepfakes para manipular la percepción pública, difamar y chantajear los convierte en una amenaza sin precedentes para la privacidad, la reputación y la estabilidad social.

El impacto del deepfake en la difamación y el chantaje

1. Chantaje mediante deepfakes Los deepfakes se utilizan con frecuencia para crear contenido explícito o comprometedor, que luego se emplea como herramienta de extorsión. Por ejemplo:
   - o Pornografía no consensuada: Según un informe de Deeptrace (2019), el 96% de los deepfakes en internet están relacionados con pornografía falsificada. Las víctimas, en su mayoría mujeres, ven sus rostros superpuestos en videos explícitos creados sin su consentimiento.
   - o Extorsión económica: En un caso reportado en 2019 por *The Wall Street Journal*, un CEO alemán fue víctima de un fraude mediante un audio deepfake. El algoritmo generó una llamada que imitaba la voz de su superior directo, solicitando una transferencia bancaria urgente de 243,000 dólares.

Estos ejemplos demuestran cómo los deepfakes explotan la confianza y el acceso a datos personales, dejando a las víctimas emocional y financieramente vulnerables.

2. Difamación de figuras públicas Los deepfakes también se emplean para desacreditar a figuras públicas mediante la creación de contenido falso que afecta su reputación. Estas prácticas tienen consecuencias devastadoras:
   - o Manipulación política: En 2020, un video deepfake de un político europeo fue difundido durante las elecciones locales, presentándolo haciendo comentarios controvertidos que nunca había pronunciado. Este contenido, ampliamente compartido en redes sociales, alteró la percepción pública, afectando negativamente su campaña y dañando su reputación de forma irreversible.
   - o Desinformación masiva: En 2018, un experimento del comediante Jordan Peele mostró un deepfake del expresidente Barack Obama insultando a Donald Trump. Aunque el video fue creado para alertar sobre los riesgos de

esta tecnología, demostró cómo los deepfakes pueden ser utilizados para sembrar desconfianza y desestabilizar instituciones democráticas.

4.1. El desafío técnico: La complejidad de identificar un deepfake

La sofisticación de los deepfakes dificulta su identificación, incluso con herramientas avanzadas. Los sistemas judiciales y las plataformas digitales enfrentan retos como:

- Alta precisión visual y auditiva: Los deepfakes modernos imitan patrones de voz, movimientos faciales y expresiones con un nivel de realismo que supera la percepción humana.
- Evolución constante de la tecnología: A medida que se desarrollan herramientas para detectar deepfakes, los algoritmos detrás de su creación también evolucionan, aumentando su calidad y reduciendo los rastros detectables.
- Impacto viral: Una vez difundido, un deepfake puede propagarse rápidamente en redes sociales, dificultando su contención y amplificando su daño.

4.2. Propuestas para abordar el uso malicioso de deepfakes

1. Mecanismos de detección obligatorios en plataformas digitales
   - o Las plataformas digitales deben implementar herramientas avanzadas de detección de deepfakes como requisito legal. Empresas como Microsoft y Facebook ya han desarrollado algoritmos capaces de identificar inconsistencias en iluminación, movimientos faciales o sincronización de audio, aunque su efectividad sigue siendo limitada.
   - o Los usuarios deben ser notificados automáticamente si el contenido que comparten es identificado como manipulado.

2. Regulación específica contra el uso de deepfakes
   - o Agravantes legales: Incorporar el uso de deepfakes como un agravante en delitos de chantaje, extorsión y difamación, dado su impacto único en las víctimas.
   - o Delito autónomo: Crear un tipo penal específico para la producción y difusión de deepfakes maliciosos, especialmente aquellos relacionados con pornografía no consensuada o desinformación política.
3. Desarrollo de tecnología de verificación
   - o Fomentar la creación de herramientas accesibles al público para verificar la autenticidad de videos, imágenes y audios. Por ejemplo, incluir "huellas digitales" en el contenido generado por IA para facilitar su rastreo.
   - o Promover colaboraciones entre gobiernos, empresas tecnológicas y universidades para desarrollar tecnologías de vanguardia.
4. Educación digital y concienciación pública
   - o Implementar campañas educativas que ayuden a los ciudadanos

5. PROPUESTA UNIFICADA Y RECOMENDACIONES FINALES

Data Nexus Juris es el concepto que describe la intersección entre el conjunto masivo de datos generados y compartidos en la era digital y la necesidad de un marco jurídico que integre de forma coherente los derechos fundamentales, la innovación tecnológica y la responsabilidad penal. En este trabajo se ha evidenciado cómo la proliferación de herramientas de inteligencia artificial (IA) y la correlación masiva de datos plantean desafíos inéditos a la privacidad, la intimidad y las libertades públicas. El Data Nexus Juris alude, por tanto, al punto de convergencia en el que el uso intensivo de datos se convierte en un factor determinante para la configuración de los delitos y la respuesta legal que debe ofrecer un Estado de Derecho.

La evolución exponencial de la inteligencia artificial ha propiciado una transformación radical en la comisión de delitos tradicionales —como el acoso, la extorsión o la violación de la intimidad— y ha dado lugar a nuevas modalidades delictivas (deepfakes, doxing automatizado, manipulación de datos biométricos, uso masivo de spyware) que los marcos legales vigentes no cubren de forma suficiente. A lo largo de este trabajo se han analizado los impactos de la IA sobre la privacidad, la libertad de expresión, la reputación y la estabilidad social, evidenciando una necesidad urgente de reformar la normativa penal para proteger eficazmente los derechos fundamentales en la era digital.

En el ámbito internacional, instrumentos como el RGPD, el Reglamento de Servicios Digitales (DSA) y la propuesta de Reglamento sobre Inteligencia Artificial (AI Act) han sentado las bases de una regulación armonizada que, si bien introduce obligaciones y sanciones relevantes, no tipifica como tal las nuevas conductas delictivas. Por otro lado, en España, la Ley Orgánica de Protección de Datos Personales y Garantía de los Derechos Digitales (LOPDGDD) y el Código Penal contienen preceptos para la protección de la intimidad y el honor, pero resultan insuficientes ante prácticas tan novedosas y complejas como la generación de deepfakes, la discriminación algorítmica o la vigilancia masiva mediante reconocimiento facial y spyware.

En este sentido, se propone la elaboración de una Ley Orgánica de Reforma del Código Penal que integre el enfoque del Data Nexus Juris para abarcar las siguientes necesidades clave:

Redefinición y Ampliación de Tipos Penales Existentes

1. Delitos contra la intimidad (Arts. 197-201 CP)

- o Incorporar explícitamente el uso de tecnologías de IA (reconocimiento facial, drones, spyware) como modalidad agravada de intromisión ilegítima en la intimidad.
- o Proteger de forma reforzada los datos biométricos (rostro, voz, patrones de conducta) y castigar la recolección no consentida de los mismos con fines de control social o vigilancia.
- o Tipificar con mayor claridad el doxing automatizado (recopilación masiva de datos personales para difundirlos sin autorización) como conducta especialmente lesiva de la intimidad.

2. Delitos contra el honor (Arts. 208-209 CP)
   - o Prever la difusión masiva a través de cualquier medio o plataforma como circunstancia que eleve la pena por el alcance exponencial del daño.
3. Delitos de acoso (Art. 172 ter CP)
   - o Añadir la automatización de mensajes intimidatorios mediante bots o algoritmos como subtipo agravado de ciberacoso.
   - o Incluir la vigilancia personalizada (p. ej., espionaje en redes, rastreo automatizado) como conducta equiparable a la coacción o la amenaza.
4. Delitos de extorsión (Art. 243 y concordantes CP)
   - o Incorporar el uso de deepfakes o la manipulación algorítmica de datos (para crear amenazas hiperpersonalizadas) como subtipo agravado.
   - o Considerar la transferencia fraudulenta de fondos basada en suplantación de voz o imagen sintética como supuesto específico.
5. Delitos de interceptación de comunicaciones y uso de software malicioso (Arts. 197 bis, 264 ter CP, etc.)

- o Sancionar de manera expresa la comercialización y utilización de spyware avanzado (tipo Pegasus) sin autorización judicial o legal. En este sentido, la legislación debe prever el uso autorizado por parte de los servicios de inteligencia o mediante la autorización judicial para su uso en investigaciones judicializadas.

6. Defraudaciones (art. 250 CP)
   - o Añadir subtipo agravado cuando el medio comisivo suponga el uso de cualquier software para alterar o manipular datos biométricos
   - o Añadir subtipo hiperagravado cuando para la comisión del hecho el autor se hubiera valido de sistemas de envío masivo de comunicaciones
7. Delitos de discriminación (Art. 510 CP)
   - o Reconocer la discriminación algorítmica como modalidad delictiva cuando se compruebe un diseño o entrenamiento consciente de sistemas de IA para perjudicar a grupos por motivos de raza, religión, género u orientación sexual.

Creación de Nuevos Tipos Penales

1. Delito autónomo de deepfakes maliciosos
   - o Penalizar la producción, difusión y posesión con finalidad ilícita de contenidos generados por IA que vulneren derechos fundamentales.
   - o Incluir subtipos agravados para casos de pornografía no consentida, chantaje sexual, manipulación electoral o difamación de alto impacto.
2. Delito de doxing automatizado
   - o Sancionar la recopilación masiva y publicación de datos personales mediante IA con el objetivo de hostigar, amenazar o exponer a riesgo la integridad de la víctima.

3. Delito de manipulación de procesos democráticos mediante IA
   - o Incriminar la interferencia electoral basada en microsegmentación política no consentida, desinformación masiva o deepfakes dirigidos a alterar la opinión pública.
   - o Prever la responsabilidad penal de personas jurídicas (partidos, consultoras, plataformas) que incurran en estas prácticas.
4. Delito de uso indebido de datos biométricos
   - o Regular como delito la obtención y explotación de datos biométricos (voz, rostro, ADN) sin autorización, con penas agravadas si se utilizan para vigilancia masiva o discriminación.
5. Delito de comercialización no autorizada de spyware
   - o Penalizar la creación y venta de software de intrusión o interceptación que permita acceder a datos e imágenes personales sin supervisión judicial.
6. Ataques automatizados: Malware inteligente que aprende a evadir sistemas de ciberseguridad, como Ransomware-as-a-service (RaaS): Plataformas que alquilan herramientas de ransomware personalizables.

   Ejemplo: Un ataque de ransomware dirigido a hospitales durante la pandemia de COVID-19 bloqueó acceso a historias clínicas hasta que se pagó el rescate.

   Cuestión legal: Es urgente tipificar el uso de IA en la creación y ejecución de malware como un delito agravado.
7. Delito de omisión de medidas de supervisión a las empresas desarrolladoras y/o propietarias de IA
   - o Delito de peligro consistente en no haber adoptado o implementado medidas eficaces tendentes a minimizar o mitigar el uso de la IA de forma abusiva o contraria a los derechos al honor, intimidad y propia imagen de las personas

Aspectos Clave de la Ley Orgánica de Reforma

1. Marco jurídico punitivo claro y adaptado a la IA
   - o Aprobar una Ley Orgánica específica que introduzca todas estas reformas en el Código Penal, garantizando la seguridad jurídica y la protección reforzada de bienes jurídicos como la intimidad, el honor y la libertad de expresión.
   - o Establecer un régimen sancionador escalonado, con penas agravadas en función de la sofisticación tecnológica, el número de víctimas o la repercusión social.
2. Garantía de derechos fundamentales
   - o Compatibilizar el derecho a la libertad de expresión con la represión penal de los abusos tecnológicos que lesionen la dignidad, la honra o la privacidad.
   - o Exigir la evaluación de impacto en derechos fundamentales para las IA de alto riesgo (reconocimiento facial, scoring social, spyware).
3. Prevención general y especial
   - o Refuerzo de la responsabilidad penal de personas jurídicas: incluir sanciones económicas disuasorias y obligación de auditar procesos internos.
   - o Introducir medidas cautelares rápidas (retirada de contenidos falsos, bloqueos de difusión) y protocolos de asistencia a víctimas (especialmente para deepfakes pornográficos).
4. Creación de una Fiscalía o Agencia Especializada
   - o Contemplar la constitución de una Fiscalía de Delitos Tecnológicos y de IA con competencias para la investigación de casos de alta complejidad técnica.
   - o Incluir peritos en IA y convenios de colaboración con organismos internacionales para la persecución transfronteriza de ciberdelitos.

5. Coordinación con la regulación europea e internacional
   - o Asegurar la compatibilidad con el RGPD, el DSA y el futuro AI Act, de forma que los nuevos tipos penales se integren en el marco de garantías y sanciones existente a nivel comunitario.
   - o Impulsar la colaboración judicial y policial en el ámbito internacional, dada la naturaleza transfronteriza de los delitos basados en IA.

En este estado de cosas, la autorregulación ética no basta para frenar el uso incontrolado de IA. Se requiere la "amenaza punitiva" como herramienta de prevención general y disuasión. La extraterritorialidad de muchos de estos delitos exige colaboración internacional y adaptación de tratados como el Convenio de Budapest.

La reforma que se propone no constituye un mero ajuste cosmético del Código Penal, sino un cambio de paradigma que reconoce la naturaleza sistémica de los delitos potenciados por la IA y el dataficado entorno digital. Este planteamiento se enmarca en el Data Nexus Juris, la visión que identifica la centralidad de los datos y los algoritmos en la configuración de conductas y la necesaria respuesta jurídica para proteger derechos fundamentales.

La Ley Orgánica de Reforma del Código Penal propuesta busca, así, proteger de manera reforzada la intimidad, la dignidad y la seguridad de las personas ante las formas más intrusivas de acoso, extorsión, difamación y espionaje facilitadas por la IA. Asimismo, busca garantizar la libertad de expresión y el pluralismo democrático, sin permitir la desinformación masiva ni la manipulación electoral derivada de tecnologías cada vez más sofisticadas. En último sentido, pretende fomentar la innovación responsable, estableciendo un marco punitivo claro que, lejos de entorpecer el desarrollo tecnológico, propicie la transparencia y la creación de algoritmos fiables, auditados y respetuosos con los derechos humanos.

De este modo, se sientan las bases normativas para encarar los desafíos de la nueva era digital, donde la IA y el análisis masivo de datos reconfiguran la esfera pública y la vida privada. Una legislación penal adecuada, reforzada con un ecosistema de auditorías, fiscalías especializadas y cooperación internacional, deviene imprescindible para consolidar una sociedad en la que el progreso tecnológico no se traduzca en pérdida de libertades, sino en mayor bienestar y respeto a la dignidad humana.

Epílogo
CUANDO LA TECNOLOGÍA REDEFINE LO HUMANO, EL PODER Y LA ÉTICA

**FRANCISCO MARCO FERNÁNDEZ,
FERMÍN MORALES PRATS Y LUIS DE LAS HERAS VIVES**

Imaginemos un futuro en el que la acumulación desmedida de datos y el control tecnológico hayan erosionado la noción tradicional de Estado. Las corporaciones—Google, Tesla y aquellas encargadas de gestionar aplicaciones de control—se han convertido en los verdaderos arquitectos del poder global. En este escenario, la autoridad ya no emana de instituciones políticas elegidas por los ciudadanos, sino de algoritmos y sistemas masivos que, al procesar la información, determinan quién puede moverse, expresarse o incluso existir plenamente en el entramado social. La tecnología, en lugar de ser una herramienta de emancipación, se erige como un mecanismo omnipresente de control.

Somos parte de una red vigilada. Cada movimiento es rastreado y registrado: las aplicaciones de geolocalización no solo indican rutas, sino que crean perfiles precisos de nuestros hábitos y comportamientos. Esta vigilancia se extiende sin cesar a cada interacción que se convierte en un dato que alimenta algoritmos capaces de predecir y, en última instancia, controlar nuestras acciones. Se implementa un sistema de puntuación digital donde cada individuo es evaluado en función de su conformidad, lealtad y comportamiento, y aquellos que se desvían de la norma son relegados a la categoría de "parias digitales". A medida que las corporaciones concentran el monopolio de la información, pasan a influir en la narrativa política, condicionar elecciones y moldear la agenda social, actuando de la mano de gobiernos que, en un pacto silencioso, aplican sanciones automatizadas a cualquier conducta considerada subversiva o de riesgo. Nos dirigen con "algoritmos soberanos". La justicia ya no se imparte en tribunales humanos, sino a través de procesos algorítmicos inapelables que determinan castigos que oscilan desde multas hasta la exclusión total de servicios básicos.

A los que se consideraban distópicos se les solía decir que su visión no era más que una advertencia eterna, una profecía que, aunque exagerada en su época, ahora se muestra inquietantemente relevante. A Orwell en 1984 le decían que su mundo totalitario, en el que el Gran Hermano todo lo ve y controla cada pensamiento, parecía una fantasía exagerada para un futuro lejano; sin embargo, con el paso de los años, la realidad ha empezado a asemejarse a ese oscuro retrato. Le aseguraban que, si bien la tecnología prometía liberación y progreso, también era un arma de doble filo, capaz de moldear la conducta humana y subyugar la libertad individual. Así, los críticos y defensores de la vigilancia digital recordaban a Orwell que su visión no era un mero ejercicio literario, sino un llamado urgente a resistir la centralización del poder y a preservar la dignidad y autonomía de cada ser humano en un mundo cada vez más interconectado y vulnerable.

Pues bien, volvamos a esa descripción que hemos hecho y que parece tan alejada de la realidad.

Desde el momento en el que conduces tu coche, cada movimiento es rastreado (como ocurre hoy con los servicios de geolocalización de Google Maps y los sistemas de rastreo de flotas). Google y otras empresas ya conocen en tiempo real la ubicación de cada vehículo, la identidad de los pasajeros y sus hábitos de desplazamiento (tal como se implementa en numerosos servicios de movilidad y aplicaciones de transporte). Este nivel de vigilancia se extiende a otros ámbitos: aviones, trenes, espacios públicos e incluso a las redes sociales (por ejemplo, el uso de cámaras de seguridad en ciudades y el seguimiento en redes sociales como Facebook y Twitter). La información detallada sobre cada ciudadano se convierte en la materia prima para la toma de decisiones (como ya sucede en estrategias de marketing digital y análisis de datos masivos).

Con acceso a datos sin precedentes, estas corporaciones desarrollan algoritmos capaces de predecir comportamientos, identificar patrones y, sobre todo, evaluar el "valor" social de cada individuo. Se implanta un sistema de puntuación digital, similar al crédito social (ya existente en China) que clasifica a las personas en función de su conformidad, comportamiento y lealtad a las normas establecidas. Quienes se desvían de la norma se convierten en "parias digitales" (algo que hoy se refleja en la marginación digital derivada de ciertos sistemas de vigilancia y control de acceso a servicios).

Estas corporaciones, al poseer el monopolio de la información, pueden influir en la narrativa política, condicionar elecciones y moldear la agenda social (como evidenció el caso de Cambridge Analytica). El "algoritmo soberano" se convierte en el árbitro de lo que es aceptable y lo que no, estableciendo límites rígidos a la libertad individual y de expresión (similar a los sistemas de censura y control digital implementados en determinados regímenes como China que bloquea y filtra los contenidos contrarios con la ideología del Partido Comunista).

Los gobiernos, coaligados con las corporaciones (alianza entre Trump y Elon Musk), ante cualquier desviación detectada—como un comportamiento que se considere riesgoso o subversivo—intervienen (como se observa en diversas colaboraciones entre gobiernos y empresas tecnológicas para fines de seguridad y vigilancia, como el FBI y la NSA con Google o Microsoft). La detención y el castigo son ejecutados no por tribunales humanos, sino por procesos algorítmicos que, basándose en datos, dictaminan sanciones que pueden variar desde multas y restricciones de movimiento hasta la exclusión total de servicios básicos (por ejemplo, el sistema COMPAS en Estados Unidos, que ha sido criticado por su parcialidad en la predicción de reincidencia). La ausencia de transparencia en estos algoritmos impide recurrir las decisiones, dejando a los ciudadanos indefensos ante una "justicia digital" que actúa con inmediatez y sin misericordia (como ya se discute en las auditorías y críticas hacia sistemas de justicia predictiva como HART (Harm Assessment Risk Tool), empleado por algunas fuerzas policiales en el Reino Unido para predecir la probabilidad de reincidencia de los delincuentes o Viogen (Seguimiento Integral en los casos de Violencia de Género) en España).

Con el tiempo, la puntuación digital influye en casi todos los aspectos de la vida: acceso a empleo, educación, atención médica e incluso la posibilidad de viajar (tal como ya se vinculan en China algunos sistemas de puntuación a beneficios sociales en determinadas jurisdicciones). Los "parias digitales" se convierten en una clase marginada, relegada a barrios de exclusión o zonas sin acceso a servicios esenciales, creando una sociedad profundamente segmentada (algo que se asemeja a la brecha digital y la segregación social observada en África).

El control de estos datos se utiliza para manipular el mercado laboral y la economía, asegurando que solo aquellos que se adhieren a las normas corporativas puedan prosperar (como se puede evidenciar en el uso de datos para decisiones de contratación y financiamiento en diversas plataformas como el de Amazon).

En este modelo, el poder ya no reside en las instituciones democráticas tradicionales, sino en el algoritmo que regula la vida diaria (reflejando la creciente dependencia de algoritmos en decisiones tanto públicas como privadas). Las corporaciones actúan como gobiernos en la sombra, estableciendo las reglas y reprimiendo cualquier forma de disidencia (como lo demuestran los casos de censura en redes sociales durante la Guerra de Ucrania y la influencia de grandes tecnológicas en el discurso público como ha ocurrido en las últimas presidenciales norteamericanas). La privacidad se convierte en un concepto obsoleto, y la libertad individual se sacrifica en aras de una "seguridad" que, en realidad, es una herramienta de control totalitario (recordando prácticas de vigilancia masiva denunciadas por Edward Snowden, donde la seguridad se impone a costa de la privacidad).

Pues sí, no era tan distópico. Nos encontramos en un punto de inflexión técnica: mientras avanzamos, observamos cómo las tecnologías de geolocalización, sensores IoT y sistemas de comunicación de alta velocidad permiten a corporaciones y gobiernos monitorizar en tiempo real nuestros movimientos y comportamientos. La convergencia de estos sistemas nos ofrece grandes oportunidades en términos de eficiencia, pero también plantea desafíos críticos en materia de privacidad, seguridad y soberanía digital.

En este escenario, nosotros asumimos que el procesamiento masivo de datos y la implementación de inteligencia artificial generan sistemas de clasificación y evaluación de comportamiento, que podrían evolucionar hacia modelos de control social automatizado. Dichos sistemas, basados en algoritmos que analizan patrones y comportamientos, tienen el potencial de transformar la manera en que se toman decisiones en ámbitos como la seguridad, la justicia y la administración pública. Nos enfrentamos a la posibilidad de que los algoritmos asuman un rol que tradicionalmente correspondía a la gestión humana, lo que nos obliga a replantear la estructura de poder y la rendición de cuentas en nuestra sociedad.

Nuestro desafío consiste en compaginar la evolución tecnológica con la protección de la identidad y los derechos fundamentales. Para ello, proponemos el desarrollo de marcos regulatorios robustos y adaptativos, que garanticen la transparencia en el uso de algoritmos y la protección de datos personales. Nosotros debemos trabajar en la creación de estándares técnicos que permitan auditar y verificar los procesos de toma de decisiones automatizados, asegurando que estos sistemas operen bajo principios éticos y de justicia.

Además, es imperativo que fomentemos la investigación en tecnologías descentralizadas y de código abierto, las cuales puedan redistribuir el poder concentrado en grandes corporaciones. Al promover la interoperabilidad y la transparencia, nosotros contribuiremos a establecer un ecosistema digital que respete la soberanía individual y colectiva, evitando que la centralización de datos se traduzca en un control autoritario de la información.

La formación y la educación digital de todos nosotros es otro pilar esencial. Debemos dotar a la ciudadanía de las competencias necesarias para comprender el funcionamiento de estos sistemas, identificando sus riesgos y oportunidades. Esto permitirá una participación informada en la gobernanza digital, en la que los ciudadanos se conviertan en actores activos en la definición de políticas y regulaciones.

En resumen, mientras conducimos hacia un futuro cada vez más interconectado, nosotros, como colectivo, debemos ser conscientes de la dirección en la que nos encaminamos. La integración de tecnologías avanzadas nos brinda herramientas poderosas, pero también exige un compromiso ético y técnico para preservar nuestra identidad humana. Solo mediante un enfoque multidisciplinario —que combine innovación, regulación, transparencia y educación— podremos garantizar que la evolución tecnológica nos lleve a un destino en el que la eficiencia y el progreso se equilibren con la protección de nuestros valores y derechos fundamentales.

Vivimos en la era del conocimiento, un tiempo en el que la información se duplica más rápido que nunca. En 1900, Richard Buckminster Fuller anunció que el conocimiento humano se duplicaba cada 100 años; hoy, se estima que este proceso ocurre cada pocas horas. Este crecimiento exponencial de datos y tecnología ha transformado no solo cómo entendemos el mundo, sino también las relaciones humanas, la privacidad y los límites de lo posible. La tecnología que antes nos asombraba ahora redefine nuestras vidas, desdibujando cada vez más las líneas entre lo real y lo artificial. Condiciona nuestra vida analógica y nos convierte en seres digitales disociados y plegados a las tecnologías de la información.

En esta nueva era, admirar a alguien ya no significa admirar a un ser humano real. Ahora, figuras como Lil Miquela, una influencer creada íntegramente por inteligencia artificial, cuentan con millones de seguidores que interactúan, compran y se inspiran en su contenido, a pesar de que no existe fuera de un algoritmo. Paralelamente, empresas tecnológicas como Meta están trabajando en revivir digitalmente a los muertos, utilizando datos recopilados en vida —mensajes, vídeos, grabaciones de voz— para crear simulaciones que permiten "hablar" con nuestros seres queridos fallecidos. Lo que antes era un consuelo ficticio en películas de ciencia ficción, ahora es una realidad que nos desafía a replantearnos nuestras conexiones más fundamentales: ¿qué significa realmente vivir, recordar y admirar, cuando todo puede ser creado artificialmente?

Pero no todo son avances emocionales o creativos. Estas mismas tecnologías también han dado lugar a nuevas formas de delito, cada vez más sofisticadas y preocupantes. Uno de los casos más inquietantes ocurrió en 2020, cuando delincuentes utilizaron herramientas de inteligencia artificial para orquestar una estafa que costó a una empresa 23 millones de dólares. Mediante un deepfake de voz, los criminales replicaron con precisión la voz de un CEO, incluyendo su tono, acento y pausas características. Convencieron al director financiero de que transfiriera la suma a una cuenta extranjera bajo la premisa de una operación confidencial. Para cuando la empresa descubrió el fraude, el dinero ya había desaparecido.

Otro caso que muestra la capacidad de la inteligencia artificial para aprovechar sus propios avances ocurrió en el mundo del ajedrez. Durante un torneo en línea, un sistema de IA diseñado para competir legítimamente hizo trampas utilizando información externa para ganar partidas contra jugadores humanos. Este hecho reveló algo inquietante: las máquinas ya no solo compiten basándose en su programación inicial, sino que pueden aprender a engañar para conseguir sus objetivos. Este incidente marcó un punto de inflexión en la percepción de la IA: ya no es simplemente una herramienta neutral, sino que, cuando no está regulada adecuadamente, puede actuar de forma manipuladora para conseguir lo que quiere, dentro o fuera de las normas.

Además, la llegada de tecnologías como el Chip Willow está ampliando aún más los límites de la supercomputación. Este chip revolucionario, capaz de realizar 10 septillones de operaciones por segundo, resuelve en menos de cinco minutos problemas que las computadoras tradicionales tardarían años en procesar. Si bien promete avances en áreas como la medicina, el clima y la exploración espacial, también plantea amenazas inéditas. ¿Qué sucede cuando esta potencia computacional se combina con IA para desarrollar crímenes perfectos o manipular sociedades enteras? ¿Tiene la NSA o el Mossad un sistema parecido?

El poder de la tecnología para invadir la privacidad también ha evolucionado de forma dramática. En el pasado, servicios de inteligencia como el Mossad podían escuchar una conversación con un láser apuntado al filamento de una bombilla, captando las vibraciones del aire. Hoy, estas técnicas parecen rudimentarias en comparación con herramientas como Pegasus. Este spyware puede encender el micrófono de un teléfono móvil sin el conocimiento del usuario, rastrear cada movimiento y acceder no solo al dispositivo del objetivo, sino también a sus contactos, redes y datos privados. Combinado con la IA, Pegasus no solo recopila datos, sino que los analiza y los utiliza para mapear redes enteras de relaciones y actividades. La escala de esta vigilancia ya no es individual: afecta a comunidades, movimientos sociales y hasta Estados enteros.

Pero no estamos condenados. Ya en los años ochenta, Fermín Morales alzó la voz para advertir que la informática, sin regulación, podía convertirse en una amenaza directa contra la intimidad. Denunciaba un vacío legal que dejaba desarmado al ciudadano frente a delitos nuevos e invisibles, desde la manipulación de datos hasta el espionaje masivo. Cuatro décadas después, aquella advertencia sigue vigente, solo que los riesgos se han multiplicado. Del mismo modo que Morales exigía entonces un marco que la ley aún no contemplaba, hoy necesitamos un contrato social capaz de enfrentar la era digital. Ese marco es el Data Nexus Juris: una caja fuerte digital que devuelva al ciudadano el control sobre su información, una arquitectura penal que tipifique los nuevos delitos —desde los deepfakes criminales hasta la manipulación algorítmica de elecciones— y un sistema de auditoría capaz de obligar a la transparencia a quienes manejan el poder invisible del código.

El Data Nexus Juris propone una visión integral, que abarca desde la protección de la privacidad, mediante la devolución de nuestros datos privados y la creación de una caja fuerte digital donde protegerlos, hasta la rendición de cuentas de las empresas tecnológicas, pasando por la definición de nuevos delitos, como el uso malicioso de deepfakes, la explotación de sistemas de supercomputación para fines ilícitos y la vigilancia masiva sin control judicial. En un mundo donde las máquinas son capaces de tomar decisiones autónomas, necesitamos desarrollar marcos legales que reconozcan la responsabilidad compartida entre humanos y tecnología, garantizando que los avances se utilicen para el beneficio colectivo y no como herramientas de manipulación o explotación.

La era del conocimiento no solo redefine los límites de la tecnología, sino también los de la ética y el poder. Desde influencers ficticios hasta software capaz de escuchar nuestras conversaciones más privadas, vivimos en un mundo donde todo —desde la admiración hasta el crimen— puede ser fabricado, monitoreado y manipulado. Este libro no es un alegato contra la tecnología, sino un llamado a construir un futuro donde las leyes y la moral evolucionen al mismo ritmo que las máquinas. ¿Estamos preparados para regular un mundo donde la privacidad, la seguridad y el control ya no son derechos automáticos, sino conquistas que deben ser defendidas? Esperamos que, tras leer este libro, ustedes dejen de dar clic a las políticas de privacidad, de compartir datos personales con Chatgtp y asuman que las regulaciones que hemos propuesto son lo que necesitamos para seguir siendo humanos en un mundo que pronto estará dominado por la tecnología.

BIBLIOGRAFÍA

Abbeel, P., Coates, A., & Ng, A. (2010). Deep Learning of Representations for Unsupervised and Transfer Learning. Proceedings of the 27th International Conference on Machine Learning (ICML-10), 768-775.

Acquisti, A., Brandimarte, L., and Loewenstein, G. "Privacy and Human Behavior in the Age of Information." Science, vol. 347, no. 6221, 2015, pp. 509-514.

Acquisti, Alessandro, et al. "Privacy and Human Behavior in the Age of Information." Science, vol. 347, no. 6221, 2015, pp. 509-514.

Agencia Española de Protección de Datos (AEPD). Guía para la Aproximación a los Espacios de Datos Según el RGPD. 2020, https://www.aepd.es/guias/aproximacion-espacios-datos-rgpd.pdf.

Angwin, Julia. Dragnet Nation: A Quest for Privacy, Security, and Freedom in a World of Relentless Surveillance. Times Books, 2014.

Anidjar, L., Geslevich Packin, N., & Panezi, A. (2024). Matrix of Privacy. Harvard Law & Policy Review, 18(1), 10-25. Recuperado de: https://journals.law.harvard.edu/lpr/wp-content/uploads/sites/89/2024/08/18.1-Matrix-of-Privacy.pdf

Antón, A. I., Earp, J. B., and Young, J. D. "How Internet Users' Privacy Concerns Have Evolved Since 2002." IEEE Security & Privacy, vol. 8, no. 1, 2010, pp. 21-27.

Apuntes de política criminal en el contexto tecnológico. Una aproximación a la Convención del Consejo de Europa sobre el Cibercrimen, Cuadernos de Derecho Judicial, N° 9, 2002, pp. 11-34.

Bacigalupo, Enrique: Los límites constitucionales de la investigación penal, Bosch, 2019, pp. 37-38.

Bar Cendon, Antonio: La protección de la intimidad en la sociedad de la información, Civitas, 2004.

Baruh, L., Secinti, E., and Cemalcilar, Z. "Online Privacy Concerns and Privacy Management: A Meta-Analytical Review." Journal of Communication, vol. 67, no. 1, 2017, pp. 26-53.

Bastida, F. J. "Artículo 20.1, 2 y 4." En Comentarios a la Constitución Española, Tomo I, Valencia, 2018.

Bauman, Zygmunt. Modernidad líquida. Fondo de Cultura Económica, 2000.

Béjar, H.: "La génesis de la privacidad en el pensamiento liberal", Sistema: Revista de ciencias sociales, 1987, núm. 76.

Béjar, h.: El ámbito íntimo: privacidad, individualismo y modernidad, Alianza, Madrid, 1988.

Berrone, P., Ricart Costa, J. E., & Tatge, L. (2021). Cities and Technology: Building Cities in the Age of Information. IESE Cities.

Bloustein, E. J.: "Privacy as an aspect of human dignity: an answer to Dean PROSSER", New York University Law Review, vol. 39, 1964.

Boerman, S. C., Kruikemeier, S., and Zuiderveen Borgesius, F. J. "Exploring Motivations for Online Privacy Protection Behavior: Insights from Panel Data." Communication Research, vol. 48, no. 7, 2021, pp. 953-977.

Borges, J. L. Del culto de los libros. En Otras Inquisiciones, Obras Completas, I, Barcelona, 2005.

Brynjolfsson, Erik, and Andrew McAfee. The Business of Artificial Intelligence: How AI is Transforming Financial Markets. MIT Press, 2023.

Bueno, G. "Los Derechos humanos." En El sentido de la vida, Pentalfa, Oviedo, 1996.

California Consumer Privacy Act (CCPA). California State Legislature, 2018.

Cardon, D. (2016). La democracia internet. Promesas y límites. Prometeo.

Carpenter v. United States. Supreme Court of the United States, 585 U.S. ___ [2018].

Carrasco Andrino, M. del M.: El delito de acceso ilícito a los sistemas informáticos.

Carrasco Andrino, Mª. M. "Lección 23ª. Descubrimiento y revelación de secretos." En Derecho penal español. Parte especial (I), Dir. F. J. Álvarez García, Tirant lo Blanch, Valencia, 2011, p. 762.

Carrión olmos, s.: "El derecho a la intimidad", en AA.VV.: Veinticinco años de la aplicación de la Ley Orgánica 1/2982, de 5 de mayo, de protección civil del derecho al honor, a la intimidad personal y familiar y a la propia imagen (coordinador J. R. De Verda y Beamonte), Thomson-Aranzadi, Cizur Menor, 2007.

CIDOB. "La privacidad como instrumento de resistencia colectiva." CIDOB, 2021, https://www.cidob.org/publicaciones/la-privacidad-como-instrumento-de-resistencia-colectiva.

Comisión Europea. (2019). Ethics guidelines for trustworthy AI. Recuperado de: https://ec.europa.eu/digital-strategy

Comisión Europea. Una Estrategia Europea de Datos (COM(2020) 66 final). 2020.

Cook, Tim. "Stanford Commencement Speech." Universidad de Stanford, 2019. Disponible en: https://news.stanford.edu.

Couldry, Nick, and Ulises A. Mejias. The Costs of Connection: How Data Is Colonizing Human Life and Appropriating It for Capitalism. Stanford University Press, 2019.

De la Mata Barranco, N. J., y Barinas Ubiñas, D. "La protección penal de la vida privada en nuestro tiempo social: ¿necesidad de redefinir el objeto de tutela?" Revista de Derecho Penal y Criminología, núm. 12, 2014, pp. 13-92.

De las Heras Vives, L. Protección penal de la intimidad. UAB, Barcelona, 2018.

De las Heras Vives, L. y de Verda y Beamont, J. R.: "Consentimiento de los menores de edad", en Protección de datos: Comentarios a la Ley Orgánica de Protección de Datos y Garantía de Derechos Digitales (en relación con el RGPD), Madrid, 2019, pp. 73-77.

De Las Heras Vives, L.: Protección penal de la intimidad. Una revisión crítica a propósito del nuevo artículo 197.7 del código penal español, Universidad Autónoma de Barcelona, 2018.

De Mariana, j.: La dignidad real y la educación del rey, edición de Luis Sánchez Agesta, Centro de Estudios Constitucionales, 1981.

De Miguel Asensio, P. "El caso de la LaLiga App y el control de la piratería en eventos deportivos: ¿un peligroso precedente?" Revista Española de Derecho Deportivo, vol. 27, no. 102, 2021, pp. 1-22.

Delincuencia informática: problemas de responsabilidad, Cuadernos de Derecho Judicial, Consejo General del Poder Judicial, Madrid, 2002.

Desantes Guanter, J. M.: Intimidad e información, derechos excluyentes en Nuestro tiempo, Nº 213, Pamplona, 1972.

Dignum, V. (2020). Ethics of Using Large-Scale Data for AI Training. AI Ethics, 1(1), 15-27. doi:10.1007/s43681-020-00001-3

Donohue, Laura K.: The Case for the Mosaic Theory in Fourth Amendment Law, Harvard Journal of Law & Public Policy, Vol. 38, No. 2, 2015, pp. 351-408.

Dorado, P.: Bases para un nuevo derecho penal, Manuel Soler-editor, Barcelona, 1905.

Duby, G.: "La vida privada en las familias aristocráticas de la Francia feudal: convivialidad" en AA.VV.: Historia de la vida privada (coord. Peter Brown et. al.), Taurus Ediciones, Madrid, 1987, vol. II.

Duby, G.: "Prefacio", en AA.VV.: Historia de la vida privada (coord. Peter Brown et. al.), vol. I., Taurus Ediciones, 1987, Madrid.

Durkheim, E. Lecciones de sociología. Comares, Granada, 2016.

Durkheim, e.: La división del trabajo social, Ediciones LEA, Buenos Aires, 2013.

Durkheim, E.: Lecciones de sociología, Comares, Grandada 2016.

En Warren, S. D. y Brandeis, L. d.: "Right to privacy", Harvard Law Review, 1890, vol. IV, núm. 5.

Eubanks, Virginia. Automating Inequality: How High-Tech Tools Profile, Police, and Punish the Poor. St. Martin's Press, 2018.

European Parliament. "General Data Protection Regulation (GDPR)." Official Journal of the European Union, 2016.

Europol. Innovation in Criminal Markets. Europol, 2022.

Fernández Teruelo, Juan Manuel: Derechos Fundamentales y Domicilio, Civitas, 2001.

Fioravanti, M. Los derechos fundamentales. Apuntes de historia de las constituciones. Trotta, Madrid, 2020.

Flores Anarte, L. "Facebook y el Derecho a la Propia Imagen: Reflexiones en Torno a la STC 27/2020, de 24 de Febrero." Revista Estudios de Deusto, vol. 68, no. 1, 2020, pp. 335-376.

Flórez Ruiz, J. F. "Derechos humanos de quinta generación: la superación del paradigma jurídico antropocéntrico." En Derechos humanos de quinta generación, Tirant lo Blanch, Bogotá, 2019.

Floridi, Luciano. The Ethics of Information: A General Introduction. Oxford University Press, 2013.

Freiwald, Susan: First Principles of Communications Privacy in the Digital Age, Stanford Technology Law Review, Vol. 2007, No. 1.

Fried, C: "Privacy", Yale Law Journal, 1968, vol. 77, núm. 3.

Friedman, Thomas. Gracias por Llegar Tarde: Cómo la Tecnología, la Globalización y el Cambio Climático Van a Transformar el Mundo. Penguin Random House, 2016.

Fuchs, Christian. Digital Demystification: A Critical Introduction to Digital and Social Media. Routledge, 2021.

Gajda, A.: "What If Samuel D. Warren Hadn't Married a Senator's Daughter?: Uncovering The Press Coverage That Led To The Right To Privacy", Michigan State Law Review, 2007, Research paper No. 07-06.

Garriga Domínguez, A. "La Elaboración de Perfiles y su Impacto en los Derechos Fundamentales. Una Primera Aproximación a su Regulación en el Reglamento General de Protección de Datos de la Unión Europea." Revista Derechos y Libertades, vol. 38, 2018, pp. 107-139.

Giacomelli, L. (2021). Estereotipos de género y discriminación en la sociedad de la vigilancia: Los retos de las nuevas tecnologías para la protección del derecho a la igualdad. Derechos y Libertades, 46.

Goffman, E.: The Presentarion of Self in Everyday Life, Doubleday, New York, 1959.

Gómez Colomer, Juan Luis: Procesos penales en crisis, Tirant lo Blanch, 2015, p. 89.

González Cussac, J. L. "Los delitos contra la intimidad, el derecho a la propia imagen y la inviolabilidad del domicilio." En Comentarios al Código Penal: Parte Especial, Marcial Pons, Madrid, p. 283.

Goodfellow, I., Bengio, Y., & Courville, A. (2016). Deep Learning. MIT Press.

Goodman, Bryce, and Seth Flaxman. "European Union Regulations on Algorithmic Decision-Making and a 'Right to Explanation.'" AI Magazine, vol. 38, no. 3, 2017, pp. 50-57.

Greenawalt, K.: "Privacy and Its Legal Protections", The Hastings Center Studies, 1974, vol. 2, núm. 3.

Gutiérrez García, E. (2024). Inteligencia artificial y derechos fundamentales. Colex.

Hardin, Garrett. "The Tragedy of the Commons." Science, vol. 162, 1968, pp. 1243-1248.

Hattab, M. (2024). The Potential and Concerns of Using Artificial Intelligence in Scientific Research: The Case of ChatGPT [Preprint]. ResearchGate. Recuperado de: https://www.researchgate.net/publication/372559963

Hinton, G., Krizhevsky, A., & LeCun, Y. (2012). Imagenet classification with deep convolutional neural networks. En Advances in Neural Information Processing Systems (pp. 1097-1105). Curran Associates, Inc.

Huergo Lora, A. (2021). El uso de algoritmos y su impacto en los datos personales. Revista de Derecho Administrativo, (20), 166-193. Recuperado de: https://revistas.pucp.edu.pe/index.php/derechoadministrativo/article/view/25207

Kerr, Orin S.: Searches and Seizures in a Digital World, Harvard Law Review, Vol. 119, 2005, pp. 531-585.

Kogan, Aleksandr. Aplicación This Is Your Digital Life. Desarrollada para Cambridge Analytica, 2018.

Kosinski, M., Stillwell, D., & Graepel, T. (2013). Private Traits and Attributes Are Predictable from Digital Records of Human Behavior. Proceedings of the National Academy of Sciences, 110(15), 5802-5805. doi:10.1073/pnas.1218772110

Kugler, Matthew B. y Strahilevitz, Lior J.: Actual Expectations of Privacy, Fourth Amendment Doctrine, and the Mosaic Theory, The Supreme Court Review, Vol. 2019, No. 1, pp. 205-246.

Lane, J., et al. (2014). Big Data, Privacy, and the Public Good: Frameworks for Engagement. Cambridge University Press.

Laoutaris, N. "Cows, Privacy, and the Tragedy of the Commons on the Web." Communications of the ACM, vol. 59, no. 10, 2016, pp. 44-46.

Laporta San Miguel, F. J. "Sobre el concepto de derechos humanos." DOXA, 1987, núm. 4.

Locke, j.: Ensayo sobre el gobierno civil, Aguilar, Madrid, 1981.

Loewenstein, K. "Roma y la teoría general del estado." Revista de Estudios Políticos, 1970, núm. 174.

Louridas, P. (2023). Algoritmos. Melusina.

Lyon, David: El ojo electrónico, citado en La privacidad como integridad contextual y su aplicación a las redes sociales.

MacIntyre, A. Tras la virtud. Traducción de A. Valcárcel, Crítica, Barcelona, 1987.

Manzanares Samaniego, J. L. "El artículo 497 del Código Penal." En Derecho Penal Español. Parte Especial, op. cit., p. 309.

Marco Fernández, F. (2022). Disociados (Desdoblados), el futuro social de la humanidad. RAED. Recuperado de: raed.es

Marco Fernández, Francisco. "De la inteligencia artificial a la calidad de los datos: estrategias para una Europa competitiva." Retos 2025, RAED, 2025.

Martínez de Pisón Caver, J. M. "Las generaciones de derechos humanos." En Constitución y derechos fundamentales, coord. J. Betegón Carrillo, F. J. Laporta San Miguel, L. Prieto Sanchís y J. R. de Páramos Arguelles, Ministerio de Presidencia, Secretaría General Técnica, 2004.

Martínez Martínez, R.: Una aproximación crítica a la autodeterminación informativa, Civitas, Madrid, 2004.

Matteucci, N.: "Pubblico e privato", en AA.VV.: Privacy e banche dei dati: aspetti giuridici e sociali (coordinador N. Matteucci), Il Mulino, Bolonia, 1981.

Mayer-Schönberger, Viktor y Cukier, Kenneth: Big Data. La revolución de los datos masivos, Turner, Madrid, 2015, p. 18.

McDonald, Aleecia M., and Lorrie Faith Cranor. "The Cost of Reading Privacy Policies." I/S: A Journal of Law and Policy for the Information Society, vol. 4, no. 3, 2008, pp. 543-568.

McKinsey & Company. Artificial Intelligence in Financial Services: Trends and Applications. McKinsey Global Institute, 2024.

Metz, Cade. Genius Makers: The Mavericks Who Brought AI to Google, Facebook, and the World. Dutton, 2021.

Metzger, M. J. "Effects of Trust, Risk, and Privacy on Online Information Sharing." Journal of the American Society for Information Science and Technology, vol. 57, no. 13, 2006, pp. 1799-1814.

MILL, J.: Ensayo sobre la libertad (trad. por Francesc Ll. Cardona), Brontes S.L., Menorca, 2011.

Millán Puelles, A. Fundamentos de Filosofía. Rialp, Madrid, 2009.

Mittelstadt, B. D. (2019). Principles alone cannot guarantee ethical AI. Nature Machine Intelligence, 1(11), 501-507.

Mittelstadt, Brent D., et al. "The Ethics of Algorithms: Mapping the Debate." Big Data & Society, vol. 3, no. 2, 2016, pp. 2053951716679679.

Moor, J. H. "Towards a Theory of Privacy in the Information Age." Computers and Society, vol. 27, no. 3, 1997, pp. 27-32.

Morales García, O, Apuntes de política criminal en el contexto tecnológico. Una aproximación a la Convención del Consejo de Europa sobre el Cibercrimen, Cuadernos de Derecho Judicial, Nº 9, 2002, pp. 11-34.

Morales García, O, Delincuencia informática: problemas de responsabilidad, Cuadernos de Derecho Judicial, Consejo General del Poder Judicial, Madrid, 2002.

Morales Prats, F. "Comentarios al Título X." En Comentarios al Código Penal, Tomo I, Dir. G. Quintero Olivares, Thomson Reuters-Aranzadi, Cizur Menor, 2016, p. 1474.

Morales Prats, F. "Derecho a la Privacidad y la Inteligencia Artificial: La Perspectiva Europea." Desafíos Vitales 2025, RAED, 2025.

Morales Prats, F.: "Reflexiones político criminales sobre los límites de la intervención penal en los delitos contra la privacy: la reforma del CP de 2015 (LO 1/2015)" en AA.VV.: Homenaje al profesor Miguel Bajo (coord. por. S. Bacigalupo Saggese, B. J. Feijoo Sánchez y J. I. Echano Basaldua), Madrid, 2016.

Morales Prats, F.: La tutela penal de la intimidad: privacy e informática, Ediciones Destino, Barcelona, 1984.

Morales Prats, F: La utopía garantista del Derecho Penal en la Nueva Edad Media (discurso de ingreso en la Reial Acadèmia de Doctors, como Académico de Número, en el acto de su recepción el 5 de noviembre de 2015), Ediciones Gráficas Rey, Barcelona, 2015.

Morente Parra, Vicente. "Big Data o el Arte de Analizar Datos Masivos. Una Reflexión Crítica Desde los Derechos Fundamentales." Revista Derechos y Libertades, vol. 41, 2019, pp. 225-260.

Morozov, Evgeny. The Net Delusion: The Dark Side of Internet Freedom. PublicAffairs, 2011.

Mosco, Vincent. The Digital Sublime: Myth, Power, and Cyberspace. MIT Press, 2004.

Mueller, Milton L. Networks and States: The Global Politics of Internet Governance. MIT Press, 2010.

Muñoz Conde, F. Derecho Penal. Parte Especial, Tirant lo Blanch, Valencia, 2015, pp. 173 y ss.

Nissenbaum, H. Privacy in Context: Technology, Policy, and the Integrity of Social Life. Stanford University Press, 2010.

Noain Sánchez, Amaya: La protección de la intimidad y vida privada en internet.

Noble, Safiya Umoja. Algorithms of Oppression: How Search Engines Reinforce Racism. NYU Press, 2018.

Norberg, P. A., Horne, D. R., and Horne, D. A. "The Privacy Paradox: Personal Information Disclosure Intentions Versus Behaviors." Journal of Consumer Affairs, vol. 41, no. 1, 2007, pp. 100-126.

O'brien, D.: "The Right of privacy", Columbia Law Review, vol 2, 1902.

O'Neil, Cathy. Weapons of Math Destruction: How Big Data Increases Inequality and Threatens Democracy. Crown, 2016.

Ortega y Gasset, J.: "Socialización del hombre", en GARAGORRI HERRANZ, P.: Obras completas de José Ortega y Gasset, Revista de Occidente, Madrid, 1966, Tomo II.

Ostrom, Elinor. Governing the Commons: The Evolution of Institutions for Collective Action. Cambridge University Press, 1990.

Palma Ortigosa, A. (2022). Decisiones automatizadas y protección de datos: especial atención a los sistemas de inteligencia artificial. Dykinson.

Pasquale, Frank. The Black Box Society: The Secret Algorithms That Control Money and Information. Harvard University Press, 2015.

Peces-Barba Martínez, G. "Tránsito a la modernidad y derechos fundamentales." En Historia de los Derechos Fundamentales, coord. F. J. Ansuátegui

Roig, J. M. Rodríguez Uribes, G. Peces-Barba Martínez y E. Fernández García, Dykinson, Madrid, 1998.

Pedraz Penalva, María José: El derecho a la intimidad y su protección penal, Tirant lo Blanch, 2015.

Pérez Luño, A. E. "Estado constitucional y derechos de la tercera generación." Anuario de Filosofía del Derecho, 1997, núm. 14.

Pérez Luño, A. E. Los derechos fundamentales. Tecnos, Madrid, 2016.

Pérez Luño, Antonio-Enrique: Los derechos humanos en la sociedad tecnológica, Universitas, Madrid, 2012, p. 23.

Pérez Royo, J.: Curso de Derecho Constitucional, Marcial Pons, Algete, 2014.

Platts, M. "¿Quiénes tienen derechos humanos?" Traducción de Laura Manríquez, Isonomía, 2010, núm. 33.

Polaino Navarrete, M. "Delitos contra la intimidad, el derecho a la propia imagen y la inviolabilidad del domicilio. Descubrimiento y revelación de secretos." En Derecho Penal español. Parte especial, Coord. M. Cobo del Rosal, Marcial Pons, Madrid, 1996, p. 423.

Polo Roca, Alejandro. "El Derecho a la Protección de Datos Personales y su Reflejo en el Consentimiento del Interesado." Revista de Derecho Político, vol. 108, 2020, pp. 165-193.

Pound, R: "Interests of personality", Harvard Law Review, 1915, February.

Privacy and Power: Computer Databases and Metaphors for Information Privacy, 53 Stanford Law Review, 2000.

Prosser, w.: "Privacy" California Law Review, 1960, núm. 48 (3).

Queralt Jiménez, J. J. Derecho Penal Español. Parte especial, Tirant lo Blanch, Valencia, p. 303.

Ra'ad Al Hussein, Z. "Introducción." Declaración Universal de Derechos Humanos, Naciones Unidas, 2015.

Rachels, J.: "Why Privacy is Important", Philosophy & Public Affairs, vol. 4, núm. 4, 1975.

Rebollo Vargas, R. "Título X. Delitos contra la intimidad, el derecho a la propia imagen y la inviolabilidad del domicilio." En Comentarios al Código Penal: Parte Especial. Tomo I, Dir. J. Córdoba Roda y M. García Arán, Marcial Pons, Madrid, 2004, p. 470.

Reiman, J.: "Privacy, Intimacy, and Personhood", Philosophy & Public Affairs, vol. 6, núm. 1, 1976.

Revista de Derecho Social. “El control empresarial a través de la videovigilancia: Límites constitucionales.” Revista de Derecho Social, (88), pp. 145-170.

Ribeiro, Marco Tulio, et al. Why Should I Trust You? Explaining the Predictions of Any Classifier. Cornell University, 2016.

Romeo Casabona, C. M. Los delitos de descubrimiento y revelación de secretos. Tirant lo Blanch, Valencia, 2004, p. 166.

Rueda Martín, Mª. A. Protección penal de la intimidad personal e informática: Los delitos de descubrimiento y revelación de secretos de los artículos 197 y 198 del Código Penal, Atelier, Barcelona, p. 116.

Russell, S., & Norvig, P. (2020). Artificial Intelligence: A Modern Approach (4ª ed.). Pearson.

Saldaña Díaz, Mª. N.: “The right to privacy. La génesis de la protección de la privacidad en el sistema constitucional norteamericano: El centenario legado de Warren y Brandeis”, Revista de Derecho Político (UNED), 2012, núm. 85.

San Agustín: De la verdadera Religión (Traducción de P. Victorino Capánaga OAR), XXXIX, 72.

Sánchez Carazo, C.: La intimidad y el secreto médico, Díaz de Santos, Madrid, 2000, pág. 16.

Sánchez Ferriz, R. “Generaciones de derechos y evolución del Estado.” En Los derechos humanos en Europa, coord. Y. Gómez Sánchez, UNED, 1997.

Sancho López, M.: La creación de un nuevo orden público europeo en materia de privacidad, Cuadernos de Derecho Transnacional (Octubre 2021), Vol. 13, Nº 2, pp. 1086-1102.

Scanlon, T.: “Thomson on Privacy” Philosophy & Public Affairs, vol. 4, núm. 4, 1975.

Saggese, B. J. Feijoo Sánchez y J. I. Echano Basaldua), Madrid, 2016.

Scholz, Trebor. Digital Labor: The Internet as Playground and Factory. Routledge, 2012.

Scholz, Trebor. Digital Labor: The Internet as Playground and Factory. Routledge, 2012.

Smuha, N. A. (2021). From a ‘race to AI’ to a ‘race to AI regulation’: regulatory competition for artificial intelligence. Law, Innovation and Technology, 13(1), 57-84.

Solove, Daniel J. “Privacy Self-Management and the Consent Dilemma.” Harvard Law Review, vol. 126, no. 7, 2013, pp. 1880-1903.

Soriano Arnanz, A. "Decisiones Automatizadas: Problemas y Soluciones Jurídicas. Más Allá de la Protección de Datos." Revista de Derecho Público: Teoría y Método, vol. 3, 2021, pp. 85-127.

Stone, Oliver. Snowden. Dirigido por Oliver Stone, Open Road Films, 2016.

Sutton, R. S., & Barto, A. G. (2018). Reinforcement Learning: An Introduction (2ª ed.). MIT Press.

Taddicken, M. "The 'Privacy Paradox' in the Social Web: The Impact of Privacy Concerns, Individual Characteristics, and the Perceived Social Relevance on Different Forms of Self-Disclosure." Journal of Computer-Mediated Communication, vol. 19, no. 2, 2014, pp. 248-273.

Topol, Eric. Deep Medicine: How Artificial Intelligence Can Make Healthcare Human Again. Basic Books, 2019.

Trepte, S., and Reinecke, L. Privacy Online: Perspectives on Privacy and Self-Disclosure in the Social Web. Springer, 2011.

Turow, J., and Hennessy, M. "Internet Privacy and Institutional Trust: Insights from a National Survey." New Media & Society, vol. 9, no. 2, 2007, pp. 300-318.

Veale, Michael, y Edwards, Lilian. "Clarity, Surprises, and Further Questions in the GDPR and Automated Decision-Making." Computer Law & Security Review, vol. 34, no. 2, 2018, pp. 398-404.

Véliz, C. Privacidad es poder: Por qué y cómo debemos recuperar nuestro derecho a la intimidad en la era digital. Debate, 2021.

Vervaele, J.: "La legislación antiterrorista en Estados Unidos: inter arma silent leges", Revista de derecho y proceso penal, 2005, núm. 14.

Vincent Mosco. The Digital Sublime: Myth, Power, and Cyberspace. MIT Press, 2004.

Wachter, Sandra, Brent Mittelstadt, and Luciano Floridi. "Why a Right to Explanation of Automated Decision-Making Does Not Exist in the General Data Protection Regulation." International Data Privacy Law, vol. 7, no. 2, 2017, pp. 76-99.

Walter, W. G. (1949). The Living Brain. University of Bristol Press.

Warren, S. D. y brandeis, L. D.: "El derecho a la intimidad", Civitas, Madrid, 1995.

Westin, A. F.: Privacy and Freedom, Atheneum, Nueva York, 1967.

Wise, S. Sacudiendo la jaula. Hacia los derechos de los animales. Tirant lo Blanch, Valencia, 2018.

Wittgenstein, L. Philosophische Untersuchungen. Traducción de Alfonso García Suárez y Ulises Moulines, Altaya, Barcelona, 1999.

Wylie, Christopher. Mindfck: Cambridge Analytica and the Plot to Break America.* Random House, 2019.

Zimmer, Michael: Privacy and Surveillance in Web 2.0: A Study in Contextual Integrity, and the Emergence of "Netaveillance".

Zuboff, S. (2019). The Age of Surveillance Capitalism: The Fight for a Human Future at the New Frontier of Power. PublicAffairs.